Bettina Forst

Wilde Wege Schwäbische Alb

47 Touren zwischen Donau, Albtrauf und Brenz

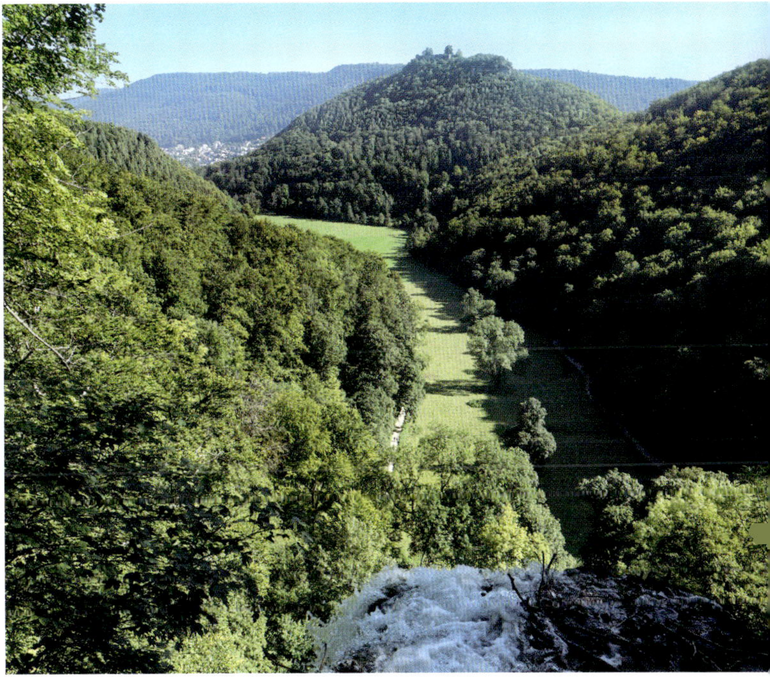

ROTHER BERGVERLAG

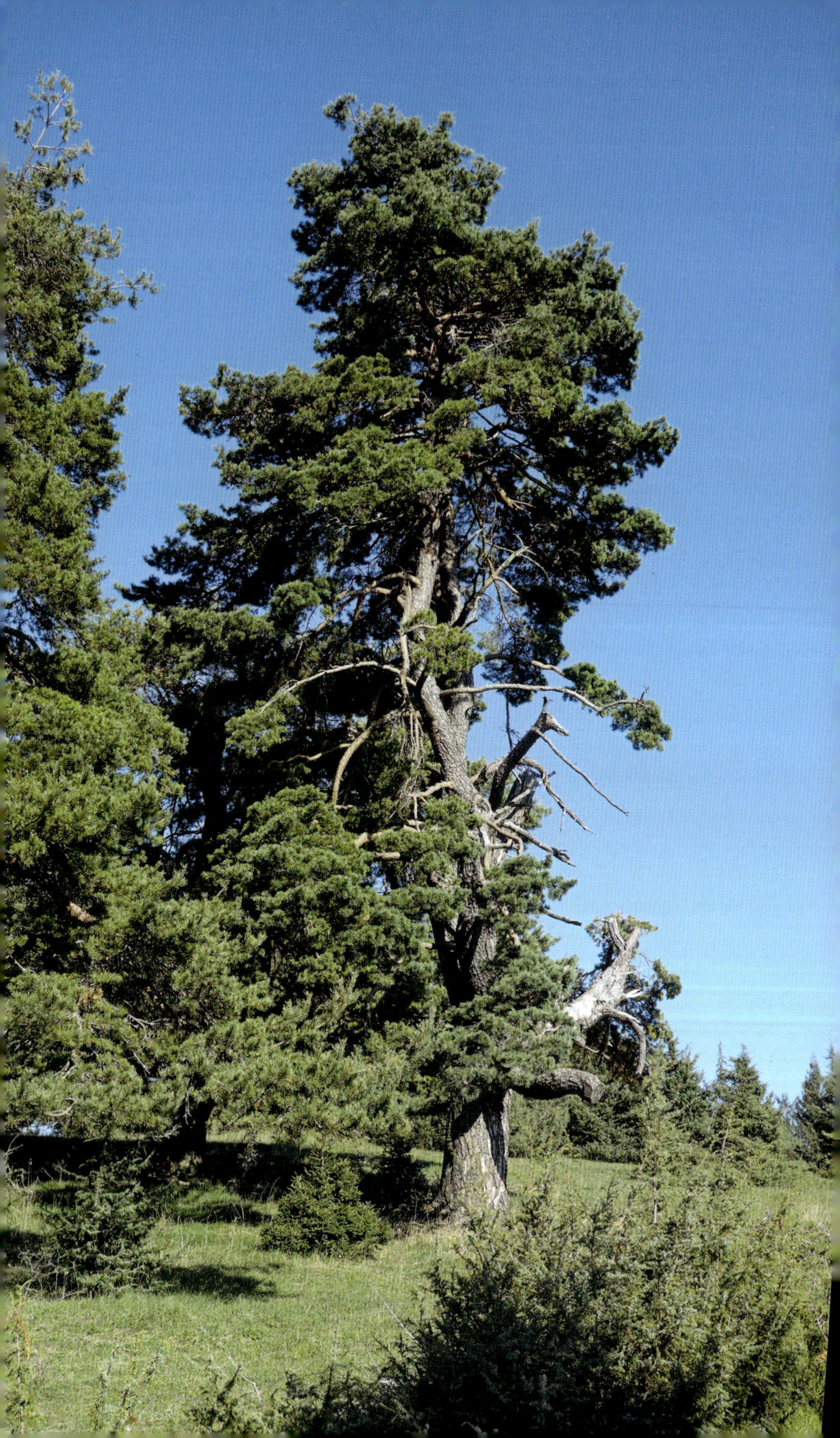

Vorwort

Das vorliegende Rother Wanderbuch »Wilde Wege Schwäbische Alb« entstand aus der Idee, diese beliebte Wanderregion auch auf eher einsamen und wenig frequentierten Routen abseits des Mainstreams zu erkunden. Wandern ist eine beliebte Freizeitbeschäftigung und der Trend »raus in die Natur« ist ungebrochen. Entsprechend sind die Wanderwege auch auf der Schwäbischen Alb an sonnigen Tagen und vor allem an den Wochenenden gut besucht. Gerade an den Highlights der Alb rund um die Burgen, Schlösser, Höhlen und Aussichtspunkte ballt sich ein Großteil der Rucksackträger, Ausflügler und Touristen.
Geografisch sind die »Wilden Wege« vor allem im Oberen Donautal, auf der Zollernalb, der Mittleren Schwäbischen Alb, mit Schwerpunkt rund um Bad Urach und Reutlingen, der Stauferalb, entlang des Albtraufs und der Flusstäler angesiedelt. Dabei geht es durch imposante Felsengärten, unergründliche Höhlenwelten, vorbei an klaren Wasserläufen, mysteriösen Quelltöpfen und zu einer Vielzahl herrlicher Burgen und Schlösser.
Dieses Wanderbuch versucht die Quadratur des Kreises: die Top-Sehenswürdigkeiten der Schwäbischen Alb zu erkunden und dabei die überlaufenen Wege möglichst zu vermeiden. Wer etwas abseits des Trubels mit Lust auf Entdeckungen unterwegs sein möchte, für den ist dieses neue Rother Wanderbuch genau der richtige Begleiter und Ideengeber. Die Touren führen unter anderem auf nahezu vergessenen Wald- und Jägerpfaden, nicht gekennzeichneten oder aufgelassenen Wegen, Steigen mit alpinem Charakter und manchmal auf Spurensuche durch wegloses Gelände – das klingt zu Recht nach Erlebnis und Spannung. Besonders das Orientierungsvermögen ist immer wieder gefragt auf den unmarkierten, nicht beschilderten und unbeachteten Routenabschnitten. Ausführliche Wegbeschreibungen der sorgfältig recherchierten Touren, detaillierte Kartenausschnitte mit eingezeichnetem Routenverlauf und die GPS-Daten zum Herunterladen garantieren aber das Zurechtfinden im Gelände. Die meist als kürzere Wanderungen angelegten Touren sind kleine Mikroabenteuer, mit überraschenden Eindrücken, die man so auf der Schwäbischen Alb wohl eher nicht erwartet.
Auch wenn sich die Frage stellt, ob nicht die bekannten Standardwege ausreichen und ob dieser Naturraum tatsächlich auch noch auf ruhigen, aufgelassenen und vergessenen Wegen erschlossen werden soll, spricht einiges dafür, die ursprüngliche Natur rücksichtsvoll zu erleben. Draußen Unterwegssein beinhaltet ja auch, unabhängig auf welchen Wegen, stets einen achtsamen Umgang mit der Natur, Eigenverantwortung und Respektieren von Schutzzonen und -zeiten für Fauna und Flora.
In diesem Sinne ist hoffentlich die Lust geweckt, die Wanderschuhe zu schnüren, den Rucksack zu schultern und die Schwäbische Alb auf diesen etwas anderen und außergewöhnlichen Routen zu erleben. Viel Abenteuerlust, Entdeckerfreude und Genuss!

Herbst 2022 Bettina Forst

Stattliche Solitärkiefern auf dem Heersberg (Tour 10).

Inhalt

Die Burgruine Hausen in spektakulärer Lage über dem Donautal (Tour 3).

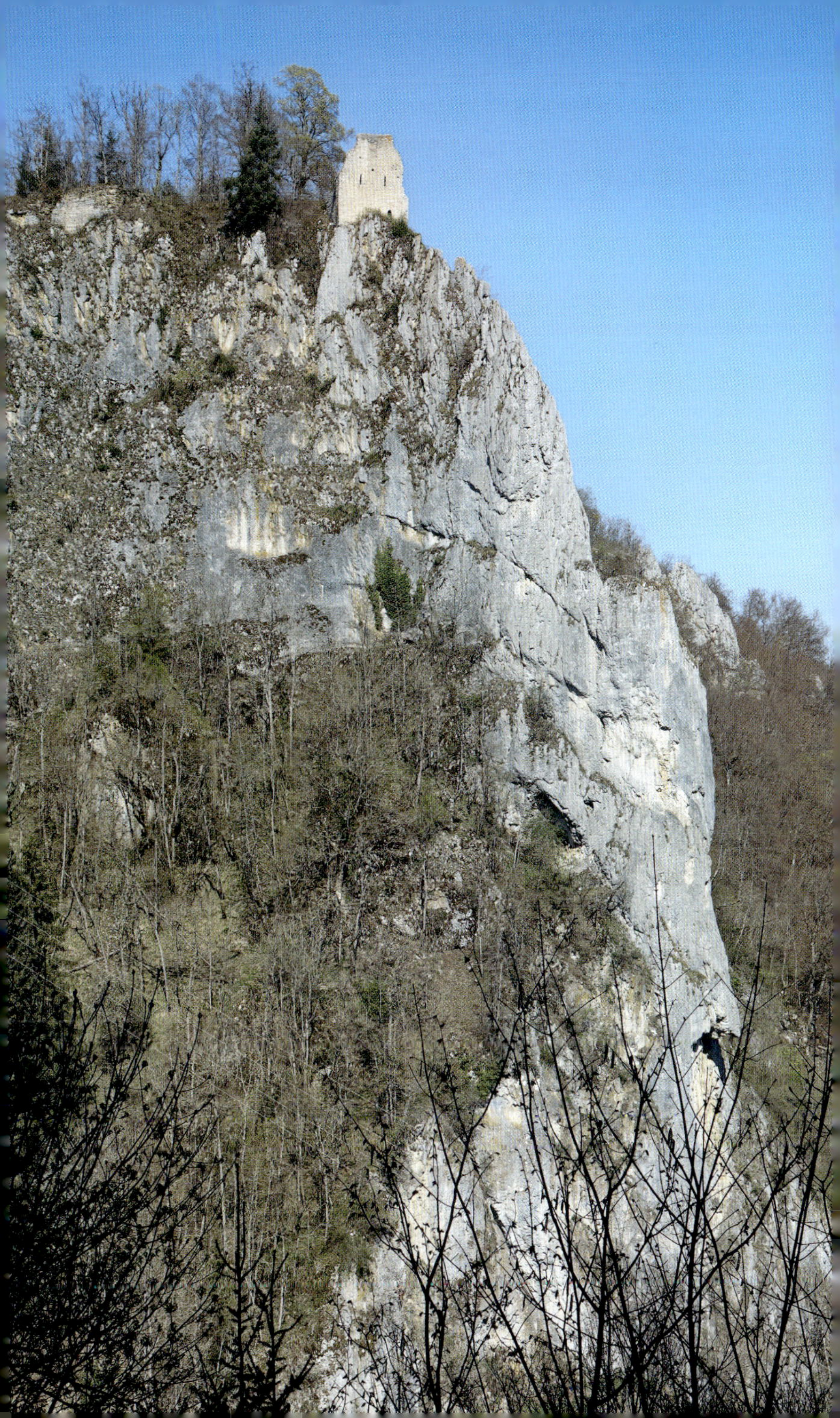

Top-Touren

Mit diesen recht unterschiedlichen Touren erschließen Sie sich das wilde Herz der Schwäbischen Alb. Dabei ist für jeden Geschmack und Schwierigkeitsgrad etwas dabei: auf einfachen Wegen zur Sontheimer Höhle, mit mittlerem Anforderungsprofil zu den Naturschönheiten der Alb (Eigerturm und Lenzenfelsen, Lochenstein, Schalksburg und Felsenmeer, Wackerstein und Nebelhöhle, Höllenlöcher und Gelber Fels) oder auf schwierigen und herausfordernden Pfaden durch die Felsenlandschaften dieses abwechslungsreichen Mittelgebirges (Schreckenfels und Falkensteiner Höhle, Gutenberger Höhle und Felsengalerie, Teufelslöcher bei Bad Boll, Rosenstein).

Eigerturm und Lenzenfelsen
Perfekte Runde durch die Felsgalerien im Naturpark Oberes Donautal mit wunderbaren Tiefblicken in den Canyon der jungen Donau mit ihren sanft geschwungenen Schleifen *(Tour 4, 2.45 Std.)*.

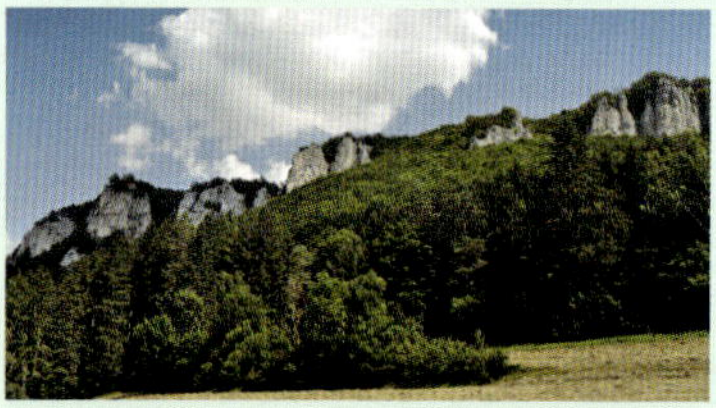

Lochenstein
Am Albtrauf der Balinger Berge lockt die Höhentour mit sonnigen Schafweiden, Wacholderheiden, lichten Buchenmischwäldern und vor allem mit einem prächtigen Ausblick vom Lochenstein *(Tour 7, 2.15 Std.)*.

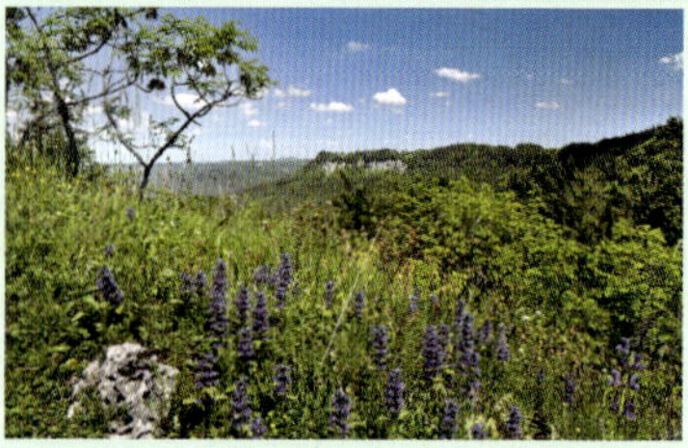

Schalksburg und Felsenmeer
Großes Wanderkino auf der Zollernalb: herrliche Aussichten von Felsenhorsten, die Feste der Schalksburg und ein verwunschener Felsengarten bilden die Höhepunkte der Wilde-Wege-Runde *(Tour 10, 2.45 Std.)*.

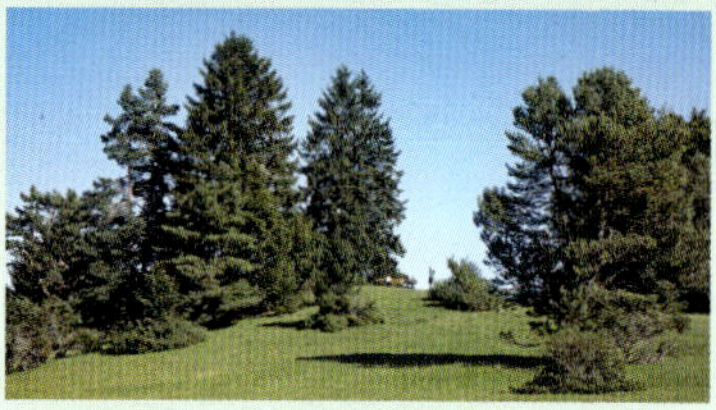

Sontheimer Höhle
Auf stillen Wegen führt die Runde auf Wald- und Felspfaden durch schattige Mischwälder am Südrand der Alb zur sehenswerten Sontheimer Höhle *(Tour 15, 2.30 Std.)*.

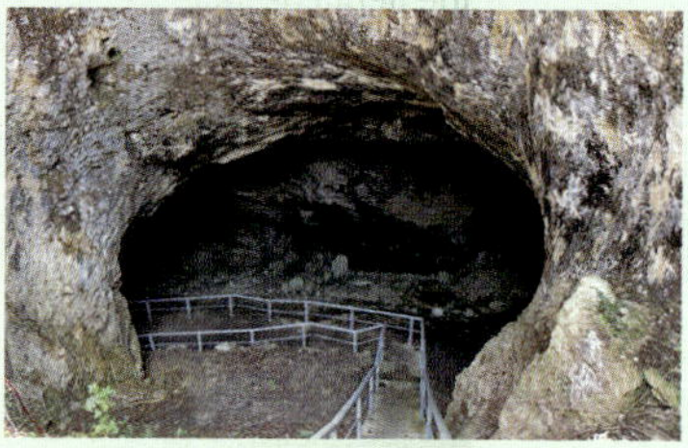

Wackerstein und Nebelhöhle
Auf belebten und gemütlichen Waldwegen geht es zu den markanten Felsen rund um den Wackerstein, auf das Schönbergplateau und in die märchenhafte Tropfsteinwelt der Nebelhöhle *(Tour 21, 2.45 Std.)*.

Höllenlöcher und Gelber Fels
Kontrastreiches Wanderspektakel in der Uracher Alb auf Waldwegen und Traufpfaden zu den mystischen Höllenlöchern und netten Aussichten ins Ermstal *(Tour 26, 3.00 Std.)*.

Schreckenfels und Falkensteiner Höhle
Ungezähmte Naturerlebnisse auf der Stauferalb verspricht diese Tour durch die schmalen und tiefen Taleinschnitte der Schwarzen Lauter und in den dunklen Gang der Falkensteiner Höhle. Wer gerne kraxelt und auf abenteuerlichen Wegen unterwegs ist, wird diese Tour lieben *(Tour 32, 2.30 Std.)*.

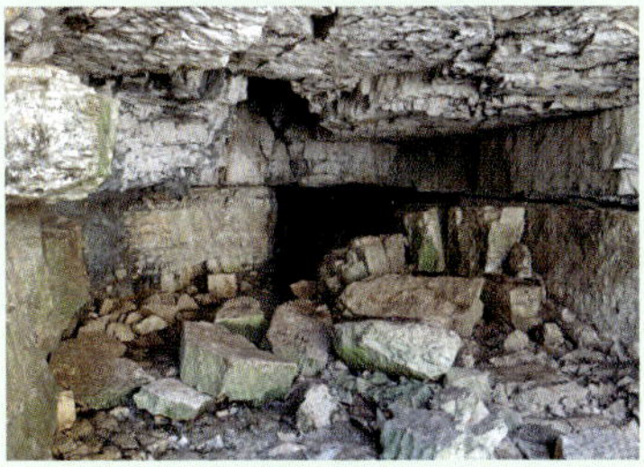

Gutenberger Höhle und Felsengalerie
Der Lenninger Talschluss ist ein wenig frequentierter Lieblingsplatz auf der Stauferalb. Eine liebliche Tallandschaft trifft auf steile Kalkfelsen mit der Gutenberger Höhle – auf abwechslungsreichen Pfaden geht es durch diese facettenreiche Landschaft *(Tour 34, 2.45 Std.)*.

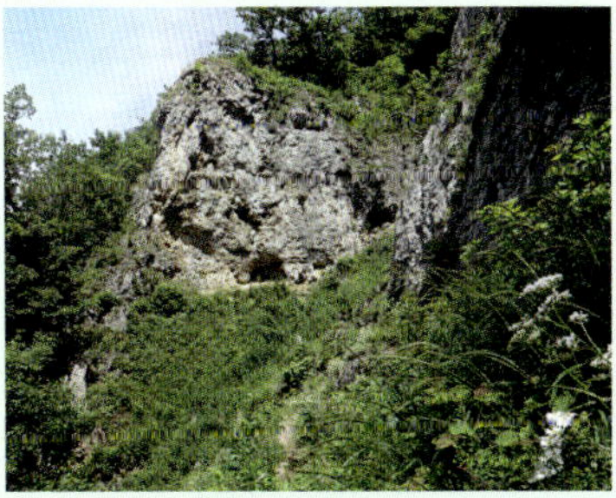

Teufelslöcher bei Bad Boll
Ausgedehnte Schluchtenwälder bedecken den Albaufstieg bei Bad Boll. In diesem Bannwald sprudeln zahlreiche Quellbäche im zuweilen unwegsamen und gerne matschigen Gelände. Eine ganz besondere Entdeckertour am Fuß der Alb. *(Tour 40, 2.30 Std.)*.

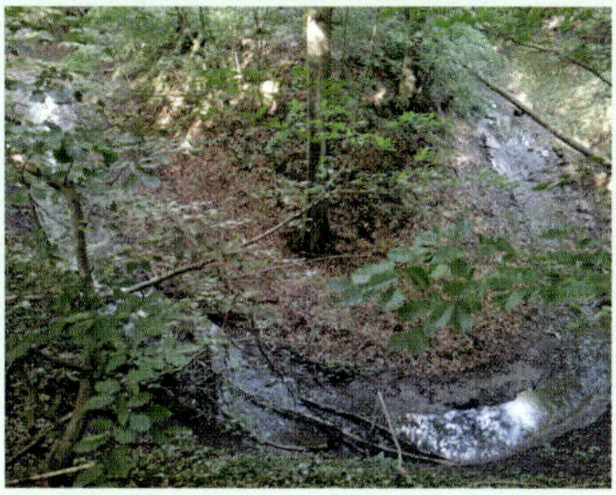

Rosenstein
Die Felsenhalbinsel auf der Ostalb bei Aalen ist ein beliebtes Ausflugsziel und verspricht vor allem in den Morgenstunden Burgromantik, Aussichtsfreuden und erstaunliche Höhlen, die auf ihre Entdeckung warten *(Tour 44, 2.15 Std.)*.

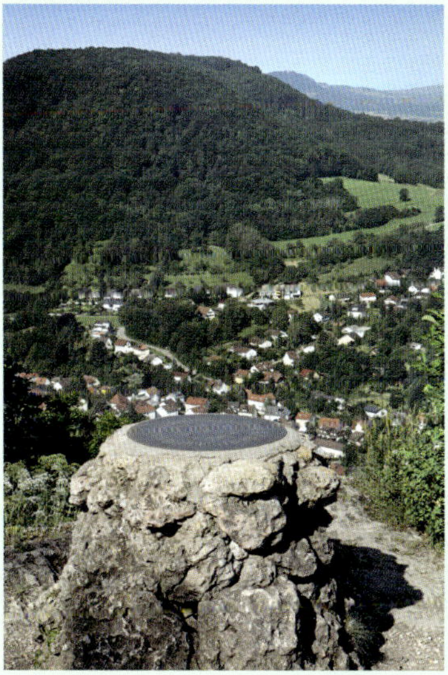

Allgemeine Hinweise

Auswahlkriterien

Für diesen Wanderführer wurden die Touren so konzipiert, dass sie möglichst durchgängig oder zumindest streckenweise wenig begangen sind und die touristischen Hauptrouten – vor allem die Premium- und Fernwanderwege möglichst meiden. Berücksichtigt wurden Jagdsteige, alte Forstwege sowie durch Tourismusverbände und Schwäbischen Albverein nur wenig gekennzeichnete Abschnitte. Dabei werden der Natur- und Erlebnisraum sowie die Sehenswürdigkeiten der Schwäbischen Alb selbstverständlich eingebunden. Die Touren verteilen sich zwischen dem Oberen Donautal im Südwesten der Schwäbischen Alb bis hin zur Ostalb mit Schwerpunkten entlang des Albtraufs, der Reutlinger und Bad Uracher Alb.

Im Großen Lautertal (Tour 14).

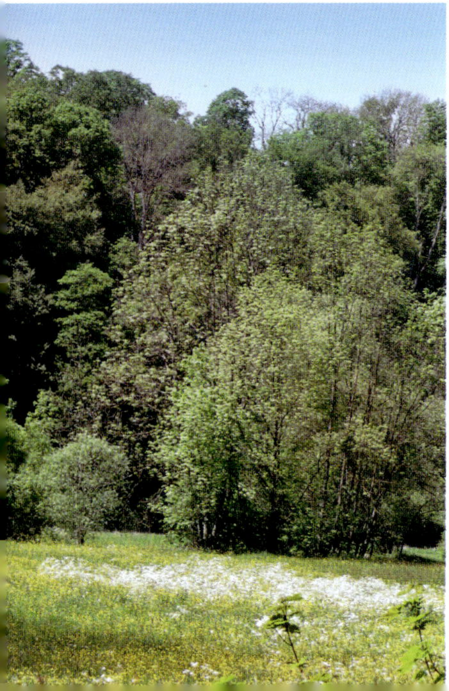

Anforderungen und Schwierigkeitsbewertung

Zur raschen Einschätzung der Anforderungen sind die Touren mit den Farben blau (leicht), rot (mittel) und schwarz (schwer) gekennzeichnet. Diese Angaben beziehen sich auf trockene Wege. Je nach Witterung und Jahreszeit können die Anforderungen abweichen und entsprechend steigen. Die folgende Einteilung im Rahmen der Rother-Wanderbücher sagt etwas über die Wegbeschaffenheit und den technischen Anspruch aus und nichts über die Länge oder die konditionellen Ansprüche der Wanderung:

■ Leicht

Die Wege sind ausreichend breit und führen über Wirtschafts- und Forstwege und Pfade. Sie sind nur mäßig steil, eventuell mit kurzen steilen Aufschwüngen und relativ gefahrlos auch bei schlechtem Wetter zu begehen. In der Regel für Kinder, Senioren und ungeübte Wanderer geeignet.

■ Mittel

Wege und zum Teil auch schmale Pfade, die längere mittelsteile oder auch steile Abschnitte aufweisen. Sie setzen eine gewisse Trittsicherheit voraus. Unterstützend kann zur Absicherung der Gebrauch der Hände kurzzeitig hilfreich sein.

■ Schwierig

Die Pfade und Wege sind häufiger schmal und steil. Stellenweise kann eine Passage ausgesetzt, rutschig oder ausgesetzt sein. Eine Absicherung durch die Hände kann notwendig sein. Hier sind die Wetterverhältnisse besonders zu beachten. Diese Touren sind für trittsichere, schwindelfreie und geübte Wanderer geeignet.

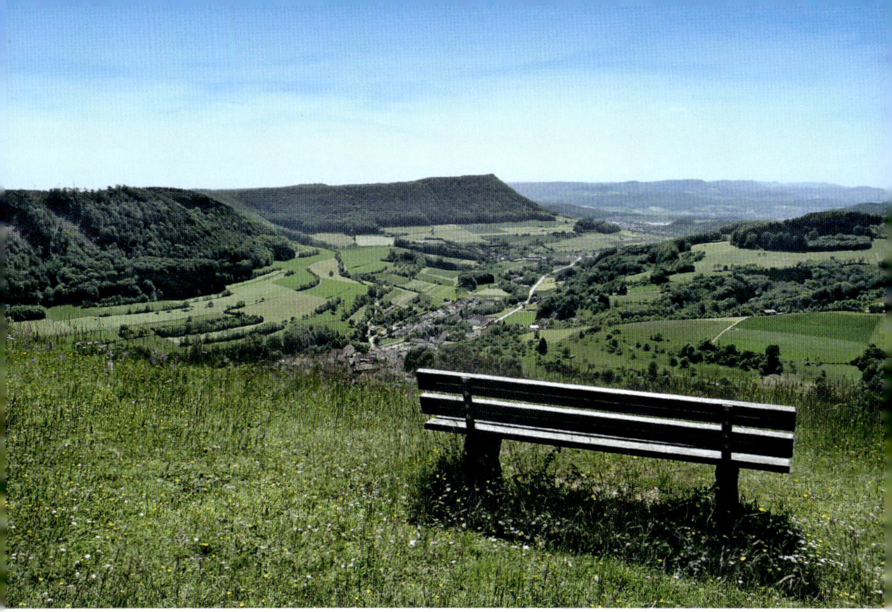

Schöne Aussichten auf der Ostalb.

Die konditionelle Komponente der Wanderung kann jeweils der Kurzinfo entnommen werden, die jeder Tour vorangestellt ist. Die vorgeschlagenen Wanderungen sind meist teilweise markiert oder beschildert, weisen jedoch entsprechend dem Wilde-Wege-Konzept unmarkierte, weglose und aufgelassene Abschnitte auf, die mehr Aufmerksamkeit und Orientierungssinn erfordern. Darauf wird ebenfalls im Tourenkopf und in der Routenbeschreibung hingewiesen.

Tourenplanung

Über das Inhaltsverzeichnis sowie die Kurzinfo können Sie sich schnell einen Überblick über die jeweilige Tour machen und anhand der wichtigsten Informationen wie Ausgangspunkt, Gehzeit, Höhenunterschied oder Anforderungen entsprechend konkret planen. Die wichtigsten Informationen sind darüber hinaus in der Übersichtstabelle auf der vorderen Umschlagsinnenseite zusammengefasst. Bei der Tourenplanung sind auch Wochentag, Jahreszeit und Witterung nicht unerheblich. An Feiertagen und Wochenenden, vor allem in den Schulferien, sind Touren abseits der Sehenswürdigkeiten und Highlights der Schwäbischen Alb angezeigt. Die Hänge des Albtraufs sind in der Regel mit hohen Laubmischwäldern bestanden und bieten im Sommer erfrischenden Schatten, im Herbst eine wundervolle Laubfärbung und in den Wintermonaten durch das fehlende Blätterdach hervorragende Ausblicke ins Albvorland. Die roten und schwarzen Touren im felsigen Gelände setzen Eisfreiheit voraus. Grundsätzlich bietet die Wanderregion Routen für jede Witterung und Jahreszeit. Folgende Basisinformationen können der Kurzinfo entnommen werden:

Ausgangspunkt

Startpunkt der Tour mit einem Hinweis zur Anfahrt. In der Regel sind die Ausgangspunkte der vorgestellten Wanderungen mit öffentlichen Verkehrsmitteln und kurzen Fußwegen erreichbar. Das Bussymbol weist auf eine mögliche An- oder Abreise mit Bus bzw. Bahn hin. Bei allen Touren ist der Endpunkt der Wanderung identisch mit dem Ausgangspukt.

Gehzeit
Die Zeitangaben für die jeweiligen Touren beziehen sich auf die reine Gehzeit ohne Pausen. Die Werte gelten für durchschnittlich trainierte Wanderer, die rund 4–5 km in der Stunde auf ebenen Wegen oder Abstiegen zurücklegen. Die Gehzeit zwischen markanten Wegpunkten kann aus dem Höhenprofil abgelesen werden. Dabei handelt es sich stets um Richtwerte, die je nach Witterung, Personenzahl und im Einzelfall deutlich abweichen können. Gerade bei den wilden Wegen kann es bei aufgelassenen, eingewachsenen und schwer erkennbaren Pfaden zu unerwarteten Schwierigkeiten oder Problemen bei der Orientierung kommen, die Zeit beanspruchen.

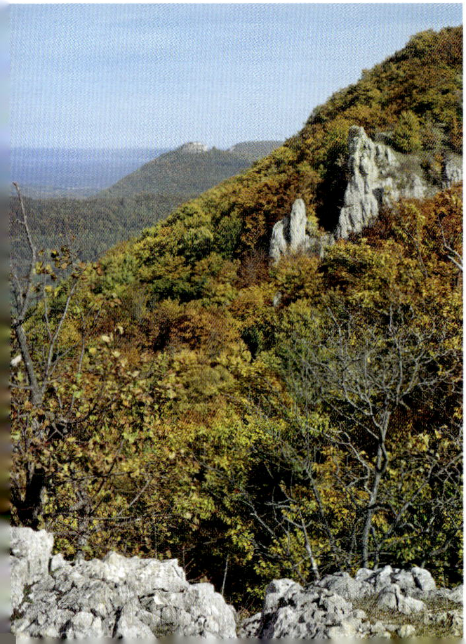

Höhenunterschied
Beim angegebenen Höhenunterschied handelt es sich um leicht gerundete kumulierte Angaben aller Anstiege und Gegensteigungen – also nicht um die Differenz zwischen dem höchstem und tiefsten Punkt der Tour, sondern um die auf der Tour tatsächlich zurückgelegten Höhenmeter.

Anforderungen
Unter diesem Punkt finden Sie detaillierte Informationen zu dem Zustand der Wege und deren Beschaffenheit. Es wird auf Schwierigkeiten und Besonderheiten im Gelände hingewiesen, sowie auf ausgesetzte Passagen.

Orientierung
Hier erhalten Sie Informationen zur Kennzeichnung der Route und ob sie einfach oder schwieriger zu finden ist. Gerade bei den wilden Wegen ist eine sichere Orientierung im Gelände nicht immer zweifelsfrei möglich. Auf solche schwierigen Passagen ohne Markierung und durch aufgelassenes oder wegloses Gelände wird hingewiesen.

Varianten
Kurze Verweise auf alternative Wege, die zum Beispiel bei Wegsperrungen relevant sein können oder wenn man bestimmte Passagen umgehen möchte.

Karten
Die abgebildeten Kartenausschnitte in diesem Buch basieren auf den Freizeitkarten des Landesamts für Geoinformation und Landentwicklung (früher Landesvermessungs-

Herbststimmung am Albtrauf mit Blick über die bunten Hangwälder.

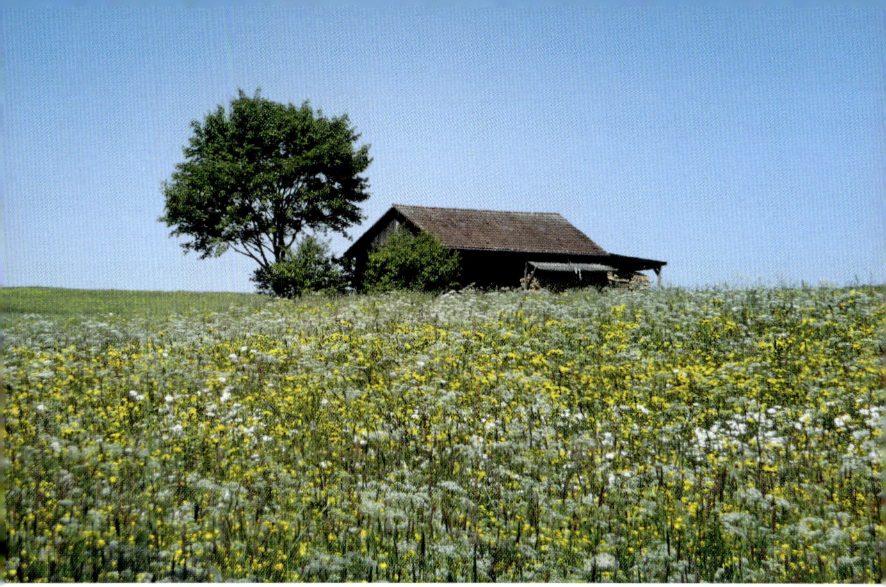

Blumenwiesen zieren im Frühjahr die Albhochfläche.

amt) Baden-Württemberg 1:50.000. Die Blattschnitte 521 bis 527 decken die gesamte Schwäbische Alb ab. Dieses Kartenwerk ist unschlagbar in Sachen Genauigkeit, eingetragenen Wanderwegen, Informationsgehalt und Preis. Das für die jeweilige Tour relevante Blatt ist unter diesem Punkt in der Kurzinfo aufgelistet. Die Karten können über den Buchhandel oder direkt beim Landesvermessungsamt (www.lgl-bw.de) bezogen werden.

Routenbeschreibungen

Die ausführlichen Routenbeschreibungen enthalten die GPS-basierten Wegpunkte, die auch im Höhenprofil sowie in den Karten eingezeichnet sind. Sie ermöglichen eine rasche Orientierung und Abgleich mit dem Standort im Gelände. Insbesondere die eher komplizierten Wegabschnitte ohne Markierungen und mit möglichen Problemen bei der Orientierung und Wegfindung werden detailliert beschrieben.

GPS-Tracks und Koordinaten der Ausgangspunkte

Zu diesem Wanderbuch stehen auf www.rother.de GPS-Tracks und Koordinaten der Ausgangspunkte zum kostenlosen Download bereit.
1. Auflage, Passwort: **329501zLw**
Sämtliche GPS-Daten wurden von der Autorin im Gelände erfasst. Verlag und Autorin haben die Tracks und Wegpunkte nach bestem Wissen und Gewissen überprüft. Dennoch können wir Fehler oder Abweichungen nicht ausschließen, außerdem können sich die Gegebenheiten vor Ort zwischenzeitlich verändert haben. GPS-Daten sind zwar eine hervorragende Planungs- und Navigationshilfe, erfordern aber nach wie vor sorgfältige Vorbereitung, eigene Orientierungsfähigkeit sowie Sachverstand in der Beurteilung der jeweiligen (Gelände-) Situation. Man sollte sich für die Orientierung auch niemals ausschließlich auf GPS-Gerät und -Daten verlassen.

Ausrüstung

Für die Wanderregion ist ein Tagesrucksack, am besten mit Regenhülle, empfehlenswert. Beim Schuhwerk sollte auf rutsch- und wasserfeste sowie gut eingelaufene Wanderschuhe mit Profilsohle oder alternativ robuste Trekkingschuhe zurückgegriffen werden. Die Benutzung von Wanderstöcken hängt von den individuellen Bedürfnissen ab. Bei längeren Auf- und Abstiegen am Albtrauf können sie hilfreich sein und vor allem die Knie entlasten. In Sachen Bekleidung hat sich das Zwiebelprinzip bewährt.

Klima und beste Wanderzeit

Gesamt Südwestdeutschland liegt im Übergangsbereich zwischen den ozeanischen Einflüssen des Atlantiks und dem kontinentalen Wettergeschehen. Auf der Schwäbischen Alb herrscht ein warmgemäßigtes Klima mit warmen Sommern. Die Temperaturen auf der Schwäbischen Alb sind im Schnitt rund 2 °C kühler als im Vorland. Der kälteste Monat ist der Januar und der wärmste der Juli. Die Niederschlagswerte liegen auf der Schwäbischen Alb im Durchschnitt zwischen 800 und 1000 mm pro Jahr. Der Südwesten der Alb sowie das Obere Donautal liegen im Regenschatten des Schwarzwaldes und sind deutlich trockener als der Rest der Schwäbischen Alb.

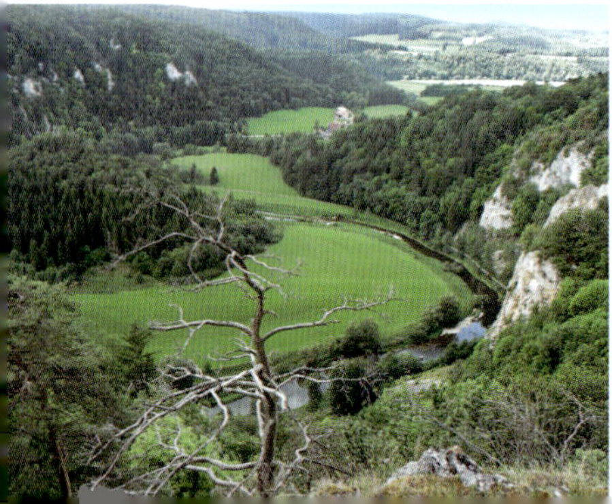

Im Herbst und Winter kommt die Albhochfläche nicht selten in den Genuss von Inversionswetterlagen, bei denen es dann auf der Schwäbischen Alb sonnig ist, während das Vorland unter einer dicken Nebelschicht verschwindet. Meist bietet sich an solchen Tagen von den Bergen, wie zum Beispiel vom Lemberg, eine herrliche Fernsicht bis zur Alpenkette. Die Schwäbische Alb bietet im gesamten Jahresverlauf geeignete Wanderbedingungen. Am besten sind die Monate April bis Oktober, denn dann trägt die Natur ihr schönstes Kleid. In schneearmen Wintern können ebenfalls die Wanderschuhe geschnürt werden. Die Touren entlang dem Albtrauf sind bei Eisfreiheit besonders reizvoll, da kein Laubvorhang die Fernsicht einschränkt.

- Informationen: www.wetterdienst.de, www.bergfex.de und Deutscher Wetterdienst – www.dwd.de.

Gefahren

Die größten Gefahren beim Wandern auf der Schwäbischen Alb sind die Fehleinschätzung des Wetters, insbesondere bei Gewitterneigung, sowie die persönliche Überschätzung. Bei Gewitter gilt: allein stehende Bäume meiden, Abstand halten von Türmen, Funkmasten, Drahtseilen oder Eisentreppen. Auch Felsvorsprünge sollten gemieden werden. Bei Nässe ist besondere Aufmerksamkeit an felsigen Stellen geboten – das Kalkgestein kann recht rutschig sein.

Notfall und Bergrettung

Das Wandergebiet verfügt über ein nahezu flächendeckendes Mobilfunknetz. Funklöcher sind meist nur in den Tälern zu erwarten. Im Notfall gilt die einheitliche **europäische**

Blick ins Obere Donautal (Tour 1)

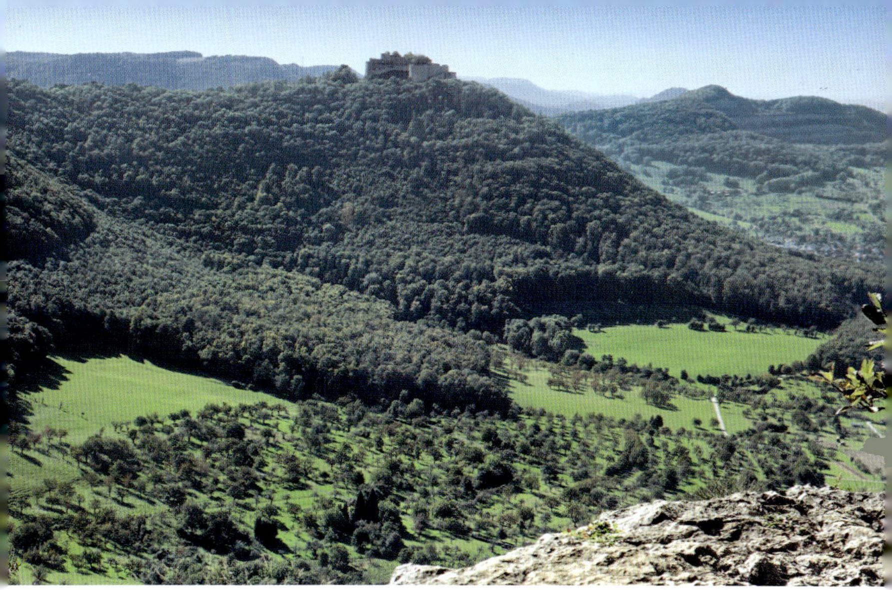

Die Festungsruine Hohenneuffen (Tour 30).

Notrufnummer 112. Die **Bergwacht Schwäbische Alb** ist unter folgenden Telefonnummern erreichbar:

- Zentrale Stuttgart Tel. +49 711 2808-0.
- Lenninger Tal Tel. +49 7022 19222
- Bad Urach Tel. +49 7125 2266
- Blautal Tel. +49 7344 21933

Information

- Tourismusverband Schwäbische Alb, Marktplatz 1, 72574 Bad Urach, Tel. +49 7125 948106, www.schwaebischealb.de.
- Tourismus-Marketing Baden-Württemberg, www.tourismus-bw.de. Touristische Informationen zu Naturzielen, kulturellen Highlights, Thermalbädern oder Kulinarischem.
- Schwäbischer Albverein, Hauptgeschäftsstelle Stuttgart, Postfach 104652, 70041 Stuttgart, Tel. +49 711 225850, www.schwaebischer-albverein.de.
- Verkehrsverbund Neckar-Alb-Donau, Tel. +49 7471 93019696, www.naldo.de.
- Fahrplanauskunft Baden-Württemberg, 3-Löwen-Takt, www.bwegt.de, Tel. +49 1805 779966.
- Biosphärengebiet Schwäbische Alb, www.biosphaerengebiet-alb.de.
- Geopark Alb: Verzeichnis der Lehrpfade, Museen, geologischen und archäologischen Highlights und Höhlen, www.geopark-alb.de.

Literatur

- Herbert Mayr: Schwäbische Alb West und Schwäbische Alb Ost. Rother Bergverlag.
- Janina und Markus Meier: Biosphärengebiet Schwäbische Alb. Wandern & Einkehren. Rother Bergverlag
- Martin Kuhnle: Premiumwandern Schwäbische Alb mit Hegau. Rother Bergverlag.
- Merian Magazin: Schwäbische Alb 1/22. Vierjahreszeiten Verlag.
- Markus Bingel: Schwäbische Alb mit Tübingen, Ulm und Ostalb. Trescher Reiseführer.

Die Wanderregion

Die Schwäbische Alb erstreckt sich durch ganz Südwestdeutschland vom Oberen Donautal bis zum Nördlinger Ries auf knapp 200 km Länge. Das markante Mittelgebirge begeistert durch mächtige Felsstufen am nördlichen Albtrauf, herrliche Burgen und Schlösser sowie ehemalige Vulkane, tiefgründige Höhlen oder magische Quelltöpfe. Der Name »Alb« leitet sich übrigens aus dem mittelhochdeutschen »albe« ab und bezeichnet eine Bergweide. Bis heute ist die Schwäbische Alb mancherorts Weideland, vor allem für Schafherden, die hier im Dienst des Landschaftsschutzes die Wacholderheiden »mähen«.

Der Albnordrand ist eine abwechslungsreiche, mit Aussichtsfelsen gespickte Region. Erklimmt man die bewaldeten Hänge der Kalkstufe, eröffnet sich die Weite der Hochfläche, auf der Ackerbau und Grünland vorherrschen. Der Albkörper bietet vor allem entlang der wenigen Flussläufe und Trockentäler interessante Wanderrouten, wobei sich nicht selten eine der äußerst sehenswerten Schauhöhlen am Wegesrand verbirgt. Der von der Donau begrenzte Südrand der nur etwa 40 km breiten Schwäbischen Alb wird durchsetzt von schmalen Tälern, die häufig von spektakulären Felsformationen gesäumt sind.

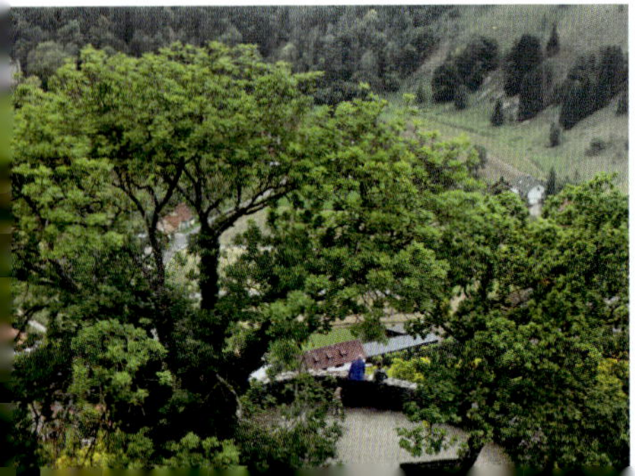

NP Obere Donau und Zollernalb

Lediglich im äußersten Südwestzipfel der Schwäbischen Alb hat sich die Donau tief in die Kalkschichten eingeschnitten und den »Schwäbischen Canyon«, ein malerisches Durchbruchstal geschaffen, das als »Naturpark Obere Donau« unter Schutz gestellt ist. Die steil aufragenden Felswände und die darin friedlich dahinschlängelnde Donau sind ein beliebtes Naherholungsgebiet. Von hier ist es nur ein Katzensprung zu den höchsten Erhebungen der Schwäbischen Alb, der Region der »Zehn Tausender«, mit dem Lemberg (1015 m) als höchstem Gipfel der Alb. Von den zehn Tausendern und den angrenzenden Hochflächen sind bei guter Sicht die Alpen deutlich auszumachen.

Rund um Albstadt präsentiert sich die Zollernalb mit einer Vielzahl von abwechslungsreichen Wanderungen an der Traufkante, durch Felsengärten und herrliche Wacholderheiden. Bei Hechingen, im ehemaligen Kernland der Grafen von Zollern, zeigt sich die südwestliche Schwäbische Alb in ihrer ganzen Pracht. Das Märchenschloss der Schwäbischen Alb, die Burg Hohenzollern, thront weithin sichtbar mit einem spektakulären Panoramablick über die gesamte Region.

Mittlere Schwäbische Alb

Die Mittlere Schwäbische Alb ist das Herzstück der Schwäbischen Alb mit vielfältigen Wandergebieten. Rund um Reutlingen und Bad Urach öffnet die Bilderbuch-Alb ihre Pforten mit zahlreichen Burgen und Schlössern

Lauschige Burgruine Hohengundelfingen (Tour 14).

Die vierbeinigen Naturpfleger der Schwäbischen Alb.

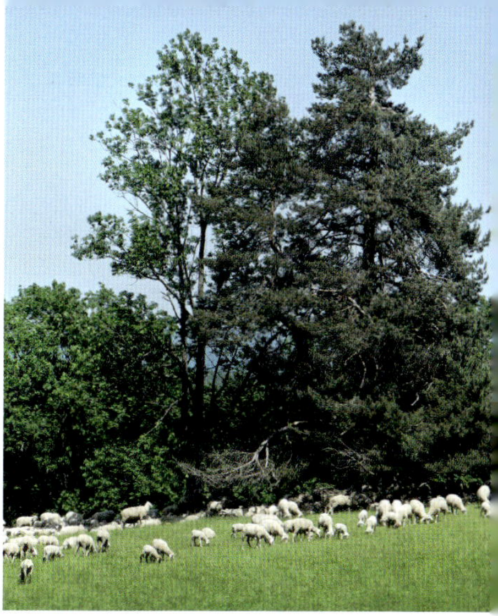

wie dem Schloss Lichtenstein. Eine Besonderheit sind die zahlreichen Vulkanschlote und -kegel, die das Gebiet der Mittleren Schwäbischen Alb bis zur Stauferalb durchziehen. Sie gehören zum einstigen sogenannten Schwäbischen Vulkan, der rund um Bad Urach und Kirchheim a.d.Teck das Landschaftsbild prägt. Die Mittlere Schwäbische Alb ist stark verkarstet und mit zahlreichen Trockentälern, Dolinen und Höhlen gespickt, wie zum Beispiel der bekannten Nebelhöhle oder der mit Booten befahrbaren Wimsener Höhle. In der wasserarmen Region sind Quellen, wie der Blautopf, und erst recht Wasserfälle, wie der Uracher Wasserfall, etwas ganz Besonderes.

Stauferalb

An der Stauferalb tritt der nördliche Albtrauf deutlich in Erscheinung mit schönen Tief- und Fernblicken, wie beispielsweise vom Hohenneuffen oder der Burg Teck. Kein Wunder, dass gerade hier das Adelsgeschlecht der Staufer, mit ihrer Stammburg, dem Hohenstaufen, seinen geschichtsträchtigen Fingerabdruck hinterließ. Ambitionierte Wanderer können hier einige Höhenmeter sammeln und die Albkante auf lauschigen Waldwegen erklimmen. Ein besonderes Naturereignis und eine besondere Sehenswürdigkeit auf der Stauferalb ist das Randecker Maar, ein ehemaliger Vulkansee. Auf der Stauferalb offenbart sich die prachtvolle Vielfalt der Wanderregion Schwäbische Alb.

Ostalb

Die Ostalb verliert allmählich an Traufhöhe und landschaftlicher Dramatik. Von der Nordkante zieht sich das waldreiche Areal des Albuchs über die Hochfläche bis vor die Tore Heidenheims, der »Hauptstadt« der Ostalb. Die anschließende Niedere Alb mit einer Höhe von 500 bis 600 m wird intensiv landwirtschaftlich genutzt und bildet die Südabdachung zur Donau hin, die von kleinen Tälern und Trockentälern wie dem Lonetal oder dem Eselsburger Tal durchsetzt ist.

Geologie

Die Geburt der geologisch betrachtet noch sehr jungen Schwäbischen Alb vollzog sich im Erdmittelalter während der Jurazeit vor knapp 200 Millionen Jahren. Ein ausgedehntes Meer wogte im Südwesten der Republik und bedeckte etwa 40 Millionen Jahre lang die Region. Die sterblichen Überreste der Meeresbewohner lagerten sich auf dem Grund ab und bildeten mächtige Sedimentschichten. Das Meer zog sich allmählich zurück, der Untergrund wurde angehoben und dabei zwischen dem Oberrheingraben und dem Molassebecken im Alpenvorland leicht verkippt. So erhielt die Alb im Süd-

westen ihre höchsten Erhebungen. Damals begann die festländische Periode mit Erosion, Abtragung und Landschaftsformung, die bis heute andauert und das Schichtstufenrelief der Schwäbischen Alb modelliert.
Im Tertiär brachte die Tektonik der Alpenfaltung Bewegung in den Untergrund der Schwäbischen Alb. Es bildeten sich Klüfte, in denen Magma aufsteigen konnte. Die dabei vor 18 bis 10 Millionen Jahren entstehenden Vulkane und Vulkanschlote sind vor allem rund um Reutlingen, Bad Urach und Kircheim a. d. Teck gut im Landschaftsbild zu erkennen. Seitdem modellieren die Erosionskräfte, schneiden ein, höhlen aus und nagen am Gestein, das im Jurameer gebildet wurde.
Das Juragestein wird unterteilt in den Schwarzen Jura, den Braunen Jura und den oben aufliegenden Weißen Jura. Die älteste der drei Juraformationen, der Schwarze Jura (auch Lias genannt), findet sich im Albvorland. Teile der Westalb und der Mittleren Alb werden hauptsächlich vom Braunen Jura gebildet, dessen Färbung vom hohen Eisengehalt herrührt. Die bis zu 400 m mächtigen Kalkschichten des Weißen Juras bilden flächenmäßig den größten Teil der Schwäbischen Alb von der Traufkante über die Mittlere Alb. Die Albfläche ist durch den Gegensatz der geschichteten Sedimente und der massiven Riffkalke geprägt.

Verkarstung

Kohlensäurehaltiges Wasser vermag die Kalke des Weißen Jura im Untergrund aufzulösen – der Prozess der Verkarstung beginnt. Das Regenwasser dringt durch feine Risse und Brüche ein, die durch tektonische Bewegung entstanden sind, und erweitern diese zu Spalten und Klüften. Auf diese Weise wurde die oberirdische Entwässerung immer weiter in den Untergrund verlegt. Ein dichtes Netz von unterirdischen Wasseradern, Karsthöhlen und -quellen, Dolinen, Erdfällen und Trockentälern entstand.

Flora und Fauna

Die natürliche Vegetation der gesamten Schwäbischen Alb wäre eigentlich ein artenreicher Laubmischwald mit Buchen, Eichen, Ahorn, Ulmen, Lärchen, Kiefern und Fichten, wie er an den Traufhängen noch existiert. Insbesondere durch die landwirtschaftliche Nutzung wurde der Wald zurückgedrängt. Aus den steinreichen Feldern wurden die Kalksteine ausgelesen und am Rand aufgeschichtet. Auf diesen Steinriegeln entwickelten sich Feldhecken vor allem mit Heckenrosen, Schlehen- und Weißdornbüschen – ein wertvolles Refugium für zahlreiche Insektenarten.
Eine Besonderheit auf der Schwäbischen Alb sind die Wacholderheiden. Durch die andauernde Beweidung von einstigen Waldgebieten, vor allem mit Schafen, entwickelten sich offene Heideflächen, auf denen Pflanzen gedeihen, die sich durch Nadeln, Dornen oder Stacheln vor Verbiss schützen konnten, wie Wacholder, Weißdorn, Schlehe oder auch die Heckenrose. Die Wacholderheiden bilden ökologische Nischen für seltene Arten wie Karthäusernelke, Bergaster, Küchenschelle, Enzian- und Orchideenarten und die Silberdistel – das botanische Wahrzeichen der Schwäbischen Alb. Zahlreiche Wacholderheiden sind aufgrund ihres Artenreichtums und ihrer besonderen Standorteigenschaften zu Naturschutzgebieten erklärt worden. Durch den Rückgang

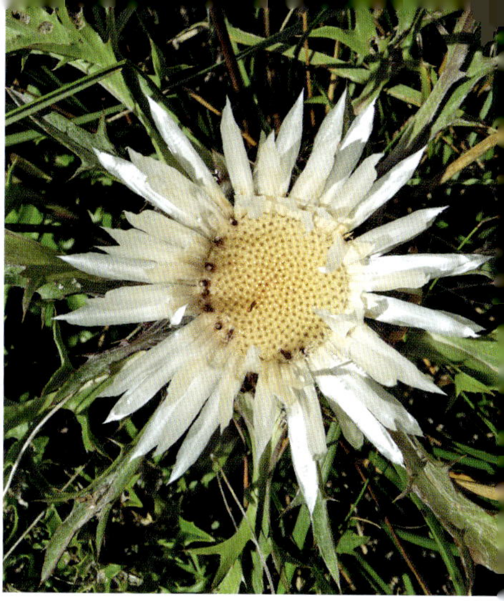

Die Silberdistel, auch Wetterdistel, steht unter Naturschutz.

der Wanderschäferei sind die Wacholderheiden gefährdet und drohen schnell zu verbuschen.

Fuchs und Hase können sich auf der Schwäbischen Alb noch gute Nacht sagen. Rehe und Wildschweine durchstreifen die Fluren und Eichhörnchen hüpfen von Ast zu Ast. Im Donautal sind einige Gämsen ausgesetzt worden, die ursprünglich aus den Alpen stammen, und auch der Luchs wird in den letzten Jahren vereinzelt gesichtet. Auf den Wiesenflächen tummelt sich eine Vielfalt an Schmetterlingen, wie der Schwalbenschwanz oder der Kleine Bär, und die wärmeliebende blauflügelige Ödlandschrecke hüpft durch die Landschaft. In den Lüften tummeln sich Rotmilan, Bussard, Heidelerche, Raufußkautz, Steinschmätzer und Berglaubsänger. Die Felswände bieten Brutplätze für Kolkrabe, Wanderfalke und Uhu, während Waldkauz und Schleiereule geräuschlos durch die Mischwälder schweben. Die Talauen sind Lebensraum des Weißstorchs, des Kiebitzes und des Graureihers. Eine besondere Bedeutung haben die über 13 vom Aussterben bedrohten Fledermausarten wie das Große Mausohr, das Braune Langohr oder die ebenfalls zu den Glattnasen zählende Bechsteinfledermaus. Die Fledermäuse überwintern in sogenannten Fledermaushöhlen, die zum Schutz der »hängenden Vampire« wie viele andere Höhlen auf der Schwäbischen Alb in den Wintermonaten geschlossen sind.

Schafherden prägen seit dem Mittelalter das Gesicht der Schwäbischen Alb – sie gestalteten die Heidelandschaft. Sie pflegen den mit Kräutern durchwachsenen Magerrasen und verhindern die Ausbreitung von Büschen, die innerhalb weniger Jahre die Wacholderheiden überwuchern würden. Die Schafe halten nicht nur die Heiden frei und licht, sondern sie transportieren auch zahlreiche Pflanzensamen und viele »blinde Insektenpassagiere« in ihrem Fell.

Im Jahr 2009 wurde das **»Biosphärengebiet Schwäbische Alb«** von der UNESCO ausgewiesen und unter besonderen Schutz gestellt. Streuobstwiesen, Magerrasen, Wacholderheiden sowie Hang- und Schluchtwälder charakterisieren diese traditionelle und einmalige Kulturlandschaft, die für zukünftige Generationen bewahrt werden soll. Mit den 29 beteiligten Städten und Gemeinden des Biosphärengebietes Schwäbische Alb wird aktiv nach Wegen gesucht, um die Natur zu schützen, eine nachhaltige Entwicklung der Landschaft zu ermöglichen und diese mit den wirtschaftlichen Aktivitäten der Menschen in Einklang zu bringen.

S. 20/21: Herrliche Solitärkiefer in den Wacholderheiden im Kiesental (Tour 18).

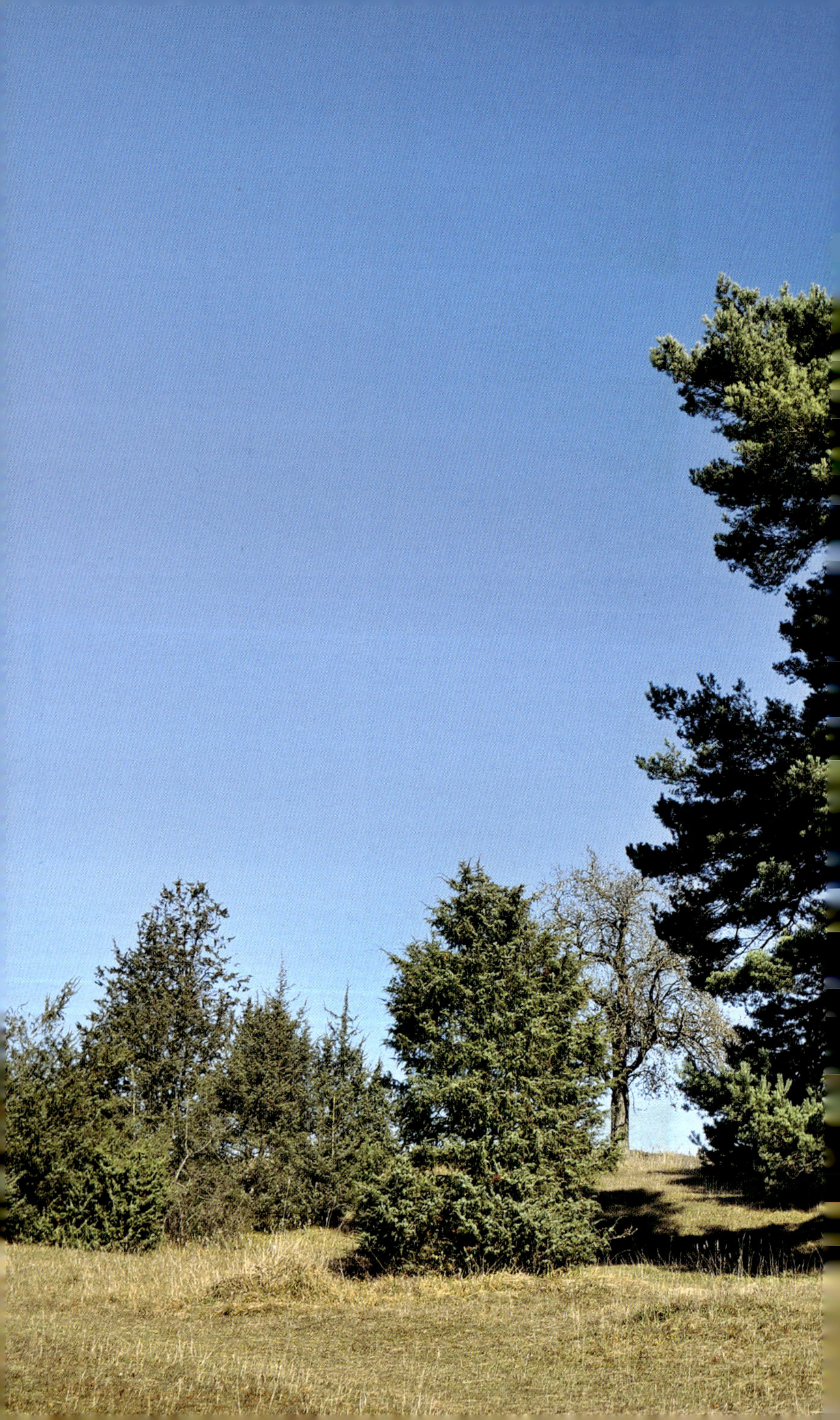

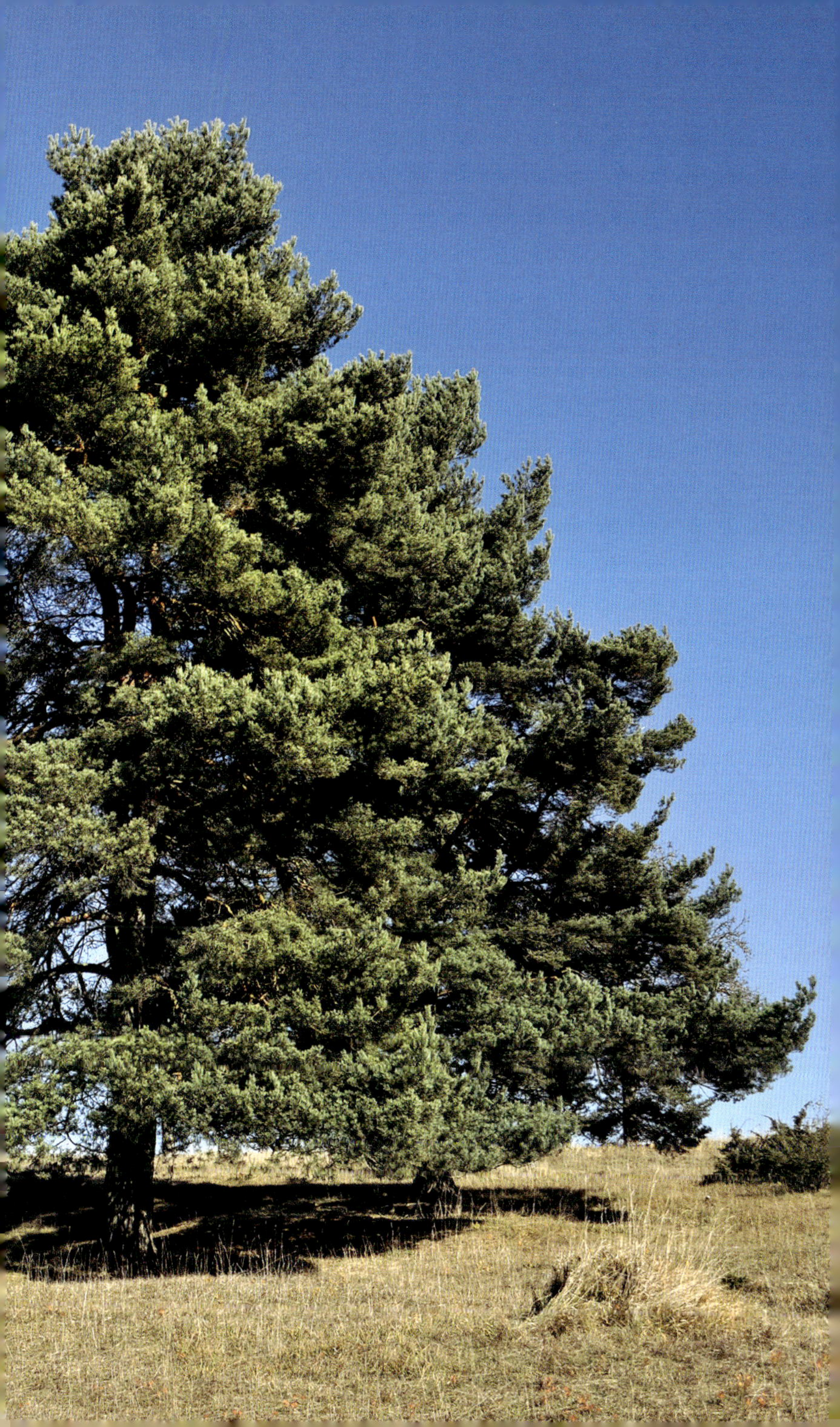

1 Stiegelesfels und Sperberloch

Zu den Aussichtsfelsen über dem Donautal

3.15 Std. | 10 km | ↗ 350 m | ↘ 350 m

Rundtour im Naturpark Obere Donau

Das Obere Donautal ist das Durchbruchstal der noch jungen Donau, die hier ihre rund 2850 Kilometer lange Reise bis ins Schwarze Meer beginnt. Bei Fridingen an der Donau verschwindet ein Teil des Flusses in den karstigen Untergrund. Der Großteil des Wassers strömt in schön geschwungenen Mäandern durch das Donaubergland. Hinter Fridingen am südwestlichen Zipfel der Schwäbischen Alb hat sich die Donau im Laufe der Geschichte tief ins Kalkgestein gegraben und ein felsenreiches Paradies geschaffen. Entlang der Steilkante eröffnen vorgelagerte Felsköpfe, wie der Laibfels oder der Stiegelesfels, herrliche Ausblicke ins grüne Donautal und über die bewaldeten Hochflächen. Im Abstieg zum Talgrund der Donau kann ein kleiner Blick ins Innere der Schwäbischen Alb geworfen werden. Der große Höhleneingang des Sperberlochs ermöglicht durch eine Engstelle hindurch den Eintritt in eine große Halle mit beeindruckenden Versinterungen. Entlang der Donau geht es auf einer kaum begangenen Route durch Feuchtwiesen und meist am Waldrand flussaufwärts. Am steilen Prallhang unterhalb vom Stiegelesfels und Burgstall überziehen Kalkschuttfelder die Böschung. Mit etwas Glück können hier Gämsen gesichtet werden, die seit einigen Jahrzehnten im Naturpark Obere Donau heimisch sind. Eine Runde mit Fokus auf das Durchbruchstal der Donau, seine Felslandschaften und Aussichtshorste.

Der steile Stiegelesfels hoch über dem Donautal.

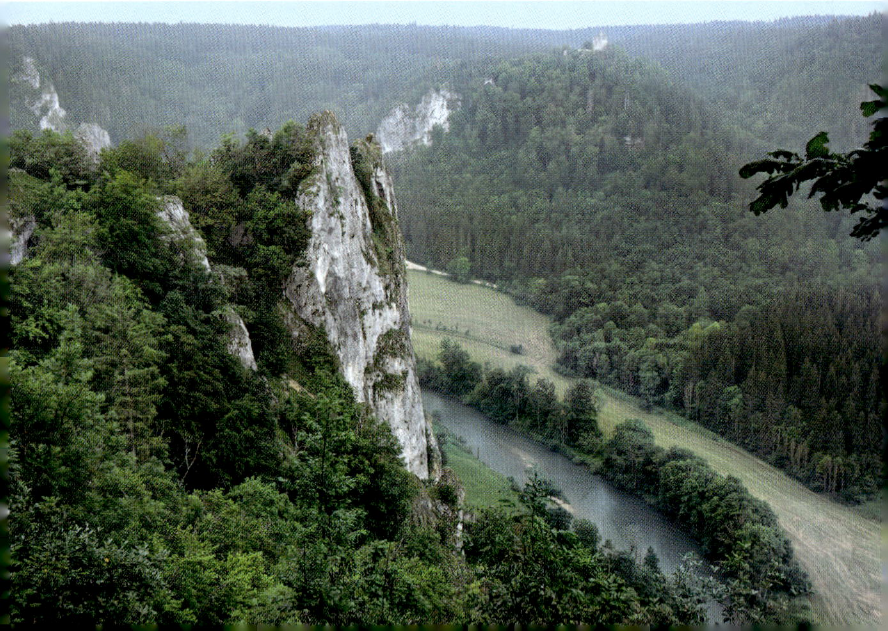

Gemächlich mäandert die Donau im Tal.

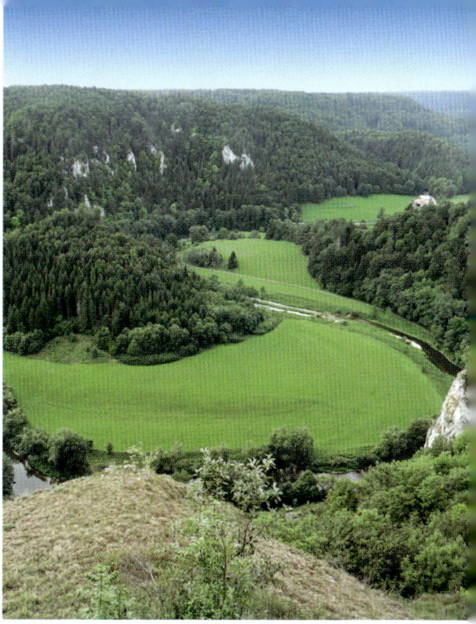

Ausgangsort: Fridingen an der Donau, Parkplatz am Skilift Antoni, 670 m, am östlichen Ortsrand.
Anfahrt: Von Tuttlingen auf der L277 nach Fridingen, geradeaus auf der Donaustraße, nach rechts in die Bahnhofstraße, links in Ob der Stadt und Kirchberg zum Parkplatz Skihütte/Antoni. ÖPNV: Ab Tuttlingen mit der Regionalbahn, Linie 55 bis Bahnhof Fridingen. www.efa-bw.de. Weiter in 20 Min. über Bahnhofstraße und links in Ob der Stadt und Kirchberg zum Ausgangsort.
Anforderungen: Trittsicherheit im Bereich der Felsen.
Orientierung: An der Felskante verläuft die Route zum Teil entlang des Donauberglandweges (blau-grüner Ring) sowie auf unmarkierten Pfaden und Waldwegen. Im Donautal ist die Strecke nicht gekennzeichnet und kurzzeitig vor dem Bettelmannsfels auch weglos.
Einkehr: Scharfeck, Mo. Ruhetag, www.scharfeck.de. Hotel & Gasthaus Sonne, www.sonne-fridingen.de. Gasthaus Löwen, www.loewen-fridingen.de. Pizzeria Wendelstein, Tel. +49 7463 9952777. Kurzer Abstecher und Furt über die Donau: Jägerhaus, www.jaegerhaus.de.
Übernachtung: Hotel & Gasthaus Sonne, www.sonne-fridingen.de. Gasthaus Löwen, www.loewen-fridingen.de.
Variante: Abkürzung zwischen Stiegelesfels und Sperberloch auf Forstweg nach rechts direkt zur Donau (insgesamt 7 km, 2.00 Std., ↗ 350 m, ↘ 350 m).
Hinweis: Taschen-/Stirnlampe für die Erkundung des Sperberlochs.
Karten: Freizeitkarte F526 Sigmaringen, Tuttlingen, 1:50.000, LGL Baden-Württemberg, www.lgl-bw.de.

Vom großen Parkplatz am **Skilift Antoni** ❶ am Ende der Straße starten wir bergan in östliche Richtung. Auf einer Informationstafel am Rand des Parkplatzes werden die Wanderwege der Region präsentiert. Es geht durch eine Fahrzeugschranke und nach wenigen Metern auf Höhe der Skihütte nach rechts auf einen Pfad, der über den Skihang bergan führt. Über die bunte Blumenwiese gelangt man rasch zum Wanderstandort »Am Antoni«. Hier folgen wir dem Wegweiser nach links durch den Nadelmischwald in Richtung Laibfelsen. Nach 400 m auf dem Waldpfad gelangen wir auf einen schmalen Felssporn, den **Laibfelsen** ❷, einen wunderbaren Aussichtspunkt über dem Oberen Donautal. Tief unter unseren Füßen liegen die Talmäander der jungen Donau, die steilen, bewaldeten Hänge und auf der gegenüberliegenden Talseite die hochmittelalterliche Burgruine Kallenberg.
Vom Laibfelsen geht es einige Meter zurück und dann nach rechts auf einen Pfad, der Teil des mit einem blau-grünen Ring gekennzeichneten Donauberglandweges ist. Der Weg folgt leicht bergan der Abbruchkante und ist vor allem an Wochenenden recht gut frequentiert. Wir gelangen zur Mattheiser Kapelle, die

der Einsiedler Matthias Epple 1922 zu Ehren der Dreifaltigkeit erbauen ließ. Hier zweigt ein Pfad ohne Markierung nach rechts ab, auf dem wir durch den Nadelmischwald steil absteigen. Der Pfadspur folgen wir gut 200 m zu einem Ausläufer der Albkante zum sogenannten **Burgstall** ❸. Von der einstigen Burg sind nur noch fragmentarisch die Grundmauern zu erahnen, aber dafür eröffnet sich ein weiter Blick ins und über das Donautal hinweg. Links ist die beeindruckende Steilwand des Stiegelesfelsens, eines weiteren Felsensporns, schon zum Greifen nah. Von dem einsamen und etwas unwegsamen Abstecher geht es zunächst auf dem gleichen Weg zurück und nach knapp 150 m am zweiten Pfadabzweig nach rechts. Dieser schmalen Spur im Wald folgen bis dieser an einer Rastbank unter einer ausladenden Eiche wieder auf den Donauberglandweg trifft. Die Bank ist ein beliebter Rast- und Aussichtsplatz, natürlich mit Donaublick.

Bis zum Sieglesfelsen geht es an den Verzweigungen stets nach rechts in unmittelbarer Nähe der Abbruchkante. Der **Stiegelesfels** ❹ ist einer der eindrucksvollsten Aussichtsfelsen mit fesselnden Tiefblicken ins Obere Donautal. Steil und stattlich thront das bizarre Felsriff über der Schlucht mit den engen Flussschleifen der gelassen dahinfließenden, idyllischen Donau. Am östlichen Felsabsturz sind noch Mauerreste der Burgruine aus dem 12. Jahrhundert zu entdecken. Einige Meter zurück auf dem Felspfad, dann nach rechts und wir münden wieder auf dem Hauptweg ein. Diesen nach rechts nehmen und nach 250 m am Waldrand an der Verzweigung Otterntäle geradeaus. Dabei verlassen wir den Donauberglandweg und werden nun von der roten Gabel in Richtung Jägerhaus durch den Laubmischwald begleitet. Wir ignorieren sämtliche abzweigenden Wege nach links und erreichen nach knapp 600 m eine Gabelung der Forstwege. Hier biegt die abkürzende Variante nach rechts ab. Wir bleiben auf dem Forstweg geradeaus, der leicht abschüssig wird und nach weiteren 600 m in einen schmalen Pfad übergeht. In Serpentinen verlassen wir die Kalkhochfläche und schlängeln uns bergab zum **Sperberloch** ❺. Linker Hand öffnet sich die große Höhlenöffnung. Mit einer Taschenlampe ausgerüstet kann man die durch den vorderen Raum über eine kurze Engstelle einen über 10 m hohen hinteren Höhlenraum mit schönen Versinterungen erkunden. Vor dem Höhleneingang wandern wir weiter auf dem nun recht steilen Zickzackpfad bergab rechts haltend zur Donau. Bei niedrigem Wasserstand besteht hier eine Furt auf die andere Flussseite zum Jägerhaus – einer netten Rast- und Einkehrmöglichkeit.

An der Donau geht es nach rechts auf einer Wiesenspur ohne Kennzeichnung parallel zum Flussufer. Durch die satte Wiese schlendern wir an einem Schuppen vorbei und dann an einer Staustufe weglos diagonal

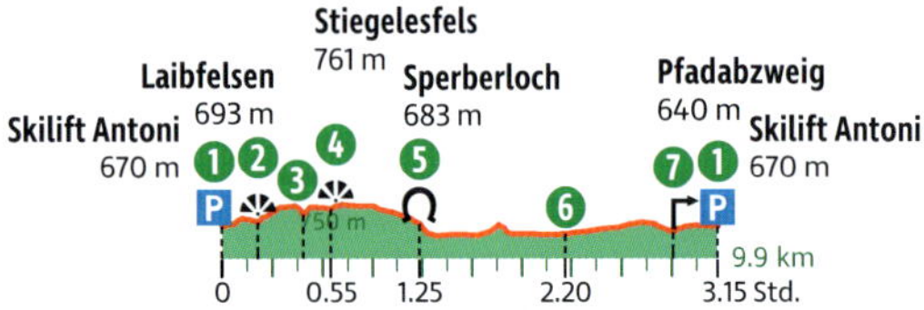

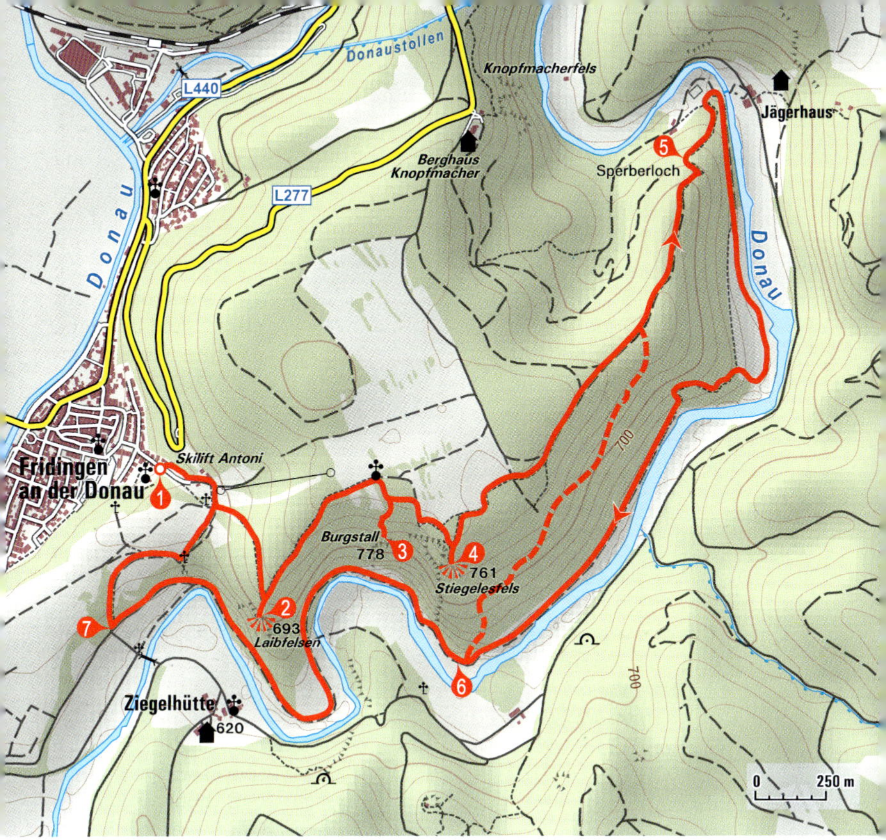

nach rechts zum Waldrand. Hier treffen wir auf einen Pfad (ohne Markierung), der nach links moderat ansteigend über den Bettelmannsfels verläuft. Der Fels blockiert hier den Weg direkt am Flussufer und zwingt uns zu diesem kleinen Schlenker über seinen Felsrücken. Nach dem kurzen Anstieg geht es schon wieder bergab. Der Pfad mündet am Waldrand auf einen geschotterten breiten Talweg. Rund drei Kilometer folgen wir dieser Strecke zwischen Donau und Waldrand. Nach 1 km mündet von rechts ein **Forstweg 6** ein – hier trifft die abkürzende Variante wieder auf die Hauptroute. Unmittelbar danach wandern wir entlang von zahlreichen Schuttfeldern im Prallhang unterhalb des Stiegelesfelsens und des Burgstalls. Mit viel Glück können hier die geländegängigen Gämsen beobachtet werden, die sicher über die Schuttfelder ziehen. Nach einer weiteren Donauschlinge gelangen wir auf der Höhe einer Rad- und Fußgängerbrücke zu einer Wegkreuzung. Wir wenden uns am **Abzweig 7** auf den Pfad nach rechts, der mit der roten Gabel gekennzeichnet durch ein Wäldchen bergan führt. Wir ignorieren eine Abzweigung nach rechts, schreiten über den Grashügel des Lugen und treffen wieder auf den bekannten Skihang. Hier halten wir uns links und erreichen auf diesem Weg nach wenigen Minuten den Parkplatz am **Skilift Antoni 1** am Ortsrand von Fridingen an der Donau.

2 Schloss Wildenstein

Von der Donau zum beliebten Aussichtshorst

2.45 Std. | 7,4 km | ↗320 m | ↘320 m

Abenteuerliche Runde zwischen Donautal und Burg Wildenstein

Diese Tour ist voller Überraschungen mit speziellen kulturellen Sehenswürdigkeiten und Naturschauspielen. Auf verwilderten Pfaden geht es über einen Felsdurchgang hoch zur Benediktushöhle, die im regionalen Sprachgebrauch auch schlicht Einsiedlerhöhle genannt wird. Die im hinteren Teil verschüttete Durchgangshöhle ist dem heiligen Benedikt von Nursia, dem Ordensgründer der Benediktiner, geweiht. Hier am sogenannten Käpfle, einer kleinen Anhöhe, hat man einen hübschen Blick auf die Donauschleife im Tal und die gegenüberliegenden Felsen mit der Burg Wildenstein. Doch bis dahin überrascht erst einmal die Mauruskapelle am Fuß des Käpfles. Sie wurde im 19. Jahrhundert zu Ehren des heiligen Maurus errichtet, der wundersamerweise über das Wasser gehen konnte. Sie zeigt die Verschmelzung von altägyptischen, byzantinischen und christlichen Stilelementen auf verblüffende Art mit bunten Fresken und vielfältiger Ornamentik. Über den wildromantischen Leibertinger Tobel mit tollen Felsformationen führt der Weg zur Burg Wildenstein. Sie thront seit Anfang des 16. Jahrhunderts auf einem künstlich abgeschrofften Felsen über dem Donaudurchbruchtal. Selten trifft man auf der Schwäbischen Alb auf Burgen, die nahezu in ihrer Ursprünglichkeit erhalten geblieben sind. Über den tiefen Halsgraben geht es in den Burghof zur beliebten Einkehr zwischen historischen Mauern. Richtig spannend gestaltet sich der Abstieg über den steilen und zum Teil aufgelassenen Ritterweg zwischen Felsriegeln hindurch zurück ins Donautal. Auch diese Felsen waren einst mit kleinen Burgen bestückt, getreu dem Motto: jedem Fels seine Burg.

Ausgangsort: Bushaltestelle St. Maurus, 640 m, an der L277 zwischen Beuron und Fridingen.

Anfahrt: Von Sigmaringen auf der L277 in Richtung Beuron/Tuttlingen im Donautal. Nach knapp 25 km Bushaltestelle St. Maurus direkt an der L277 mit einer geringen Anzahl von Parkmöglichkeiten. Alternativ kann der große Parkplatz am Kloster Beuron genutzt und der Ausgangspunkt mit der Buslinie 450, die zwischen Sigmaringen und Beuron verkehrt, erreicht werden. Fahrpläne unter: www.kvb-sig.de.

Anforderungen: Trittsicherheit im Abstieg auf dem Rittersteig von der Burg Wildenstein.

Orientierung: Der Einstieg der Tour erfordert etwas Spürsinn. Bis zur St. Mauruskapelle ist der aufgelassene Pfad nicht bezeichnet. Gute Kennzeichnung (rotes Dreieck, HW2) bis zur Burg Wildenstein, außer dem leicht auszumachenden Pfadabschnitt oberhalb des Leibertinger Tobels. Spannend ist die Orientierung und der Abschnitt im Abstieg auf dem Ritterweg. Keine Markierung und im Beginn weglos zieht sich der Pfad auf Spuren zwischen zwei Felsriegeln zu einem Waldwirtschaftsweg. Im weiteren Verlauf ist die Route nicht ausgewiesen, aber problemlos zu finden.

Einkehr: Burgschenke Burg Wildenstein, Tel. +49 7466 411, Mo. Ruhetag außerhalb der Schulferien.

Übernachtung: Jugendherberge Burg Wildenstein, www.jugendherberge.de.

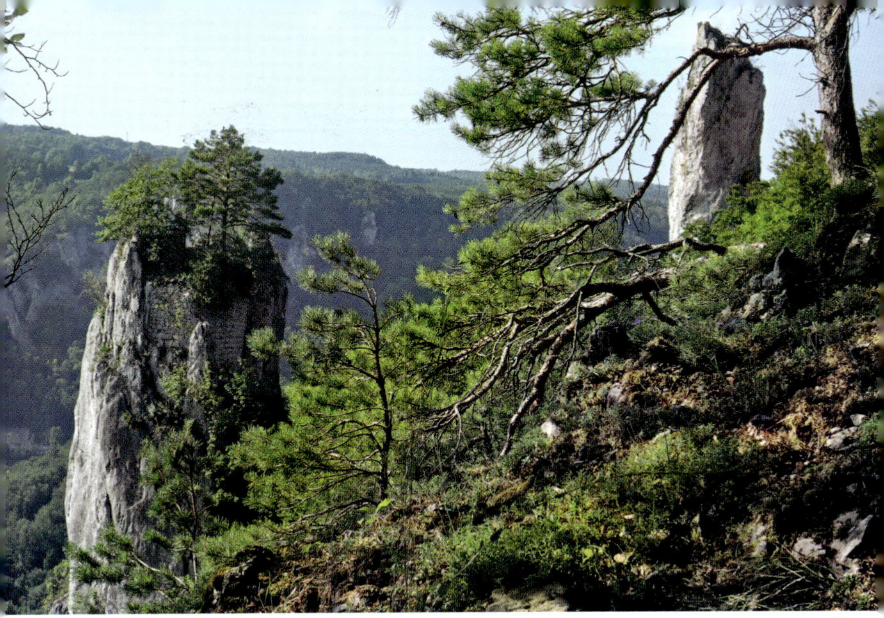

Markante Kalksteinsäulen unterhalb der Burg Wildenstein.

Variante: Umgehung des Rittersteiges auf breitem Forstweg über Wanderparkplatz Burg Wildenstein geradeaus zum Abzweig Donausteige nach rechts bergab. Diesem Wirtschaftsweg folgen bis zum Weg neben Donau (zusätzlich 2 km, 25 Min., ↘ 230 m).

Karten: Freizeitkarte F526 Sigmaringen, Tuttlingen, 1:50.000, LGL Baden-Württemberg, www.lgl-bw.de.

Von der **Bushaltestelle St. Maurus** ❶ marschieren wir auf der Maurusstraße knapp 100 m in südliche Richtung. Wir richten die Aufmerksamkeit auf die ansteigende Hangseite und wenden uns auf einen recht eingewachsenen Pfad ohne Kennzeichnung nach links. Dieser Pfadabzweig befindet sich rund 50 m bevor ein Weg nach rechts hergab zum Donausteg von der Maurusstraße abzweigt. Wenn man die Pfadspur entdeckt hat, ist der weitere Streckenverlauf einfach zu finden. Im moderaten Anstieg wandern wir durchs Gebüsch entlang der Hangschulter des Käpfles. Rasch wird der Pfad kurz steil und steinig und bringt uns zu einem Felsübergang und dahinter zur Benediktushöhle. Die mit einem Zaun gesperrte Grotte ist ein kleiner Andachtsplatz mit Kerzen, Blumen, einem Marienbildnis und der namensgebenden Figur des heiligen Benedikt von Nursia. Vor der Höhle öffnet sich das Laubdach und gibt einen hübschen Blick frei auf die bewaldete Hangkante und die Donauschleife, die das Käpfle umfließt. In einer fernen Zukunft wird das Käpfle isoliert von der Albtafel als Umlaufberg im Donautal stehen. Ein gut angelegter Serpentinenpfad bringt uns bergab zur **St. Mauruskapelle** ❷, die wir nach ca. 15 Min.

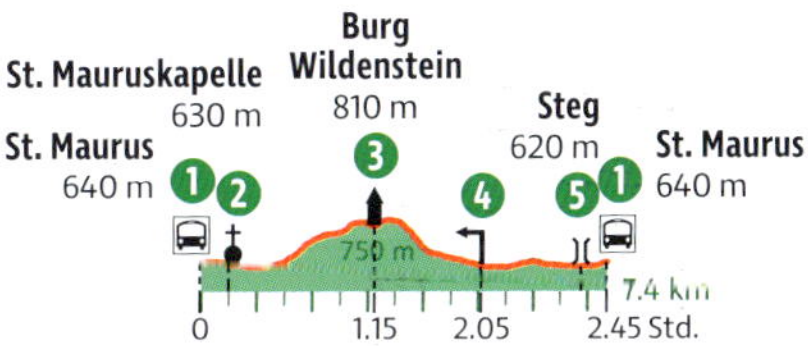

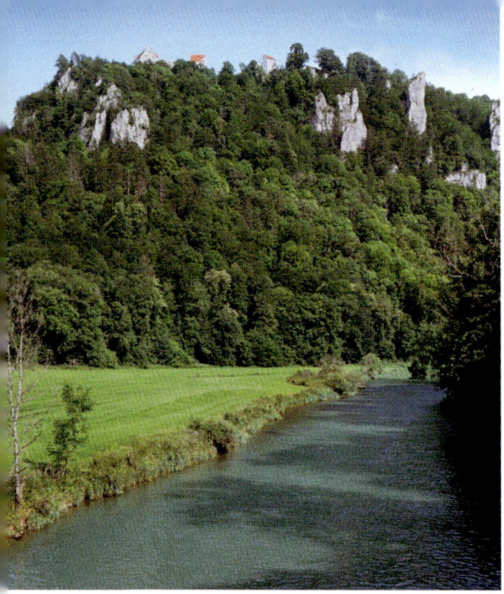

Burg Wildenstein über der jungen Donau.

von innen und außen bestaunen können. Auf der Straße wenden wir uns nach links, folgen der Markierung rotes Dreieck und biegen nach 500 m nach rechts auf den Steg über die Donau ab. An der Verzweigung am Waldrand folgen wir dem HW 2, dem Schwäbische-Alb-Südrand-Weg, geradeaus hinein in den schattigen Hangwald. Auf dem bequem ansteigenden Weg, der auch im Gegensatz zur restlichen Wanderroute gut frequentiert ist, erwandern wir einen schmalen Taleinschnitt, der immer enger und steiler wird. Schließlich stehen wir im Talschluss vor einer von den Naturkräften beeindruckend geformten Felsformation mit Höhlen, dem Leibertinger Tobel. An dieser Felsengalerie halten wir uns nach rechts und folgen dem Wegweiser Oberer Tobel auf einem ansteigenden Serpentinenpfad ohne Markierung. Bald folgt der Pfad einem sanften, idyllischen Taleinschnitt weiter durch den Mischwald. An der Verzweigung Leibertinger Tobel geht es nach rechts in Richtung Burg Wildenstein (Rote-Gabel-Markierung). Nach wenigen Metern nochmals rechts halten auf einen leicht ansteigenden Weg. Dabei alle Abzweigungen nach links ignorieren. Nach 600 m endet unser Weg am großen Rast- und Grillplatz unmittelbar an der Burg Wildenstein. Auf der Brücke über den Halsgraben gelangen wir in die **Burg Wildenstein** **3**, die heute als Jugendherberge genutzt wird, und im Burghof lädt die Burgschenke zur Einkehr und Rast.

Mit der Burg im Rücken geht es geradeaus bis zum Wanderparkplatz mit Infostand. Wir zweigen nach rechts ab und nach 100 m geht es weglos und ohne Kennzeichnung

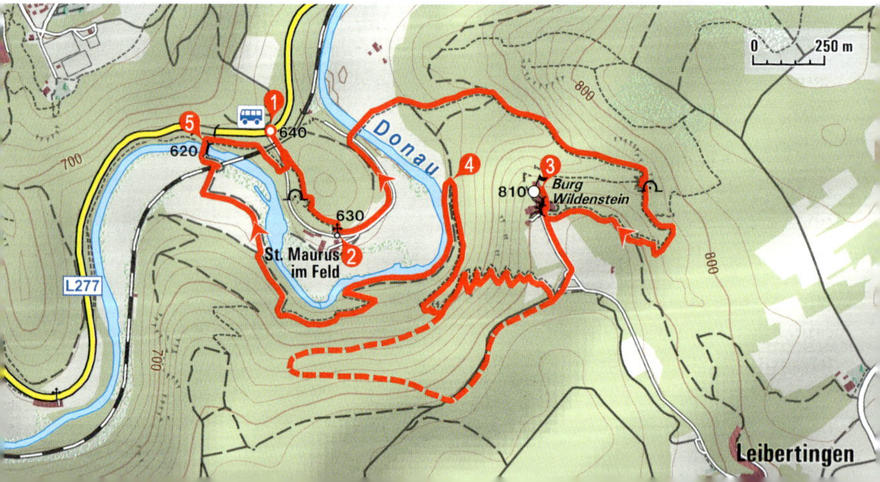

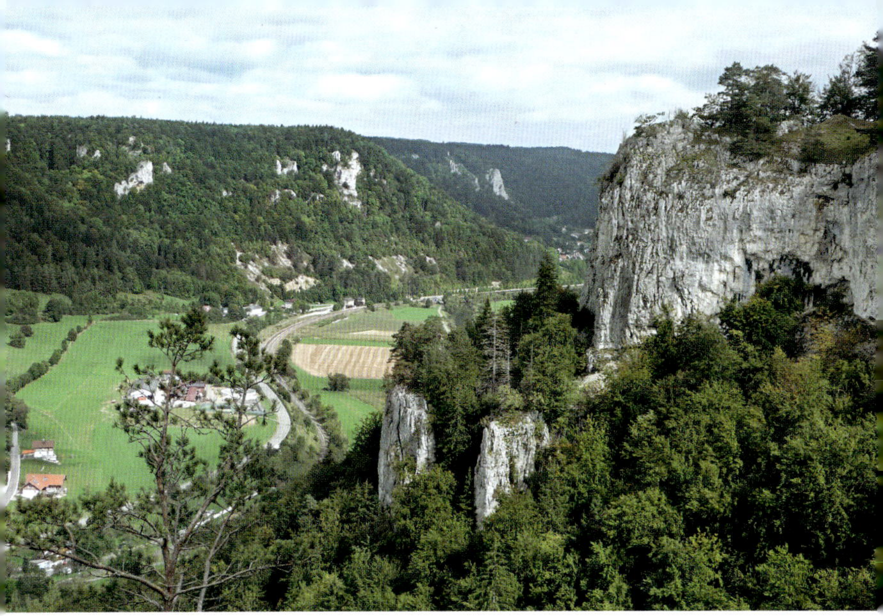

Liebliche Landschaft des Oberen Donautals.

nach rechts über ein Wiesengelände, das wir leicht links haltend durchschreiten. Am Waldrand muss man wahrscheinlich etwas links und rechts suchen und einige Meter in den Wald hineingehen, um den Beginn des Pfades aufzuspüren. An der Albkante tritt er dann zwischen zwei Felsspornen deutlicher zutage. Der sogenannte Ritterweg spurt sich als Zickzackweg zwischen dem Felsriegel rechts mit der ehemaligen Wildensteiner Burg Hexenturm und einem ausnahmsweise unbebauten Schrofen steil bergab. Der aufgelassene, von der Natur zurückeroberte Pfad führt tendenziell leicht links haltend über kleine Geröllfelder und mündet schließlich auf einen Forstweg. Auf diesem wenden wir uns ohne Kennzeichnung nach rechts und marschieren 350 m weiter bergab zu einem querenden **Weg 4**, der dem Donauufer folgt. Hier geht es ohne Bezeichnung nach links, an der stattlichen Rote-Brunnenhöhle vorbei, die im Volksmund auch Maurushöhle genannt wird. Diese Höhle ist mit 380 m die bisher längste erforschte Höhle im Donautal. Sie ist zum Schutze der Fledermäuse bis auf einen winzigen Durchlass für die Flattermänner zugemauert. Nur fünf Gehminuten nach der Höhle erreichen wir den Maurusfelsen, der uns den direkten Weg im Uferbereich der Donau versperrt. Auf einem Pfad nach links erklimmen wir rasch den kleinen Felsen und wandern dann auf einem schmalen Weg zurück zum Ufersaum. Vor dem Wehr an der Weggabelung nach rechts auf einen Wiesenweg und nach 300 m nochmals nach rechts abbiegen auf einen Radweg. Dieser unterquert die Bahnlinie und führt auf einem **Steg 5** über die Donau zum gegenüberliegenden Ufer. Auf dem Donauradweg nach rechts und kurz die Böschung hoch, dann mündet der Radweg auf die Maurusstraße ein, auf der wir unseren Ausgangspunkt an der **Bushaltestelle St. Maurus 1** nach erlebnisreicher Runde erreichen.

3 Schlossruine Hausen

Kleine Felsenrunde mit Donautalblick

1.30 Std. | 4,5 km | ↗ 250 m | ↘ 250 m

Auf eine Felsengalerie im Herzen des Schwäbischen Canyons

Im Kerngebiet des Donautals ragen nicht nur weiße Kalkwände und einzelne Felsbastionen aus dem grünen Laub- und Nadeldach der dichten Hangwälder, sondern unzählige dieser Schroffen sind mit einer Burg, einem Schloss oder deren Ruinen bekrönt. Die steinernen Überreste zeugen von einer herrschaftlichen, geschichtsträchtigen und zugleich wehrhaften Epoche vom Mittelalter bis ins 16. Jahrhundert hinein. Die bizarre Landschaft im jungen Donautal bot den Herren, Grafen und Fürsten dieser Region ein reichhaltiges Angebot an Baustätten – immerhin versammeln sich zwischen Tuttlingen und Sigmaringen rund vierzig dieser ehrgeizigen Gebäude. Von der Burg der Herren von Hausen aus dem 11. Jahrhundert ist die Giebelwand und ein Außenturm erhalten geblieben. Die Burgruine schwebt weit oberhalb des Donautals und ist frei zugänglich. Eine Besonderheit im Oberen Donautal ist die Steppenheidevegetation im Bereich südexponierter Kalkgesteine. An diesen extremen Standorten gedeiht eine seltene Pflanzenwelt mit zahlreichen Arten, die normalerweise aus völlig anderen Klimaregionen wie zum Beispiel dem Mittelmeerraum oder aus vergangenen Klimaepochen stammen. Diese kleine und feine Runde zeigt die naturräumliche Vielfalt, blättert im Buch der Geschichte und offenbart die landschaftliche Schönheit im Naturpark auf zumeist einfachen und außerhalb der Sommerwochenenden recht stillen Wegen.

Blick auf die Schlossruine Hausen und den Vorturm.

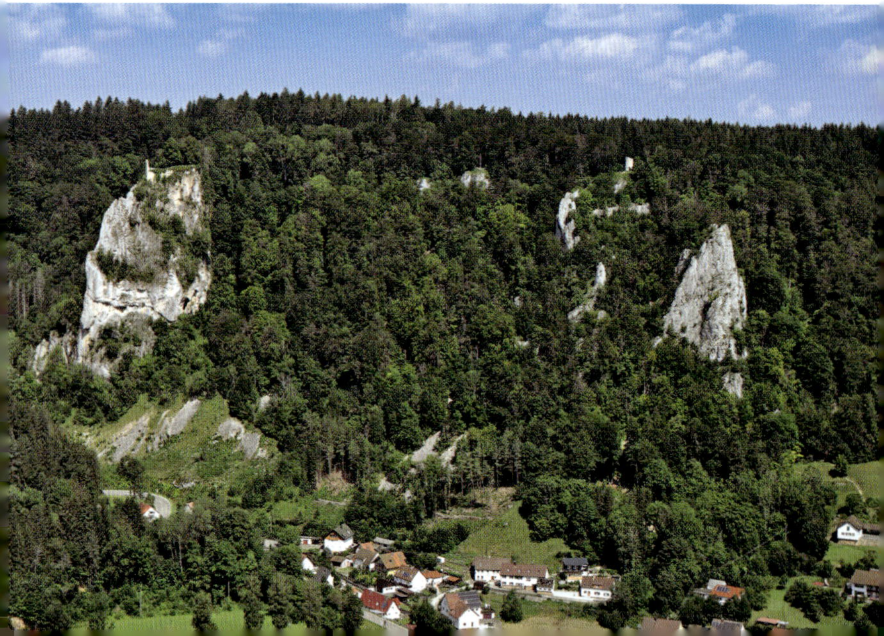

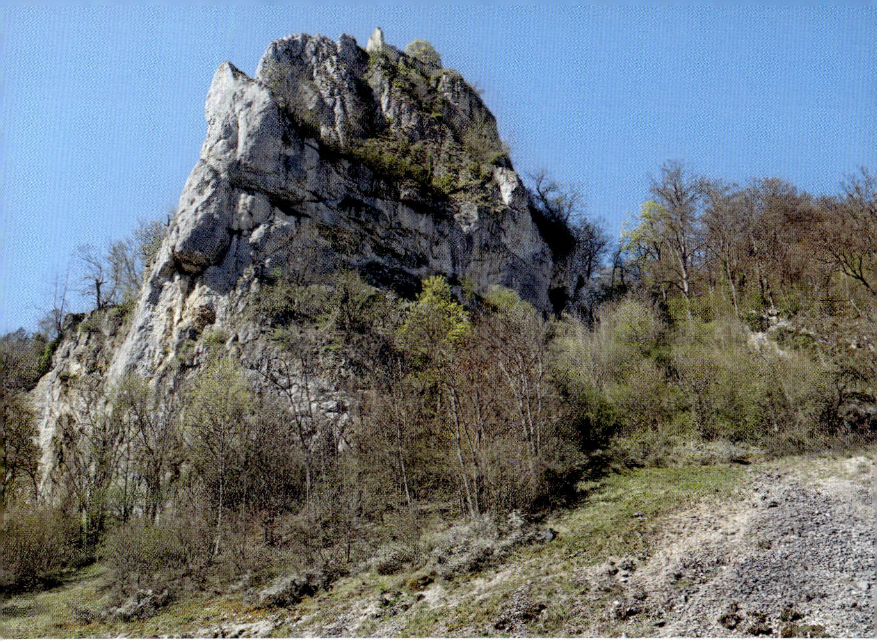

Steiler Felssporn mit den Ruinen des Schlosses Hausen.

Ausgangsort: Hausen im Tal, 597 m, Parkplatz Ortsmitte.
Anfahrt: Von Tuttlingen oder Sigmaringen auf der L 277 bis nach Hausen im Tal.
Mit ÖPNV ab Tuttlingen oder Sigmaringen mit RB 55 bis Bahnhof Hausen im Tal. Von da 1 km in östliche Richtung bis zur Ortsmitte von Hausen.
Anforderungen: Trittsicherheit im Abstieg von der Schlossruine Hausen zum Ortsrand von Hausen im Tal.
Orientierung: Nicht kompliziert. Bis zur Schlossruine Hausen teilweise Markierung und Beschilderung. Im Abstieg ohne Bezeichnung, aber einfach zu orientieren.
Einkehr: Gasthof Steinhaus.
Übernachtung: Gasthof Steinhaus, www.gasthof-steinhaus.de. DAV Ebinger Haus, für Selbstversorger, www.alpenverein-ebingen.de.
Tipp: Stimmungsvolle kleine Runde zum Sonnenauf- und Sonnenuntergang.
Karten: Freizeitkarte F526 Sigmaringen, Tuttlingen, 1:50.000, LGL Baden-Württemberg, www.lgl-bw.de.

Vom Parkplatz in der Ortsmitte von **Hausen im Tal 1** starten wir auf der Kirchstraße, der Ortsdurchgangsstraße, nach rechts zur großen Straßenkreuzung in Hausen im Tal. Ein Wanderwegweiser verrät uns, dass es auf der markierten Strecke (rote Raute und gelber Ring) nur 2 km bis zur Schlossruine Hausen sind. Ein Blick zu den Felsen oberhalb von Hausen im Tal bestätigt diese Angabe, denn die Kalkschroffen mit der Schlossruine Hausen scheinen wirklich zum Greifen nah. Wir orientieren uns an der zentralen Straßenkreuzung nach links in die Schwenninger Straße und nach knapp 150 m nach rechts

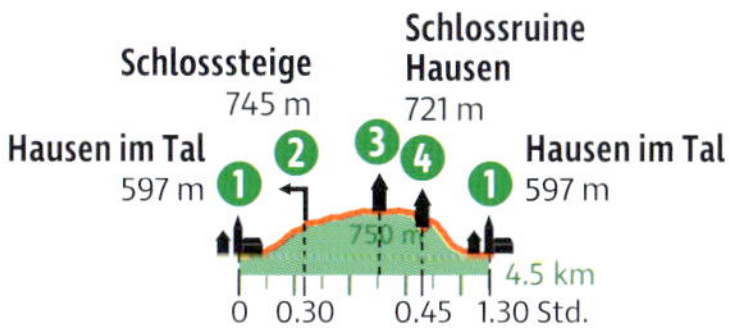

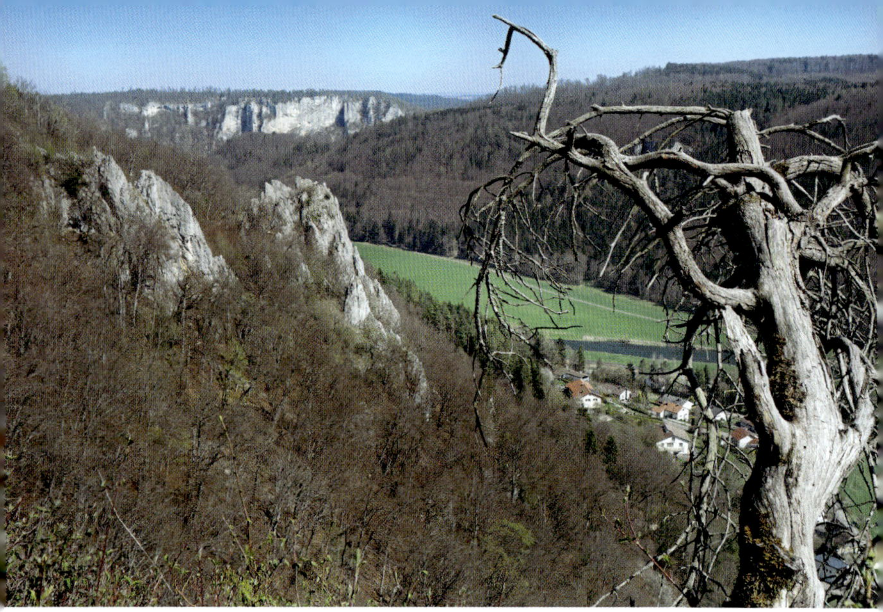

Donauaue eingerahmt von Kalkfelsen.

ab auf einen Fußweg, der unmittelbar auf der Tobelstraße einmündet. Dieser wenig befahrenen Ortstraße folgen wir nach links bis zu einer Straßengabelung. An dieser geht es nach rechts in die Schlosssteige bergan zum Ortsrand von Hausen im Tal. Nach 100 m zweigt ein Schotterweg nach links ab, dem wir nun weiter den Hang hinauf folgen. Bald

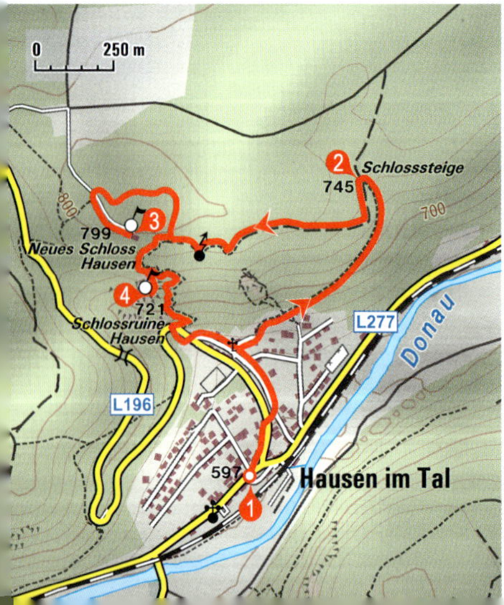

darauf queren wir geradeaus einen Weg, der nach rechts zum DAV-Selbstversorgerhaus, dem Ebinger Haus, führt und nach links zum Zustieg für Kletterer an den Stuhlfels. Entlang einer Trockenwiese mit hübschen Blicken ins Donautal und vor allem auf die markanten Felssäulen des St.-Anna-Fels und den Schlossfelsen der gegenüberliegenden Kante geht es ansteigend in den Mischwald. Wir bleiben dem bergan führenden Hauptweg treu und ignorieren die abzweigenden Wege bis zur Verzweigung **Schlosssteige 2**. Das Schild weist uns den Weg nach links in Richtung Ruine Schloss Hausen. Von diesem markierten Weg, der auf der Hochfläche der Hangkante folgt, zweigt nach 50 m ein Pfad nach links ab. Dieser nicht bezeichnete Pfad verläuft parallel zum markierten breiten Weg ebenfalls entlang der Abbruchkante durch den Mischwald.

Am Vorturm, der bereits zur ehemaligen Schlossanlage von Hausen gehört, genießen wir eine wunderschöne Aussicht ins Obere Donautal und auf den unmittelbar unter uns befindlichen Stuhlfels mit seinem Gipfelkreuz. Am Turm wenden wir uns nach rechts und dann nach links auf den markierten Weg entlang der Hangkante, der uns nach wenigen Minuten zu einer Weggabelung bringt. Wir entscheiden uns für den rechten Abzweig, der dem Schwäbische-Alb-Südrandweg, dem HW2, folgt. Es ist ein kurzer Abstecher zum **Neuen Schloss ❸**, der links haltend entlang des bescheidenen Schlossgartens führt. Das Schloss ist im Privatbesitz und kann (nur) vom Weg aus eingesehen werden. Zurück vom Abstecher an der Weggabelung folgen wir nun dem Abzweig nach links auf einen abschüssigen Pfad und Stufenweg, der über eine Brücke zum Felskopf mit der **Schlossruine Hausen ❹** führt. Vom Schloss hat der Zahn der Zeit nicht mehr viel übrig gelassen, außer einer Giebelwand, der zeitlosen weiten Aussicht auf das Durchbruchstal der Donau und dem Tiefblick auf Hausen im Tal. Vom ehemaligen Schlossgelände wandern wir zurück bis über die Brücke und nehmen hier einen unmarkierten Pfad nach rechts. Dieser steile und geröllige Pfad ist nicht gepflegt, aber dennoch gut auszumachen und sicher zu begehen. An einem Geröllfeld mündet er am Ortsrand von Hausen im Tal auf die Schwenninger Straße ein. Für 50 m folgen wir der Straße nach links und biegen dann auf die Tobelstraße nach links ab. Wir passieren den Abzweig der Schlosssteige und wandern auf dem bekannten Weg zurück zum Parkplatz in der Ortsmitte von **Hausen im Tal ❶**.

Ein Holzsteg führt zum Felsen mit der Schlossruine.

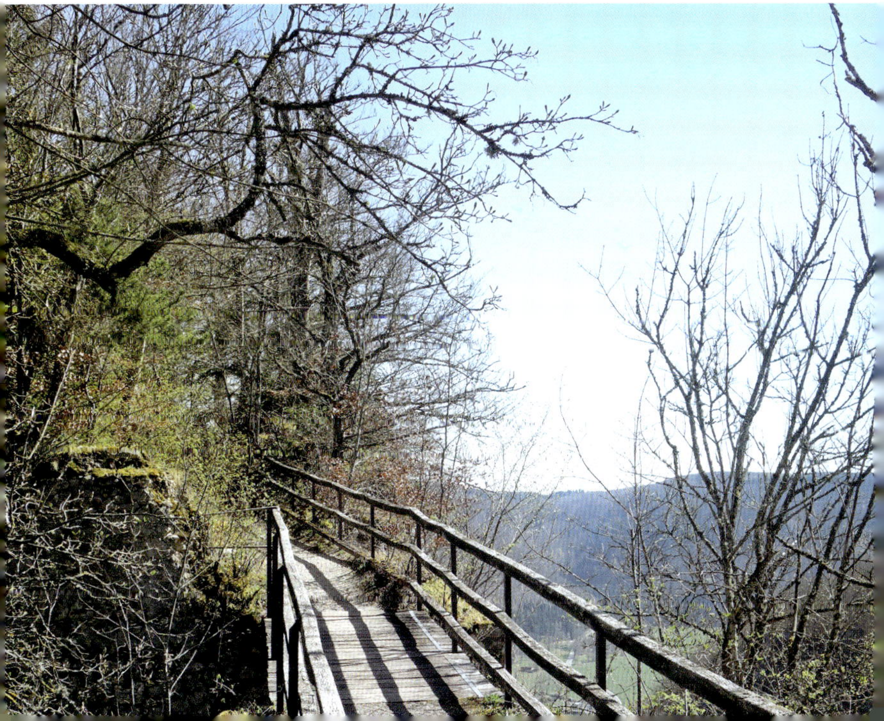

4 Eigerturm und Lenzenfelsen

Rundtour durch die Felsengalerien bei Hausen im Tal

TOP | 2.45 Std. | 8,3 km | ↗300 m | ↘300 m

Stille Tour zu Kletterfelsen und Aussichtsbalkonen über dem Donautal
Hoch über dem rechten Donaurand erheben sich stattliche und zahlreiche Kalkwände und -dome, die bei Kletterfreunden sehr beliebt sind und zu den höchsten Wänden des Donautals zählen. Doch keine Sorge, klettern muss man nicht, um diese Felsen zu erobern. Auf meist unbezeichneten Wegen und Pfaden kann die südliche Kante des Durchbruchstals der Donau entdeckt werden. Ein alter Jägersteig führt am St. Annafels und Fischerfels entlang und schließlich zwischen den Kletterbastionen von Bergwachtfels und Eigerturm auf die Albkante. Vom Kopf des Schlossfelsens schweift der Blick in die Weite des Donaucanyons, über die welligen Hochflächen des Großen Heubergs zur Schlossruine Hausen, zum markanten Stuhlfels mit seinem Gipfelkreuz und hinab zur Donau bei Hausen im Tal. Unten herrscht ein buntes Treiben: Fahrradfahrer, Spaziergänger und Kanuten vergnügen sich entlang der Donau. Bunt treibt es auch der Herbst im Donautal – die Verfärbung des Laubs greift tief in den Malkasten und kreiert ein herrliches Landschaftsbild im Kontrast zum weißen Kalkgestein. Es ist vielleicht die schönste Jahreszeit, um diese Region zu durchstreifen und kennenzulernen. Über stille Waldwege geht es zum Lenzenfelsen, einem der schönsten Aussichtsfelsen im Kerngebiet des Oberen Donautals. Mit etwas Geduld und Glück können die eher seltenen Luftakrobaten Kolkrabe, Dohle, Wanderfalke oder Roter Milan bei ihren Flügen über dem Schwäbischen Canyon beobachtet werden.

Ausgangsort: Hausen im Tal, Parkplatz Freizeitzentrum, 600 m.
Anfahrt: Von Tuttlingen oder Sigmaringen auf der L277 bis zum Ortsrand von Hausen im Tal. Über die Donaubrücke, nach 150 m befindet sich ein großer Parkplatz auf der rechten Seite an den Sportplätzen.
Mit ÖPNV mit der RB55 bis Bahnhof Hausen im Tal. Von dort 600 m in östliche Richtung bis zum Ortseingang von Hausen im Tal. Hier nach rechts über die Donaubrücke und geradeaus zum Parkplatz an den Sportplätzen.
Anforderungen: Trittsicherheit im Bereich des Jägersteigs und zwischen den Kletterfelsen Eigerturm und Bergwachturm.
Orientierung: Im Tourverlauf wechseln sich immer wieder beschilderte und markierte Wege mit solchen ohne Kennzeichnung bis zum Lenzenfelsen ab. Der Abstieg ist etwas haarig, was die Orientierung betrifft, da viele unmarkierte Wege und Pfade sich kreuzen und voneinander abzweigen. Falls man von der Route abkommt, landet man meist nach einer kürzeren Strecke in einer Sackgasse oder geht auf einem etwas größeren Bogen hinab ins Tal. Der Jägersteig zurück zur Skihütte ist ebenfalls ohne Kennzeichnung, aber einfach zu finden.
Einkehr: Donautal-Touristik, www.donautal-touristik.de, Di. und Mi. geschlossen, außer Pfingst- und Sommerferien.
Übernachtung: Gasthof Steinhaus, www.gasthof-steinhaus.de. DAV Ebinger Haus, für Selbstversorger, www.alpenverein-ebingen.de.
Karten: Freizeitkarte F526 Sigmaringen, Tuttlingen, 1:50.000, LGL Baden-Württemberg, www.lgl-bw.de.

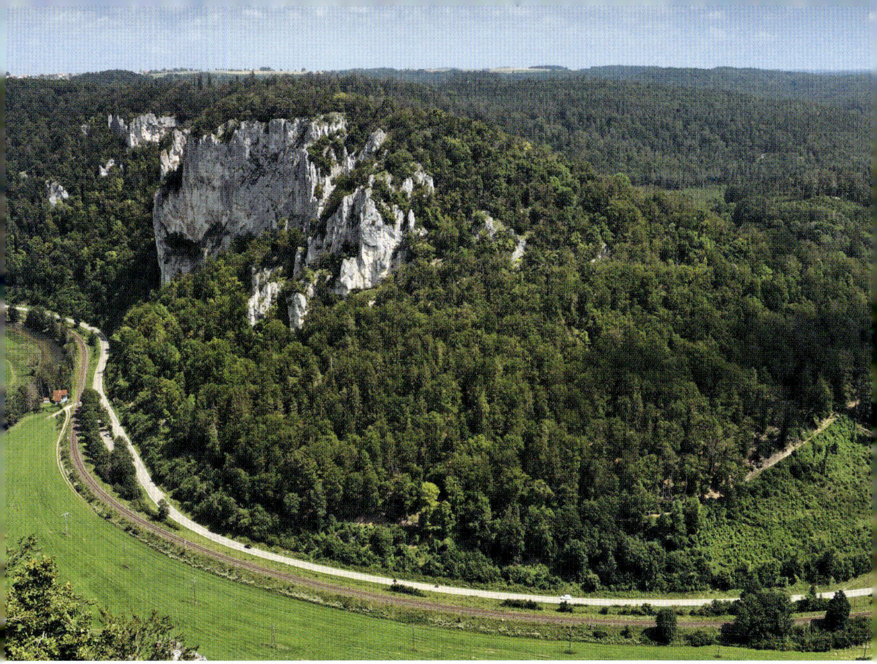

Blick vom Lenzenfelsen auf den Schaufelsen am linken Donauufer.

Unmittelbar neben der Donau beginnt unsere Halbtagestour durch die Felsenwelt der südlichen Albkante bei Hausen im Tal am **Parkplatz Freizeitzentrum** ❶. Wir folgen der Beschilderung in Richtung Schlossfelsen am Minigolfplatz vorbei und wenden uns am Restaurant Donautal-Touristik nach links auf einen ansteigenden Wiesenweg. Nach 200 m gelangt man zu einer Skihütte, hinter der es nach rechts auf einen Pfad in den Hangwald geht. Wir folgen diesem Weg leicht bergan in einem sanften Linksbogen und queren dann am Hausener Skihang eine herrliche artenreiche Wiese mit bunten Blütenpflanzen, wie beispielsweise Weißer Fingerhut. Nach wenigen Metern zurück im Forst orientieren wir uns an der Gabelung nach links auf einen nicht gekennzeichneten ansteigenden Pfad und nach gut 100 m nochmals nach links auf den Jägersteig. Auf dem Jägersteig geht es durch den hohen Buchenmischwald etwas absteigend unterhalb der Felstürme vom St.-Anna-Fels, Fischerfels und Bergwachtturm entlang. Nach 400 m wenden wir uns an der Gabelung in Richtung Alte Hausener Wand und Eigerturm nach rechts. Nun steigen wir steil bergan auf einem schmalen, gut erkenn-

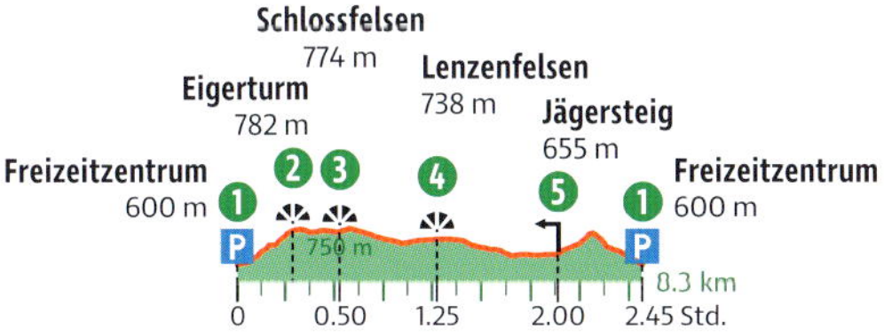

baren Pfad, der als Zustieg zu den Kletterfelsen führt. Zwischen dem senkrecht aufragenden Kalkgestein ist der Weg teilweise mit Holzstufen versehen und führt direkt hoch zur Hangkante. Ein kurzer Abstecher (40 m) nach links und wir stehen auf dem Felskopf des **Eigerturms ②**. Über die Baumwipfel hinweg zeigt sich das malerische Ensemble der gegenüberliegenden Felskante mit Schloss Werenwag, der Schlossruine Hausen, dem Stuhlfels und dahinter den grünen Wellen des Großen Heubergs.

Wir lösen uns von dem hübschen Blick und gehen die 40 m wieder zurück, wenden uns an der Hangkante nach links und gelangen nach 100 m zu einer Grillstelle. Es geht weiter durch ein großes Waldareal nach links auf einem Weg, der mit der roten Gabel gekennzeichnet ist. An den beiden folgenden Gabelungen halten wir uns jeweils nach links in Richtung Ruine Wagenburg und Lenzenfelsen. Dieser lauschige Waldpfad folgt dem kuppigen Waldgelände in sanften kurzen An- und Abstiegen bis zum Wegweiser Schlossfelsen. Hier bietet sich ein weiterer kurzer Abstecher auf den Aussichtspunkt zum Schlossfelsen an. Dazu zweigen wir nach links ab, halten uns an einer weiteren Gabelung kurz vor der Abbruchkante nach rechts und stehen nach 3 Minuten am Kopf des **Schlossfelsen ③**. Ein Platz, an dem man gerne länger verweilt, dazu laden auch die Rastbänke ein, und das Panorama des Naturparks Obere Donau in sich aufsaugt.

Es geht den gleichen Weg wieder zurück zur Verzweigung. Hier biegen wir auf den linken Weg ab, der von der roten Gabel markiert über die bewaldete Hochfläche führt. An einem querenden Schotterweg nach links, gleich darauf an der Gabelung nach rechts und nach wenigen Metern nochmals nach links abbiegen. Diesem Pfad geradeaus folgen zum

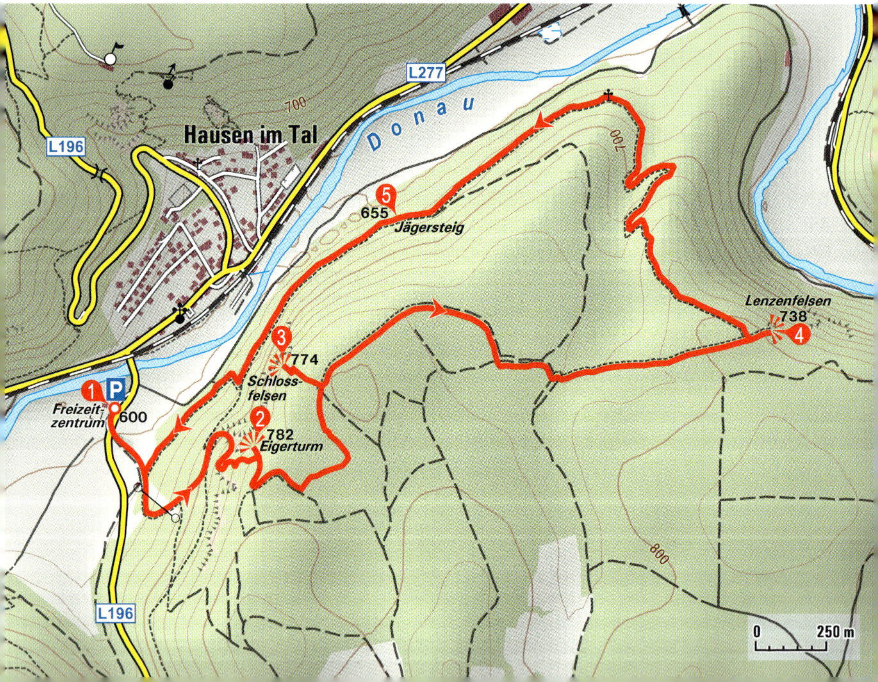

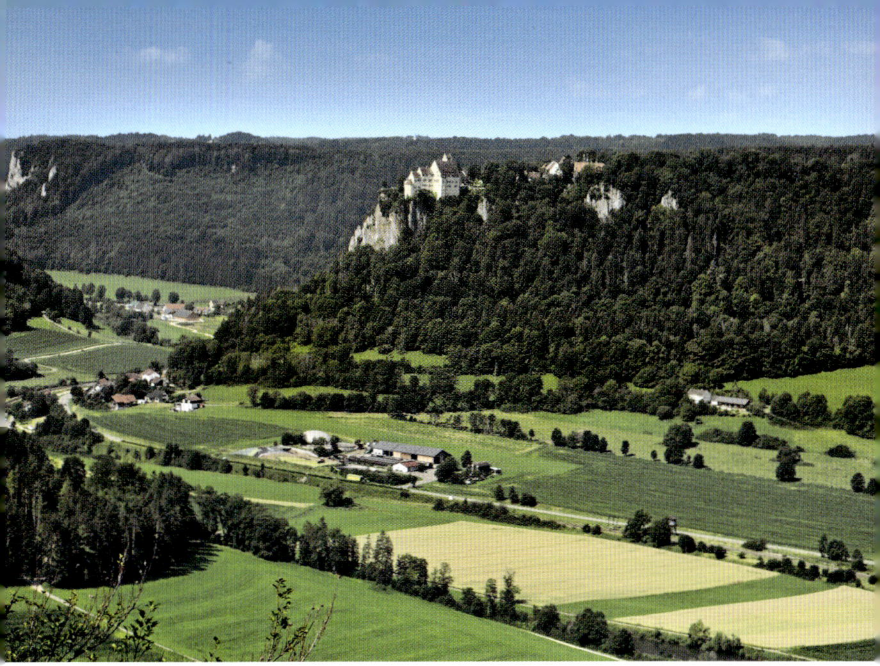

Schloss Werenwag ist bewohnt und gehört zum Hause Fürstenberg.

Rastplatz am Lenzenfelsen und von hier kurz rechts und dann links haltend zum **Lenzenfelsen ❹**. Auf dem Lenzenfelsen wachte einst die Lenzenburg, von der nur noch ganz wenige Mauerreste die Zeit überdauert haben über der Donauschleife mit Blick auf die steinerne Kulisse der Schaufelsen und der Falkenwand.

Zurück beim Picknickplatz wenden wir uns kurz nach links und dann auf einen Weg ohne Markierung nach rechts und folgen diesem bergab rund 5 Minuten. Im folgenden Abschnitt im Abstieg ist der Wegverlauf etwas kompliziert, da jede Menge an Wegen und Abzweigungen den Hang durchziehen. Der Pfad mündet auf einen breiteren Weg ein, diesem kurz nach rechts folgen. Gleich nach links und sogleich wieder nach links abbiegen. Eine deutliche Links- und dann eine Rechtskurve und an der nächsten Verzweigung nach links. Nach 200 m an querendem Forstweg nach rechts halten und an den beiden folgenden Gabelungen nach links. Damit sind wir schon fast wieder im Tal angekommen. Wir folgen dem geschotterten Waldweg knapp 15 Min. geradeaus bis zum Abzweig **Jägersteig ❺**.

Auf den Pfad nach links marschieren wir wieder am Fuß der bereits bekannten Aussichts- und Kletterbastionen vorbei und queren ein kleines Schotterfeld. An der Gabelung nach 800 m geht es nach rechts auf einen Zickzackweg. Dieser mündet auf einen breiten Waldweg ein, der sich sogleich gabelt. Auf dem talseitigen Weg gelangen wir rasch zum Waldrand und zur bereits bekannten Skihütte am Hausener Skihang. Auf dem Herweg am Minigolfplatz vorbei beenden wir unsere Tour wahlweise am **Parkplatz** des **Freizeitzentrums ❶** oder bei einer schönen Erfrischung und Stärkung im Restaurant am Minigolfplatz.

5 Lemberg

Zum höchsten Berg der Schwäbischen Alb

2.30 Std. | 6,3 km | ↗ 350 m | ↘ 350 m

Die Region der Zehn Tausender: Auf dem Dach der Schwäbischen Alb

Wer auf der Schwäbischen Alb Höhenluft schnuppen möchte, kommt an der Region der Zehn Tausender nicht vorbei. Auf einem verhältnismäßig kleinen Gebiet des Naturparks Obere Donau und der südlichen Zollernalb am Großen Heuberg erheben sich zehn der zwölf Tausendergipfel. Der Lemberg führt mit 1016 Metern die Hitliste an. Platz zwei gehört dem Oberhohenberg, 1011 Meter, und die Bronzemedaille erhält der Hochberg mit 1009 Meter. Diese drei Superlative sind in dieser Tour vereint! Auf kurzen und einfachen Wegen ist der bewaldete Lemberggipfel rasch erklommen. Wäre da nicht der Lembergturm, wäre das Gipfelglück stark eingeschränkt. Der 30 Meter hohe Aussichtsturm wurde 1899 in Stahlskelettbauweise errichtet. Durch seine offene Konstruktion blickt man während der Ersteigung stets in die Tiefe und Stufe für Stufe bald über die Baumgipfel. Die Aussichtsplattform bietet ein wundervolles Panoramaerlebnis: vom Albtrauf zum Schwarzwald, zu den Allgäuer Alpen, dem Wettersteingebirge, dem Rätikon, den Appenzeller und St. Gallener Alpen weiter bis zu den Glarner, Urner und Berner Alpen. Auch die unverkennbare Silhouette des Stuttgarter Fernsehturms ist an klaren Tagen gut zu erkennen. Zugegeben, diese Streckentour ist eher zahm als wild, aber die Krone der Schwäbischen Alb kann man doch nicht links liegen lassen!

Ausgangsort: Lembergparkplatz, 871 m, an der K5905 zwischen Gosheim und Wilfingen.
Anfahrt: Von Rottweil auf der B14 in südliche Richtung, abbiegen auf die K5545 über Wellendingen und Wilfingen weiter zum Lembergparkplatz.
Mit ÖPNV mit der Bahn bis Bahnhof Aldingen. Umstieg in Buslinie 220 bis Gosheim, Haltestelle Ländle oder mit Linie 210 bis Frittlingen und 212 bis Gosheim. www.bewegt.de, www.tuticket.de. Von Gosheim zu Fuß 10 Min. Richtung Norden und Ortsausgang zum Lembergparkplatz.
Anforderungen: Keine besonderen Anforderungen. Die Besteigung des Lembergturms erfordert bedingte Schwindelfreiheit.
Orientierung: Der Großteil der Tour ist gut markiert und beschildert. Nur kurze Abschnitte sind »wild«, aber ohne Orientierungsprobleme.
Einkehr: In Gosheim: Gasthaus Bären. Gasthaus Krone. Pizzeria Taormina, So. Ruhetag, Tel. +49 7426 9477794.
Übernachtung: In Gosheim: Gasthaus Bären, Tel. +49 7426 9638572. Gasthaus Krone, www.krone-gosheim.de.
Tipp: Unter der Woche deutlich weniger begangen. Sehr schöne Abendtour mit toller Sonnenuntergangsstimmung vom Lembergturm.
Karten: Freizeitkarte F507 Villingen-Schwenningen, 1:50.000, LGL Baden-Württemberg, www.lgl-bw.de.

Los geht es zur schattigen Gipfeltour am **Lembergparkplatz ①**. Vom Parkplatz mit Infotafel halten wir geradeaus auf der schmalen Straße in Richtung Lemberg, der laut Beschilderung lediglich knapp 1 km entfernt ist. An der ersten Verzweigung am Wanderwegweiser »Unter dem Lemberg« biegen wir nach links auf einen geschotterten Weg ohne Kenn-

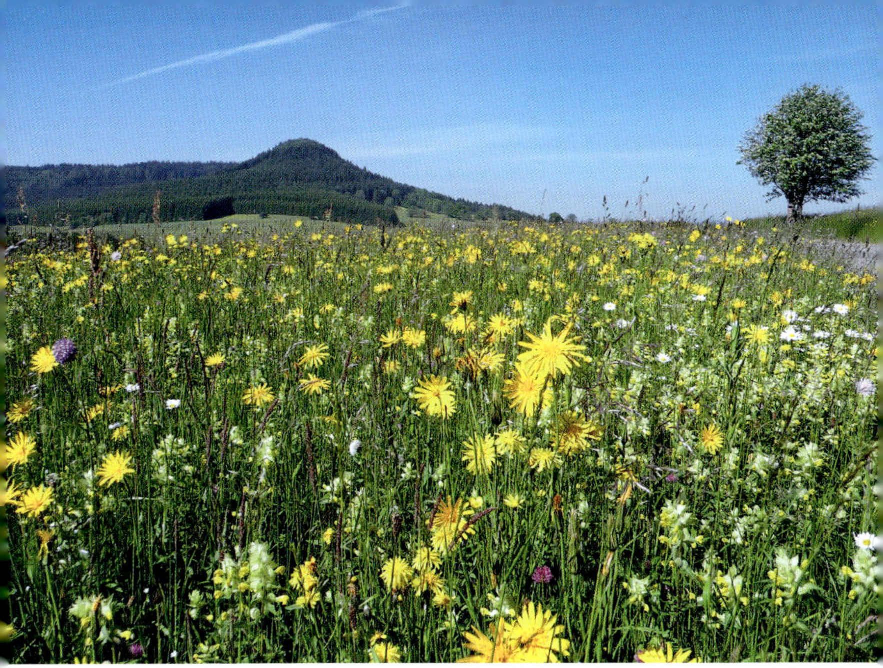

Blick auf die bewaldete Kuppe des Oberhohenbergs.

zeichnung ab. Nach 75 m folgen wir einem Pfad nach rechts, der in den Hauptwanderweg auf den Lemberg einmündet. Nun nach links auf den ansteigenden Weg, der mit dem roten Dreieck bis zum Lemberggipfel gekennzeichnet ist. Durch den Wald geht es im Zickzackkurs zum Teil steil bergan. Erst auf dem **Lemberg** 2 gelangen wir zu einer kleinen Rodungsinsel mit Rastmöglichkeiten, einem Unterstand und dem luftigen Lembergturm im Zentrum. Der Lemberg ohne den Aussichtsturm wäre schon etwas merkwürdig, denn dann hätten wir vom höchsten Gipfel der Schwäbischen Alb nur die Sicht in den Wald und keinerlei Fernsicht. Die 152 Stufen sind rasch genommen und aus luftigen 30 Metern Höhe schweift der geniale 360°-Blick vom Albtrauf hinüber zur Alpenkette von den Allgäuer und Vorarlberger Alpen bis zu den Schweizer Bergen und im Westen zum Schwarzwald.

Wieder festen Boden unter den Füßen, gehen wir in Richtung Unterstand und daran vorbei auf den Waldrand zu. Hier beginnt ein nicht gekennzeichneter Pfad, der in nordöstlicher Richtung mit ordentlichem Gefälle durch den Wald vom Gipfel des Lembergs führt. Nach gut 400 m mündet dieser am **Lembergsattel** 3 in die große Wegverzweigung ein. Es geht nach links in Richtung Hoch-

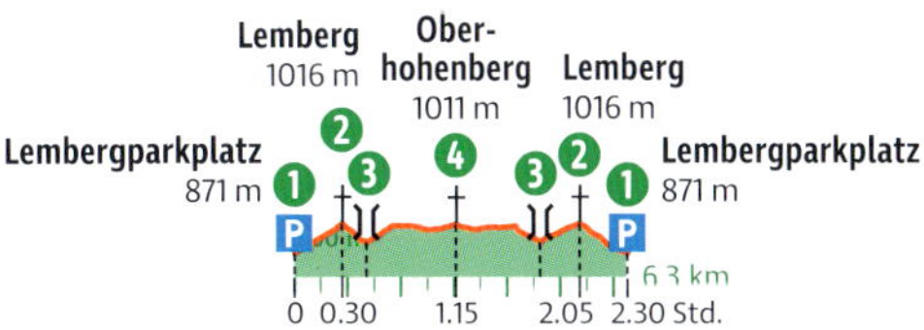

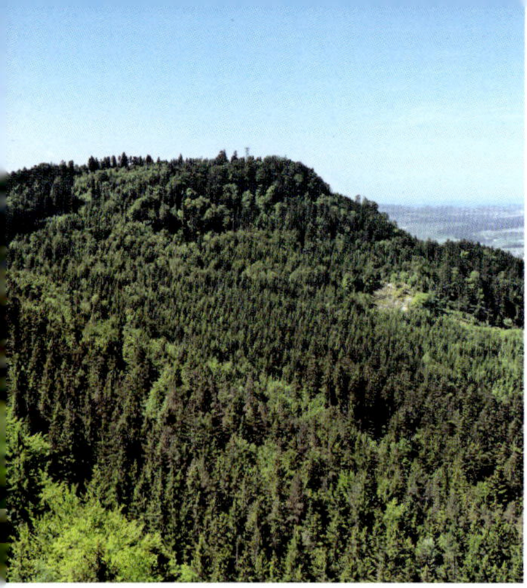

Lemberg-Aussichtsturm.

Lemberg – das Dach der Schwäbischen Alb.

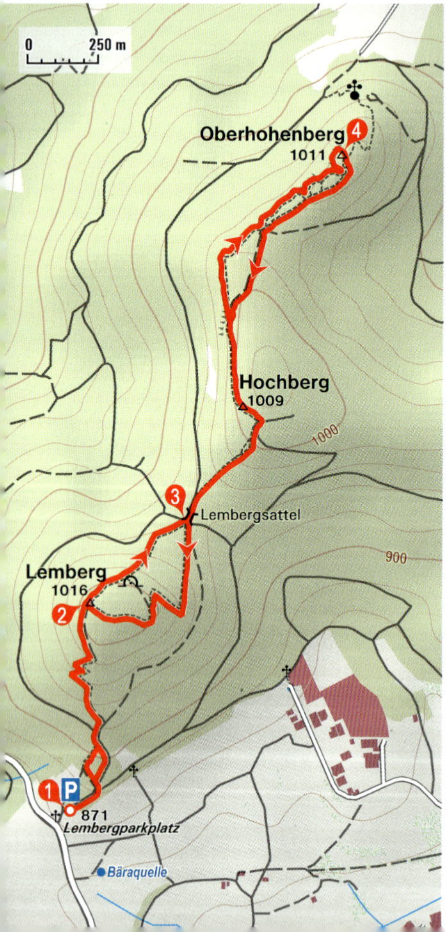

berg auf einem breiten Waldweg und an der nächsten Verzweigung am Wegweiserstandort Riesenwald geradeaus vom roten Dreieck begleitet auf einen leicht ansteigenden Pfad. Am Schild Hochberg Süd nach links halten. Nach 75 m stehen wir auf dem Gipfel des dritthöchsten Berges der Schwäbischen Alb. Gäbe es da kein Schild, bliebe der First des Hochbergs wahrscheinlich unbemerkt. Wir folgen dem roten Dreieck des Schwäbische-Alb-Nordrand-Weges HW1. Entlang der durchgängig bewaldeten Albkante taucht plötzlich eine Hängebrücke zwischen den Bäumen auf. Sie überbrückt einen Geländeeinschnitt zum Oberhohenberg, der nicht natürlichen Ursprungs ist. Es handelt sich dabei um den nördlichen Wallgraben der ehemaligen Burganlage der Grafen von Hohenberg aus dem 12. Jh. Vom **Oberhohenberg ❹**, der zweithöchsten Erhebung auf der Schwäbischen Alb, bietet sich ein stiller Blick ins Unterland zwischen Alb und Rottweil bis hin zum Schwarzwald. Ein Schild informiert über die spannende Geschichte des Oberhohenbergs. Hier befand sich nicht nur eine Burg, sondern ein zugehöriger kleiner Weiler, der heute völlig verschwunden ist.

Wir machen uns auf den Rückweg und nehmen dafür vor der Hängebrücke an der Gabelung den linken Pfadabzweig, auf dem auch der Main-Neckar-Rhein-Weg (HW3) verläuft. Ein grüner Laubbaum mit rotem Balken ist sein Erkennungszeichen. Zurück am **Lembergsattel ❸** geht es geradeaus nochmals hinauf auf den **Lemberg ❷** und auf bekannten Wegen zurück zum **Lembergparkplatz ❶**.

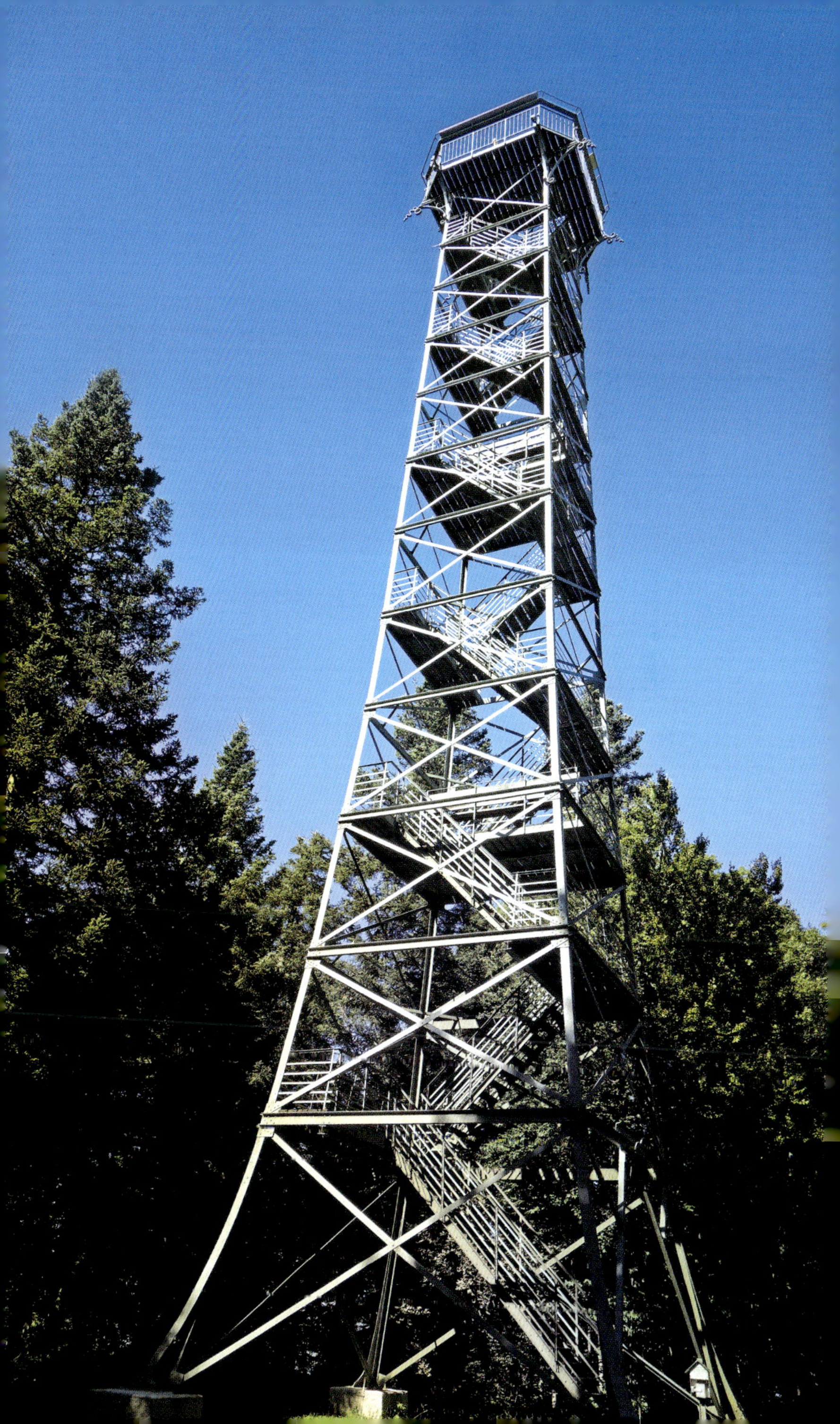

6 Plettenberg
Auf dem Eselsteig zum Tafelberg

2.15 Std. | 6,0 km | ↗310 m | ↘310 m

Entdeckertour zwischen Steinbruch und Albkante

Betrachtet man die Form des Plettenberges, der in seiner Gipfelregion teilweise ausgehöhlt und abgeflacht ist, könnte man meinen, dass »Plettenberg« der »platte Berg« bedeutet. Weit gefehlt, sein Name verweist auf die weißen Jurakalke und bedeutet der »gebleichte Berg«. Der zu den Balinger Bergen zählende Plettenberg gehört mit seinen 1002 Meter Höhe gerade noch zu den Zehn-Tausender-Gipfeln der Schwäbischen Alb. Seine Höhe und Lage am Albtrauf machen ihn zu einem Aussichtsberg erster Güte. Bei gutem Wetter sind am Horizont Schwarzwald, Vogesen, die Bodenseeregion sowie die Schweizer Alpen zu erkennen. Aber auch ein hübscher Blick zu den umliegenden Bergen des Großen Heubergs, der Zehn-Tausender-Region und entlang des Albtraufs bis nach Stuttgart bleibt nicht verwehrt. Der Plettenberg hatte einst drei Gipfelpunkte, von denen der ursprüngliche Hauptgipfel, das Dotternhäuser Hörnle, inzwischen abgetragen ist und sich sogar in ein großes und tiefes Loch verwandelt hat. Seit Anfang des 20. Jahrhunderts wird hier der Kalkstein abgebaut und mit Hilfe einer Seilbahn in Dotternhausen zu Zement verarbeitet. Eine Aussichtsplattform bietet einen interessanten Einblick in den noch aktiven Steinbruch. Auf dem nördlichen Ausläufer des Plettenbergs, dem Roßwanger Hörnle, steht seit 1980 der 158 Meter hohe Fernmeldeturm. Zu seinen Füßen, an der Traufkante, haben die Einwohner von Dotternhausen ein Gedenkkreuz errichtet. Zum Dank, dass die Ortschaft den Zweiten Weltkrieg nahezu unbeschadet überstanden hat. Selten sind wirtschaftliche und technische Nutzung so eng verzahnt mit Geschichte und Naturschutz wie auf dem Plettenberg. Teile der Hochfläche mit den Wacholderheiden, botanischen Besonderheiten wie Orchideen, Silber- und Golddisteln und einer alpinen Flora sind als Naturschutzgebiet ausgewiesen. Dieser sehr spezielle Berg der Schwäbischen Alb ist zum Glück auch auf schmalen Pfaden und Steigen zu bewandern.

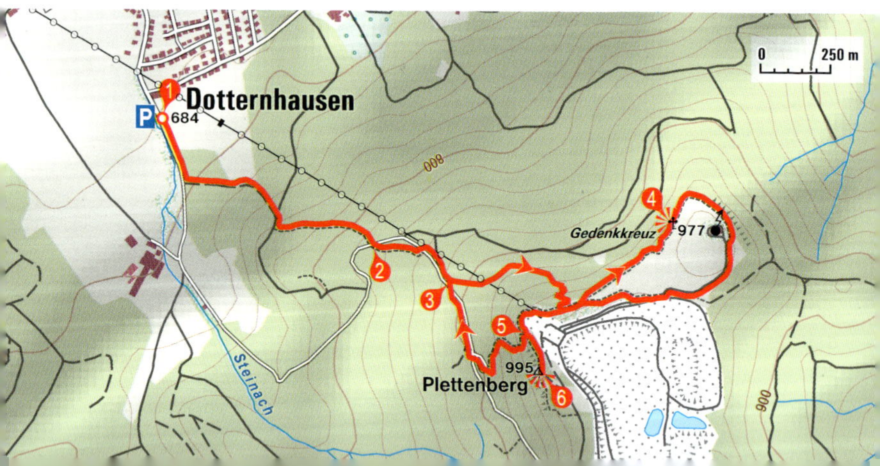

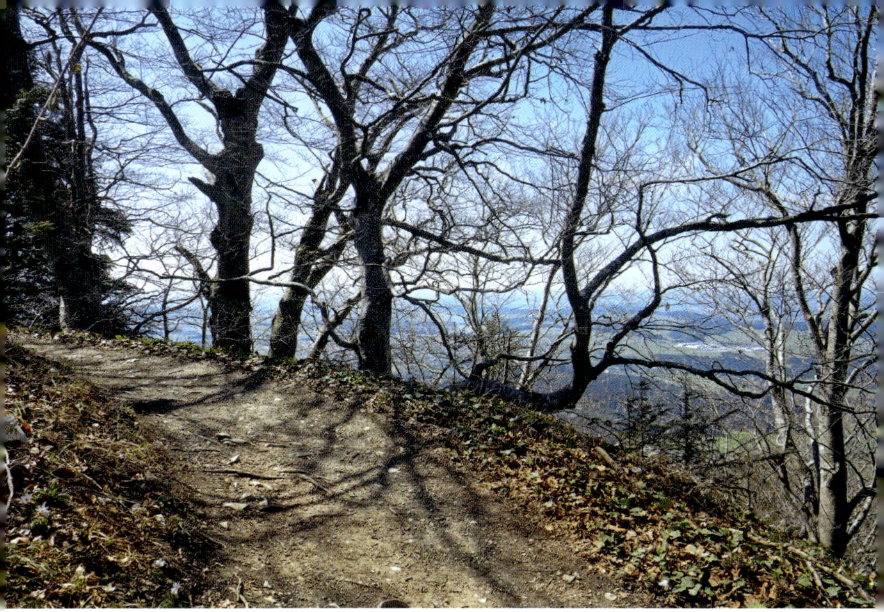

Panoramaweg auf dem Plettenberg.

Ausgangsort: Parkplatz am Sportplatz Dotternhausen, 684 m.
Anfahrt: Ab Balingen auf der B 27 in Richtung Rottweil bis Ortsmitte Dotternhausen. Nach links abbiegen auf die Lindenstraße und geradeaus auf die Plettenbergstraße. Am Ortsende befindet sich der Parkplatz neben dem Sportplatz und der Pfadfinderhütte.
Mit ÖPNV: Ab Balingen oder Rottweil mit der Buslinie 7440 oder 315 bis Dotternhausen/Rathaus. www.naldo.de, www.linienverkehr.com, www.maas-reisen.de. Zu Fuß weiter auf Hauptstraße in südwestliche Richtung, nach links in Lindenstraße und geradeaus über Plettenbergstraße zum Parkplatz (10 Min.).
Anforderungen: Trittsicherheit im Bereich des Eselsteigs und des Russawegles.
Orientierung: Keine besonderen Anforderungen. Die Wege sind gut bezeichnet.
Einkehr/Übernachtung: Keine.
Karten: Freizeitkarte F507 Villingen-Schwenningen, 1:50.000, LGL Baden-Württemberg, www.lgl-bw.de.

Die kurze Tour auf den Plettenberg beginnt am Parkplatz bei **Dotternhausen** ❶ neben dem Sportplatz. Dabei schultern wir unseren Rucksack, marschieren in Richtung Waldrand und biegen an der ersten Möglichkeit nach dem Kunstrasensportplatz nach links auf einen Forstweg ab (gelber Ring). Mit mittlerer Steigung geht es für gut 350 m im Mischwald bergan. Der Weg mündet auf einen weiteren Forstweg ein. Wir gehen nach rechts weiter und zweigen nach wenigen Metern gleich wieder nach links ab. Der streckenweise recht steile Waldweg wird allmählich schmaler, quert geradeaus einen Waldwirtschaftsweg und trifft schließlich auf einen Fahrweg. Wir überqueren die **Straße** ❷ geradeaus und wandern weiter auf einen Wurzelpfad, der den Fahrweg etwas abkürzt. Wieder treffen wir auf besagte Straße, der wir 75 m kurz nach rechts folgen. Hier zweigt ein **Pfad** ❸ nach links ab, der mit dem

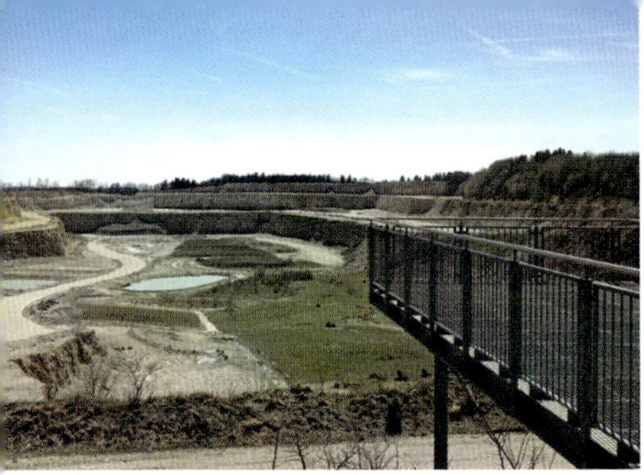

Kalksteinabbau auf dem Plettenberg.

gelben Ring gekennzeichnet ist. Mit moderater Steigung unterqueren wir die Seilbahn, die vom Steinbruch auf dem Plettenberg nach Dotternhausen führt. Rasch wird der Pfad steiler und steiniger, dieser Abschnitt auf dem Eselsteig windet sich im Zickzack die Albkante hoch und erreicht unmittelbar am Albtrauf die Hochfläche des Plettenbergs mit den Wirtschaftsgebäuden des Steinbruchs und der Materialseilbahn.
Es geht nach links in Richtung Fernmeldeturm direkt an der Abbruchkante entlang, alle Abzweigungen ignorierend. Auf der Wiesenspur zwischen dem Hangmischwald und der ausgedehnten Wacholderheide auf der Hochfläche geht es zum **Gedenkkreuz 4** der Einwohner von Dotternhausen. Am Kreuz präsentiert sich eine wunderbare Aussicht auf das Albvorland bis zum Schwarzwald. Wir wandeln weiter auf dem Pfad entlang dem Albtrauf und halten auf den hohen Fernmeldeturm zu, der die Hochebene des Plettenbergs um 150 m überragt. Unmittelbar vor dem Turm öffnet sich das Blätterdach des Waldes und gibt einen bezaubernden Blick entlang der Traufkante zum Schloss Hohenzollern frei. Wir erreichen den Turm und folgen der Zufahrt nach links durch die unter Schutz stehende artenreiche Wacholderheide mit seltenen Pflanzen, die entsprechend der Jahreszeit von zahlreichen Schmetterlingen umschwärmt werden. Hier findet man verschiedene Orchideenarten oder auch Silber- und Golddisteln. Bald wandern wir zwischen

Plettenbergplateau mit Fernmeldeturm.

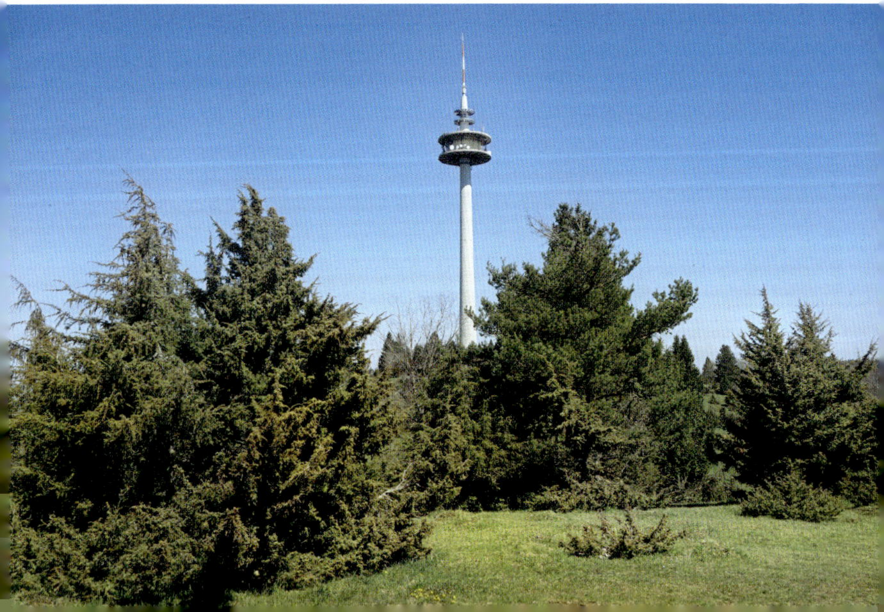

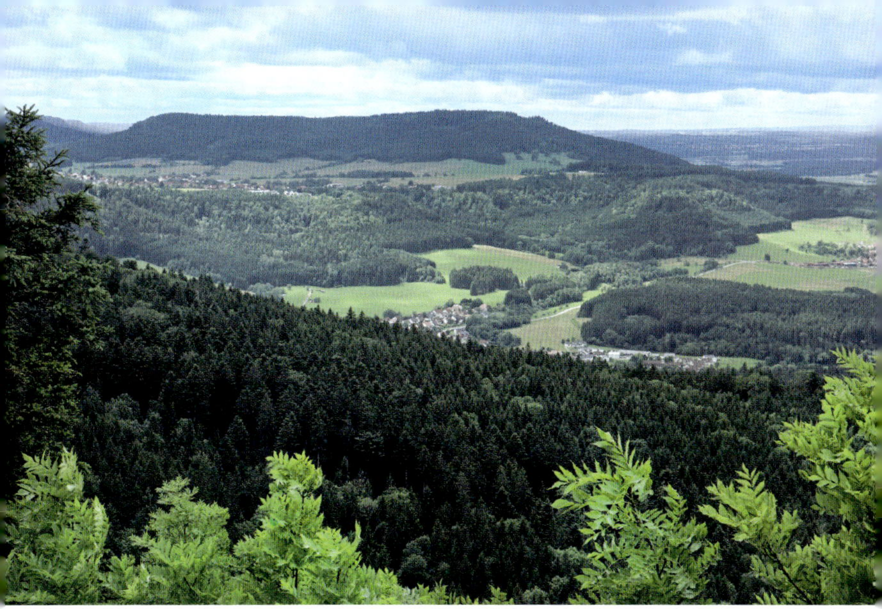

Blick ins Albvorland.

Plettenberghochfläche und dem abgezäunten Steinbruchgelände.
Auf einem Steg, der oberhalb des abgebauten Kalkgesteins etwas in das Areal hineinragt, bekommt man einen sehr guten Überblick über die Dimensionen des Steinbruchs. Weiter geradeaus über die Wiesenfläche halten wir auf die Wirtschaftsgebäude der Anlage zu, überqueren auf einer Brücke die Seilbahn und folgen dem Höhenweg. Gut 150 m nach der Brücke über die Seilschwebebahn gelangen wir zum **Abzweig Russawegle** ❺. Hier werden wir den Abstieg vom Plettenberg in Angriff nehmen, allerdings wartet noch ein herrlicher Aussichtspunkt auf unseren Besuch. Für diesen kurzen Abstecher geht es 250 m weiter geradeaus zum **Aussichtspunkt Plettenberg** ❻. Eine Orientierungstafel ermöglicht die Zuordnung der Berge und Geländestufen. Von den Rastbänken genießen wir Weitblicke in die Alpen und zum Schwarzwald.
Zurück am **Abzweig Russawegle** folgen wir nun dem steilen und gerölligen Pfad vom Albtrauf hinab. Über ein kleines Schuttfeld gelangt man auf einen Parkplatz. Hier nach rechts der abschüssigen Straße folgen. Nach knapp 400 m gelangen wir zu dem bereits vom Anstieg bekannten **Pfadabzweig** ❸, der den Fahrweg abkürzt. Hier halten wir uns nach links und folgen von nun an der bereits bekannten Route zurück zum Sportplatz und Parkplatz bei **Dotternhausen** ❶.

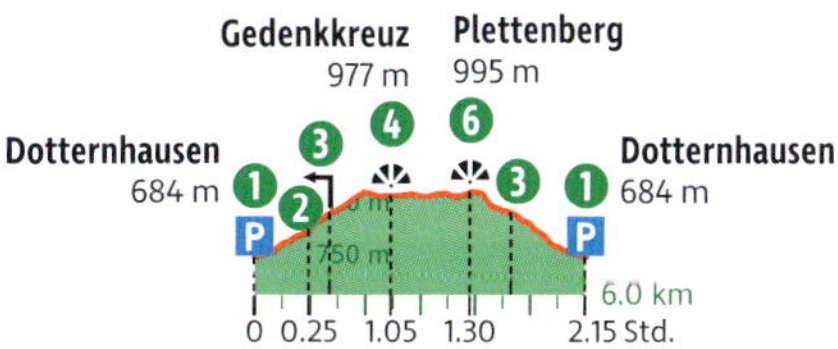

7 Lochenstein

Zu den Aussichtskanzeln der Balinger Berge

TOP | 2.15 Std. | 6,8 km | ↗ 360 m | ↘ 360 m

Traumrunde in den Balinger Bergen

Die herrlichen Balinger Berge locken mit grandiosen Aussichten vom Lochenstein, reizvollen Wacholderheiden rund um den Schafberg und urwüchsigen Traufwäldern. Zwischen Schafweiden, jungsteinzeitlichen Siedlungsfunden und der längst verfallenen Burg Wenzelstein umgarnt den Besucher eine wunderbare Landschaft mit ganz besonderen Reizen. Die Region um den Lochenstein und den Schafberg ist Naturschutzgebiet, wobei die Wiesenflächen im Sommer traditionell als Schafweide genutzt werden. Die vierbeinigen Landschaftspfleger erhalten diesen abwechslungsreichen Naturraum von archaischer Schönheit. Er bietet Lebensraum für seltene Pflanzen und Tiere, wie Kolkraben oder Wanderfalken. Gerade auf dem aus den Kalkschichten des Oberen Jura aufgebauten Plateau des Lochen trifft man auf eine ursprüngliche Steppenheideflora mit seltenen Pflanzen, die normalerweise in alpinen Gefilden gedeihen und Relikte aus der Eiszeit sind. Der Wenzelstein bewahrt ein weiteres Relikt, die spärlichen Reste einer mittelalterlichen Höhenburg, die in einmaliger Lage über dem idyllischen Oberen Schlichemtal liegt. Spannend ist, die Geschichte des Albtraufs über die Jahrtausende vor Augen geführt zu bekommen. Am Gespaltenen Fels wird deutlich, wie nach und nach das Gestein gelöst wird von der Albfläche und immer wieder abbricht. Das Highlight der Wanderung kommt zum Schluss: der Lochenstein. Dieser mit einem Gipfelkreuz versehene Felskopf aus weißem Kalkgestein strahlt über das schwäbische Vorland. Es ist einer der ganz besonderen Aussichtspunkte am Albtrauf mit einem Panorama von der Burg Hohenzollern über den Schwarzwald bis zu den Alpengipfeln. Zweifelsfrei ein Lieblingsplatz auf der Schwäbischen Alb.

Der Lochenstein mit weitem Blick auf die Region des Kleinen Heubergs.

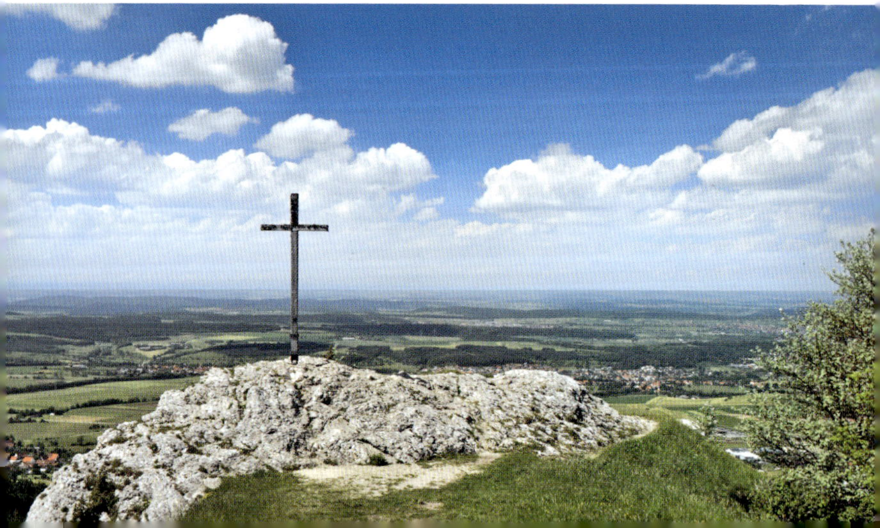

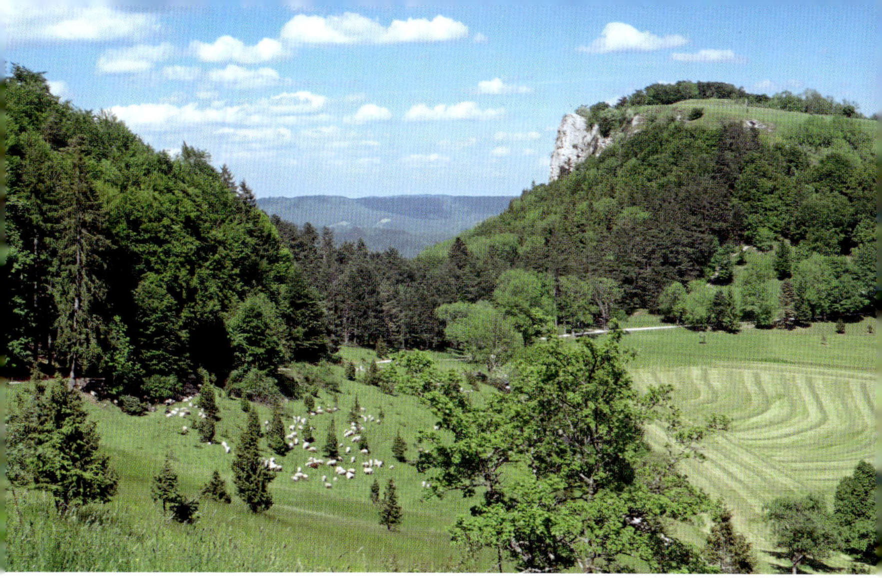

Blick auf die Felsnase des Lochensteins.

Ausgangsort: Parkplatz unterhalb des Lochenpasses, 870 m, an der L440 in Richtung Weilheim.
Anfahrt: Von Balingen auf der B463 in Richtung Albstadt, bei Weilstetten abbiegen auf die L440 geradeaus bis kurz unterhalb des Lochenpasses.
Mit ÖPNV erreichbar ab Balingen/Bahnstation mit Bus 317 bis zum Lochenpass, www.maas-reisen.de. Kurzer 5-minütiger Fußweg zum Ausgangsort unterhalb des Lochenpasses. Auf gegenüberliegender Straßenseite auf Pfad und nach links abbiegen. Er ist etwas eingewachsen, mündet vor Parkplatz auf Straße, diese zum Parkplatz überqueren zum Ausgangsort.
Anforderungen: Trittsicherheit in den steilen Passagen am Gespaltenen Fels und am Lochenstein.
Orientierung: Pfade und Wege ohne Kennzeichnung wechseln mit markierten Wegen (rotes Dreieck und rote Raute) ab. Die aufgelassenen Wege erfordern etwas Orientierungssinn.
Einkehr: Keine.
Übernachtung: Jugendherberge Balingen-Lochen direkt am Lochenpass, www.Jugendherberge.de.
Karten: Freizeitkarte F507 Villingen-Schwenningen, 1:50.000, LGL Baden-Württemberg, www.lgl-bw.de.

Am **Parkplatz** an der **L440** ❶ unterhalb des Lochenpasses zweigt ein zunächst aufgelassener Pfad nach links in westliche Richtung ohne Markierung ab. Im ersten Abschnitt ist er von Vegetation ziemlich eingewuchert. Im weiteren Verlauf tritt die Vegetation zurück und der Pfad ist deutlich zu erkennen und gut begehbar. Nach 150 m biegen wir nach links ab auf den leicht ansteigenden Weg, der unterhalb des Lochensteins im Traufwald verläuft. Im Ahorn-Eschen-Ulmen-Wald, eine lokale Besonderheit auf der Schwäbischen Alb, auf der sonst Kalkbuchenwälder vorherrschen, marschieren wir hoch zur Traufkante. An einer Verzweigung halten wir uns halbrechts und haben am Waldrand den Wanderstandort **Lochenbrünnele** ❷ erreicht. Wir orientieren uns, von dem roten Dreieck begleitet, nach rechts und wandern auf dem Pfad im sanften Anstieg am Waldrand entlang. Bald queren wir die herrliche Wacholder-

heide mit vielfältigen Blütenpflanzen. Am Waldrand wieder angekommen, geht es am Wegweiser links in Richtung Wenzelstein auf einen unmarkierten Pfad. Ein schmaler Pfad führt auf einem kurzen Rundweg auf den **Wenzelstein** ❸, der als kleiner Ausläufer des Schafbergs über dem Oberen Schlichemtal liegt. Von der einstigen Burg hat der Zahn der Zeit kaum etwas zurückgelassen, aber die Aussicht ins grüne und idyllische Schlichemtal ist wunderschön.
Wir schließen die Runde an der bekannten Wegkreuzung am Waldrand und begeben uns ganz links auf einen leicht ansteigenden Waldweg ohne Bezeichnung. Wir ignorieren einen Abzweig nach links und gelangen über den Schafbergsattel auf die bezaubernde Hochfläche des Schafberges. Wir folgen einem Wiesenpfad durch eine prachtvolle parkähnliche Landschaft mit stattlichen Solitärbäumen wie Rotbuchen, Kiefern, Weißtannen und Fichten. Wie von einem englischen Landschaftsgärtner vor langer Zeit angepflanzt, stehen sie im satten Wiesengrün. Ein Pfadabzweig nach Hausen bleibt unbeachtet. Entlang der Traufkante am Waldrand erreicht man den Gipfel des **Schafberges** ❹, der als solcher kaum auszumachen ist. Ein Schild weist auf den höchsten Punkt des Schafberges hin. Es ist ein ruhiger Ort, um einfach den Blick schweifen zu lassen zum gegenüberliegenden Plettenberg.
Der Weg setzt sich geradeaus fort und führt weiter um die Hochfläche des Schafberges wieder zum Schafbergsattel. Hier gehen wir geradeaus auf einem Pfad weiter entlang der Abbruchkante am Hohen Fels vorbei zum **Gespaltenen Fels** ❺, an dem sich der Albtrauf in tiefen Spalten vom Gesteinskörper der Hochfläche allmählich trennt. Wir halten uns links auf einen Pfad ohne

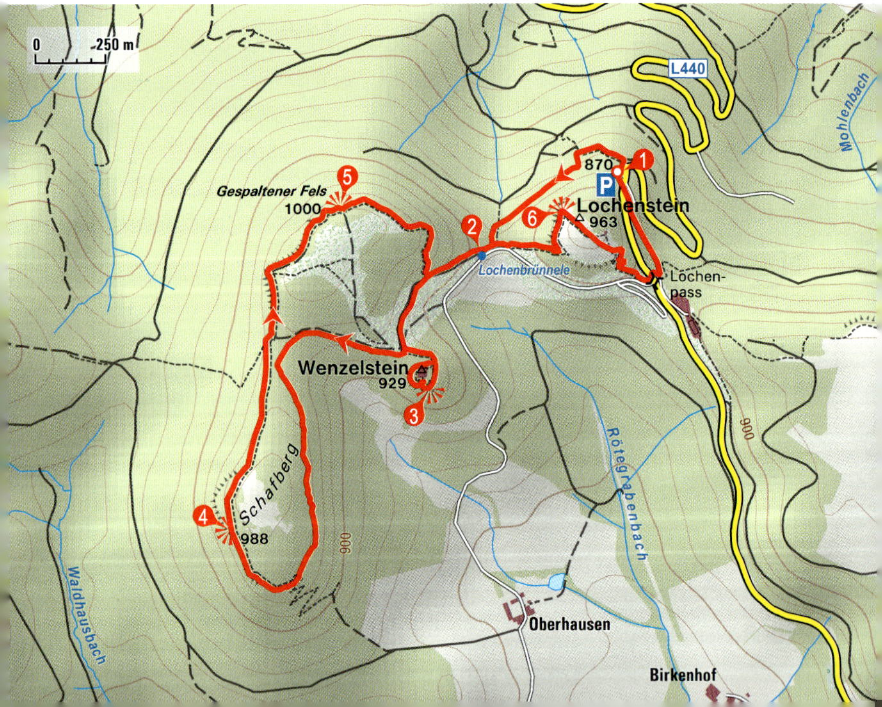

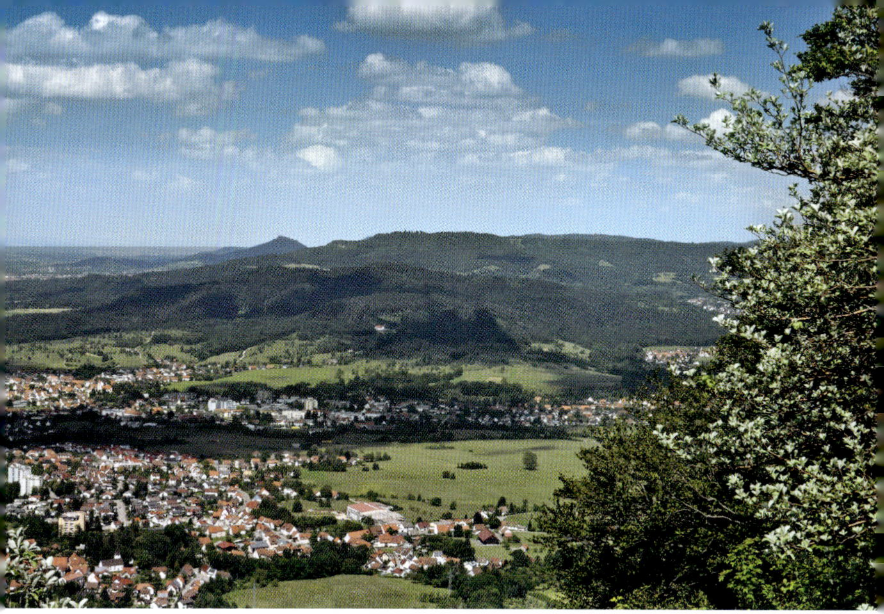

Blick auf die Balinger Berge und das untere Eyachtal.

Kennzeichnung, der zunächst neben der Traufkante verläuft und dann als steiler und wilder Weg bergab führt. Am Waldrand treffen wir an einer Informationstafel über das Naturschutzgebiet Schafberg-Lochenstein in Form eines Schafumrisses auf den Hauptweg. Es geht nach links und nach dem **Lochenbrünnele** ❷ auf einen Pfad, der geradeaus und steil bergan verläuft. Ein Schild verweist hier auf eine Passage, die nur für Geübte geeignet ist. Sehr steil, aber nicht ausgesetzt bringt uns der Pfad über eine bemerkenswert bunte und schöne Wiese zum Felskopf des **Lochensteins** ❻ mit dem mächtigen Gipfelkreuz.

Vom Lochenstein reicht der Ausblick in himmlische Weiten zur nördlich gelegenen Albregion bis hin zur Burg Hohenzollern, weiter nach Westen zum Schwarzwald und an klaren Tagen bis zu den Alpen im Süden. Zu unseren Füßen bilden Dörfer, Äcker, Wiesen und Wäldchen einen abwechslungsreichen Patchworkteppich. Auf dem markierten Pfad geht es über die Hangwiese in Richtung Lochenpass. Der Pfad ist in einer Felsstufe in Serpentinen angelegt und mit Treppen befestigt. Er mündet direkt auf eine Straße am Wanderparkplatz, auf der es nach links und sogleich geradeaus über den Lochenpass geht. Auf der gegenüberliegenden Straßenseite nach wenigen Metern nach links ab auf einen Pfad, der sich nach 75 m gabelt. Es geht nach links auf einen aufgelassenen Weg, der geradeaus auf der L440 einmündet. Noch einmal die Straße gequert und wir sind zurück von der aussichtsreichen genüsslichen Runde am **Parkplatz** an der **L440** ❶.

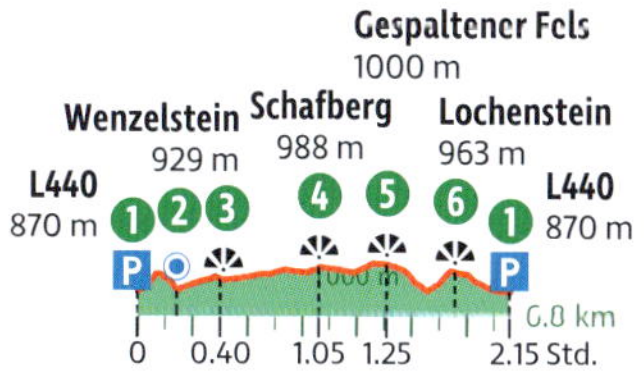

8 Hossinger Leiter
Wanderfreuden hoch über dem Eyachtal

2.30 Std. | 7,4 km | ↗ 240 m | ↘ 240 m

Ein Hauch von Abenteuer und Wildnis über dem Eyachtal
Die nördlichen Ausläufer des Großen Heubergs erfreuten sich bereits in vorgeschichtlicher Zeit einer gewissen Beliebtheit. Auf dem Gräbelesberg, einem exponierten Bergsporn über dem Eyachtal, ließen sich die Kelten nieder. Die steile Felsbastion schützte vor Angriffen und ermöglichte einen guten und wundervollen Rundumblick. Die Kelten verschanzten sich hinter Gräben, Wällen und Befestigungsanlagen und riegelten den schmalen Übergang zur Hossinger Alb ab. Auf der Wanderung über den Gräbelesberg sind diese Zeugnisse aus der Hallstattzeit noch gut im Gelände zu erkennen und auch der Ausblick auf die Zollernalb, den Schwarzwald und bei guter Witterung auf die Alpen ist zeitlos schön. Der Aufstieg über die Traufkante bei Hossingen gestaltet sich überraschend und abenteuerlich. Die senkrechte Wand aus Kalkgestein ist vom Tobel des Lauterbaches schluchtartig eingeschnitten und kann über Stege, Brücken und eine Leiter überwunden werden. Heute ist die Hossinger Leiter eine beliebte Wanderattraktion. Noch vor 100 Jahren allerdings war dies der normale Zugang der Hossinger ins Eyachtal und damit zu den Arbeitsplätzen in den Manufakturen. Der historische Fußweg ist heute ein Geo- und Biotop in der wildromantischen Lauterbachschlucht. Zum nächsten Highlight, dem Schuhmacherfelsen, ist es nur ein Katzensprung hoch auf die Albkante. Er findet wenig Beachtung, entsprechend ruhig ist der Weg. Die Ausblicke vom Schuhmacherfelsen ins Lauterbachtal, hinüber zum Gräbelesberg und über die Hochfläche am Großen Heuberg können in meditativer Ruhe genossen werden. Ein schöner und beschaulicher Abschluss der Wanderung, bevor es durch Wald und über Wiesen zurück zum Parkplatz geht.

Ausblick vom Schuhmacherfelsen.

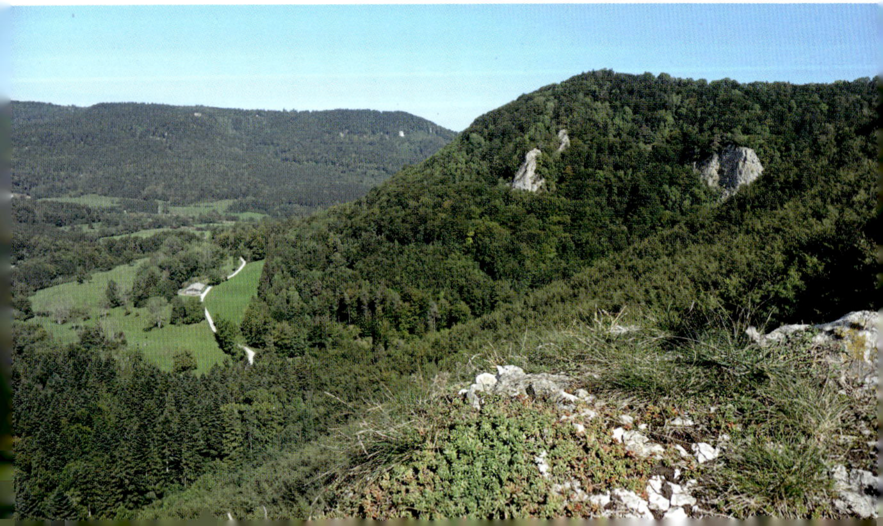

Ausgangsort: Parkplatz Heimberg, 905 m, bei Hossingen.
Anfahrt: Ab Balingen auf der B463 in Richtung Albstadt, in Weilstetten abbiegen auf die L440, dieser bis Tieringen folgen. Abbiegen auf die K7143 nach Hossingen. Im Ortszentrum nach links auf Laufener Weg über die Felder zum Parkplatz Heimberg.
Per ÖPNV mit der Zollern-Alb-Bahn bis Albstadt-Ebingen, www.naldo.de, ab Ebingen Busbahnhof Buslinie 362 bis Hossingen Rathaus, www.maas-reisen.de. Zu Fuß 20 Min. ab Rathaus Hossingen über Tieringer Straße und nach rechts in Laufener Weg bis Parkplatz Heimberg.
Anforderungen: Im Bereich der Aussichtsfelsen und der Hossinger Leiter ist Trittsicherheit gefragt. Schwindelfreiheit erleichtert die technisch einfache Passage über die Hossinger Leiter.
Orientierung: Meist gut gekennzeichnete Wege, lediglich ein kurzer Abschnitt im Abstieg vom Gräbelesberg zum Hossinger Weg erfordert Aufmerksamkeit und Orientierungssinn.
Einkehr: Hossingen: Gasthaus Adler, Mo. und Di. Ruhetag, Tel. +49 7436 9011997. Krone, Di. geschl., Tel. +49 7436 9281044.
Übernachtung: Keine.
Tipp: Bei der Abreise mit ÖPNV kann nach dem Schuhmacherfelsen Hossingen auf direktem Weg erreicht werden. Hierfür vor dem Unterstand an der Hossinger Leiter rund 10 Min. der Beschilderung nach Hossingen in die Ortsmitte folgen.
Karten: Freizeitkarte F507 Villingen-Schwenningen, 1:50.000, LGL Baden-Württemberg, www.lgl-bw.de.

Die Wanderung beginnt am **Parkplatz Heimberg** ❶ nördlich von Hossingen. Es geht auf einer beschilderten Wiesenspur in Richtung Gräbelesberg am nordwestlichen Fuß des kleinen bewaldeten Hügels des Heimbergs entlang. Nach 350 m treffen wir im Wald auf einen querenden mit der roten Raute gekennzeichneten Weg. Auf diesen nach links und nach wenigen Metern am Wegweiser Triebfelsen nach links auf einen Pfad ohne Markierung abbiegen. Wir befinden uns auf einem kleinen Schlenker ab vom Hauptweg, wenden uns an der nächsten Verzweigung nach rechts und gelangen so wieder zum markierten Hauptweg. Auf diesem geht es nun nach links leicht ansteigend, an einem Rechtsabzweig an dem Wegweiser »Gräbelesberg« und an einem Baumstumpf mit einer Stempelstation für den Traufgänge-Stempelpass geradeaus vorbei. An der folgenden Gabelung »Rundweg Gräbelesberg« ist es völlig egal, für welche Wegrichtung wir uns entscheiden, denn wie uns das Schild

Auf der Hossinger Leiter.

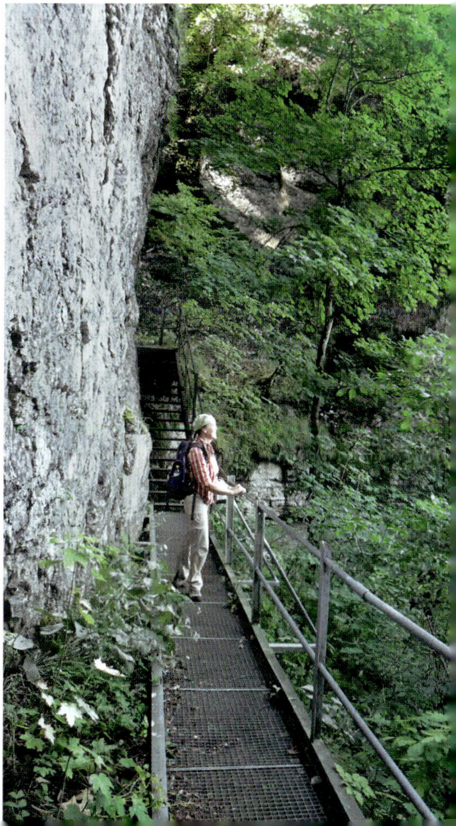

verspricht, handelt es sich um einen Rundweg. Wir halten uns rechts und entscheiden uns damit, die Felsbastion entgegen dem Uhrzeigersinn zu umwandern. Eine Tafel informiert uns über die keltische Höhensiedlung auf dem Gräbelesberg, von der im Gelände noch gut erkennbare Reste vorhanden sind. Der Pfad führt zur nördlichen, steil abfallenden Felskante des Bergsporns mit beeindruckenden Ausblicken auf die nähere Umgebung der Zollernalb. Am nördlichsten Punkt der Runde auf dem **Gräbelesberg ❷** erwartet uns eine tolle Rastmöglichkeit mit Blicken auf die gegenüberliegende Albkante mit der Ruine Schalksburg und weiter bis ins Albvorland. Der Gräbelesberg bildet die nördliche Bastion des Großen Heubergs und wurde durch die erosiven Kräfte der Eyach geformt.

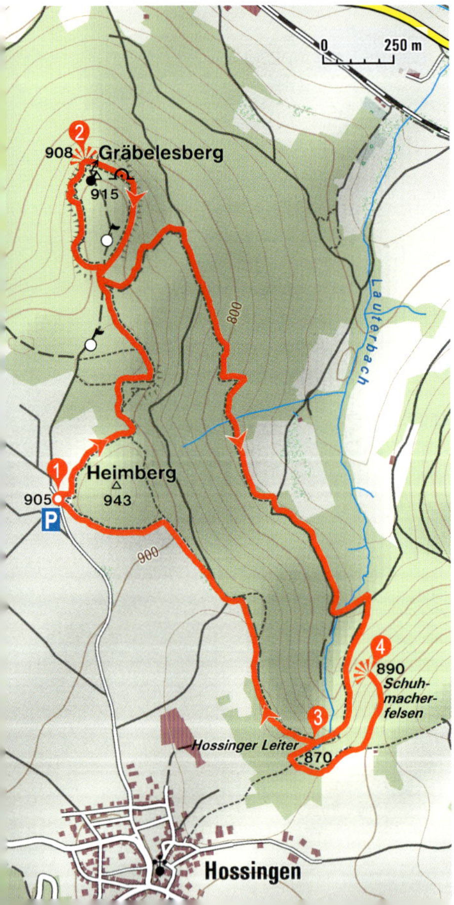

Der schöne Pfad zieht sich entlang des Traufrandes mit lohnenswerten Aussichtspunkten und einigen Rastbänken auf die nähere Umgebung. Je nach Jahreszeit trägt der Gräbelesberg ein wunderbares Blütenkleid aus Wildrosen, Küchenschellen, Gelbem Enzian, Storchschnabel oder Orchideen. Wir schließen den Kreis an der bekannten Gabelung »Rundweg Gräbelesberg«, gehen nach rechts und zweigen in 50 m auf einen geschotterten Forstweg nach links ab. Mit moderatem Gefälle geht es durch den Traufwald bergab. An dem querenden Waldweg nach rechts und an der nächsten Gabelung nach gut 150 m nach links auf einen nicht bezeichneten weiterhin abschüssigen Weg. Dieser dient hauptsächlich Förstern und Jägern als Verbindungsweg und erfordert etwas Spürsinn und Orientierung. Am ersten Jagdstand halten wir uns nach rechts auf einem aufgelassenen Weg und am nächsten Hochstand nach links. Bald gelangen wir wieder auf einen breiten Waldwirtschaftsweg, den Hossinger Weg, dem wir nach rechts folgen. Es geht nun gut 1 km nahezu flach durch den hohen Mischwald in südliche Richtung. Eine Brücke führt über den schmalen Lauterbach, dessen Quelle uns bald in Erstaunen versetzt. Unmittelbar nach dem Bachlauf halten wir uns nach rechts in Richtung Hossinger Leiter auf einen ansteigenden Pfad durch einen lauschigen Buchenforst auf die Felskante des Traufs zu. Dieser wundervolle Abschnitt der Wanderung erweckt alpine Gefühle. Vom Rauschen des Lauterbaches getragen schreiten

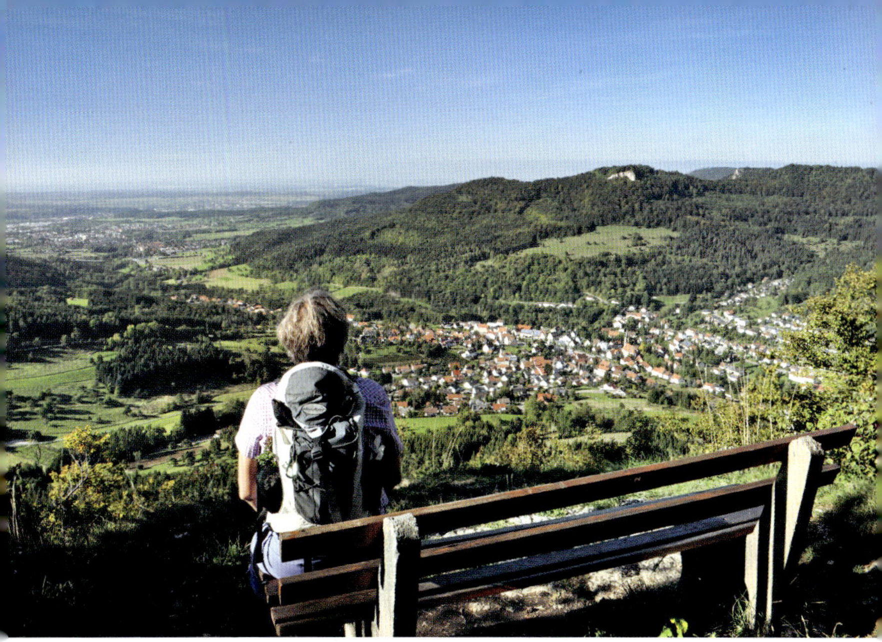

Perfekte Rastbank auf dem Gräbelesberg mit wunderbarem Weitblick.

wir direkt an der Kalksteinstufe über eine kurze Brücke und stehen an der **Hossinger Leiter ❸**, die mit wenigen Tritten im schluchtartigen Einschnitt des Lauterbachs durch den Felsen bergan führt.

Oben angekommen, lädt ein Unterstand mit Rastbänken und Grillstelle zum Verweilen. Vom Unterstand aus unternehmen wir noch einen Abstecher zum Schuhmacherfelsen. Hierfür geht es geradeaus Richtung Hossingen und nach knapp 50 m nach links in Richtung Aussichtspunkt Muisloch. Ein Stufenweg führt den steilen Waldhang hinauf. Am Waldrand angekommen, geht es ohne Markierung nach links und nach 130 m an einer Gabelung nochmals nach links in Richtung Muisloch und Schuhmacherfelsen. Der flache Pfad tritt wieder in den Wald ein und gabelt sich an einer Rastbank erneut. Von hier sind es nur noch ein paar wenige Meter nach links bergab zum **Schuhmacherfelsen ❹**. Wir blicken auf den Einschnitt bei der Hossinger Leiter, auf den bewaldeten Gräbelesberg und ins Lauterbachtal. Zurück vom Abstecher am Unterstand an der Hossinger Leiter schwenken wir auf einen romantischen Pfad nach links ein, der zum Teil mit Stufen befestigt über eine kleine Felsstufe führt. Der etwas ansteigende Pfad (rote Raute) folgt zunächst dem Albtrauf am halbschattigen Waldrand. Beim Kübelhansfelsen erwarten uns Rastbänke mit Blick auf das Dorf Hossingen. Weiterhin bleiben wir dem Wiesenpfad am Waldsaum treu und ignorieren alle Wege in den Traufwald hinein. Die Beschilderung führt uns zudem zweifelsfrei zurück zum **Parkplatz Heimberg ❶**.

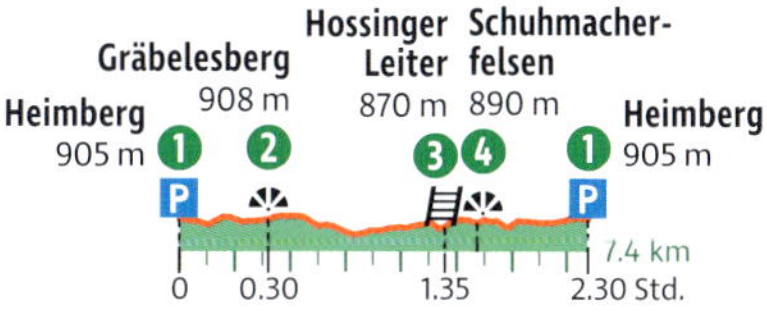

9 Schnecklesfelsen

Auf der Hochfläche der Hohen Schwabenalb

2.00 Std. | 6,6 km | ↗150 m | ↘150 m

Genusstour auf der Hohen Schwabenalb

Der Genuss könnte gleich am Beginn der Wanderung stehen: Die Gaststätte Ochsenhaus lockt mit einer herrlichen Terrasse und gemütlicher Gaststube. Doch zunächst führt uns die einfache Runde auf schmalen Pfaden über den Ochsenberg, der das Eyachtal bei Albstadt-Ebingen nach Norden hin begrenzt. Durch den hohen Mischwald geht es in Traufnähe zu heimischen Wacholderheiden, die gerade hier auf der sogenannten Hohen Schwabenalb die kuppigen Höhen bedecken. Auf der Hochfläche der Hohen Schwabenalb herrscht ein raues Klima mit langen Wintern. In dieser Umgebung konnte sich ein artenreicher Lebensraum entwickeln, in dem es summt, brummt, hüpft und flattert. Viele Bienen, Hummeln, Heuschrecken und Schmetterlinge finden hier rund um die kleine Kuppe des Ochsenberggipfels ein Zuhause. Trotz des großen Parkplatzes am Fuße des Ochsenbergs findet man ruhige Winkel, stille Orte und Beschaulichkeit. In unmittelbarer Nachbarschaft bieten felsige Vorsprünge entlang dem Katzenbuckel schöne Talblicke auf Albstadt. Auf dem Schnecklesfelsen, dem schönsten Aussichtsfels, ist wenig zu spüren von der Betriebsamkeit im Tal. Ein genussvoller Ort, an dem man die Natur und Landschaft auf sich wirken lassen kann. Eine abwechslungsreiche Strecke zum Eintauchen in die Natur und mit hübschen Ausblicken.

Ausgangsort: Parkplatz an Gaststätte Ochsenhaus am Ochsenberg, 906 m.
Anfahrt: Ab Balingen auf der B 463 bis kurz nach Albstadt-Lautlingen. Nach links abbiegen auf Lautlinger Straße in Richtung Badkap und nochmals links am Erlebnisbad Badkap vorbei. Auf Straße nach rechts und an Gabelung nochmals rechts auf den Ochsenberg. ÖPNV: Mit der Zollern-Alb-Bahn bis Albstadt-Ebingen, www.naldo.de. Von dort zu Fuß rund 30 Min. bergan auf beschildertem Weg in Richtung Schnecklesfelsen und Ochsenberg. Unterhalb des Schnecklesfelsens trifft man auf die vorgestellte Tour nach ❹. Oder mit Buslinie 76/77 bis Haltestelle Beethovenstraße. Zu Fuß nur 3 Minuten bergan, trifft dann auf beschriebene Tour vor der Ochsenbergsteige.
Anforderungen: Keine besonderen.
Orientierung: Ein guter Teil der Route verläuft auf markierten Pfaden und Wegen (Traufgänge und gelbes Dreieck). Die Orientierung auf den nicht bezeichneten Pfaden und Wegen gestaltet sich einfach.
Einkehr: Höhengaststätte Ochsenhaus, Mo. und Di. geschlossen, www.ochsenhaus.de.
Übernachtung: In Albstadt-Ebingen Hotel Alt-Ebingen, www.hotel-alt-ebingen.de. Gasthof Linde, www.gasthof-linde.com. Josis Klause, www.josisklause.de.
Karten: Freizeitkarte F526 Sigmaringen, Tuttlingen, 1:50.000, LGL Baden-Württemberg, www.lgl-bw.de.

An der Gaststätte **Ochsenhaus ❶** schnüren wir die Wanderschuhe und gehen zwischen Gasthaus und Scheune zum Waldrand. Vor dem Spielplatz halten wir uns nach rechts auf einen Pfad, der in den lichtdurchfluteten Mischwald führt. Zunächst geht es etwas ansteigend, bald aber

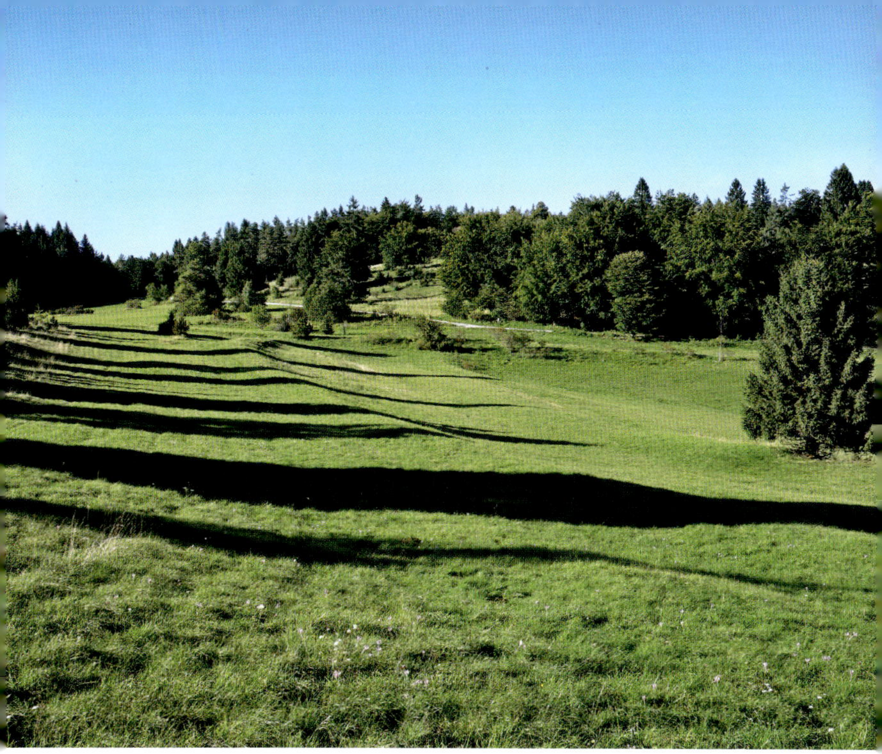

Hochebene des Ochsenbergs.

im nahezu flachen Terrain entlang der Hang- und Traufkante des Ochsenbergs. Wir verlassen nach knapp 25 Min. den Buchen-Fichten-Mischwald und gelangen zu einer großen **Wegkreuzung** ❷ im kuppigen Gelände. Vor uns erhebt sich der kleine »Gipfel« des Ochsenbergs mit seinem wunderschönen Mantel aus Heidevegetation und vereinzelten Solitärbäumen, wie Buchen, Mehlbeeren und Wacholdersträuchern.

Unmittelbar vor dem schmalen Teerweg halten wir auf einer nicht gekennzeichneten Wiesenspur nach rechts. Nach 300 m, am Ende der Wiesenfläche, treffen wir auf den Kreuzbühl-Rundweg, auf den wir nach links einschwenken. Am Fuß des Ochsenbergs geht es, bald rechts haltend, in Richtung Parkplatz Kälberwiese. Dem Ochsenberg werden wir auf dem Rückweg einen Besuch abstatten. An einem Grillplatz überqueren wir die Zufahrtsstraße und stehen nun am **Parkplatz Kälberwiese** ❸. Wir marschieren nach links über das Parkgelände und zweigen nach gut 100 Metern vor einer Schranke nach rechts in Richtung Schnecklesfelsen ab. Die Wiesenspur wird bald zum Waldpfad, von dem bald ein

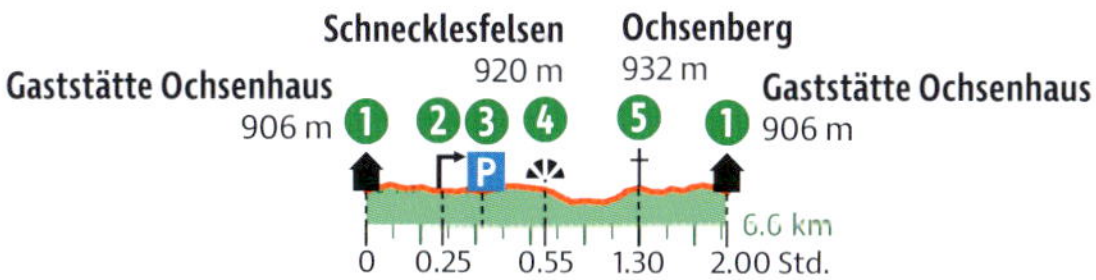

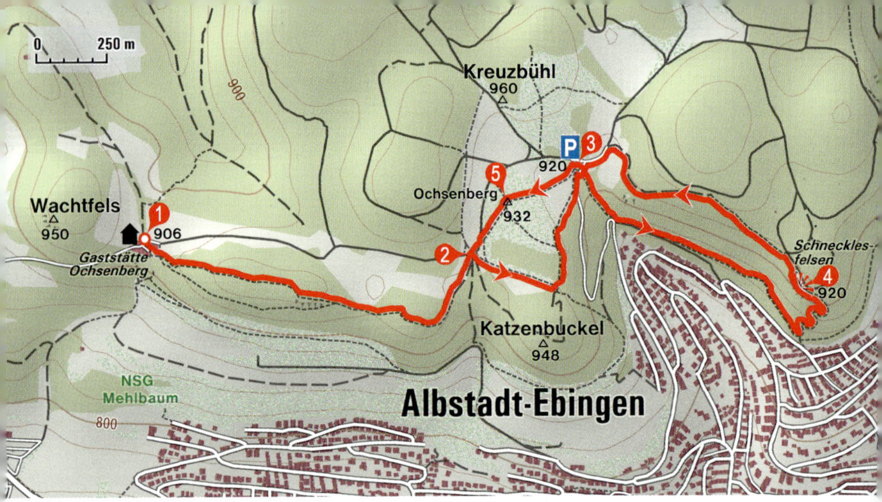

Abstecher nach rechts abzweigt. Wir nehmen diesen Pfad, der nach wenigen Metern vor der steil abfallenden Felsstufe über dem Eyachtal endet. Ein stattliches Kreuz dominiert diesen Aussichtsfels auf dem Rücken des sogenannten Katzenbuckels. Der hübsche Blick ins Tal und auf die Dächer von Albstadt-Ebingen sowie auf den südlich anschließenden Großen Heuberg ist schon eine kleine Genusspause wert, bevor es wieder zurück auf den Hauptpfad geht. Im Schatten des Waldes wird der Weg bald leicht abschüssig und mündet auf einen breiten Schotterweg. Kurz nach rechts abbiegen und die **Schnecklesfelsen** ❹ sind erreicht. Bereits die Kelten besiedelten die nach Süden exponierten, strategisch

Ländliche Idylle bei der Gaststätte Ochsenberg.

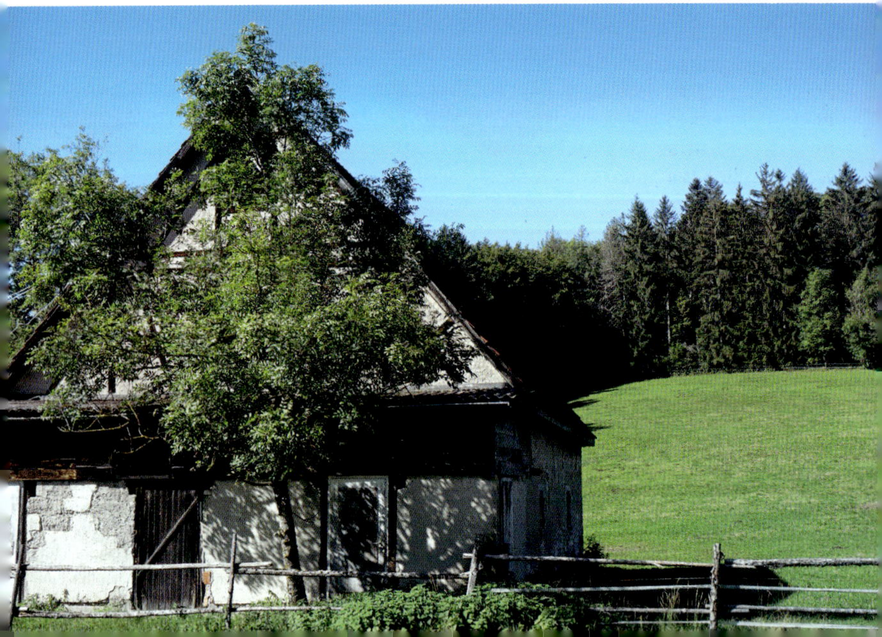

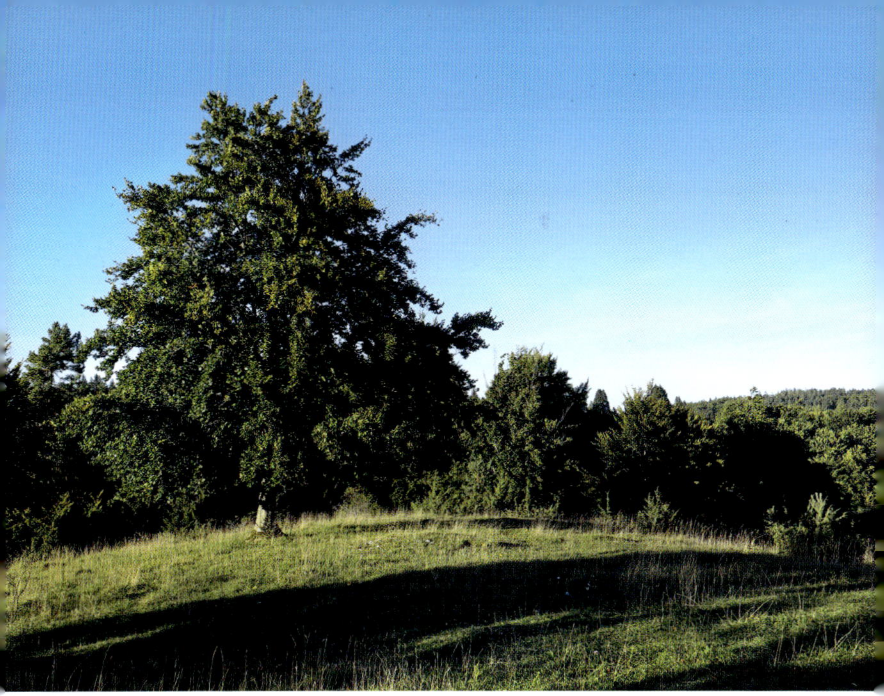

Abendstimmung am Ochsenberg.

günstig gelegenen Schnecklesfelsen. Damals wie heute wird man von den Felsköpfen mit einem Weitblick ins Eyachtaltal und die anschließenden südlichen Regionen der Schwäbischen Alb belohnt.

Wir verlassen den Schnecklesfelsen auf dem nicht gekennzeichneten Pfad geradeaus, der unmittelbar nach den Felsen als Serpentinenweg über den Abhang mit mittlerem Gefälle bergab verläuft. Rund 50 Höhenmeter tiefer wenden wir uns an einer Gabelung nach rechts und gleich darauf nochmals nach rechts. Immer noch im Hangwald schreiten wir auf dem nahezu ebenen Weg unterhalb der Schnecklesfelsen und des Katzenbuckels entlang, bis wir geradeaus in einen befestigten Rad-/Fußweg einmünden. Dieser endet nach 200 m an einer Spitzkehre der Kreuzbühlstraße. Kurz halten wir uns nach rechts auf der Straße und nach wenigen Metern auf einen ansteigenden Wanderweg entlang der Ochsenbergsteige. Schließlich mündet der Weg wieder am Parkplatz Kälberwiese auf der Straße ein und es geht am bekannten Grillplatz halbrechts auf einer Wiesenspur leicht bergan über die Heide auf die sanfte Kuppe des Ochsenbergs. Oben auf dem **Ochsenberg** ❺ angekommen, erwartet uns eine Rastbank zwischen schönen Kiefern- und Buchensolitärbäumen. Auf dem Ochsenberg genießen wir nochmals die Ruhe, die diese Naturlandschaft verströmt. Nach links haltend folgen wir der Wiesenspur über die Wacholderheide zur kleinen Straße und **Wegekreuzung** ❷, die wir schon kennen. An der Verzweigung biegen wir nach links ab auf dem bekannten Pfad durch den Traufwald zurück zur **Gaststätte Ochsenhaus** ❶ und zu ihrem lockenden Biergarten.

10 Schalksburg und Felsenmeer

Königstour mit Panoramablicken und Felsengärten

TOP | 2.45 Std. | 9,0 km | ↗ 250 m | ↘ 250 m

Großes Wanderkino mit Top-Aussichten und urtümlichen Felsengärten
Malerisch gestaltet sich die Landschaft auf der Hochfläche über dem Eyachtal rund um den stillen Ort Burgfelden. Es ist schon erstaunlich, dass man inmitten der Schwäbischen Provinz die vielfältigen Facetten der Alblandschaft auf nur einer Wanderung erleben kann. Bereits zu Beginn der Tour bietet der sensationelle Ausguck von der Traufkante am Böllat grandiose Aussichten über die Höhen der Alb bis zum Schwarzwald. Wilde Wege verbinden diesen Felsenhorst mit einem exponierten Sporn, auf dem einst die trutzige Feste der Schalksburg ruhte. Vom besteigbaren Bergfried offenbart sich das tolle Relief am Albtrauf sowie die dramatische Kulisse der Zollernalb. Über einen schmalen Grat, der den Bergsporn mit dem Gesteinskörper der Alb verbindet, nähert sich die Wanderung einem weiteren Höhepunkt, dem urtümlichen Felsenmeer. Bizarre Gesteinsformationen mit riesigen Felsblöcken im wilden Durcheinander mitten im Wald machen das Felsenmeer zu einem verwunschenen Ort, um den sich so einige Geschichten ranken. Von diesem natürlichen Abenteuerpark erreicht man auf der Albfläche den kleinen Rücken des Heersbergs, der von einer wunderschönen Wacholderheide bedeckt ist. Durch bunte Wiesen, die zu jeder Jahreszeit ein Blütenkleid tragen, wird die Runde in Burgfelden geschlossen. Eine Tour, die alles, was das Wanderherz begehrt, vereint: tolle Aussichten, abwechslungsreiche Wege, urtümlich-wilde Naturlandschaften, malerische Wälder und Wiesen und eine zünftige Einkehr.

Ausgangsort: Burgfelden, Wanderparkplatz Wannental, 910 m.
Anfahrt: Ab Balingen auf der B 463 bis zum Abzweig nach links auf L 442 über Dürrwangen, Zillhausen, vor Pfeffingen nach rechts auf Eschenbachstraße nach Burgfelden. Am Ortseingang nach rechts in Böllatstraße, links in Hinter dem Garten und rechts in Wannentalweg. Am Ende der Straße Wanderparkplatz Wannental.
ÖPNV: Mit der Zollern-Alb-Bahn bis Albstadt-Ebingen, www.naldo.de. Ebingen Busbahnhof Linie 45 bis Pfeffingen, Haltestelle Lamm. Umstieg in Buslinie 45B bis Burgfelden Ortsmitte, www.ovr-bus.de. Weiter zu Fuß in Fahrtrichtung bis zu Im Gäßle nach rechts und links in Wannentalweg bis Wanderparkplatz (3 Min.).
Anforderungen: Trittsicherheit im Abstieg vom Böllat, an den Felsköpfen und im Felsenmeer.
Orientierung: Im Wechsel markierte und nicht gekennzeichnete Wege und Pfade. Die Orientierung auf den wilden Wegen erfordert Aufmerksamkeit und im Waldareal oberhalb des Felsenmeeres auch Spürsinn.
Einkehr: Burgfelden Bergcafé, Mo. und Di. geschlossen, www.bergcafe-burgfelden.de. Landhaus Post, Mo. Ruhetag.
Übernachtung: Burgfelden Landhaus Post, www.landhaus-post.de.
Tipps: Die Wandmalereien in der Kirche St. Michael in Burgfelden sind eine Rarität aus dem 10. Jh. Der Sonnenuntergang am Böllat ist ein Gedicht.
Karten: Freizeitkarte F507 Villingen-Schwenningen, 1:50.000, LGL Baden-Württemberg, www.lgl-bw.de.

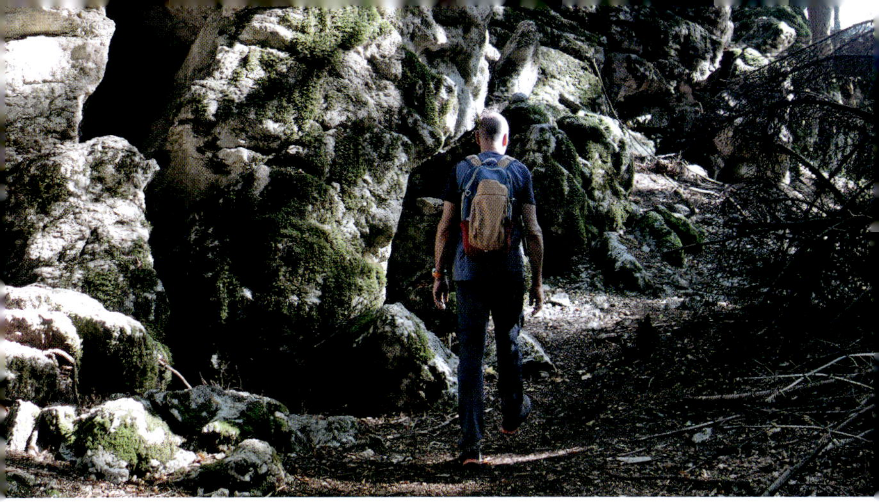

Im Felsenmeer.

Wir schnappen den Rucksack und los geht es am Wanderparkplatz **Burgfelden** ❶ in Richtung Böllat. Auf Treppen gelangt man zu einem geteerten Weg, der am Waldrand entlang nach rechts (rotes Dreieck) zum Aussichtsbalkon am Böllat führt. Bereits nach wenigen Minuten ist die Felsnase des **Böllat** ❷ an der steilen Traufkante erreicht. Über das Albvorland hinweg zeigen sich der Schwarzwald und manchmal auch die Vogesen. Ein Ort, wo die Zeit stillzustehen scheint und zum ewigen Verweilen einlädt – gerade zum Sonnenuntergang einer der schönsten Plätze auf der Schwäbischen Alb. Zurück vom Aussichtspunkt geht nach rund 10 m unmittelbar neben dem Felskopf ein nicht gekennzeichneter Pfad rechts ab. Der zum Teil sehr schmale Pfad führt mit mittlerem Gefälle durch den Hangwald. Er trifft auf einen breiten Weg, auf dem es nach rechts weiter bergab geht. Nach weniger als 100 m gehen wir in einer Spitzkehre auf einen nicht bezeichneten Pfad halb links weiter. Dieser trifft im hohen Mischwald auf einen querenden Forstweg, auf den wir nach links einschwenken. Auf diesem geschotterten Weg wandern wir mit Blick auf die Wiesenflächen und das Gehöft für gut 400 m leicht ansteigend durch den Talschluss des Wannentals. Dann zweigt ein Pfad nach rechts zum bäuerlichen Gehöft ab, den wir ignorieren. 20 m weiter orientieren wir uns auf einen nach links abzweigenden Waldsteig, der nicht gekennzeichnet als Serpentinenweg durch den Hangwald bergan führt. Der Pfad ist gut erkennbar, quert einen Waldweg nach halblinks und mündet schließlich auf der Hangkante am Grat in einen mit dem roten Dreieck markierten Weg ein. Wir wenden uns nach rechts und

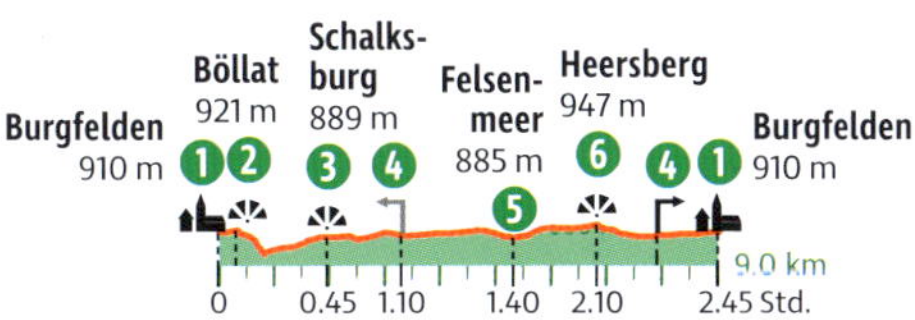

gehen an der Wegverzweigung geradeaus in Richtung Schalksburg. Es geht die letzten Höhenmeter bergan und der abgeflachte Bergsporn ist erreicht. An einer Gabelung gelangen wir zu einem Rundweg um die Ruine Schalksburg, auf dem wir nach rechts weiterwandern. Der Waldpfad bringt uns zu einem Aussichtspunkt an der **Schalksburg 3** mit Tiefblicken ins Wannen- und Eyachtal und auf die Höhenzüge im südlichen Schwarzwald.

Ein schmaler Pfad folgt nach links der Abbruchkante und bringt uns zum einstigen Bergfried der Schalksburg aus dem 11. Jh., der als Aussichtsturm wieder aufgebaut wurde. Der Turm ist frei zugänglich und die 70 Stufen lohnen wirklich die kleine Mühe: Oben bietet sich ein hübscher Blick ins Eyachtal, auf den Böllat sowie die umliegenden Traufkanten der Zollernalb. Die Schalksburg erfuhr ein übliches Burgenschicksal: zerstört, wieder aufgebaut und schließlich aufgegeben. Weiter dem Pfad nach links folgend haben wir die Schalksburgrunde bald geschlossen.

An der bekannten Gabelung zweigen wir nach rechts ab in Richtung Heersberg. Auf dem eindrucksvollen Grat, der den Bergsporn mit dem Heersberg verbindet, geht es leicht ansteigend auf dem hübschen Wanderweg (rotes Dreieck) zur Albfläche. Der Laubwald öffnet sich und wir überblicken die blumenübersäte und sattgrüne Hochfläche des Heersbergs. Der Gratweg geht über in

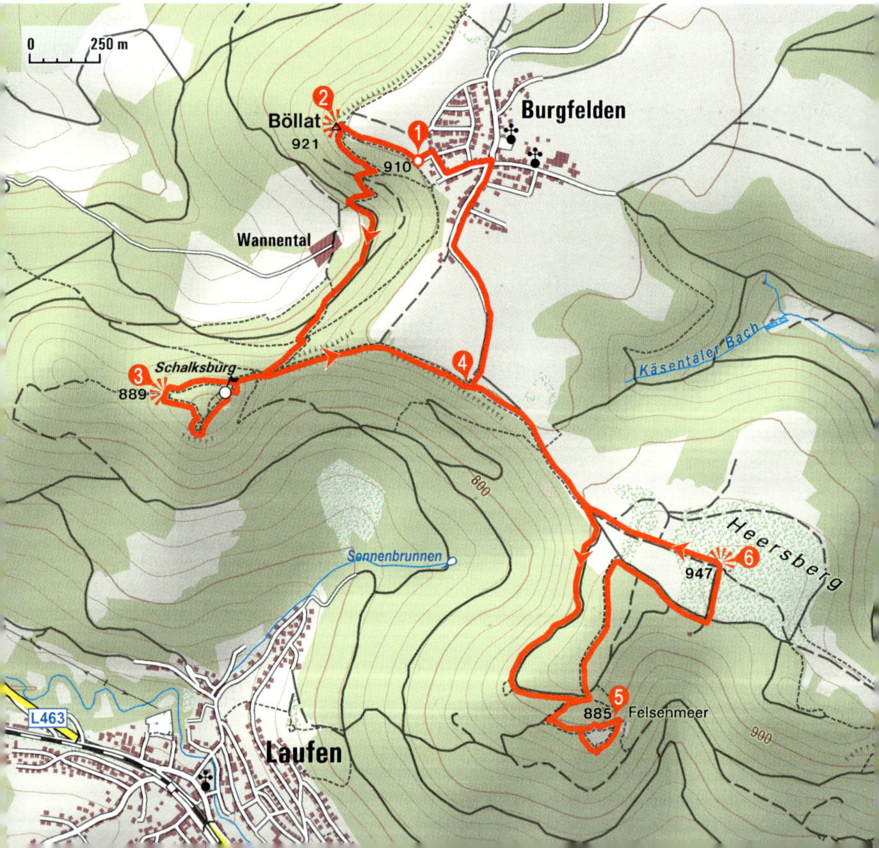

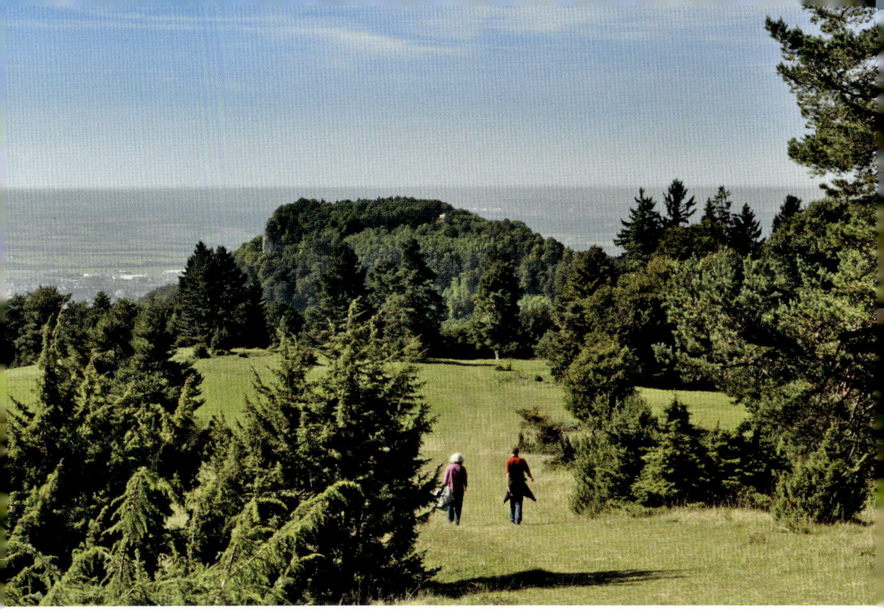

Parkähnliche Landschaft auf dem Heersberg.

einen Waldsaumweg, der der Traufkante nach rechts folgt. Zahlreiche Rastbänke laden ein an der Albkante zum stillen Genuss in der wundervollen Landschaft. Einen **Abzweig** ❹ nach links zur Ortschaft Burgfelden lassen wir (zunächst) links liegen, schließlich wartet ja noch das Felsenmeer auf unseren Besuch. Nach 1 km entlang der Traufkante des Heersberges schwenken wir auf einen Pfad (ohne Markierung) nach rechts in den Wald hinein ab. Auf dem absteigenden Schotterweg biegen wir nach 800 m nach rechts ab und treffen nach Kurzem auf Wegweiser in Richtung Felsenmeer nach links. Bald schlängelt sich der Pfad durch ein Labyrinth aus meterhohen Gesteinsformationen, Blöcken und Stürzen. Das **Felsenmeer** ❺ ist ein magischer Ort, an dem sich Elfen und Trolle wohlfühlen würden. Wir durchstreifen den wilden Felstumult auf einem Rundweg und kehren schließlich zum bekannten Abzweig am Schotterweg zurück.

Es geht nach rechts bergan und nach 200 m auf einen aufgelassenen Weg nach links ab vom Waldwirtschaftsweg. Diese Passage erfordert etwas Spürsinn – alternativ bleibt man auf dem Wirtschaftsweg nach rechts. Wir kommen zum Waldrand, wenden uns nach rechts und folgen der Straße für 5 Minuten. Dann orientieren wir uns auf einen Wiesenweg nach links, der uns auf die kleine Kuppe führt. Der **Heersberg** ❻ überrascht mit einem Panoramablick zur Schalksburg und darüber hinaus bis in die Anhöhen des Schwarzwaldes. Wir halten uns nach links auf einer Wiesenspur über den Bergrücken gesäumt von Wacholder, Solitärbäumen, Enzian und Silberdisteln in Richtung Burgfelden. Es geht zurück auf den bekannten Traufweg und am **Abzweig** ❹ nun nach rechts auf dem asphaltierten Weg nach Burgfelden. In der Ortsmitte nach links und nach rechts über den Wannenweg beschließen wir diese Traumrunde am Wanderparkplatz **Burgfelden** ❶.

11 Zeller Horn und Burg Hohenzollern
Von der Albfläche zur Märchenburg

3.00 Std. | 7,6 km | ↗ 450 m | ↘ 450 m

Bilderbuchtour zu einem Märchenschloss
Die Wanderung steht, wie sollte es anders sein, ganz im Lichte der Burg Hohenzollern, der Stammburg der Deutschen Kaiser. Die Runde beginnt an der kleinen Wallfahrtskirche Maria Zell bei Boll, die zu einer wüst gefallenen Siedlung gehörte. Am Steilabfall der Schwäbischen Alb zieht sich der Weg durch den typischen Fichten-Buchen-Wald der Südwestalb und über die Zellerhornwiese hoch bis zum Zeller Horn. Das Naturschutzgebiet Zellerhornwiese, mit einer großen Pflanzenvielfalt an seltenen Arten, ist die grüne Heimat zahlreicher Insekten und Vögel. Das Zeller Horn ist ein steiler und schmaler Ausläufer, welcher der Albhochfläche vorgelagert ist. Hier eröffnet sich definitiv der beste Blick auf die imposante Burg Hohenzollern auf ihrem Kegelberg. Vor der Weite der Landschaft im Albvorland und dem endlosen Horizont, an dem der Schwarzwald auftaucht, erscheint das Märchenschloss mit seinen vielen Türmen, Zinnen und Wehrmauern eher klein oder sogar bescheiden. Vermutlich ist der Postkartenblick vom Zeller Horn auf das Schloss das bekannteste Bild von der Schwäbischen Alb. Durch lichtdurchflutete Traufwälder führt die Runde schließlich hoch zum Schloss Hohenzollern. Am Zeller Horn und am Schloss kann man dem Trubel nicht entgehen. Im Abstieg geht es allerdings ab dem Parkplatz am Zollerberg auf einsamen, abenteuerlichen Passagen, einer Bachquerung und aufgelassenen Wegen zurück zur Wallfahrtskapelle Maria Zell. Eine reizvolle Runde zum weltbekannten Highlight der Region mit stimmungsvollen Ausblicken.

Aussichtspunkt Zeller Horn.

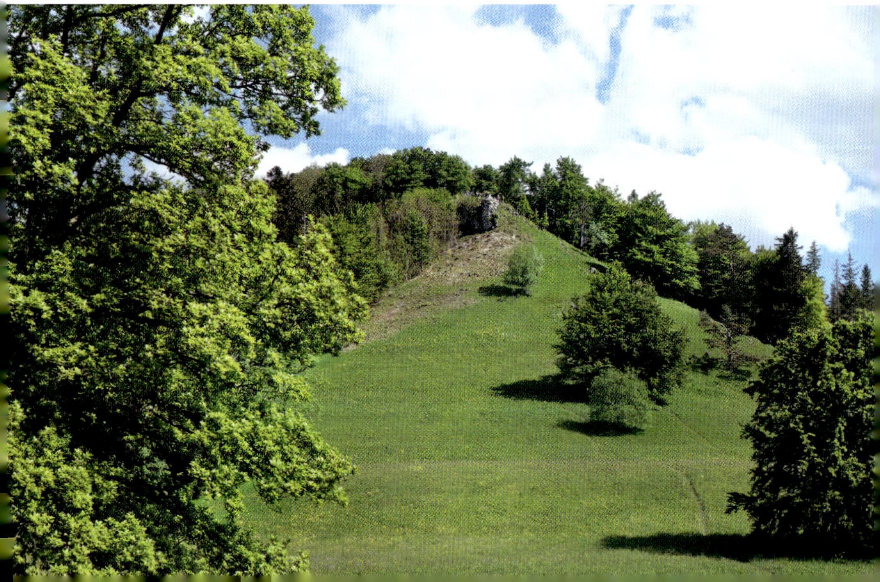

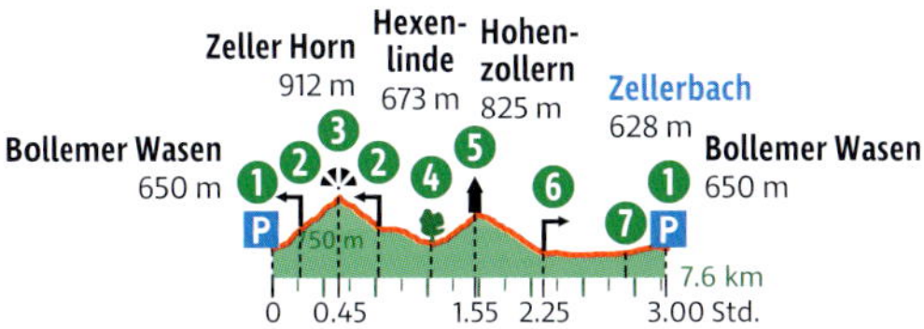

Ausgangsort: Parkplatz Bollemer Wasen, 650 m, Wallfahrtskirche Maria Zell bei Boll.

Anfahrt: Von Tübingen auf der B27 bis Hechingen. Hechingen-Süd, auf die K7108 und K7109 nach Boll. Auf Dorfstraße, Mitteldorf, nach rechts auf Eichgasse weiter rechts halten auf Feldweg in Richtung Maria Zell. Vor Wallfahrtskirche nach links großer Parkplatz Bollemer Wasen (Grillstelle). ÖPNV: Von Tübingen mit der Zollern-Alb-Bahn bis Hechingen, www.naldo.de, weiter mit Bus 302 bis Boll, Haltestelle Kirche. www.hvb-hechingen.de. Von da in 20 Min. bis Parkplatz Bollemer Wasen. Beschreibung siehe Anfahrt mit PKW. Alternativ ab Hechingen mit dem Bus 305/306 bis zum Parkplatz Burg Hohenzollern und weiter mit Pendelbus ab Souvenirladen am Parkplatz bis zum Adlertor auf der Burg. In den Sommermonaten zusätzlich Nauf-Nab-Trauf-Bus zum Parkplatz unterhalb der Burg, www.hvb-hechingen.de, www.zollernalb.de. Einstieg in die Wanderrunde wäre dann die Burg Hohenzollern oder der Parkplatz Zollerberg.

Anforderungen: Trittsicherheit am Zeller Horn und im Aufstieg zum Schloss Hohenzollern.

Orientierung: Abstieg vom Schloss zurück zum Ausgangspunkt erfordert eine gute Portion Orientierung, Spürsinn und Lust am Querfeldeingehen. Einige Wegabschnitte sind mit dem roten Balken (HW3) und der blauen Raute gekennzeichnet.

Einkehr: In Boll Gaststätte Hirsch, Tel. +49 7471 9847597. Gasthof Löwen, Di. Ruhetag. Café Restaurant Burg Hohenzollern, www.burg-hohenzollern.com.

Übernachtung: In Boll Gasthof und Hotel Löwen, www.gasthof-hotel-loewen.de.

Tipps: An Wochenenden und Feiertagen meiden. In der Morgensonne ist der Blick auf die Burg Hohenzollern vom Zeller Horn besonders schön.

Karten: Freizeitkarte F523 Tübingen, Reutlingen, 1:50.000, LGL Baden-Württemberg, www.lgl-bw.de.

Unsere Fußreise beginnt am **Parkplatz Bollemer Wasen** ❶. Wir gehen geradeaus in Richtung Maria Zell auf einem Kreuzweg am Marienbrünnele vorbei bergan. Bereits bei der Anreise konnte man das Schloss Hohenzollern in greifbarer Nähe bestaunen und auch vom Stationenweg zeigt es sich von seiner fotogenen Seite. Oberhalb der barocken Wallfahrtskirche Maria Zell zweigen wir nach links ab in Richtung Zeller Horn. Wir folgen der Markierung roter Balken geradeaus über eine Forststraße hinweg steil bergan. An einer Skihütte vorbei geht es nochmals über einen Waldweg geradeaus nach 50 m zu einer **Weggabelung** ❷. Hier wenden wir uns nach rechts auf einen aufgelassenen ansteigenden Weg mit etwas Gestrüpp und auch querliegenden Ästen und Stämmen. Er geht an der Zellerhornwiese in einen Pfad über. Nach 50 m halten wir uns nach links auf einen nicht gekennzeichneten Pfad durch die herrliche Magerrasenwiese mit einer unglaublichen Artenvielfalt und Blütenpracht. Vor uns liegt die Felsennase des Zeller Horns, das auf einem steilen alpinen Pfad schnell erreicht ist.

Das **Zeller Horn** ❸ ist ein schmaler Ausleger des Raichbergs und markiert den Steilabfall der Schwäbischen Alb. Hier erwartet uns definitiv einer der schönsten Ausblicke der Alb! Unter uns liegt das Naturschutzgebiet der Zellerhornwiese, der kegelförmige Zeugenberg mit dem Schloss Hohenzollern und den Gäulandschaften und dem Schwarzwald im Hintergrund. Ein herrliches Fleckchen Erde! Wir verlassen die Postkartenaussicht auf dem bekannten Weg zurück bis kurz oberhalb der Skihütte im Hangwald. Hier biegen wir nach links ab auf einen breiten Forstweg ohne Kennzeichnung, der nach rund 10 Min. auf einen querenden Waldweg trifft, dem wir nach rechts bis zur **Hexenlinde** **4** folgen. Nun geht es halb rechts auf einem teils steilen ansteigenden Erdpfad, der mit dem roten Balken gekennzeichnet ist, hoch zum Schloss Hohenzollern. Durch das Blätterdach ist nach dieser kreislauffördernden Passage das Märchenschloss zu erkennen. Kurz unterhalb des Schlosses geradeaus auf einen Zickzackpfad und nicht der Markierung folgen. Der Pfad bringt uns auf direktem Weg durch eine Öffnung in der Leitplanke zur Straße und zum Eingang der **Burg Hohenzollern** **5**. Der Stammsitz der preußischen Könige und der Fürsten von Hohenzollern wurde immer wieder durch Erdbeben, die von der tektonischen Verwerfung des Hohenzollerngrabens ausgehen, stark beschädigt. Die Burganlage kann über die Pfor-

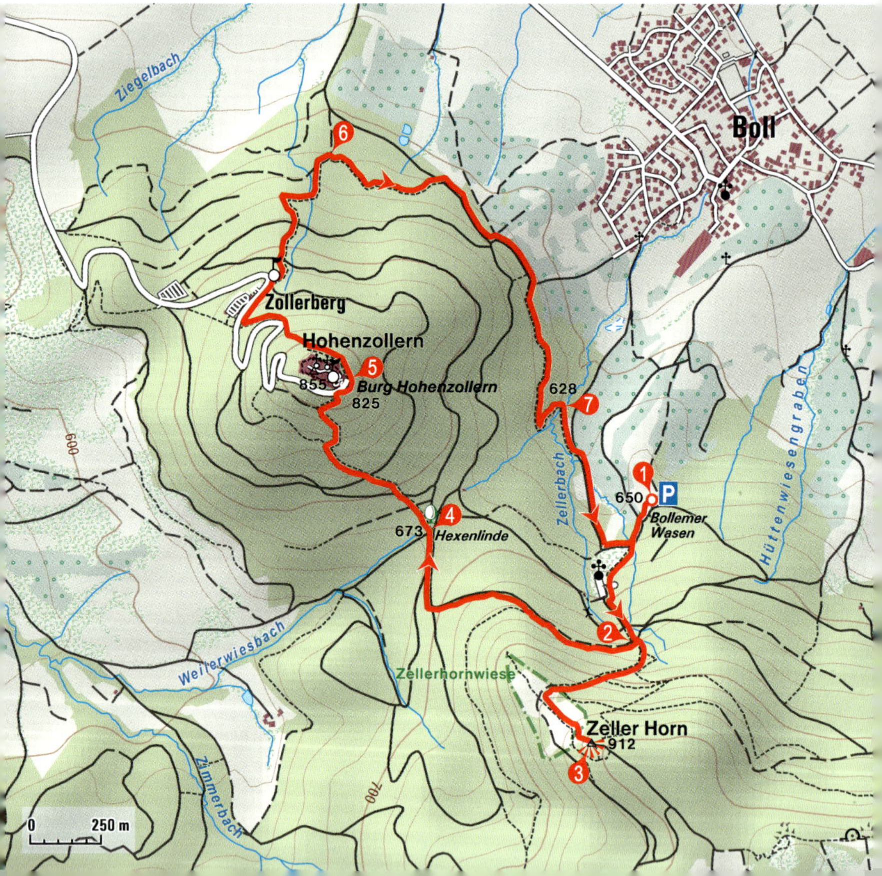

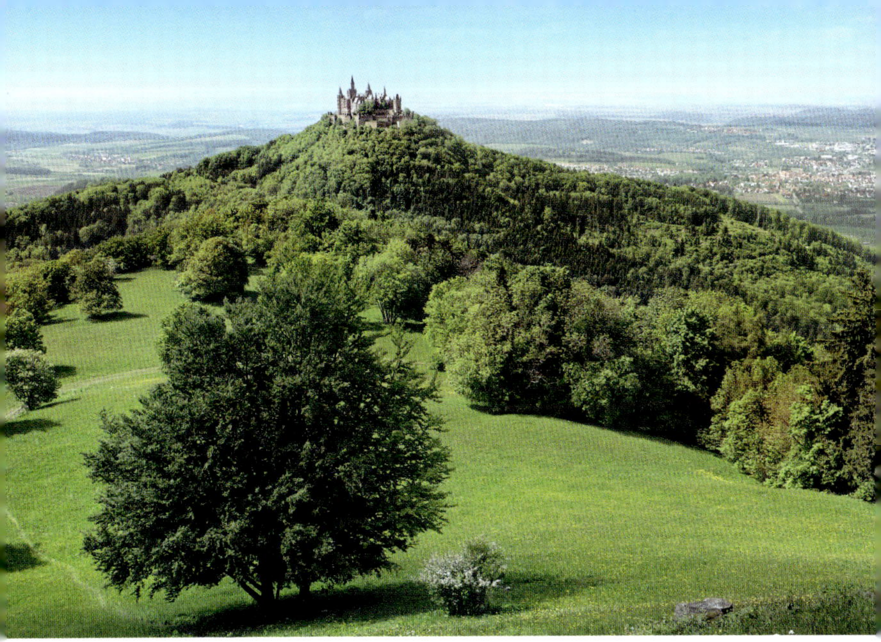

Märchenhafter Blick auf das Schloss Hohenzollern.

te am Adlertor besichtigt werden und womöglich lockt auch die Einkehr im Café-Restaurant.

Wir folgen dem HW3 am Adlertor vorbei auf einem asphaltierten, bald in Stufen angelegten Weg. Dieser ist der Hauptzugang vom Parkplatz am Zollerberg zum Schloss und entsprechend frequentiert. Am Parkplatz Zollerberg angekommen halten wir uns rechts entlang der Zufahrtsstraße bis zum Wasserturm. Unmittelbar rechts neben dem Turm beginnt ein schmaler Pfad (blaue Raute), dessen Zugang durch Äste etwas verdeckt ist. Nun beginnt der Rückweg zum Parkplatz auf abenteuerlich-wilden Wegen. Der Abstiegspfad kreuzt im dichten Mischwald zwei Waldwege geradeaus, führt dann über einen kleinen Bachlauf und kurz darauf zu einer Gabelung. An dieser **Gabelung ❻** nach dem Bach orientieren wir uns nach rechts auf einen aufgelassenen Forstweg ohne Kennzeichnung. Dieser mündet auf einen Waldwirtschaftsweg, auf dem es nach rechts weitergeht. An der nächsten Verzweigung halten wir uns nach links und folgen diesem Weg nun stets geradeaus im Wald bis zum Zellerbach. Nun geht es nach links auf einem ziemlich eingewachsenen Weg parallel zum Bach. Nach rund 150 m gelangen wir zu einer abgeholzten Stelle an der Böschung, steigen diese hinab und können auf einem Baumstamm den **Zellerbach ❼** trockenen Fußes überqueren. Wir halten uns geradeaus auf einer Wiese am Waldrand entlang und treffen nach wenigen Minuten auf einen geschotterten Feldweg, auf dem es nach rechts zurück bis unmittelbar vor Maria Zell geht. Unterhalb der Wallfahrtskirche halten wir uns nach links und erreichen so nach einer weiteren Bachüberquerung die Endstation unserer wilden Märchenschlossrunde am **Parkplatz Bollemer Wasen ❶**.

12 Köhlberg

Über dem Killertal mit Hohenzollernblick

2.00 Std. | 6,4 km | ↗ 220 m | ↘ 220 m

Kleine, unbekannte Aussichtsrunde am Albtrauf der Zollernalb

Eine Wanderung auf den Albtrauf verspricht stets, ein aussichtreiches Unterfangen zu sein. So ist auch diese Tour über das Bürgle hoch zum Köhlberg am Traufrand eine kurze Runde mit tollen Weitblicken der ganz besonderen Art: Der Zollerberg mit der Burg Hohenzollern präsentiert sich aus einem erstklassigen und recht unbekannten Blickwinkel. Von hier aus wird offensichtlich, dass es sich beim Zoller um einen sogenannten Zeugenberg handelt, der der Alb vorgelagert ist. Einst war er mit dem Albkörper verbunden, aber eine geologische Besonderheit ist letztendlich verantwortlich dafür, dass es den Zollerberg in dieser Form überhaupt gibt – der Zollergraben. Im Zollergraben, einer tektonischen Störung, sind vor etlichen Jahrmillionen härtere Gesteinsschichten nach unten gesackt und wurden deshalb nicht so rasch von der Erosion abgetragen wie das umliegende Gestein. Kurioserweise bildet heute das, was im Graben lag, die höchsten Erhebungen – beispielsweise der Zollerberg. Geologen nennen diesen Vorgang Reliefumkehr. Die Wanderung verläuft neben den albtypischen Hangwäldern auf ausgedehnten Magerwiesen, Mähwiesen und Wacholderheiden. Die Schlatter Heide und die Junginger Viehweide gehören zum Fauna-Flora-Habitat-Gebiet und zählen zu den größten Wacholderheiden der Schwäbischen Alb. Diese bunten, kräuterreichen Wiesen sind Relikte jahrhundertelanger Landnutzung als Heuwiesen oder als Schafweide. Zahlreiche Pflanzen und Tiere finden hier ihren Lebensraum, darunter auch viele bedrohte und seltene Arten. Eine bescheidene Wanderung zu den typischen Naturräumen der Zollernalb mit einem Traumblick auf die Burg Hohenzollern – etwas für stille Genießer.

Ausgangsort: Jungingen, Wanderparkplatz Unterm Bürgle, 648 m.
Anfahrt: Ab Tübingen auf der B27 in Richtung Hechingen, auf B32 in Richtung Sigmaringen bis Jungingen. In Ortsmitte links auf Kornbühlstraße, rechts auf Sonnenhalde und Rosensteig zum Wanderparkplatz Unterm Bürgle. Mit ÖPNV ab Tübingen mit der Hohenzollerischen Landesbahn über Hechingen bis Jungingen, www.naldo.de. Ab Bahnhof Jungingen zu Fuß in 20 Min. über Bahnhofstraße, Bruckstraße, Hinter Höfen, Kornbühlstraße, rechts auf Sonnenhalde und Rosensteig zum Wanderparkplatz.
Anforderungen: Trittsicherheit im Bereich der Aussichtsfelsen.
Orientierung: Problemlos möglich auf zum Teil mit rotem Dreieck und Raute markierten Wegen.
Einkehr: Jungingen: Cara Italia, www.restaurant-cara-italia-jungingen.eat-bu.com. Hotel Restaurant Post.
Übernachtung: Jungingen, Hotel Restaurant Post, www.hotel-post-jungingen.com.
Tipp: Die kleine Runde ergänzt die Tour 11, Schloss Hohenzollern, mit neuen Eindrücken und Blicken auf den Zollerberg und die Burg. Beide Touren können gut an einem Tag durchwandert werden.
Karten: Freizeitkarte F523 Tübingen, Reutlingen, 1:50.000, LGL Baden-Württemberg, www.lgl-bw.de.

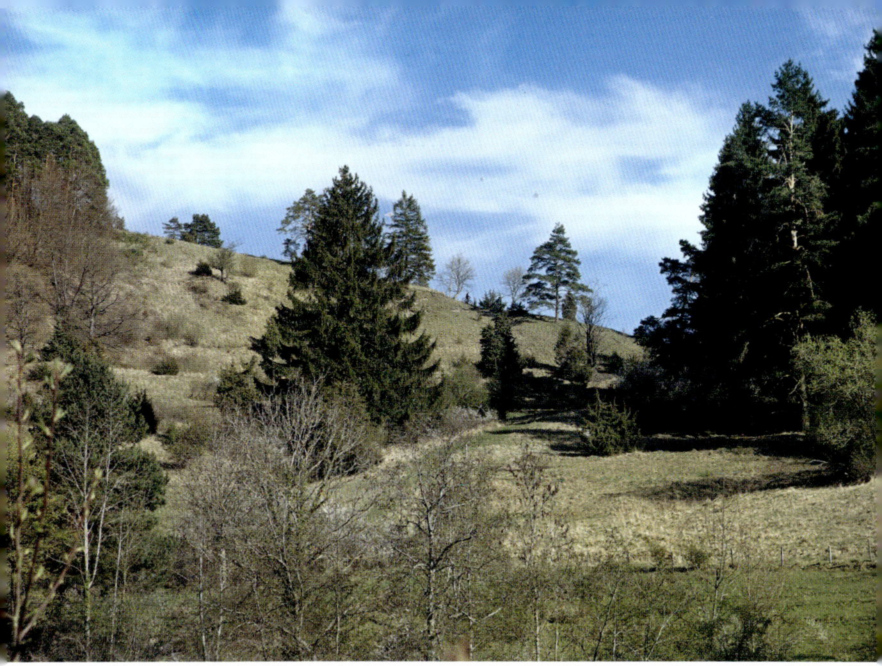

Wacholderheide am Bürgele.

Zwischen dem Ortsrand von Jungingen und dem Albtrauf beginnen wir unsere Wanderung am **Wanderparkplatz Unterm Bürgle ❶**. Auf einem geschotterten Feldweg lassen wir uns vom roten Dreieck leiten in östliche Richtung zum Bürgle. Der kleine Hügel ist zur Hälfte bewaldet und die andere Hälfte ist mit einer hübschen Magerwiese überzogen. An der ersten Weggabelung nach rechts auf einen Wiesenweg und an der nächsten Gabelung vor dem kleinen Wäldchen orientieren wir uns geradeaus auf einer Wiesenspur, die mit mittlerem Anstieg über den Magerrasen führt. Auf einer kleinen Passhöhe wenden wir uns an der Verzweigung nach rechts auf einen Stufenweg hoch zum **Bürgle ❷**. Bereits von diesem kleinen dem Albtrauf vorgelagerten Hügel ist der Ausblick zur Burg Hohenzollern ganz wunderbar und eine Rastbank lädt zum beschaulichen Verweilen ein. Unterhalb der Bank gehen wir auf dem Pfad nach links zurück zur Passanhöhe und weiter geradeaus auf einen steilen Serpentinenpfad, der sich durch die Wacholderheide den Hang hinaufschlängelt. Der Albtrauf rückt näher und an der Kante erwartet uns die ehemalige **Frundsburg ❸**. Eine Informationstafel klärt uns über die Historie der Burg auf, die bereits im 13. Jh. aufgegeben wurde und einst

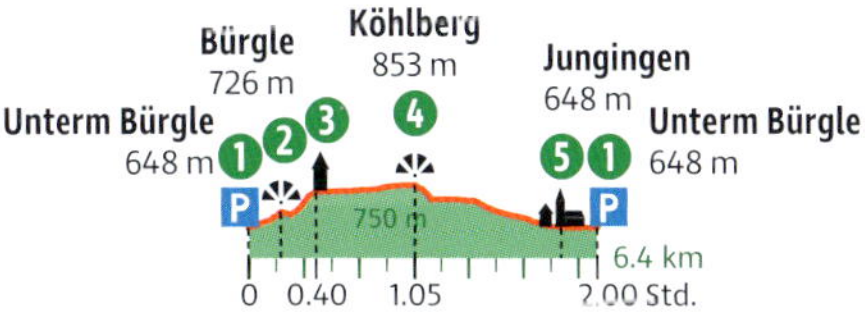

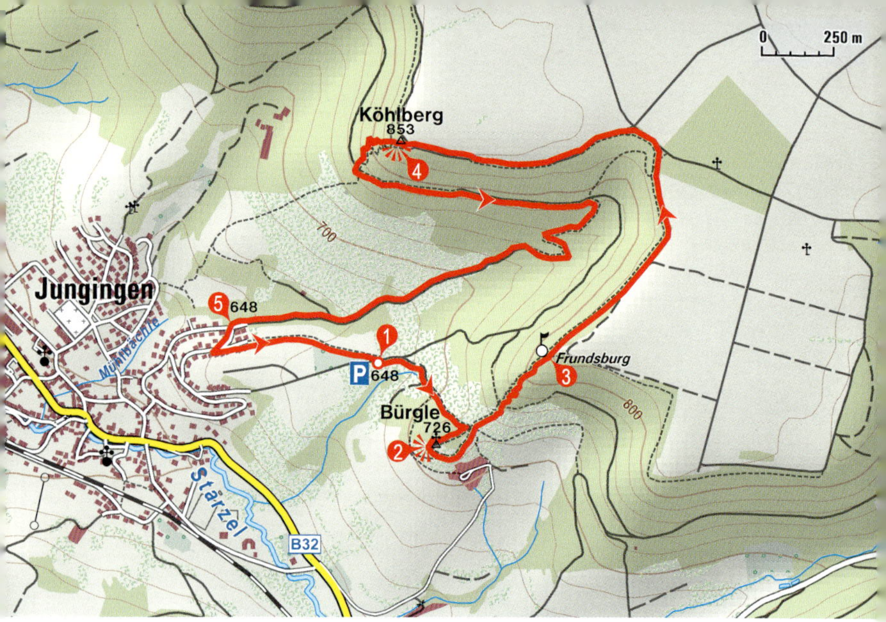

den Herren von Killer, genannt Affenschmalz, gehörte. Von der abgegangenen Spornburg sind lediglich Gräben und Wälle im Gelände erkennbar.
Ab der Frundsburg verläuft der Weg im Buchenmischwald stets entlang der Abbruchkante, dem Seeheimer Berg. An der gleichnamigen Wegekreuzung geht es weiter geradeaus auf dem Traufpfad, der weiterhin mit dem roten Dreieck des HW1, dem Schwäbische-Alb-Nordrand-Weg gekennzeichnet ist. Dieser Abschnitt

Reizvoller Pfad im Traufwald.

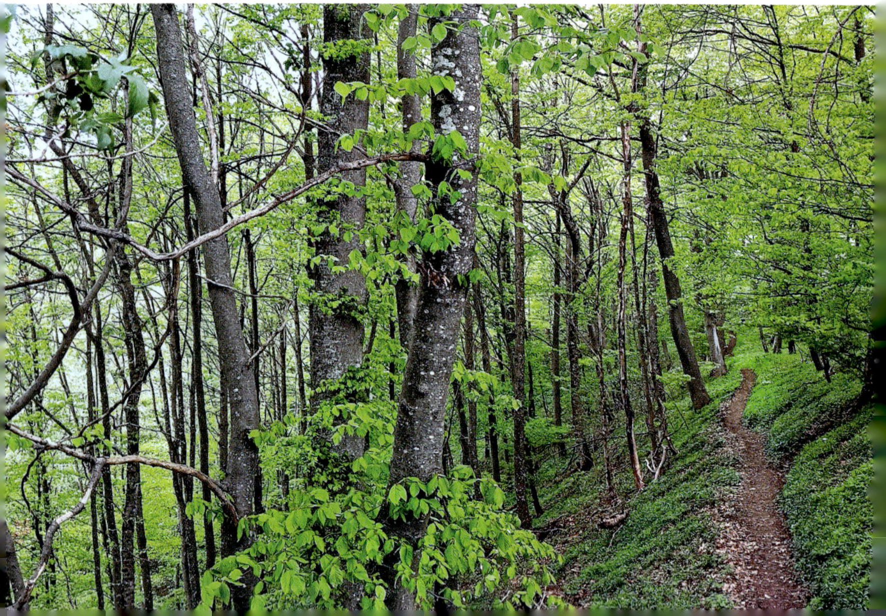

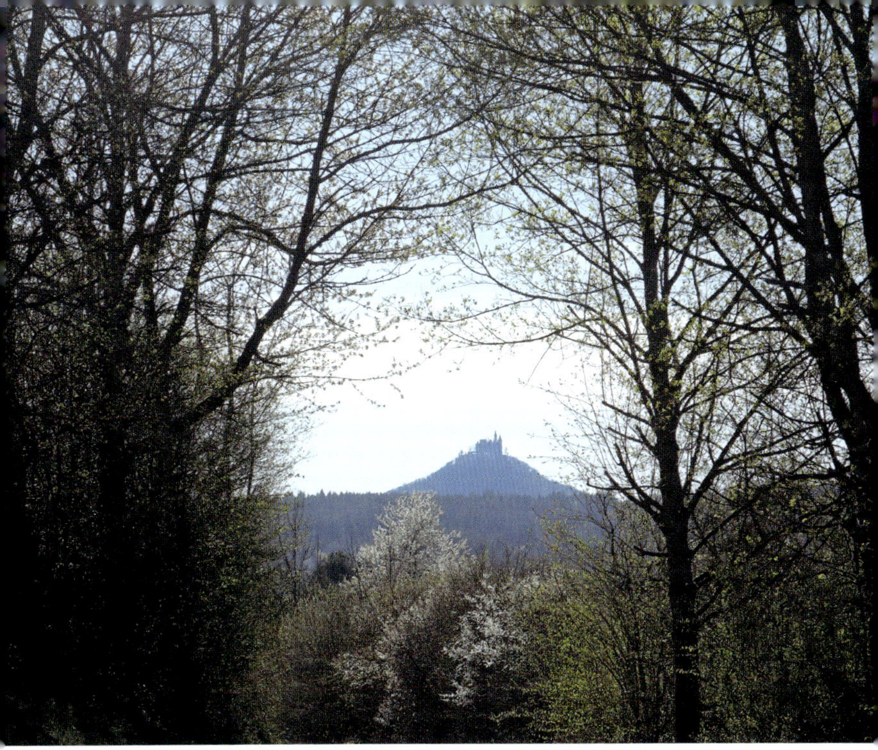

Schloss Hohenzollern grüßt in der Ferne.

des Fernwanderweges ist recht wenig begangen und man kann die Ruhe im Traufwald auf sich wirken lassen. Zwischendurch macht der Weg immer wieder einen kurzen Schlenker auf den parallel verlaufenden Feldweg am Waldrand. Von hübschen Blicken ins Killertal begleitet gelangen wir zum höchsten Punkt der Wanderung am **Köhlberg** ❹ mit der Köhlberghütte, Rastbänken und einer Grillstelle. Die Aussicht über das Killertal und den Junginger Wald hinweg auf die Traufkante und Schloss Hohenzollern ist fantastisch.

Wir wenden uns nach links auf einen steilen Serpentinenpfad, der recht steil durch den Hangwald bergab führt (rote Raute). An dem querenden nicht bezeichneten Weg orientieren wir uns nach links, überqueren kleine Schuttfelder und wandern rund 80 Höhenmeter unterhalb der Traufkante zurück in Richtung Seeheimer Berg. An einer Verzweigung vor einer deutlichen Rechtskurve biegen wir nach rechts ab auf einen breiten Weg ohne Markierung. Dieser trifft bei einem Hochstand auf einen geschotterten Weg, dem wir nach rechts aus dem Wald hinaus folgen. Über die abschüssigen Wiesenflächen, links vom schmalen Bachlauf des Mühlbächles begleitet, erreichen wir den Ortsrand von **Jungingen** ❺. Auf der Straße biegen wir gleich in die erste Straße nach links ab im Wohngebiet und nach wenigen Metern nochmals nach links. So verlassen wir Jungingen schon wieder. Auf einem nicht ausgewiesenen Wiesenweg geht es zwischen Weiden und Streuobstwiesen zurück zum **Wanderparkplatz Unterm Bürgle** ❶.

13 Wimsener Höhle

Durch das Glastal zum Achursprung

2.15 Std. | 8,2 km | ↗170 m | ↘170 m

Mit dem Boot in die Tiefen der Karsthöhle

Die Wanderung zu namhaften und noch recht unbekannten Glanzlichtern der Mittleren Schwäbischen Alb beginnt bei einem Superlativ, der größten Wacholderheide im Biosphärengebiet. Im Digelfeld gedeiht ein buntes Füllhorn an albtypischen Pflanzen und dies vom Frühling bis in den Spätherbst. Zusätzlich ist das Digelfeld Lebensraum für zahlreiche geschützte und bedrohte Tierarten. Durch das Blüten- und Schmetterlingsmeer der Heide geht es ins bewaldete Schweiftal zur Burgruine Altehrenfels, die versteckt über der Einmündung des Schweiftals ins Glastal wacht. Der Hasenbach hat bizarre Felsformationen im Glastal modelliert, das seinen Namen aufgrund der einstigen Glashütte trägt, die rasch wieder aufgegeben wurde. Glasklar tritt der Hasenbach an einem Felsen zutage. Eine stimmungsvolle und bezaubernde Natursymphonie, die die Zeit vergessen lässt. Am Prachtbau des neuen Schlosses Ehrenfels entlang geht es zum Höhepunkt dieser landschaftlichen Oper: einer Kahnfahrt auf der Zwiefalter Ache in die Wimsener Höhle in den geheimnisvollen Untergrund der Schwäbischen Alb. Sie ist die einzige mit dem Boot befahrbare Höhle Deutschlands und auch gewiss die einzige, in der in vorweihnachtlicher Zeit Stollen auf vollbeladenen Holzbooten reifen. Ihre Einzigartigkeit erkannte auch der Kurfürst Friedrich, der nach seinem Besuch die Höhle unter Schutz stellte. Das heutige Naturdenkmal wird daher auch Friedrichshöhle genannt. Die Wimsener Höhle ist bislang auf einer Länge von 730 Metern erforscht, davon sind lediglich die ersten 70 Meter für Besucher befahrbar. Auf dem Rückweg durchquert die Wanderroute das Obere Glastal und überwindet auf einem schmalen, steilen und halbverwilderten Waldsteig den Aufgang zum Lämmerstein. Am felsigen Ausguck mit Gipfelkreuz kann der Blick dem grünen Glastal folgen, bevor der Weg zunächst im Wald über die Hochfläche eintaucht. Die Heidelandschaft am Runden Burren rundet diese malerische Erlebnistour ab.

Ausgangsort: Parkplatz Digelfeld, 670 m, bei Hayingen.
Anfahrt: Von Reutlingen auf der B312 bis Pfronstetten, nach links abbiegen auf K6748 Richtung Hayingen. Nach 8 km auf Parkplatz Digelfeld nach links abbiegen.
Mit ÖPNV ab Münsingen Bhf. mit Buslinie 341, 342, 345B zur Haltestelle Wimsener Höhle oder Schloss Ehrenfels/Glastal, www.naldo.de. Von den Haltestellen nach rechts auf den kleinen Straßen über den Hasenbach – hier trifft man auf die Wanderroute.
Anforderungen: Trittsicherheit im Bereich der An- und Abstiege bei Altehrenfeld sowie im Anstieg zum Lämmerstein.
Orientierung: Nicht kompliziert, Wege gut erkennbar, meist mit roter Gabel und rotem Dreieck bezeichnet.
Einkehr: Gasthof Friedrichshöhle, www.tress-gastronomie.de, unmittelbar neben der Wimsener Höhle.
Übernachtung: Keine.
Tipp: Wochenenden und Feiertage meiden.
Karten: Freizeitkarte F526 Sigmaringen, Tuttlingen, 1:50.000, LGL Baden-Württemberg, www.lgl-bw.de.

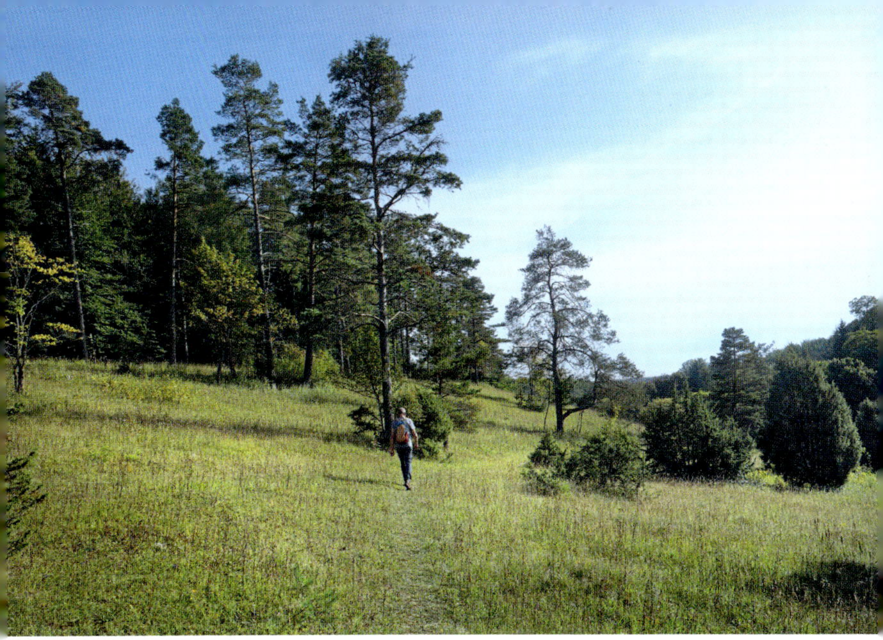

Auf Wiesenpfaden ins Glastal.

Wir schnappen unseren Rucksack am **Parkplatz Digelfeld ①** und überqueren die Straße zwischen Hayingen und Aichstetten. Auf einem Feldweg geht es geradeaus Richtung Schweiftal von der roten Gabel gekennzeichnet. Nach 300 m halten wir uns auf dem querenden Feldweg nach rechts und nach wenigen Metern auf einen Pfad nach links (ohne Markierung). Der Pfad mündet wieder auf dem breiten Feldweg ein, um abermals nach Kurzem wieder nach links abzuzweigen. Der hübsche Wiesenpfad führt uns mit leichtem Gefälle durch ein kleines Blütenparadies mit zahlreichen bunten Schmetterlingen, Bienen und vielen weiteren Insekten. Am Waldrand mündet unser Pfad in einen breiten Weg ein, dem wir nach rechts bergab durch das Schweiftal folgen. Ab und an tauchen im Buchenmischwald einzelne moosbewachsene Felsen längs des bequemen Wanderweges auf. Am Wanderstandort Unteres Schweiftal nehmen wir einen nicht bezeichneten Pfad nach rechts, der uns mit mittlerem Anstieg rasch zur **Ruine Altehrenfels ②** führt. Die Mauerreste der abgegangenen Spornburg, die an der Einmündung des Schweiftals ins Glastal thronte, sind fast zugewachsen.

Weiter geht es auf dem Pfad steil bergab ins Glastal. Auf dem Talweg nach links und an der Einmündung des Schweiftals nach rechts orientieren. Auf kleinen Holzbrücken wird der Hasenbach überquert, der sich vor einem Felsen zu einem kleinen See ausweitet. Es ist ein sehr idyllisch-romantischer Wegabschnitt mit üppiger Ufervegetation entlang des klaren Hasenbachs, der

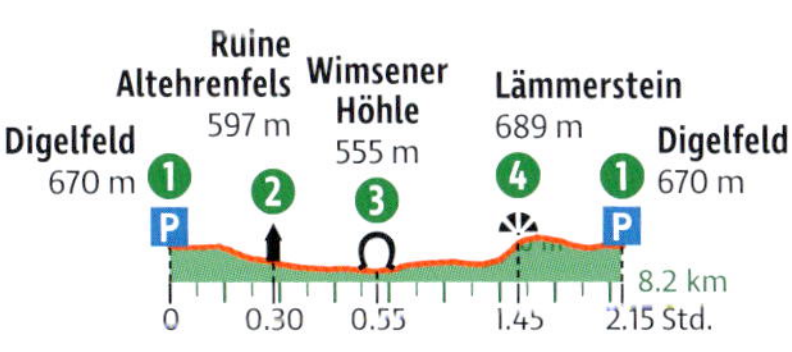

sich einer türkisfarbenen Schlange gleich durch Felsen und den üppigen Laubwald windet. Kurz vor der Landesstraße, an der sich auch die Bushaltestelle Ehrenfels befindet, geht es auf einem kleinen Zufahrtsweg kurz nach rechts. Dann folgen wir einem gekennzeichneten Pfad nach links, der im Wiesengrund unterhalb von Schloss Ehrenfels dem Lauf des Hasenbachs folgt. Schloss Ehrenfels wurde im 18. Jh. als Sommersitz und Vorratskammer für die Äbte von Zwiefalten errichtet – heute ist es eine beliebte Location für das Ja-Wort.

Der Wiesenpfad mündet nach links in eine Zufahrtsstraße ein, der wir bis zur Wimsener Höhle folgen. Auf diesem kurzen Wegabschnitt, bevor der Hasenbach sich mit der Zwiefalter Ache vereinigt, sprudelt der Bach in einigen kleinen Kaskaden munter dahin. Dann ist das vielbesuchte

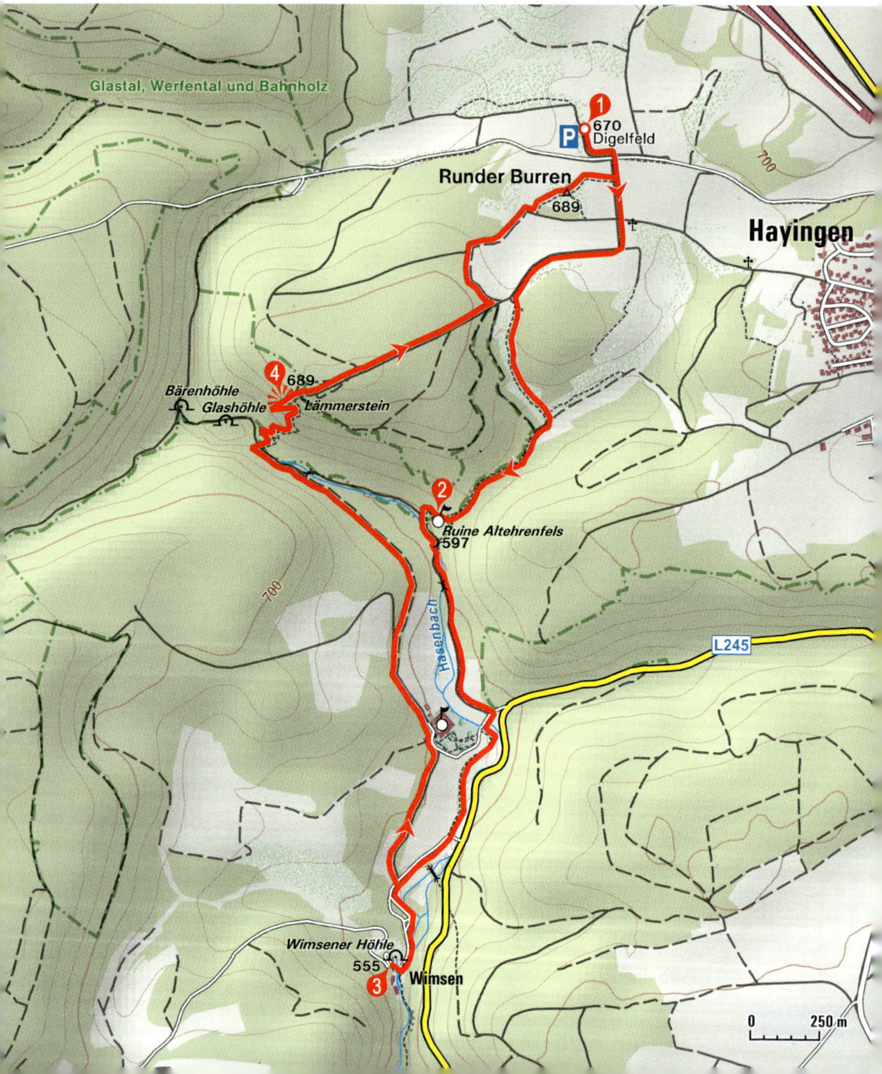

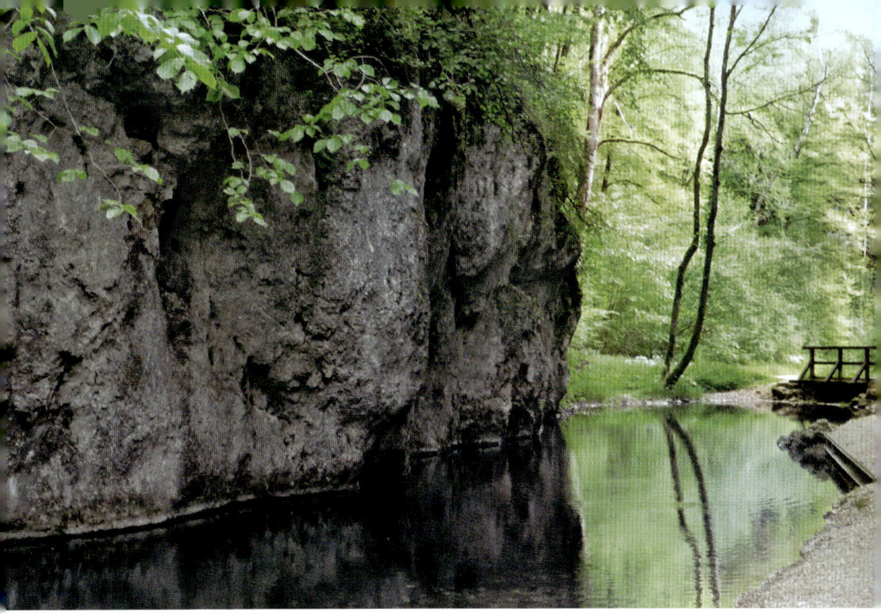

Malerischer Hasenbach im Glastal.

Ziel der Tour, die **Wimsener Höhle** ❸, erreicht. Die Wimsener Höhle ist Quelltopf der Zwiefalter Ache. Ein Besuch der Höhle ist ein wunderbares Erlebnis, wenn der Kahn still über das absolut klare und smaragdgrüne Wasser gleitet. Eine Einkehr im Garten des Gasthofes Friedrichshöhle rundet den Besuch ab – und auf geht's zum Rückweg. Zunächst auf der Zufahrt bergan und kurz nach dem Parkplatz nach links auf einen geschotterten Weg (rotes Dreieck) am Schloss Ehrenfels vorbei und weiter rechts haltend durch eine wunderschöne Kastanienallee. Der Weg mündet bei dem Wanderstandort Glastal Mitte in den Grund des Tals ein. Wir wenden uns für 200 m nach links, an dem Quelltopf des Hasenbachs vorbei auf einen nicht gekennzeichneten, sehr schmalen Pfad, der in Serpentinen den Hang zum Lämmerstein hinaufzieht.

Der **Lämmerstein** ❹ beschert uns einen Blick ins Grün über bewaldete Kuppen und hinab in die Talsohle des Glastals. Mit dem Gipfelkreuz des Lämmersteins im Rücken wandern wir gut 10 Min. geradeaus auf einem breiten Forstweg bis zum Waldrand. Dort angekommen, orientieren wir uns nach links am Waldrand entlang, nehmen einen breiten Weg, der schließlich auf eine kleine Kuppe zuführt. Nach rechts folgen wir einem Pfad auf den Runden Burren, der Teil des Naturschutzgebietes Digelfeld ist. Auf der reizvollen Kuppe und drumherum gedeihen Enziane, Orchideen, Silberdisteln und natürlich dürfen die Wacholderbüsche nicht fehlen. Vom Burren kann man noch einen schönen Blick auf die umliegenden Wäldchen, das kuppige Relief der Albhochfläche, die Wacholderheiden und den Ortsrand von Hayingen werfen. Dabei entdecken wir auch den nahe gelegenen **Parkplatz Digelfeld** ❶, den wir links haltend auf einer abschüssigen Wiesenspur, die in den bekannten Feldweg einmündet, und über die Straße hinweg erreichen.

14 Burg Hohengundelfingen
Aussichten im Großen Lautertal

2.15 Std. | 6,6 km | ↗240 m | ↘240 m

Flussidylle in einem der schönsten Täler der Schwäbischen Alb
Kurvenreich strömt die Große Lauter auf ihrer über 40 Kilometer langen Reise durch die Hochfläche der Mittleren Schwäbischen Alb der Donau entgegen. Dabei durchquert sie auch das Biosphärengebiet der Schwäbischen Alb mit einmaligen Kulturlandschaften und schützenswerten Tieren und Pflanzen. Den Flusslauf dekorieren nicht nur Schilfgürtel, Weiden und Erlen, sondern zahlreiche Flussschleifen und Bögen machen den besonderen Reiz des Großen Lautertals aus. Dabei wechseln weite, sanfte Talabschnitte mit tief eingeschnittenen Engstellen ab. Hier ragen steile Felsen in den schwäbischen Himmel empor, die meist mit einer ehemaligen Burg gekrönt sind. Die Burgruine Hohengundelfingen bietet gleich mehrere tolle Aussichtsplätze in das geschwungene Tal und den nahezu kreisrunden Flussmäander mit dem Hügel von Gundelfingen in der Mitte. Vom 12 Meter hohen Bergfried offenbart sich eine Vogelperspektive auf die südlichen und westlichen Albhochflächen. Das romantische Tal der Großen Lauter ist ein beliebtes Ausflugsziel für Aktive mit hohem Erholungswert und viel Abwechslung. Hier kann man radeln, reiten, klettern, kanufahren, von Burg zu Burg wandern oder einfach an der Lauter sitzen und den Enten, Eisvögeln, Schmetterlingen oder Schwalben zusehen. Schmale, einsame, wilde Pfade sucht man im Tal selbst vergebens, aber entlang der Höhenzüge und der steilen Hänge kann man dem Trubel im Tal entgehen und auf nahezu vergessenen und alpinen Pfaden die Schönheit des Großen Lautertals genießen.

Verschachtelte Anlage der Burgruine Hohengundelfingen.

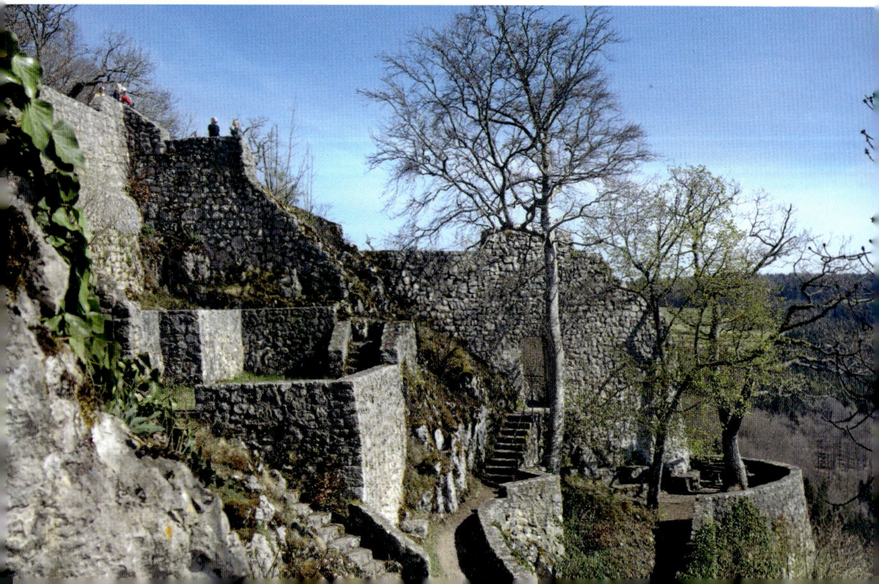

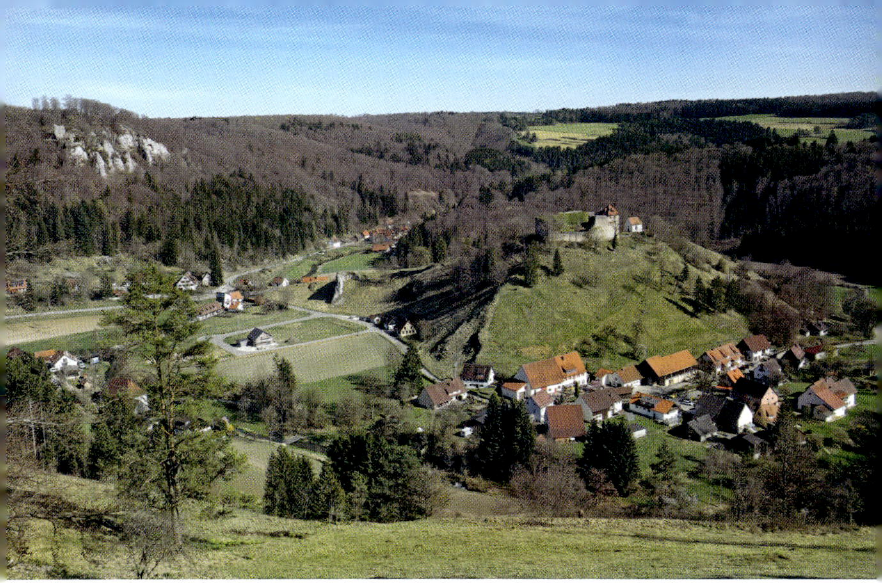

Gundelfingen im Großen Lautertal.

Ausgangsort: Parkplatz Stettener Halde, 613 m, Bichishausen.
Anfahrt: Von Münsingen auf der B465 Richtung Ehingen, nach rechts auf K6771 im Großen Lautertal auf K6769 links nach Bichishausen. Am Ortsausgang links Wanderparkplatz Stetten neben Gasthaus Hirsch.
Mit ÖPNV ab Münsingen mit Bus 265, 342, 345B bis Bichishausen, Haltestelle Stettener Halde, www.naldo.de, www.biosphaerengebiet-alb.de.
Anforderungen: Trittsicherheit in den steilen Bereichen der An- und Abstiege.
Orientierung: An sich eine unkomplizierte Runde, die lediglich im letzten Abschnitt zwischen der Burg Hohengundelfingen und dem Parkplatz etwas Orientierung erfordert. Mit der gelben Raute und unbezeichnete Wege.
Einkehr: Bichishausen, Gasthaus Hirsch, Mi. geschlossen, www.schwaebischealb.de. Gundelfingen: Bauhof-Stüble, Nebensaison Fr.–So., Sommer Do. geschl., www.bauhof-stueble.de. Restaurant/Hotel Wittstaig, Di. Ruhetag.
Übernachtung: Hotel/Restaurant Wittstaig, www.hotel-wittstaig.de.
Karten: Freizeitkarte F524 Bad Urach, 1:50.000, LGL Baden-Württemberg, www.lgl-bw.de.

Am südlichen Ortsrand von Bichishausen im Großen Lautertal startet unsere Tour am **Parkplatz Stettener Halde** ❶. Zwar lockt gleich neben dem Parkplatz das Gasthaus Hirsch mit Einkehr, aber das Große Lautertal will ja auch entdeckt werden. Auf der Straße nach rechts und sogleich nach links über die Große Lauter und vor der Kirche St. Gallus nach links auf den viel beradelten Asphaltweg längs der Lauter. Auf diesem verlassen wir Bichishausen und wandern rund 10 Min. geradeaus unterhalb des Schlossbergs mit Blick auf die Burgruine Hohengundelfingen, unser Wanderziel.
In einer Rechtskurve vor Gundelfingen zweigen wir nach rechts auf einen nicht gekennzeichneten Stufenweg bergan ab. Der steile Pfad verläuft entlang eines Grates auf den sogenannten Bürzel im Bereich des Waldsaums. So ergeben sich schon im Anstieg hübsche Blicke ins Große Lautertal. Übrigens heißen

einige Flüsse auf der Schwäbischen Alb »Lauter«, was so viel bedeutet wie klar, rein. Direkt unterhalb der Hangkante geht es an einer Gabelung nach links zum **Aussichtspunkt Bürzel ❷**, am Lautertal-Trauf. Von hier eröffnet sich ein romantischer Blick auf die Burgruinen Nieder- und Hohengundelfingen sowie die Flussschleife der Lauter.

Nun folgen wir dem markierten Pfad (gelbe Raute) weiter geradeaus in südliche Richtung. Bald geht es auf einen Serpentinenweg steil bergab durch den Hangwald und dann auf einem leicht ansteigenden Forstweg geradeaus. Am Waldrand ist eine allein stehende Halle zu erkennen. Wir gehen kurz nach rechts für einen kurzen Abstecher zu diesem Gebäude, denn hier an dem Wanderstandort Herrenhau ist ein willkommener Aussichtspunkt mit Rastbank und Blck auf die Burg Derneck, eine weitere Burg im Großen Lautertal. Zurück vom Miniabstecher geht es auf den Forstweg nach rechts in Richtung Gundelfingen bergab durch den lichten Mischwald. Im Tal angekommen, verlassen wir den Wald und überqueren die Lauter am Ortsrand von **Gundelfingen ❸**. Vor uns erhebt sich ein kleiner Grashügel mit der mittelalterlichen Burgruine Niedergundelfingen. Wir wenden uns nach rechts und folgen der Lauter flussabwärts in der Aue und beobachten Enten beim Schwimmen und Federputz und Angler bei ihrer Passion.

Kurz nach den ersten Häusern von Wittstaig biegen wir nach links ab, überqueren die Lauter und treffen im kleinen Straßenweiler **Wittstaig ❹** auf die Durchgangsstraße im Lautertal. Es geht am Restaurant Wittstaig kurz nach links, über die Straße und auf einen schmalen

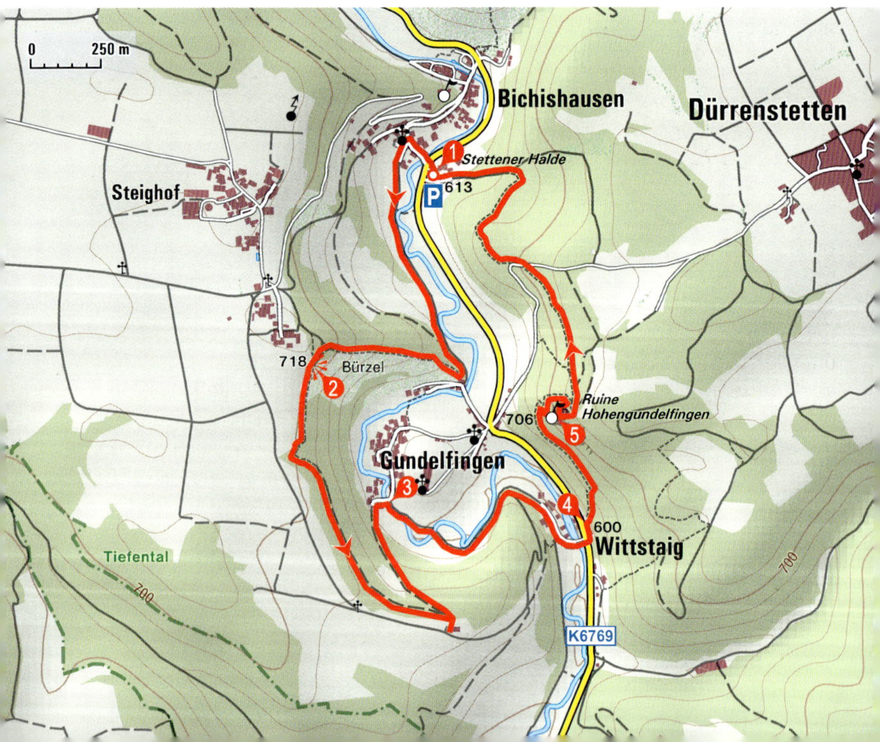

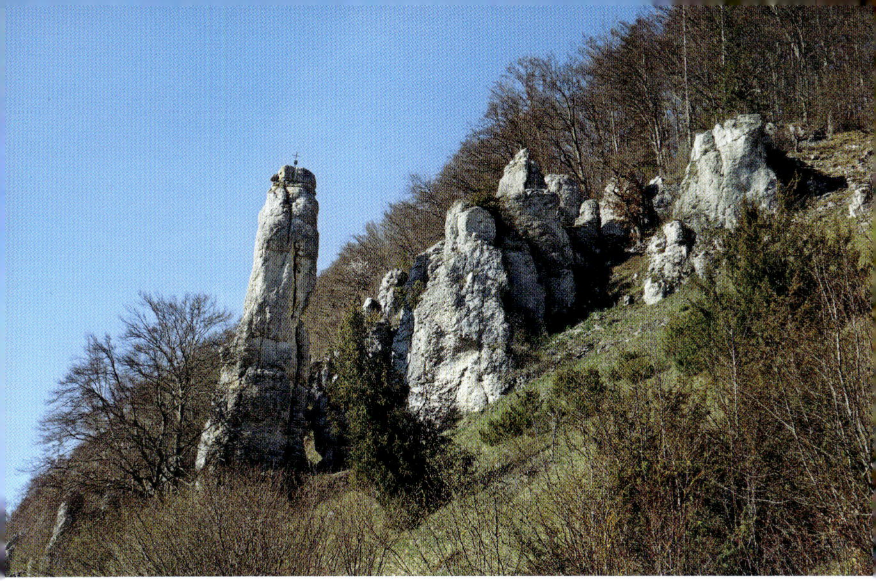

Felsformationen im Großen Lautertal.

Pfad nach rechts, der als markierter Zickzackweg durch den Hangwald zur Burgruine Hohengundelfingen führt. Oberhalb der Burg geht es nach rechts und dann auf zur Besichtigung der **Ruine Hohengundelfingen** ❺ oder dem, was von ihr übrig geblieben ist. Die Anlage aus dem 13. Jh. mit einigen Aussichtsterrassen und einem Bergfried mit hübschen Buckelquadern ist ein toller Spot über dem Großen Lautertal mit Postkartenblicken.

Wir verlassen die Burgruine nach links, ignorieren den direkten Abzweig ins Tal und halten uns an einer weiteren Gabelung nach rechts und verabschieden uns damit von dem gekennzeichneten Weg. Wir marschieren geradeaus auf einem nur leicht abschüssigen Waldpfad an bemoosten Felsen vorbei. Der Pfad mündet bei einem Rast- und Grillplatz in eine Straße, auf der es wenige Meter nach links geht. Noch vor dem Scheitelpunkt der steilen Linkskurve der Straße zweigt ein aufgelassener Weg nach rechts ab. Mit etwas Orientierungssinn wandern wir leicht rechts haltend durch den verbuschten Wald. Der Weg mündet auf eine offene Wiesenfläche, die sich als Zelt- und Stellplatz entpuppt. Geradeaus über die Wiese kommen wir zu einem kleinen Teerweg, dem wir nach links steil bergab über die Stettener Halde folgen. Vor uns tauchen der Gasthof Hirsch und der **Wanderparkplatz Stettener Halde** ❶ auf, wo wir die kleine und streckenweise wilde Tour im Großen Lautertal beenden.

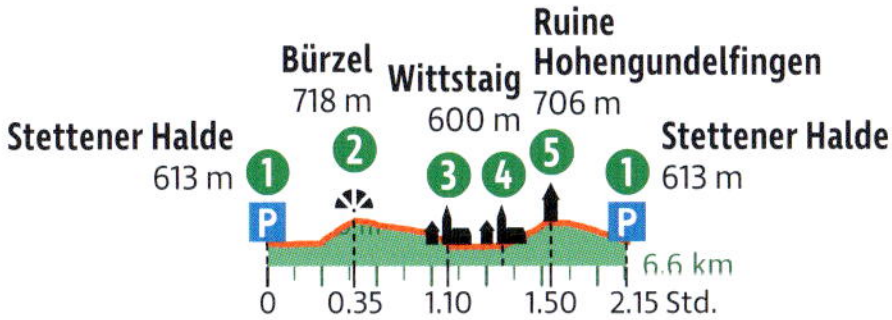

15 Sontheimer Höhle

Zum Großen Fels und durch das Tiefental

TOP | 2.30 Std. | 8,4 km | ↗180 m | ↘180 m

Auf vergessenen Pfaden im Oberen Tiefental

Am Südrand der Schwäbischen Alb haben sich zahlreiche Flusstäler ausgebildet, die zum Teil weit in die Albhochfläche hineinreichen. Einige dieser lieblichen Täler sind heute sogenannte Trockentäler – geografische Zeugen einer Zeit, als hier noch Bäche und Flüsse oberirdisch plätscherten. Auch das Tiefental hat seinen Wasserlauf verloren oder vielmehr in den Untergrund verlegt. Die Sontheimer Höhle ist Teil eines riesigen Höhlensystems, das durch unterirdische Flussläufe entstanden ist. Heute ist sie die Heimat der größten Fledermauskolonie auf der Schwäbischen Alb. Von einem wenig frequentierten Parkplatz am Rand des Oberen Tiefentals geht es auf unmarkierten Pfaden und Wegen durch den hohen Hangwald zum Großen Fels, einem schönen Rastplatz mit Einblicken ins kleine Eistal. Ein urwüchsiger Gratpfad führt hinab ins felsengesäumte Tiefental. Über die nördliche Hangkante gelangt man zur Kohlhaldenhöhle und zur Sontheimer Höhle. Die Schwäbische Alb ist mit über 2600 Höhlen die höhlenreichste Region Deutschlands – die Sontheimer Höhle Teil eines riesigen Höhlensystems, das durch einen unterirdischen Flusslauf entstanden ist. Auf dem 192 Meter langen Besucherweg gelangt man immerhin gut 30 Meter tief in den Bauch der Schwäbischen Alb. Nochmals geht es hinab ins Tiefental, bevor sich auf einem kleinen Grat ein Waldweg zurück zur Hochfläche schlängelt. Eine schöne kleine Runde mit Einblicken in die Unterwelten der Schwäbischen Alb.

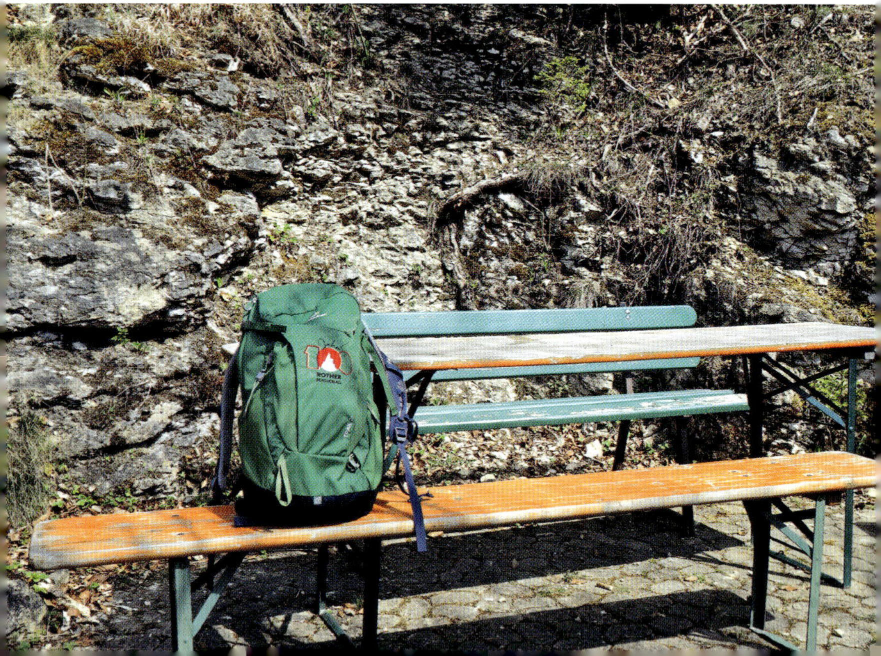

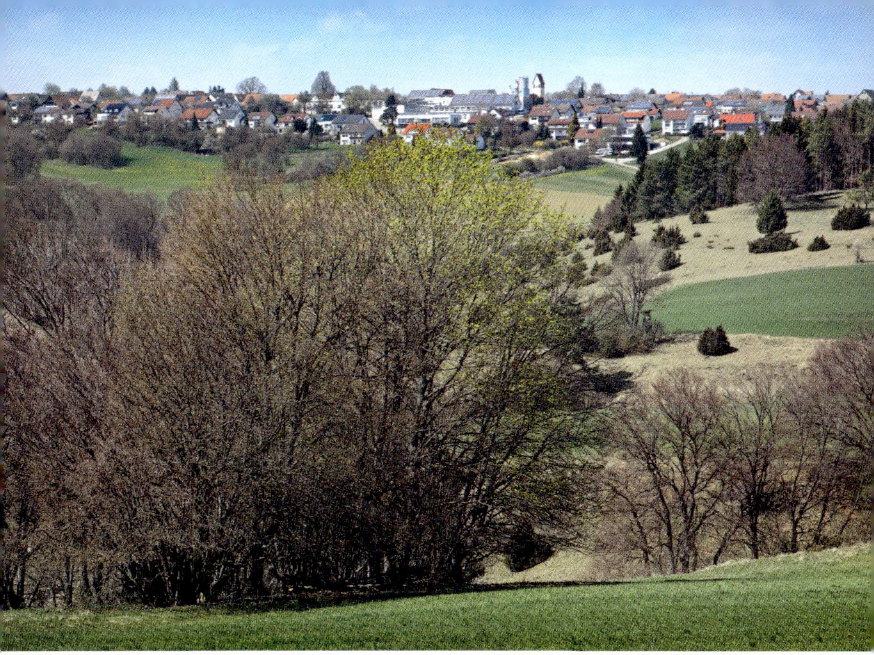

Oben: Blick auf Heroldstatt-Sontheim.
Links: Rastplatz vor der Sontheimer Höhle.

Ausgangsort: Parkplatz Am Sandbühl, 735 m, südlich von Heroldstatt.
Anfahrt: Von der B28 auf der L230 nach Heroldstatt/Sontheim. Im Ort nach links auf die Laichinger Straße und nach links auf dem Haselweg abbiegen. Über Asphaltwege geradeaus durch die Wiesen und Felder, bis links ein kleiner nicht beschilderter Parkplatz erreicht wird – unmittelbar bevor die Straße für den öffentlichen Verkehr gesperrt ist.
Mit ÖPNV ab Münsingen mit Bus 349 bis Heroldstatt, Haltestelle Neue Ortsmitte oder ab Ulm mit dem Zug bis Blaubeuren und mit dem Bus 369 bis Heroldstatt, Neue Ortsmitte, www.naldo.de. Zu Fuß zum Ausgangsort der Tour am Rathaus vorbei zur Straße Am Berg und Erlenstraße bergab zum südlichen Ortsrand. Links auf Blaubeurer Weg, erste Möglichkeit rechts, nach knapp 500 m an Gabelung links und dem Hauptweg noch 750 m folgen bis zum Ausgangspunkt, 25 Min.
Anforderungen: Trittsicherheit in den kurzen Abstiegen.
Orientierung: Die Tour verläuft weitgehend auf unmarkierten Pfaden und Wegen bis auf den Abschnitt im Tiefental (gelber Ring), entlang des Nordhangs zur Sontheimer Höhle (gelbe Gabel) und ins Tiefental (roter Balken).
Einkehr: Rasthaus an Sontheimer Höhle, ganzjährig Sa./So. 9 – 19 Uhr, www.sontheimer-hoehle.de.
Übernachtung: Heroldstatt Landhotel und Restaurant Wiesenhof, www.landhotel-wiesenhof.de.
Tipp: Für den Höhlenbesuch eine Jacke oder Pulli einpacken. Im Winter ist die Höhle für Besucher geschlossen, dann verschläft hier die größte Fledermauskolonie der Schwäbischen Alb, die rund 400 Tiere dreizehn verschiedener Arten zählt, die kalte Jahreszeit. Öffnungszeiten: Mai – Okt., Sa. 14 – 17 Uhr, So. ab 10 Uhr. Höhlenführungen jeweils zur vollen Stunde, Dauer 30 Minuten. Eintritt: 4 €. Tel. +49 7389 906648, www.sontheimer-hoehle.de.
Karten: Freizeitkarte F524 Bad Urach, 1:50.000, LGL Baden-Württemberg, www.lgl-bw.de.

Vom **Parkplatz Am Sandbühl** ❶ gehen wir einige Meter in Anfahrtsrichtung und schwenken am Waldrand nach links auf einen nicht gekennzeichneten Feldweg, der am Rand der Hochebene zwischen Blumenwiesen und einem Buchenmischwald entlangführt. Nach 800 m mündet die Wiesenspur auf einen breiten Weg ohne Markierung, dem wir nach links in den Wald folgen. Rund 10 Minuten geht es auf einem bequemen Weg durch den hohen und lichten Hangwald. Dann zweigt im spitzen Winkel ein **Weg** ❷ nach rechts ab, dem wir ansteigend folgen; einen Abzweig nach links ignorieren wir. An einem Wildfutterplatz vorbei gelangen wir nach weiteren knapp 10 Minuten zu einem Abzweig. Wir wenden uns nach rechts auf einen schönen Weg, der uns bald am oberen Rand eines Taleinschnitts entlang zum **Großen Fels** ❸ dirigiert. Direkt an dem Felsen über dem Eistal kann man an dem Rastplatz eine kleine Trink- und Vesperpause einlegen und die hübschen Ausblicke genießen.

Der unmarkierte und relativ steile Pfad folgt nun einem Felsgrat immer geradeaus ins Tal. Hier mündet der Pfad in eine breite Forstpiste, auf der es wenige Meter nach links bis zu einer **Blockhütte** ❹ im Tiefental geht. Die Hütte ist ein Unterstand mit einem netten Rastplatz an der Einmündung des Eistals ins Tiefental. Bequemen Fußes folgen wir dem Tiefental (gelber Ring) für 1,6 km nach links. In einer **Linkskurve** ❺ biegen wir nach rechts in einen kleinen Hangeinschnitt hinein ab. Zunächst noch weglos, aber schon bald als Wiesenspur erkennbar, zieht sich der unmarkierte Pfad ansteigend den Hang hinauf. Im Bereich der

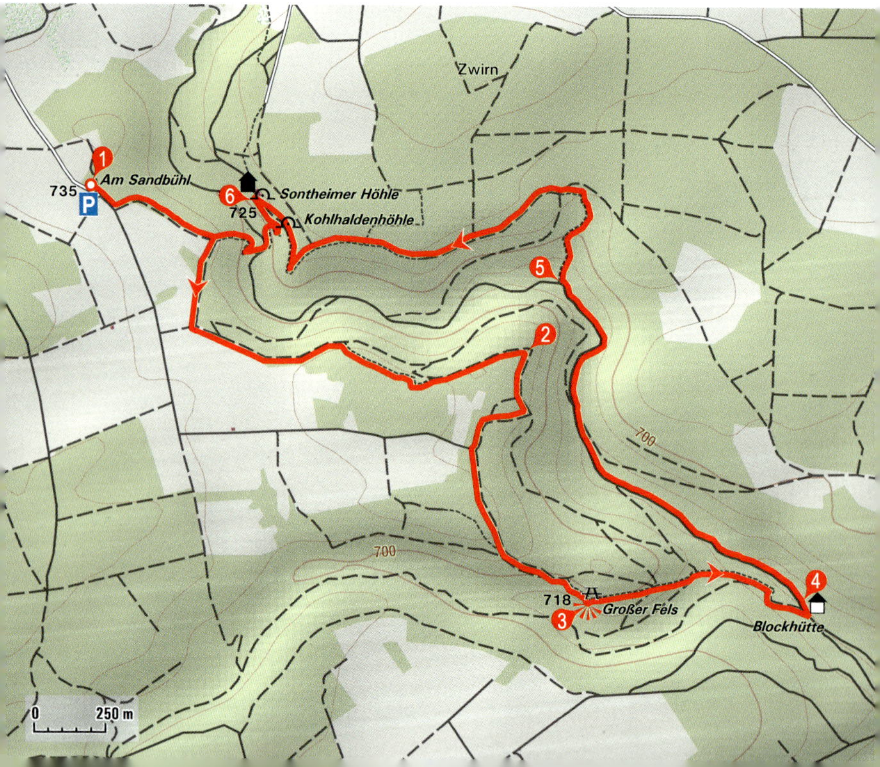

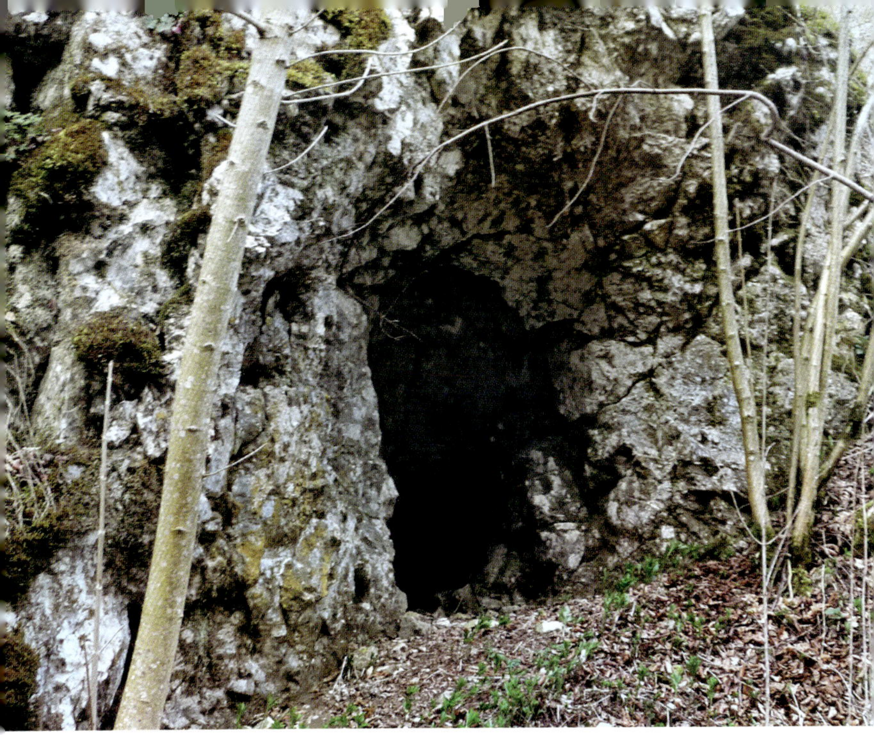

Kleiner Höhleneingang im Tiefental.

Hangkante geht es auf einem breiten Waldweg (gelbe Gabel) halb links rund 15 Minuten weiter. An einer Hütte ist der Eingang zur Kohlhaldenhöhle erkennbar – sie ist allerdings nicht für die Öffentlichkeit zugänglich. Doch nur 100 Meter weiter befindet sich am **Rasthaus Sontheimer Höhle** ❻ auch der Eingang zur beeindruckenden **Schauhöhle**. Auf dem Weg in die geheimnisvolle Unterwelt betritt man eine Abfolge von Hallen mit hohen Kaminen, prächtigen Tropfsteinen und Sinterbildungen. Vor allem die »Glocke«, ein mächtiger Stalagmit in der Schlusshalle, ist ein echter Hingucker.

Unmittelbar vor dem Gasthaus biegt ein Pfad (roter Balken) nach links ins Tiefental ab. Im Tal überqueren wir die breite Piste halb links und wandern auf einem schmalen unmarkierten Pfad bergan. Dieser entpuppt sich wieder als kleiner Gratpfad, der auf der Hochfläche an einem Strommast in einen Wiesenweg einmündet. Auf dem bereits bekannten Weg zwischen Waldrand und Wiesen schlendern wir nach rechts zurück zum **Parkplatz Am Sandbühl** ❶.

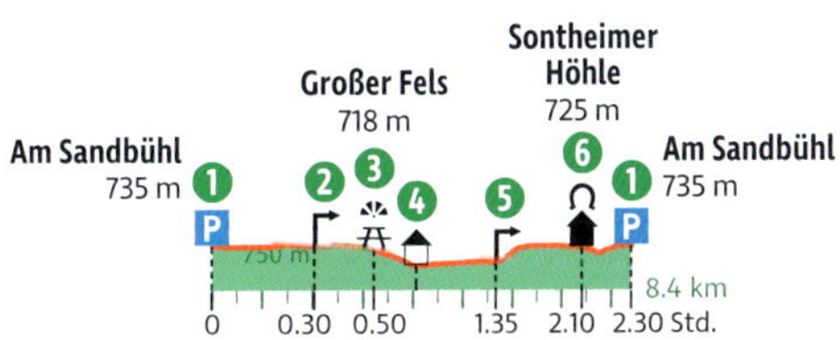

16 Blautopf und Küssende Sau

Blaubeuren, Blaufelsen und durchs Felsenlabyrinth

3.00 Std. | 7,9 km | ↗ 430 m | ↘ 430 m

Felsenreiche Aussichtsrunde zu den Highlights der Blaubeurer Alb

Am Rande der Blaubeurer Alb geht es zu den bekanntesten Naturattraktionen und Sehenswürdigkeiten der Region. Die Wanderung führt durch die historischen Gassen von Blaubeuren mit wahrlich prächtigen Fachwerkhäusern zum Blautopf, einer sagenumwobenen Karstquelle. Die tiefblaue Perle der Schwäbischen Alb ist ein magischer Ort mit einer ganz speziellen Atmosphäre, dem man sich trotz zahlreicher Besucher nicht entziehen kann. Aus geheimnisvollen Tiefen dringt das Wasser des Blautopfs an die Oberfläche. Der Schlund der mysteriösen Karstquelle inspirierte Mythen, Märchen und sogar die Vermutung, dies könnte der Eingang zur Hölle sein. Kein Wunder, dass Menschen die Frage beschäftigt hat, was hinter dem Blautopf verborgen liegt. Ursprünglich war der Blautopf ein Wasserfall, der in das Tal der Urdonau fiel. Allerdings wurde die Kaskade vor rund 150.000 Jahren von Geröll verschüttet und und staute das 22 Meter tiefe Quellbecken in. Immerhin ist der Blautopf nach der Achquelle die wasserreichste Karstquelle Deutschlands. Bleibt nur noch zu klären, wie das grandiose Blau entsteht: Die große nahezu bodenlose Tiefe ist schuld daran, dass die einfallenden Lichtstrahlen absorbiert und lediglich blaue Wellenlängen reflektiert werden. Auf wenig begangenen Pfaden geht es zum Aussichtspunkt oberhalb von Blaubeuren zum Blaufels und zur Albhochfläche am Felsenlabyrinth über dem Achtal. Das heutige Tal der Ach und der Blau wurde einst von der sogenannten Ur-Donau geformt. Die Donau, wie wir sie heute kennen, suchte sich nach der Rißeiszeit einen bequemeren Lauf weiter südlich. Im zerklüfteten Felsenlabyrinth steht die Küssende Sau, ein großes Felsentor, dessen Namen mit ein wenig Phantasie erschlossen werden kann. Den Endpunkt des Felsengartens bildet die Ruine Günzelburg mit einem prächtigen Blick ins Achtal. Über die Brillenhöhle und der Heidefläche auf dem Barmen geht es zurück ins Fachwerkparadies Blaubeuren.

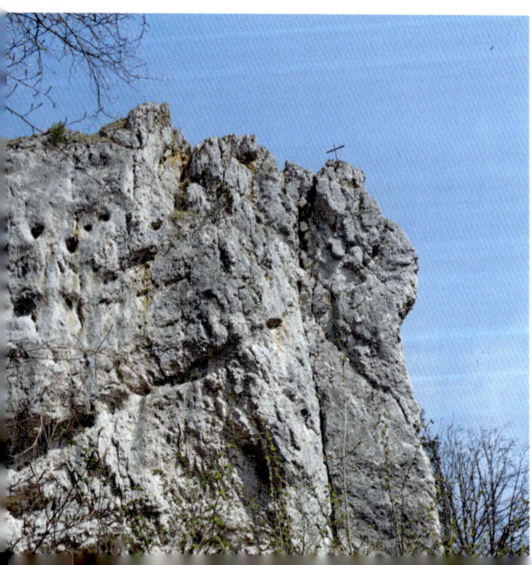

Ausgangsort: Parkplatz Kloster Blaubeuren, 510 m, Ecke Auf dem Graben und Mauergase.

Anfahrt: Von Ulm auf der B28 im Blautal über Blaustein nach Blaubeuren. Am Bahnhof rechts in Karlstraße, weiter rechts in Auf dem Graben dann Parkplatz Klosterhof links.

Mit ÖPNV ab Ulm mit der Bahn bis Blaubeuren, www.naldo.de. Zu Fuß bis zum Ausgangsort der Wanderung, siehe Anfahrt mit Pkw, knapp 20 Min.

Blaufels am Stadtrand von Blaubeuren.

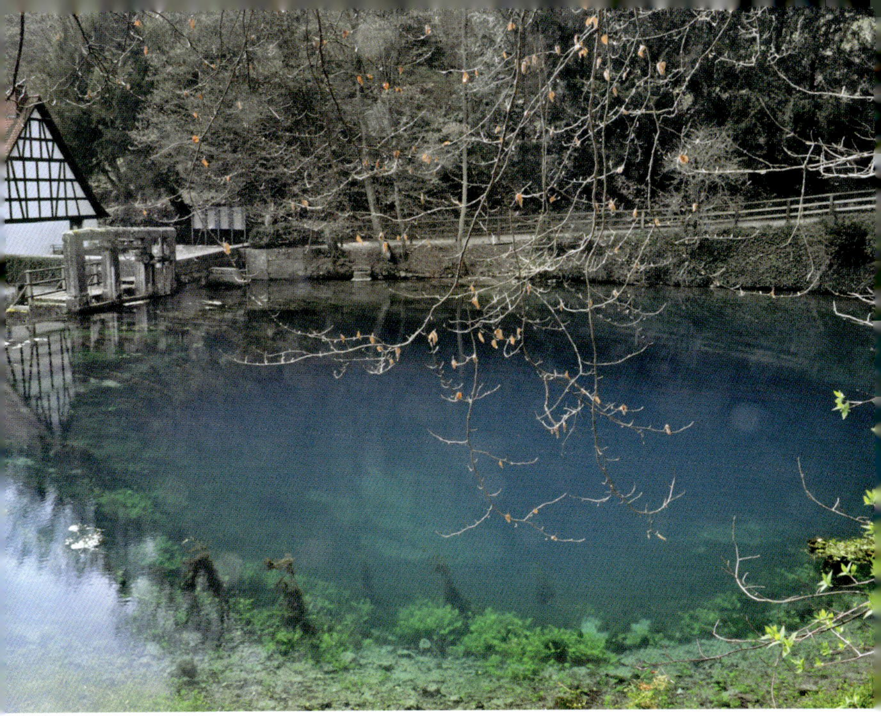

Magischer Blautopf.

Anforderungen: Trittsicherheit auch auf den alpinen, aufgelassenen Pfaden zum Blaufels und im Bereich des Felsenlabyrinths.
Orientierung: Gewisse Orientierungsgabe im Anstieg zum Blaufels sowie auf den nicht bezeichneten Pfaden und Wegen am Barmen und im Felsenlabyrinth vonnöten. Alle anderen Wege sind gut mit dem gelben Ring markiert.
Einkehr: Zahlreiche Möglichkeiten zur Einkehr in Blaubeuren.
Übernachtung: Blaubeuren: DJH Jugendherberge, www.jugendherberge-blaubeuren.de. Naturfreundehaus Im Ried, www.naturfreunde.de. Hotel Zum Löwen, www.hotelcafeloewen.de. Hotel Ochsen, www.ochsen-blaubeuren.de.
Tipp: Besuch des Urgeschichtlichen Museums »URMU« in Blaubeuren, mit den ältesten Kunstwerken der Menschheit, wie z.B. der Venus vom Hohlen Fels, www.urmu.de, sowie des kunstvollen mittelalterlichen Hochaltars und des Chorgestühls der Klosterkirche.
Karten: Freizeitkarte F524 Bad Urach, 1:50.000, LGL Baden-Württemberg, www.lgl-bw.de.

Vom **Parkplatz** am **Kloster Blaubeuren** ❶ brechen wir auf zu dieser enorm vielseitigen Rundwanderung. Auf der Mauergasse überqueren wir den Flusslauf der Ach, die wenig später in die Blau mündet. Gleich nach der Brücke wenden wir uns nach rechts auf einen Fußweg in Richtung Blautopf durch hübsche Blumengärten zum Klosterhof. Dieser Innenhof des ehemaligen Benediktinerklosters ist großzügig angelegt und sowohl von der herrlichen spätgotischen Klosteranlage als auch von der städtischen Außenwelt abgeschirmt. Es geht am Brunnen vorbei nach links durch die Pforte und auf der Gasse nach rechts zum Blautopf. Am Mühl-

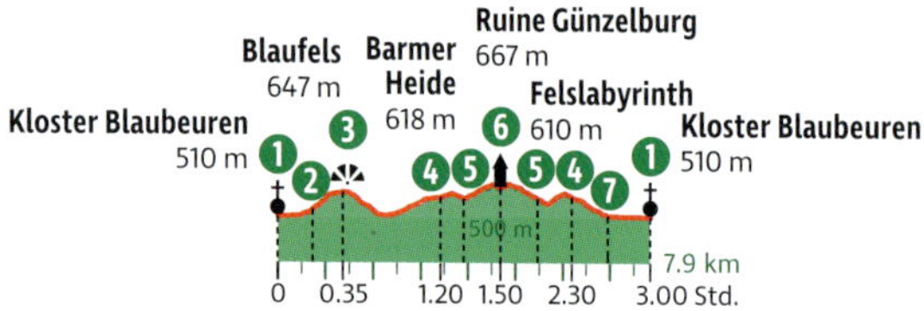

weg nach rechts blickt man in das tiefblaue Wasser der mächtig schüttenden Karstquelle. Eduard Mörike hat Blaubeuren mit seiner »Historie von der Schönen Lau« ein Denkmal gesetzt. Eine kleptomanisch veranlagte Nixe stiehlt immer wieder das Bleilot, mit dem versucht wurde, die Tiefe zu ermitteln. Schließlich erlernt sie am Blautopf wieder das Lachen. Als Steinstatue zeigt diese Schöne Lau heute dem Besucher ihr versonnenes Lächeln. Das Klötzchen Blei ist als regional sehr bekannter Schüttelreim noch in Erinnerung: »S'leit a Klötzle Blei glei bei Blaubeura, glei bei Blaubeura leit a Klötzle Blei.«
Nach 100 m halten wir auf einen Fußweg nach links auf zwei Stegen über die Blau und nähern uns dem beeindruckenden Naturphänomen auf einem Pfad mit den schönsten Blicken auf den Quelltopf und den Fachwerkbau der ehemaligen Hammerschmiede. Am Wanderstandort **Blautopf West** ❷ wenden wir uns auf einen unmarkierten und etwas eingewachsenen Pfad nach rechts bergan, der rasch als Stufenweg auf die Sonderbucher Steige einmündet. Es geht für knapp 50 m nach rechts die Straße entlang und dann nach links auf einen erahnbaren Pfad die steile Böschung hoch. Dieser Abschnitt im steilen und geröllligen Terrain ist nur etwas für Geübte. Bald wird der Pfad deutlich sichtbar, dem wir nach links durch den hohen Laubmischwald folgen. Ohne Markierung führt er auf diesem ver-

Wer erkennt in der Felsformation die Küssende Sau?

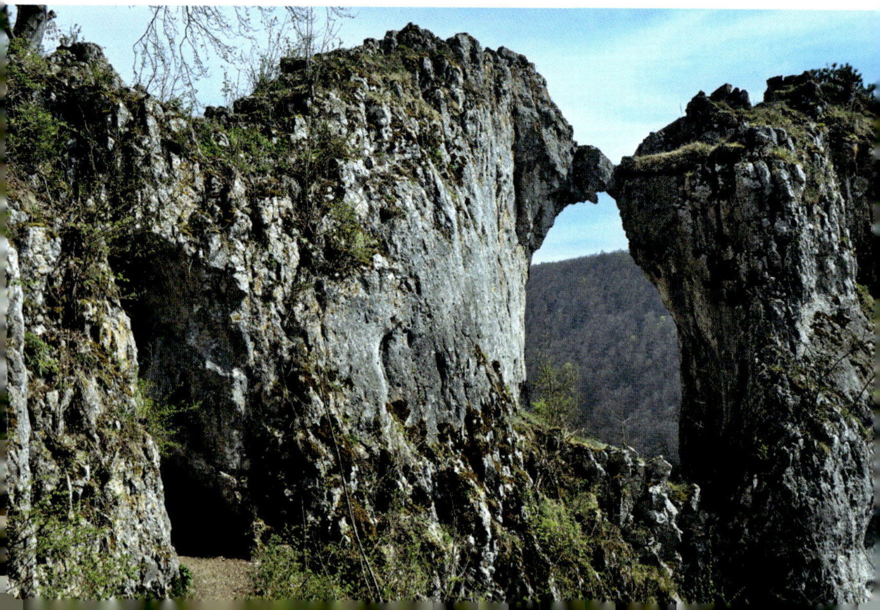

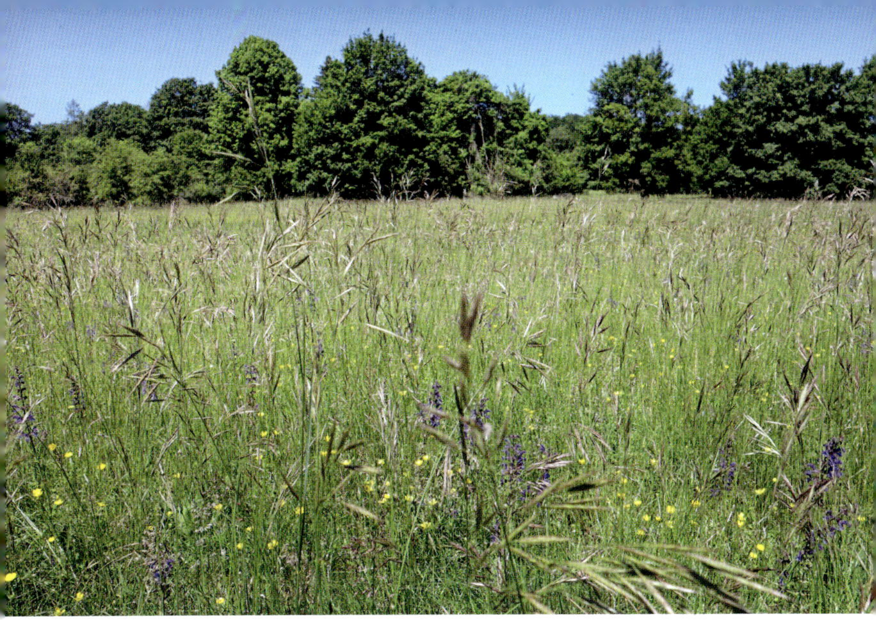

Artenreiche Blumenwiese auf dem Barmen.

gessenen Steig den Hang hoch, an einem querenden Weg nach rechts und am nächsten Querweg nach links. Dieser führt direkt zum **Blaufels ❸**, dem Aussichtspunkt hoch über dem Blautopf und Blaubeuren mit Blick über den Talkessel der Blau. Der Abstieg folgt nach links am Glasfels vorbei auf hübschen gekennzeichneten Waldwegen (gelber Ring) geradeaus quer über die Sonderbucher Steige zur Lindenstraße. Nun schlängeln wir uns durch die hübschen Gassen der mittelalterlichen Altstadt, folgen dabei dem gelben Ring in die Klosterstraße, über den Marktplatz mit seinen Fachwerkprachtbauten links in die Webergasse, rechts in die Ziegelgasse und an deren Ende wenige Meter nach links und auf einen Stufenweg nach rechts. Bergan gelangen wir an den Ortsrand von Blaubeuren zur viel befahrenen B 28, die wir in einer Unterführung kreuzen. Einige Treppen bringen uns hoch zu einem breiten Schotterweg und von diesem abzweigend halb rechts auf einen Pfad (gelber Ring). Am Fuß von beeindruckenden Felsen vorbei, gelangen wir zu einer hübschen Heidefläche, auf der wir geradeaus auf einer nicht bezeichneten Wiesenspur spazieren. Über einen querenden Weg geradeaus hinweg erreichen wir am gegenüberliegenden Heiderand an einem Hochsitz einen schmalen Pfad.

Hier an der **Barmer Heide ❹** orientieren wir uns nach rechts in den Laubwald hinein. An der ersten Gabelung nach links und sogleich einen Abzweig nach links ignorieren. Weiter auf dem abschüssigen Waldpfad, der uns direkt ins Felsenmeer führt. Auf einem sehr steilen und schmalen Pfad, der Orientierungssinn erfordert, steigen wir zwischen der Felsenbank und den Achtaler Felsen ab. Wir treffen am Fuß der Felsenbank auf den Gelber-Ring-Pfad, auf dem es im **Felslabyrinth ❺** nach rechts auf einem Abstecher zur Ruine Günzelburg weitergeht. Nach gut 15 Min. mit angenehmer Steigung gelangen

Natürliches Felstor im Felslabyrinth.

wir zur **Ruine Günzelburg 6**, von der nicht viel mehr übrig ist als ein paar Mauerreste und ein schmucker Aussichtsfels über das Achtal und die gegenüberliegende bewaldete Hangkante.

Auf dem bekannten Pfad geht es wieder retour, durch das **Felslabyrinth 5** hindurch auf dem Hauptweg, durch ein Felstor bei der Küssenden Sau, bei der sich die beiden Gesteinshälften oben gerade noch berühren. An der nächsten Gabelung wandern wir nach links bergan zur Brillenhöhle, die nur mit Führung besichtigt werden kann. Nun gehen wir stets bergan, halten uns nach links und erreichen wieder den Pfad zwischen Barmer Heide und Felsenlabyrinth. Nach rechts zur **Barmer Heide 4** und nun geradeaus am Hochsitz vorbei, ohne Kennzeichnung, zum unteren Ende der Lichtung. Wir überqueren einen Schotterweg und treffen sogleich auf einen breiten Wiesenweg, dem wir bergab am Waldrand entlang folgen. An einer Verzweigung wenden wir uns nach links an einem Wasserreservoir vorbei und weiter links haltend zum Waldrand. Hier mündet der Pfad unmittelbar neben dem Straßentunnel der B 28 zwischen den ersten Häusern von Blaubeuren auf die **Weilerstraße 7**. In einem kleinen Slalom durch die Altstadtgassen steuern wir zurück zu unserem Ausgangspunkt der Wanderung. Auf der Weilerstraße nach links über die Webergasse und Adlergasse zum Kirchplatz und weiter nach links auf der Karlstraße zum Marktplatz. Hier nach rechts in die Gerbergasse zur Ach. Der Straße nach links folgen und über die Mauergasse und die Achbrücke zurück zum **Parkplatz** am **Kloster Blaubeuren 1**, wo wir die Prachtrunde beenden.

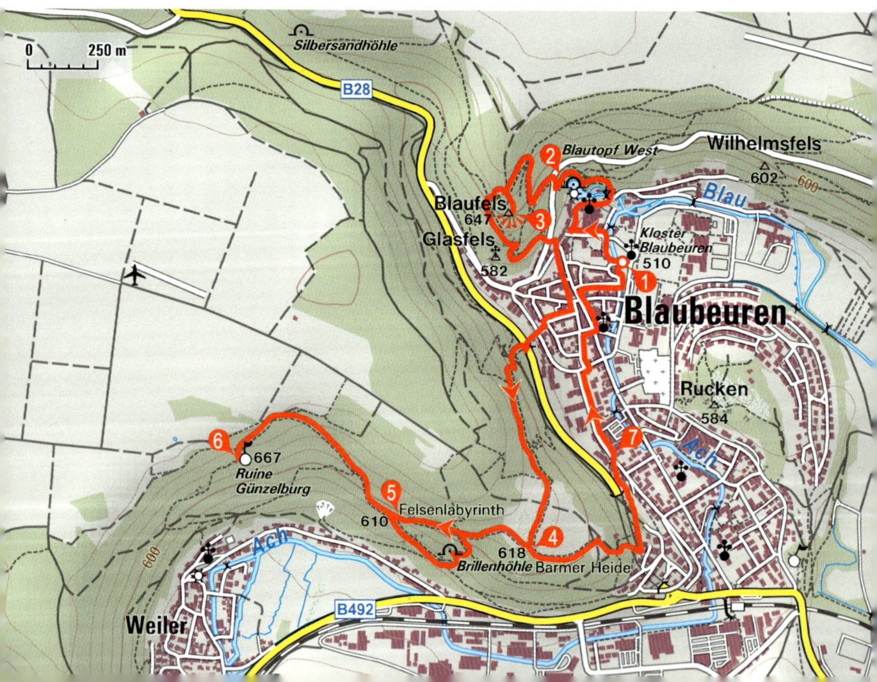

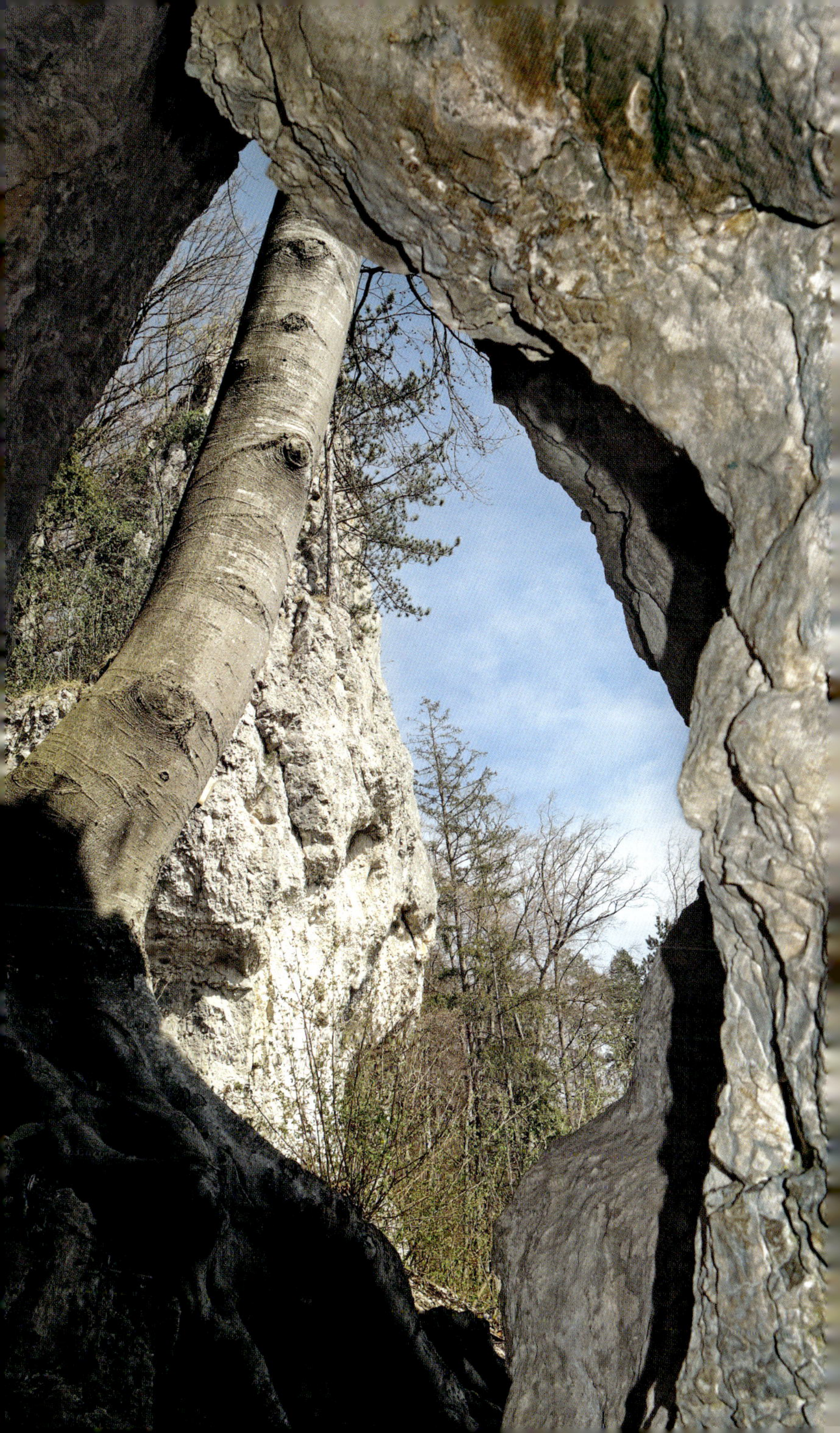

17 Kleines Lautertal
Lauterquelle und Flussidylle

1.45 Std. | 6,2 km | ↗120 m | ↘120 m

Naturschutzgebiet und Kleinod auf der Ulmer Alb
Das Kleine Lautertal auf der Ulmer Alb ist mit seinen steilen und felsigen Hängen, seinen artenreichen Trockenrasenflächen, Wacholderheiden, Steinschuttfluren und den naturnahen Schluchtwäldern ein typischer Naturraum der südlichen Schwäbischen Alb, der auch als Naturschutzgebiet ausgewiesen ist. Auf wilden, ruhigen und schmalen Pfaden führt die Wanderung in und aus dem Kleinen Lautertal durch die lichten Hangwälder. Im kleinen Weiler Lautern entspringt in einem Quelltopf die Kleine Lauter dem karstigen Kalkgestein. Das klare Quellwasser schlängelt sich rund sechs Kilometer nach Süden durch einen grünen und satten Wiesengrund, um dann bei Herrlingen in die Blau zu münden. Auf dieser kurzen Strecke hat die Kleine Lauter sich im Laufe der Zeit rund 200 Meter tief in die Gesteinsschichten des Jura eingeschnitten. Sie beherbergt einen hübschen Querschnitt durch die verschiedenen Biotope der Schwäbischen Alb von den Buchenmischwäldern und Wacholderheiden zu den nahezu naturbelassenen Bachläufen mit herrlichen Talauen. Das Kleine Lautertal – ein reizvolles Kleinod vor den Toren der Donau- und Schwabenmetropole Ulm.

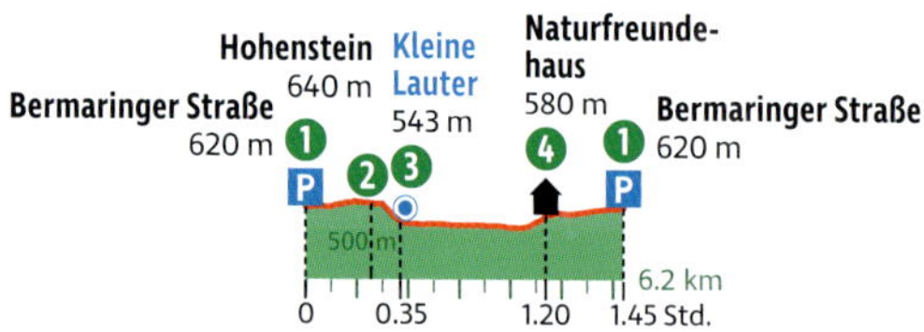

Ausgangsort: Parkplatz Bermaringer Straße, K7383, bei Weidach, 620 m.
Anfahrt: Von Ulm auf der B 28 bis Herrlingen, nach rechts auf Bahnhofstraße geradeaus durch Weidach. 800 m nach Weidach auf Parkplatz auf linker Straßenseite abbiegen.
Mit ÖPNV ab Ulm mit der Buslinie 37 bis Haltestelle Weidacher Hütte oder ab Ulm mit der Bahn bis Herrlingen und hier mit dem Bus 37 bis Weidacher Hütte. Zu Fuß 150 m in Fahrtrichtung (nach Westen) zum Parkplatz auf der linken Straßenseite.
Anforderungen: Keine besonderen technischen oder konditionellen Anforderungen.
Orientierung: Mix aus unbezeichneten und mit dem gelben Ring markierten Wegen. Kurze Teilabschnitte der aufgelassenen Wege sind eingewachsen. Die Orientierung ist einfach.
Einkehr: Lauterquelle: Gaststätte Zum Lamm, Tel. +49 7304 5268. Gasthof Krone wird seit dem Frühjahr 2022 vom »Wilden Wirt« betrieben, www.derwildewirt.de. Weidach: Naturfreundehaus Spatzennest, an Wochenenden und Sommerferien tägl. geöffnet.
Übernachtung: Weidach: Naturfreundehaus Spatzennest, www.naturfreunde-ulm.de. Wanderheim Weidacher Hütte, Fr.–So., www.tuerme-wanderheime.albverein.net.
Tipp: Diese Tour kann über die Weidacher Hütte mit der Tour 18 verbunden werden.
Karten: Freizeitkarte F525 Ulm, 1:50.000, LGL Baden-Württemberg, www.lgl-bw.de.

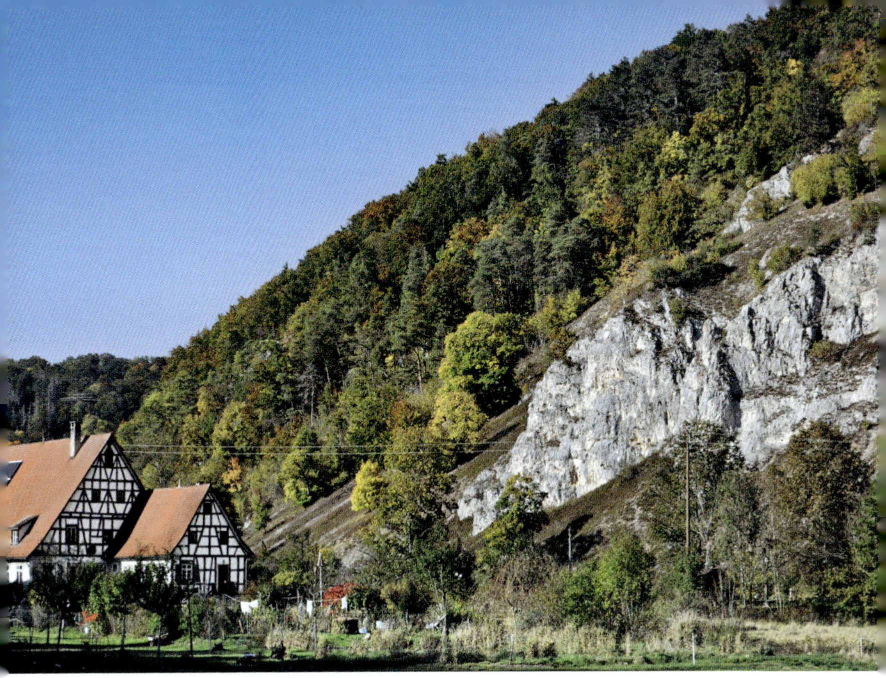

Schmuckes Fachwerkanwesen.

Wir brechen für diese kürzere Runde am **Parkplatz** an der **Bermaringer Straße ❶** knapp einen Kilometer westlich von Weidach auf. Eine schmale Wiesenspur, die mit dem gelben Ring gekennzeichnet ist, führt parallel zur Straße in westliche Richtung. Nach links am Waldrand entlang und dann als leicht abschüssiger und bald wieder leicht ansteigender Waldweg durch den Laubmischwald gelangen wir nach knapp 15 Min. zum Waldsaum. Vor uns liegt das landwirtschaftliche Gehöft Hohenstein, auf das wir über eine Wiese geradeaus zusteuern. Auf der Zufahrtsstraße nach links und auf dem Hofgelände von **Hohenstein ❷** zwischen Stallgebäude und Wohnhaus nach rechts halten.

Hier beginnt halb rechts am Waldrand ein ehemaliger Wanderpfad ohne Kennzeichnung, der seit einiger Zeit nicht gepflegt wird. Entsprechend ist er auf dem ersten Abschnitt ziemlich eingewachsen, wird aber schnell lichter und gut erkennbar. Auf einem abzweigenden Waldweg nach links abbiegen und wieder dem gelben Ring auf einem etwas gerölligeren und steileren Bereich bergab folgen. Auf einem Stufenweg überwinden wir eine Felsstufe und erreichen beim kleinen Weiler Lautern bereits den Talgrund des Kleinen Lautertals. Auf der Straße machen wir einen kurzen Abstecher nach rechts zur Gaststätte Zum Lamm – nicht wegen des herrlichen Biergartens, sondern weil am Haus ein Pfad nach rechts in wenigen Schritten zum **Quelltopf der Kleinen Lauter ❸** führt. Schon erstaunlich, wie eifrig das Wasser aus der Karstquelle strömt. Neben dem Lautertopf befindet sich eine Pumpstation, die seit 1873 umliegende Gemeinden mit Trinkwasser versorgte. Bereits nach wenigen Metern hat sich dann schon ein hübscher Bach gebildet.

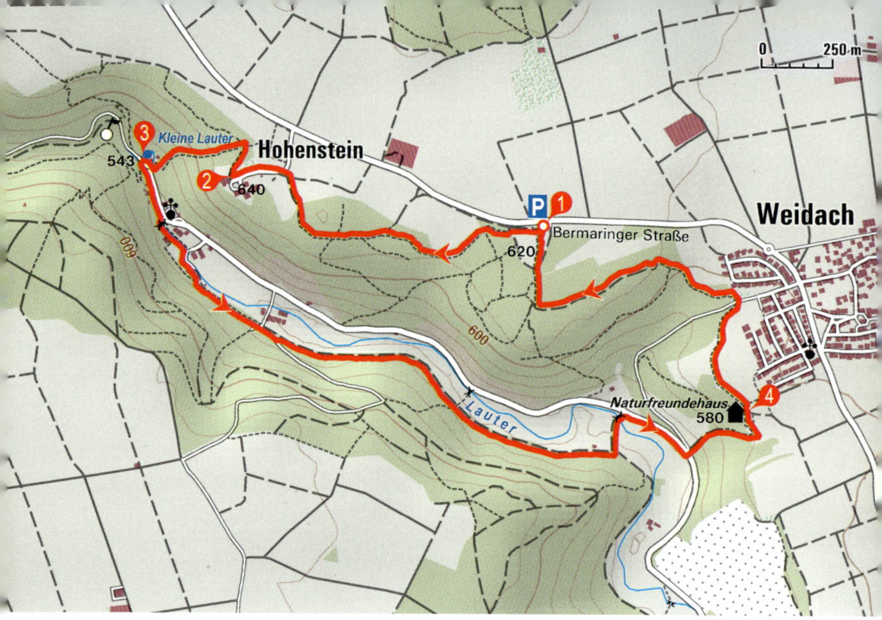

Wir gehen auf der schmalen Straße zurück und an dem Treppenweg vorbei durch die kleine abgeschiedene Siedlung zur Kirche. Sie entstand aufgrund der kirchlichen Bedeutung des Lauterursprungs als Taufquelle. Vor allem die Kirche Unserer Lieben Frau mit einem sehenswerten spätgotischen Flügelaltar aus dem 13. Jh. ist einen Besuch wert. Gegenüber der Kirche geht es auf einen Weg und noch vor der Lauterbrücke nach links auf einen Fußweg, der sich parallel zum Bach hinzieht. Wir

Treppenweg nahe der Lauterquelle.

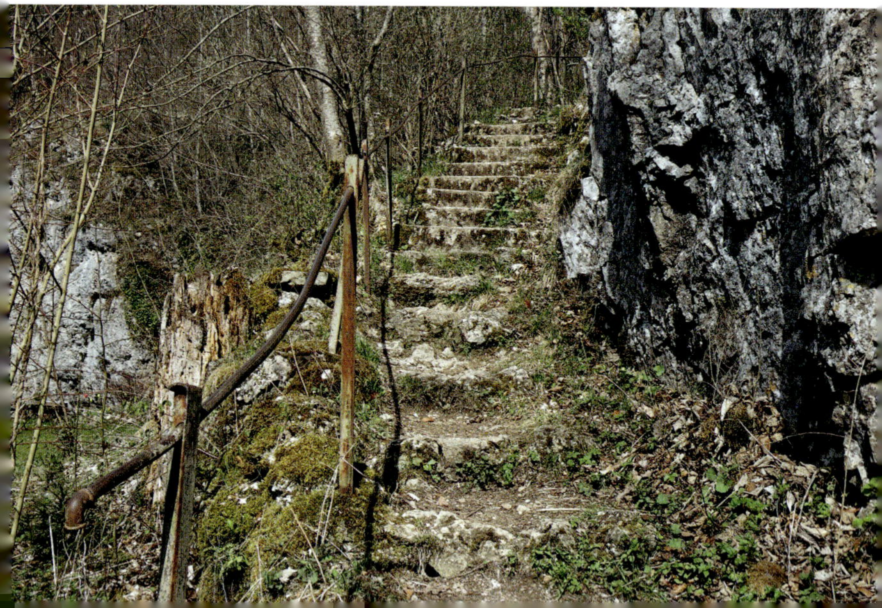

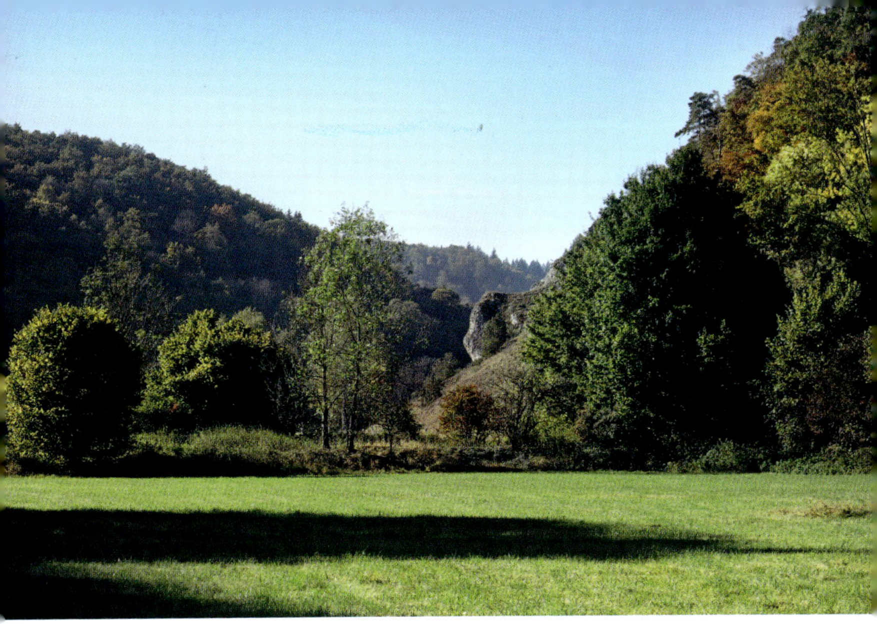

Naturidyll im Kleinen Lautertal.

passieren auf diesem stimmungsvollen Abschnitt eine Mühle und folgen dem gelben Ring am Ende des Weges nach rechts auf eine Straße über die Lauter und am Gasthof Krone vorbei auf einen Wanderweg, der etwas oberhalb der Talsohle zwischen den Feuchtwiesen und dem Waldsaum flussabwärts verläuft. Gut zwei Kilometer geht es nun auf diesem ebenen Wanderweg entlang im lieblichen Kleinen Lautertal. Im Naturschutzgebiet begrenzen Kalkfelsen die Hänge, die im unteren Bereich klassisch mit Wacholderheiden und Trockenrasen bewachsen sind. Im oberen Bereich spenden lichte Buchen-Nadel-Mischwälder ein grünes Schattendach. Im Talgrund fließt die Kleine Lauter weitgehend natürlich in kleinen Mäandern gemütlich dahin, eingebettet in eine offene Wiesenlandschaft. Das klare Wasser der Lauter ist Heimat für Bachflohkrebse, Schnecken, Bachforellen und Groppen, auch Libellen leben im Uferbereich.

Wir zweigen nach links ab, wandern auf einer Brücke über die Lauter und halten uns an der Straße nach rechts für 250 m. Dann, am Parkplatz im Lautertal, wechseln wir auf einen markierten ansteigenden Pfad in Richtung Weidach. Am Waldrand kommen wir am **Naturfreundehaus Spatzennest** ❹, das an den Wochenenden mit einem schönen Biergarten lockt, vorbei. Gleich danach wenden wir uns an der Pfadgabelung nach rechts und sogleich an der nächsten Verzweigung nach links und wandern in Sichtweite am Ortsrand von Weidach entlang. Dabei überqueren wir geradeaus einen Schotterweg und steigen im leicht ansteigenden Gelände auf einem Waldweg durch den Mischwald. An der Gabelung nach gut 250 m nach rechts ohne Kennzeichnung abbiegen und an der nächsten Verzweigung auf einen breiten Wald-Feldweg nach rechts. Auf diesem erreichen wir nach 300 m den **Parkplatz** an der **Bermaringer Straße** ❶ bei Weidach.

18 Kiesental

Spaziergang durch das Trockental zum Zuckerhut

2.15 Std. | 8,0 km | ↗140 m | ↘140 m

Natur pur vor den Toren von Ulm

Das romantische Kiesental ist ein kleines und feines Naherholungsgebiet auf der Ulmer Alb. Einen Bach oder gar einen Fluss sucht man im Kiesental allerdings vergebens. Geografisch handelt es sich um ein sogenanntes Trockental, deren Entwässerung im karstigen Untergrund vonstatten geht. Rückschreitende Erosion oder auch Klimaveränderungen haben dazu geführt, dass diese Täler heute ohne Oberflächenwasser existieren. Niederschläge versickern aufgrund des Kalkgesteins unter der meist dünnen Vegetations- und Bodendecke, das durchlöchert ist wie der sprichwörtliche Schweizer Käse, sehr schnell in den Untergrund. Gerade auf der Mittleren Schwäbischen Alb trifft man auf zahlreiche Trockentäler, und Wasser ist hier ein rares Gut. Das Kiesental schmiegt sich mit seinen bewaldeten Hängen sanft in die flachen Kuppen der Ulmer Alb. Den Talgrund kleidet eine bunte Wiesenfläche, während im Bereich des Loshaldenbergs eine hübsche und charakteristische Wacholderheide das Landschaftsbild dominiert. Auf kleinstem Raum trifft man im Kiesental auf einen abwechslungsreichen, harmonischen und in sich abgeschlossenen Naturraum mit einer ganz besonderen Atmosphäre sommers wie winters.

Wacholderheide im Oberen Kiesental.

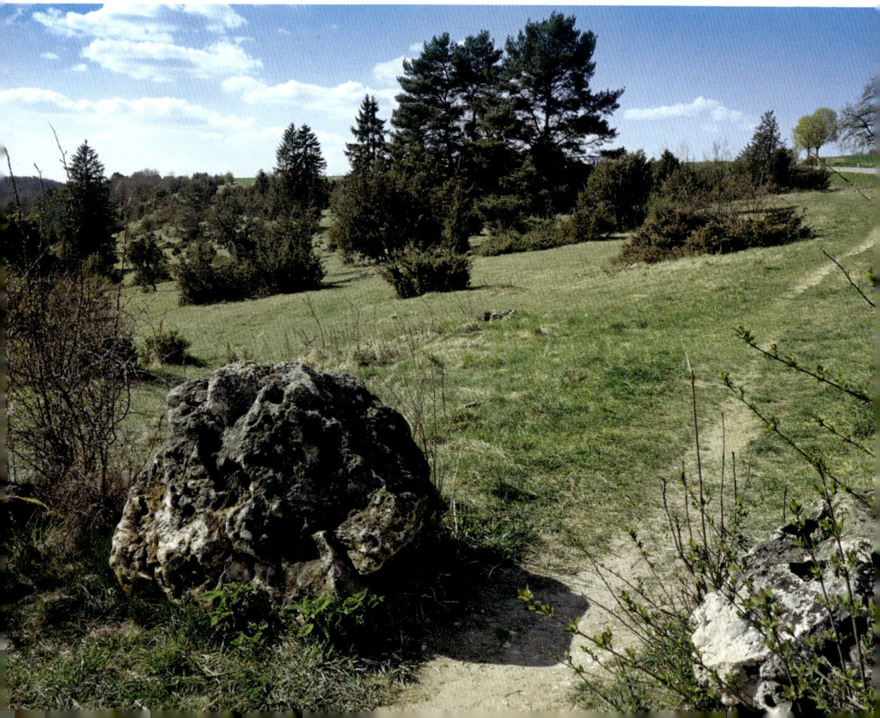

Versteckte Felsen im Kiesental.

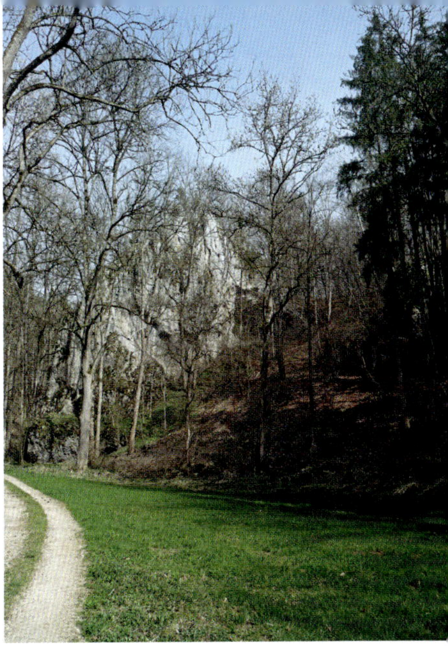

Ausgangsort: Parkplatz Unteres Kiesental, 500 m, bei Herrlingen.
Anfahrt: Von Ulm auf der B28 bis Blaustein. Nach der Überquerung der Bahnlinie und der Blau nach rechts in die Weiherstraße abbiegen. Auf L1239 an Forellenzucht »Blautal Forellen« vorbei, nach 150 m nach links abbiegen auf den Parkplatz Unterer Kiesental.
Mit ÖPNV ab Ulm mit den Buslinien 37/38 bis Herrlingen, Haltestelle Heinrich-Otto-Straße, www.zugbus-rab.de. Zu Fuß ab Bushaltestelle in 90°-Kurve auf Weg in Wald hinein abbiegen, nach knapp 500 m an Gabelung links entlang der Forellenzucht, dann nach links und geradeaus über die Landesstraße zum Wanderparkplatz, 15 Min.
Anforderungen: Keine technischen Schwierigkeiten oder besondere Anforderungen.
Orientierung: In den Waldarealen meist auf aufgelassenen Pfaden ohne Bezeichnung und auf kurzen Abschnitten auch weglos. Die Orientierung ist nicht ganz einfach, da keine markanten Geländepunkte vorhanden sind. Spürsinn und Aufmerksamkeit sind angezeigt. Die Wege im Talgrund sind mit der roten Gabel markiert.
Einkehr: Keine.
Übernachtung: Weidach: Naturfreundehaus Spatzennest, www.naturfreunde-ulm.de. Wanderheim Weidacher Hütte, Fr.–So., www.tuerme-wanderheime.albverein.net. Blaustein: Hotel Klingenstein, www.klingenstein.online.de. Gasthof Lindenmeir, www.gasthof-lindenmeir.de.
Tipp: Diese Tour kann über die Weidacher Hütte mit der Tour 17 verbunden werden.
Karten: Freizeitkarte F525 Ulm, 1:50.000, LGL Baden-Württemberg, www.lgl-bw.de.

Diese kurze und einfache Runde durchs Kiesental beginnen wir am **Parkplatz** im **unteren Kiesental** ❶. Auf dem Feldweg geht es in Richtung Räuberhau, von dem es nach 100 m nach rechts auf einen Wiesenweg abgeht. Am Waldrand biegen wir nach links auf einen Pfad ohne Kennzeichnung ab, dem wir für rund 800 Meter entlang dem Talgrund folgen. In einer deutlichen Linkskurve des Kiesentals zweigt ein Weg nach rechts ab, von dem sogleich ein ansteigender Serpentinenpfad ohne Bezeichnung durch den Laubmischwald bergan führt. An einem Hochstand gehen wir weiter geradeaus auf dem Pfad und lassen einen breiten Waldwirtschaftsweg rechts liegen. Noch wenige Minuten und wir sind am Gipfel des **Zuckerhutes** ❷ angekommen. Der Zuckerhut ist ein bewaldeter Hügel am östlichen Rand des Kiesentals. Aussicht lässt er nur bedingt durch das Blätterdach in den Talgrund des Kiesentals zu. Über den Namen lässt sich nur wild spekulieren, denn wie ein Zuckerhut sieht er wahrlich nicht aus.
Vom Gipfel gehen wir ein paar Meter

zurück und zweigen dann auf einen Pfad nach rechts ab, der sich zu einem breiten Forstweg ausweitet. Bei den folgenden Abzweigungen orientieren wir uns nach links auf aufgelassenen Wegen hinab ins Tal. Über eine schmale Wiesenfläche gelangen wir zu einem breiten **Schotterweg 3**, der den Wiesengrund von einer herrlichen Wacholderheide an der gegenüberliegenden Hangseite trennt. Die Wacholderheide Loshaldenberg ist ein ideales Beispiel für dieses typische Landschaftsbild auf der Schwäbischen Alb. Durch die historische Beweidung vor allem durch Schafe entstand diese offene Heidefläche mit einzelnen Sträuchern und den namensgebenden Wacholderbüschen, die nicht auf dem Speiseplan der Schafe stehen und sich daher gut ausbreiten konnten. Diese Heideflächen sind wertvolle Biotope für seltene und bedrohte Schmetterlinge, Insekten und Pflanzen. Wir wandern geradeaus über den Schotterweg bergan auf den Loshaldenberg, biegen an der ersten Verzweigung nach links ab auf einen nicht markierten Pfad, der relativ eben durch den Wald führt. Zwei abzweigende Wege bleiben unbeachtet, bis wir an einer Gabelung nach gut 150 m nach rechts bergan abbiegen. Wir gelangen zu einer rechteckigen Lichtung, an der wir nach links im Bereich des Waldsaums weitergehen. In der zweiten Ecke wieder nach links in den Buchenmischwald hinein, dem Hauptweg folgen und dabei an der ersten Gabelung nach links und sogleich nach rechts ori-

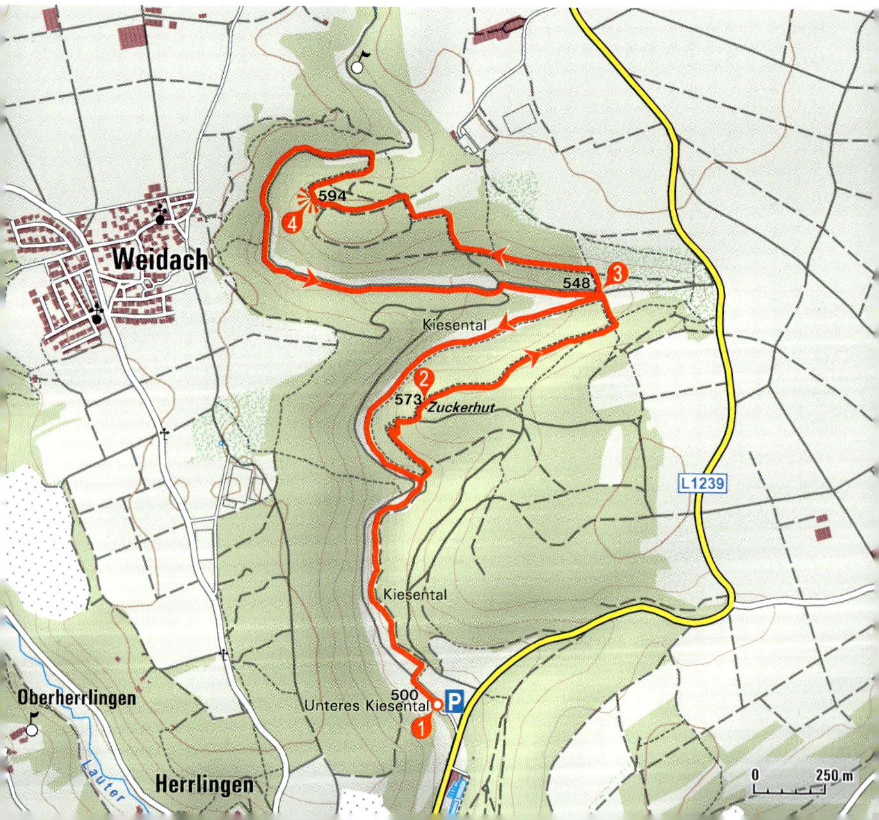

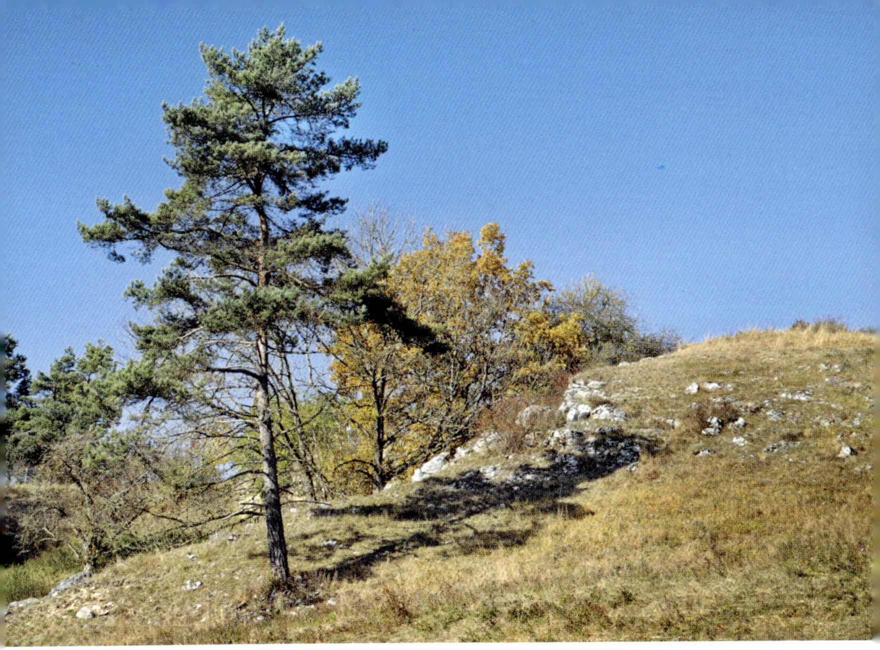

Herbststimmung im Kiesental.

entieren. Es geht nach wie vor ohne Markierung leicht bergan. Bevor der Weg abschüssig wird, nach rechts auf einen Pfad abbiegen, der mit einem kleinen Abstecher nach links zu einem **Aussichtspunkt 4** führt. Wir stehen auf einer kleinen Felsnase über dem Kiesental mit Blick auf die gegenüberliegende Hangseite, das Tal und einige kleine Felsdome.

Wir steigen vom Aussichtspunkt wieder wenige Meter zurück auf den Pfad und folgen diesem nun steil bergab nach links. Im Talgrund treffen wir auf einen breiten geschotterten Weg, auf dem wir nach links einschwenken und nun gemütlich im Kiesental entlangwandern von der roten Gabel begleitet. Es geht durch das schmale, langgezogene Tal an Felsen vorbei stets geradeaus, bis wir wieder die Verzweigung unterhalb des Loshaldenbergs erreichen. Hier verlassen wir den **Schotterweg 3** nach rechts und zweigen nach 30 m auf einen Pfad nach rechts ab, der dem Talgrund folgt. Zunächst wandern wir am Waldrand entlang, dann bald auf einer Wiesenspur am Waldsaum zum Teil weglos immer geradeaus. Unterhalb des Zuckerhutes erreichen wir wieder den bereits bekannten Pfad, der uns zurück zum **Parkplatz** im **unteren Kiesental 1** bringt. Hier beenden wir diese kurze Tour im einfachen Gelände, die jedoch den Orientierungs- und Spürsinn herausgefordert hat.

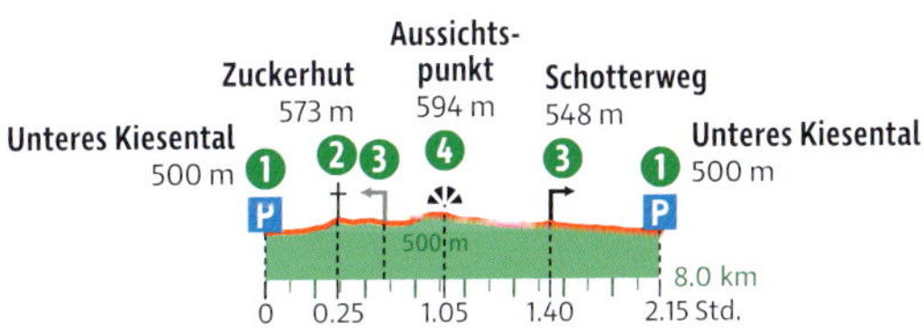

19 Rossberg

Auf den Aussichtsberg über der Steinlach

2.30 Std. | 8,1 km | ↗310 m | ↘310 m

Zum höchsten Gipfel der Reutlinger Alb

Der Rossberg wacht über die Mittlere Schwäbische Alb rund um Reutlingen, bereits seit 1913 mit seinem Turm, der in das Wanderheim des Schwäbischen Albvereins integriert ist. Beim Bau des Wanderheims war die Kuppe des Rossbergs noch nahezu waldfrei. So erscheint die Errichtung des 28 Meter hohen Turms aus heutiger Sicht als eine weise Entscheidung – denn sonst wäre der 869 Meter hohe Rossberg ein ziemlich »aussichtsloser« Fall. Der Rossberg bildet zusammen mit dem Schönberger Kapf und dem Rossfeld eine stark zergliederte Flanke des Nordwestrandes der Mittleren Schwäbischen Alb, mit der dieser Ausläufer noch im Südosten in Verbindung steht. Aufgrund der Einkehrgelegenheit, der guten Erreichbarkeit und auch wegen der Turmweitblicke zählt der Rossberg zu den beliebten Ausflugszielen auf der Reutlinger Alb. Vom Turm reicht die Aussicht entlang der nordöstlichen Traufkante bis zur Achalm, Burg Teck und zur Burg Hohenstaufen und in die andere Richtung bis rüber zum Schloss Hohenzollern, zum Lochenstein und Plettenberg. Bei klaren Wetterverhältnissen kann im Süden sogar die Alpenkette nicht nur erahnt werden. Lohnenswert ist eine Rossbergrunde auf den wenig begangenen Waldwegen aus dem Öschenbachtal über den Langenberg und den Kleinen Rossberg auf den Rossberg. Interessanterweise hat der kleine Bruder des Rossbergs geologisch nichts mit seiner direkten Umgebung gemeinsam. Er ist ein ehemaliger Schlot des weit verzweigten Schwäbischen Vulkans und besteht aus Tuff.

Ausgangsort: Parkplatz Freibad bei Öschingen, 597 m.

Anfahrt: Von Reutlingen auf der L383 in Richtung Mössingen, über Gönningen bis Öschingen. Nach links abbiegen auf Gustav-Schöller-Straße und am Ortsende auf der Landhausstraße bis zum Freibad. Hier nach rechts auf Parkplatz.
Mit ÖPNV ab Reutlingen mit Buslinie 5 und 155, bis Öschingen, Haltestelle Wendeplatte, www.naldo.de. Zu Fuß in östliche Richtung zum Ortsende und an Landhaussiedlung vorbei bis zum Freibad, gut 10 Min.

Anforderungen: Keine technischen Schwierigkeiten oder besondere Anforderungen.

Orientierung: Ein großer Teil der Wege und Pfade ist nicht markiert und zum Teil auch aufgelassen. Trotzdem ist die Orientierung einfach und die Route eindeutig erkennbar.

Einkehr: Wanderheim auf dem Rossberg, Do.–So. geöffnet. Öschinger Krone, Mo.–Mi. geschlossen, www.oeschingerkrone.eatbu.com.

Übernachtung: Rossberg: Wanderheim Rossberghaus des Schwäbischen Albvereins, wanderheim-rossberg.de. Öschingen: Landhotel Mühlberg, www.landhotel-muhlberg-oschingen.hotelmix.de.

Tipp: Besteigung des 28 Meter hohen Turmes Mi.–Fr. 12 – 21 Uhr, Sa./So. ab 10 Uhr. www.tuerme-wanderheime.albverein.net. Ausgangs- und Endpunkt der Wanderung ist direkt neben dem Freibad – nach der Tour vielleicht eine willkommene erfrischende Abwechslung.

Karten: Freizeitkarte F523 Tübingen, Reutlingen, 1:50.000, LGL Baden-Württemberg, www.lgl-bw.de.

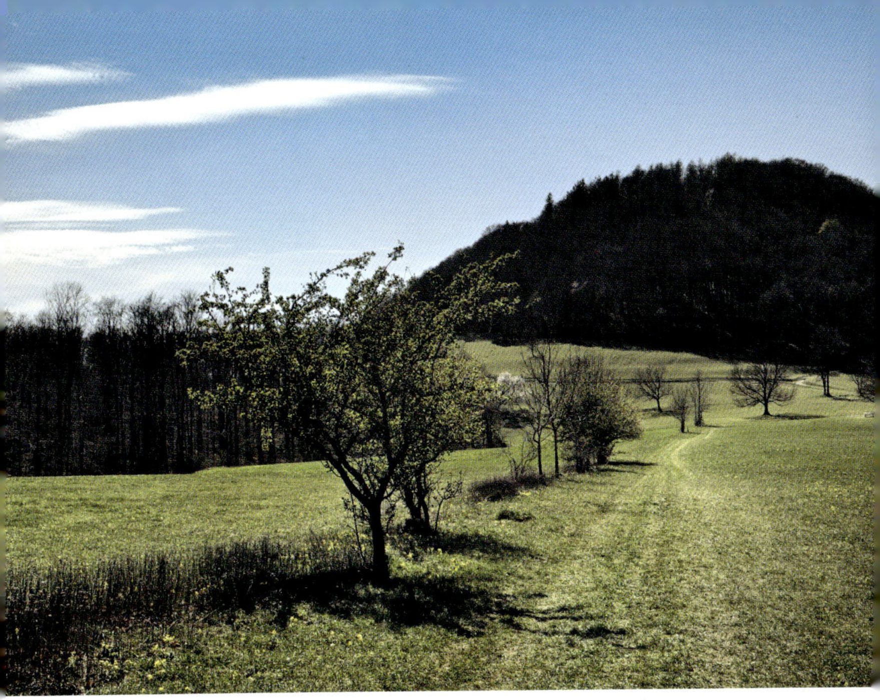

Bewaldete Kuppe des Rossbergs.

Ausgangsort unserer Wanderung ist der **Parkplatz** am **Freibad Öschingen** ❶. Hier geht es nach links in Richtung der Sportanlagen und vor dem Fußballplatz nach links auf eine nicht gekennzeichnete Wiesenspur, die rasch in einen Laubmischwald hineinführt. Parallel zum Öschenbach gehen wir auf dem aufgelassenen und recht eingewachsenen Weg geradeaus und überqueren nach links den Bachlauf. Sogleich stehen wir an einer kleinen Straße, an der wir uns nach rechts auf einen geschotterten Fahrradweg wenden. Nach 200 m biegen wir nach links in einen ansteigenden Waldwirtschaftsweg ab und an der nächsten Verzweigung halb rechts auf einen nicht markierten Weg, der steil durch den Hangmischwald bergan führt. Wir passieren Jagdhochstände, und der Weg verschmälert sich zu einem etwas eingewachsenen Pfad, während wir weiter in einem kleinen Einschnitt zwischen Dachslochberg und Langenberg allmählich die Hochfläche erwandern.

Am Waldrand haben wir die Albkante bereits erklommen und können linker Hand den sanften Hügel des Kleinen Rossbergs erkennen. Rechts erstreckt sich der Waldhang hoch zum Rossberg, dessen Gipfel wir noch

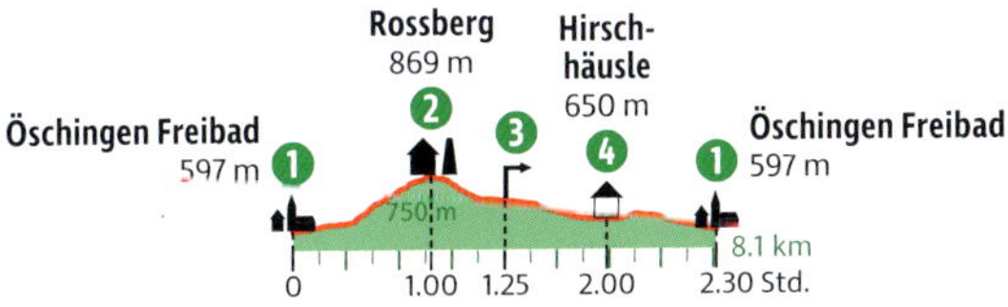

nicht erblicken. Geradeaus öffnen sich die Rossbergwiesen, während wir an einer Scheune und an einer Schafweide vorbei zu einem breiten Feldweg gelangen. Auf dieser geht es nach links. An dem Wanderstandort Schafhausweg/Rossbergwiesen ergibt sich ein schöner Blick über das Rossfeld, einen länglichen Ausläufer der Albhochfläche. Die satt-grünen Wiesen, die je nach Jahreszeit mit bunten Blüten übersät und von den fleißigen lebendigen Rasenmähern beweidet werden, sind ein schöner Kontrast zu den bewaldeten Hügeln der Albkante und des Rossbergs. An der Verzweigung folgen wir einem markierten Pfad (grünes Quadrat) nach rechts in Richtung Quenstedt-Denkmal. Auf dem steilen Erdpfad gewinnen wir rasch an Höhe. Am Quenstedt-Denkmal haben wir schon fast den Rossberg erobert. Der Gedenkstein erinnert an Friedrich August von Quenstedt, einen Tübinger Professor, der sich vor allem der Erforschung der Geologie der Schwäbischen Alb verschrieben hatte. Am Denkmal genießen wir einen netten Blick über die Gäulandschaften zum Schwarzwald und auf die Grünfläche der unter uns liegenden Rossbergwiesen. Nur 100 m entfernt erreichen wir am Wanderheim des Schwäbischen Albvereins mit seinem hoch über die Baumwipfel ragenden Turm den Gipfel des **Rossbergs 2**. Ein schöner, wenn auch meist etwas trubeliger Ort zur Einkehr oder Picknick. Nicht verpassen, den Turm zu besteigen und den großartigen Blick entlang des südwestlichen Albtraufs, hinüber zum Schwarzwald und entlang der markanten nordöstlichen Albkante zu genießen.

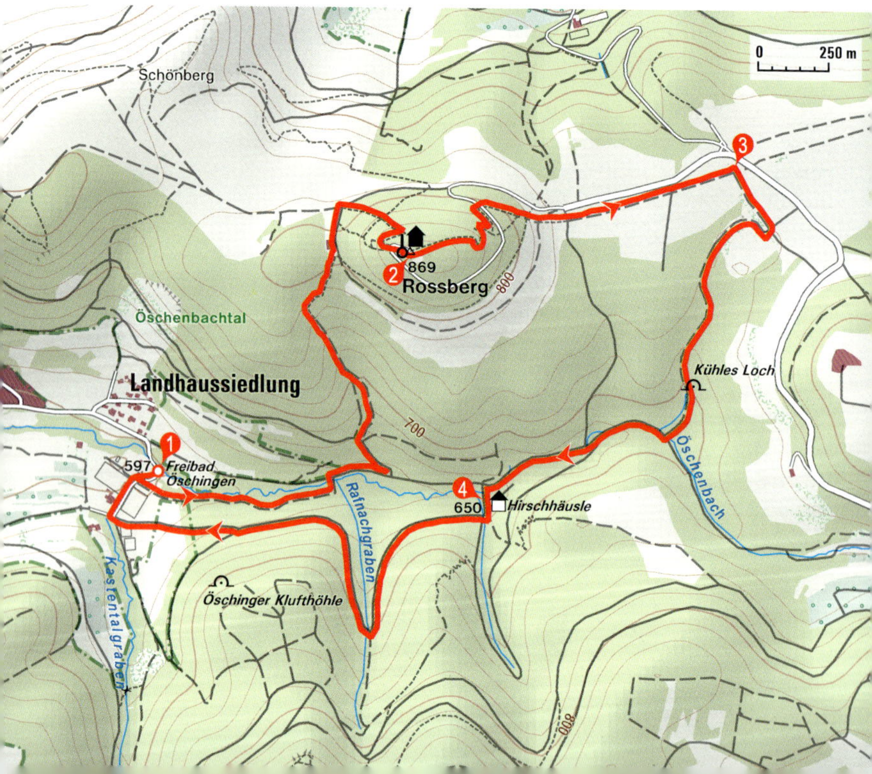

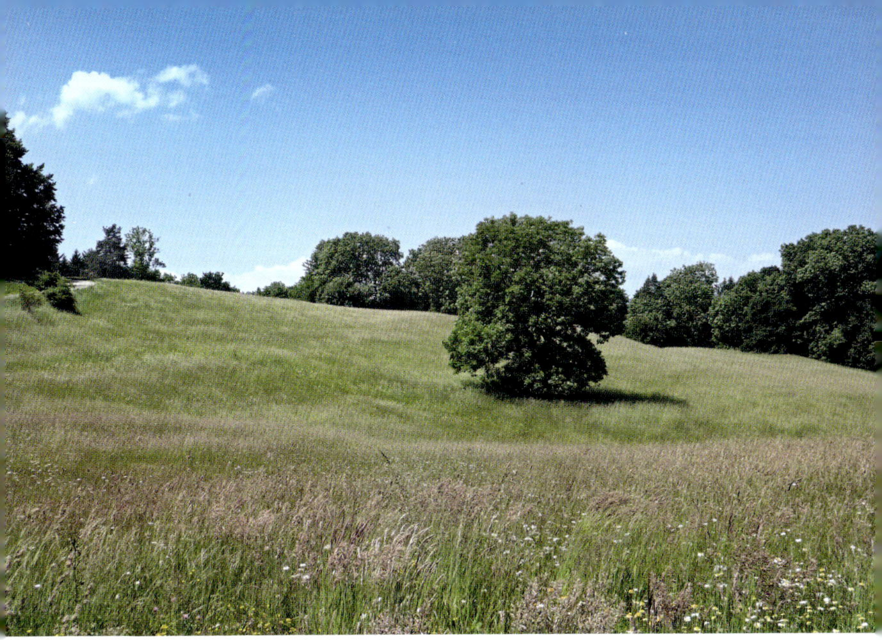

Blumenübersäte Wiesen auf dem Rossbergfeld.

Wir wandern in Richtung östliche Rossbergwiesen auf einem absteigenden Pfad über die Rossbergkuppe wieder in den Hangwald hinein. Der in großzügigen Schleifen angelegte Weg bringt uns am Fuß des Rossbergs zum Waldsaum. Auf einer Wiesenspur, die mit dem roten Dreieck markiert ist, geht es rechts von der Zufahrtsstraße zum Rossbergparkplatz geradeaus über die Wiesenfläche. Nach knapp 10 Min. biegen wir kurz vor der Straße nach rechts ab auf einen Wiesenweg (rotes Dreieck), den wir nach 200 m wieder nach rechts verlassen. Der **Abzweig vom HW1 ❸** auf einer nicht gekennzeichneten Wiesenspur hält auf den Waldrand zu. Rasch tauchen wir in den lichten Hangwald ein und wandern auf einem leicht abschüssigen Forstweg ohne Markierung immer geradeaus. Nach 700 m treffen wir am Öschenbach auf einen querenden Waldweg, auf dem wir uns nach rechts wenden. Nach wenigen Minuten mündet von rechts ein weiterer Waldweg ein, der mit dem roten Dreieck des HW1 gekennzeichnet ist. Nach rund 400 m folgen wir dem roten Dreieck nach links über den Öschenbach.

Gleich nach dem Unterstand, Grill- und Rastplatz **Hirschhäusle ❹** biegen wir nach rechts ab. Der unmarkierte Forstweg führt durch den Rafnachgraben, einen steilen Taleinschnitt. An einer Gabelung im hohen Nadelmischwald nehmen wir den rechten abschüssigen Abzweig, der uns aus dem Wald führt. Links erblicken wir die Kuppe des Meisenbühl und rechts den Dachslochberg mit einem Hangrutsch im steilen Traufanstieg. Vor uns liegt das bekannte Sportgelände von Öschingen. Geradeaus geht es über die Wiese, und zwischen Tennisplätzen und Fußballfeld erreichen wir die schmale Landhausstraße, auf der wir nach rechts den **Parkplatz** am **Freibad Öschingen ❶** erreichen.

20 Ruine Stöffelburg und Gönninger Seen

Der Stöffelberg und die Seenlandschaft im Wiesaztal

3.00 Std. | 10,0 km | ↗230 m | ↘230 m

Badefreuden und weite Sicht im Biosphärenreservat Schwäbische Alb
Die Gönninger Tulpenblüte hat Tradition und ist ein regionales Ereignis, das Mitte April die Besucher in die kleine Ortschaft am Fuß der Schwäbischen Alb lockt. Überall in Gönningen blühen dann zig Tausende von Tulpen und Narzissen und verwandeln das Dorf im Wiesaztal in ein buntes Blütenmeer. Nicht nur im Frühjahr, sondern im gesamten Jahresverlauf haben das Wiesaztal, die Gönninger Seen und der Stöffelberg einen hohen Erholungswert. Der Aufstieg auf die Albhochfläche wird mit schönen Weitsichten auf das Vorland rund um Reutlingen und Pfullingen, auf die charakteristische Achalm, den Schönberg mit dem außergewöhnlichen Schönbergturm und den Ursulahochberg belohnt. Auch botanisch ist auf dem Stöffelberg einiges geboten. Auf den Magerwiesen sprießen die himmelblauen Blüten des Frühlingsenzians, der von den Schafen verschont wird. Die Edelfreien von Stöffeln nutzen die Lage des Stöffelberges und veranlassten den Bau einer stattlichen Höhenburg mit zwei Kernburgen. Davon haben die Geschichte und die Zeit nicht mehr viel übriggelassen – einige Gräben, Erdwälle und Einebnungen zeugen noch von der einstigen Stöffelburg über dem Wiesaztal. In einer Nische des Wiesaztals verbergen sich die drei Gönninger Seen – eine neu entstandene Landschaft im ehemaligen Tuffsteinbruch. Eine abwechslungsreiche Tour mit landschaftlichen Kontrasten, die schön am oder im Wasser des Oberen Gönninger Sees ausklingt.

Urwüchsige Buchenwälder auf dem Stöffelberg.

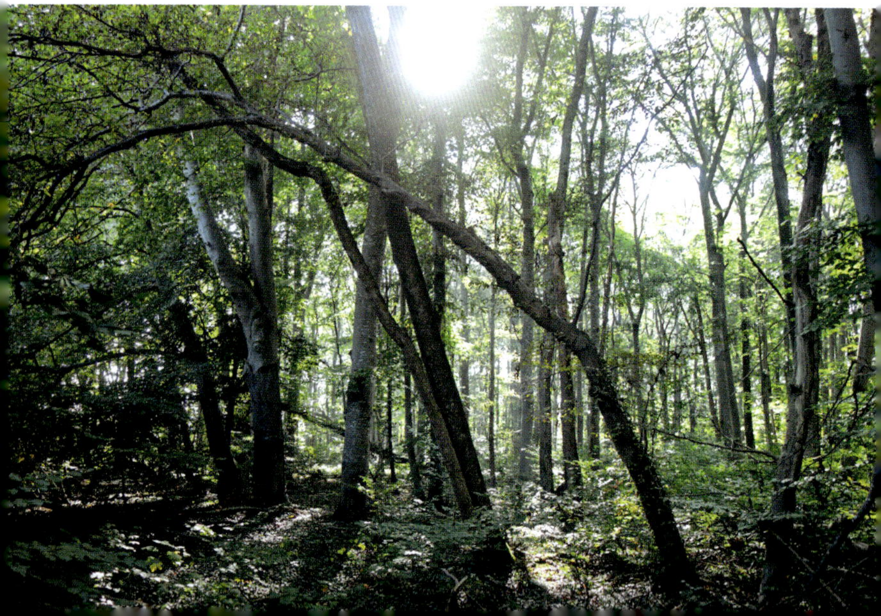

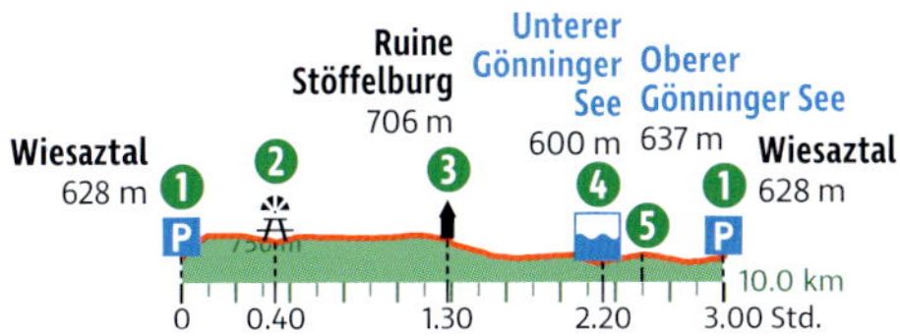

Ausgangsort: Parkplatz im Wiesaztal, 628 m. Kernzone Stöffelberg und Gönninger Seen bei Gönningen.
Anfahrt: Von Reutlingen auf der L383 in Richtung Mössingen nach Gönningen. Durch Ort auf Hauptstraße und Lichtensteinstraße auf der L230 zu den Gönninger Seen. Vor Rechtskurve nach links auf Parkplatz abbiegen.
Mit ÖPNV ab Reutlingen Hbf. mit Buslinie 5 bis Gönningen, Haltestelle Rathaus, www.naldo.de. Weiter zu Fuß ab Rathaus Gönningen durch Ortszentrum an Kirche Peter und Paul vorbei auf Straße Im Ländle geht's geradeaus im Wiesaztal zum Unteren Gönninger See, dann zur Straße und durch Unterführung zum Parkplatz (35 Min.).
Anforderungen: Keine besonderen technischen Anforderungen.
Orientierung: Im Waldareal vor der Ruine Stöffelburg ist die Orientierung auf den nicht bezeichneten Wegen und aufgelassenen Pfaden nicht so einfach. Spürsinn und Orientierungsvermögen sind hilfreich. Alle weiteren Wege sind entweder gekennzeichnet mit dem blauen Dreieck oder der blauen Raute oder offensichtlich zu auszumachen.
Einkehr: Gönningen: Sportgaststätte Wiesaztal, www.gaststaette-wiesaztal.de.
Übernachtung: Keine.
Karten: Freizeitkarte F523 Tübingen, Reutlingen, 1:50.000, LGL Baden-Württemberg, www.lgl-bw.de.

Start unserer vielseitigen Tour ist der **Parkplatz** im **Wiesaztal** ❶ an der L230 am Fuße des Stöffelberges und gleich bei den Gönninger Seen. Eine Tafel am Parkplatz informiert über das Biosphärengebiet Schwäbische Alb, in dessen Kernzone wir uns nun aufhalten. Unmittelbar am Parkplatz geht es nach rechts auf einen Waldsteig, der mit der blauen Raute gekennzeichnet ist. Mit moderater Steigung führt er durch den hohen Traufwald zur Albkante. Am Waldrand blicken wir über die Hochfläche des Pfullinger Bergs, der nach Nordosten nahtlos in den Stöffelberg übergeht. Eine Wiesenspur bringt uns geradeaus zu einem breiten Feldweg, dem wir nach links über die herrliche Magerwiese mit Küchenschellen, Buschwindröschen und Frühlingsenzian folgen. Der tiefblaue Frühlingsenzian steht unter besonderem Artenschutz und wird im Schwäbischen auch Schusternägele oder Himmelsblümle genannt. Den Schafen ist der Enzian zu bitter, sie grasen lieber drumherum, deshalb bildet der Frühlingsenzian meist kleine blaue Areale auf der Heidefläche. Bereits nach wenigen Metern verlassen wir den markierten Weg an einer Gabelung nach rechts auf einer nicht gekennzeichneten Wiesenspur zur **Aussicht** am **Rastplatz** ❷ mit Feuerstelle und Unterstand am Pfullinger Berg. Der Blick schweift von den Städten Pfullingen und Reutlingen zur stark zergliederten Albkante mit dem Schönberg und dem markanten Schönbergturm und weiter in die oft etwas diesige Ferne.
Am Unterstand geht es auf einem Pfad ohne Kennzeichnung zunächst in den hohen Forst hinein, dann am Waldsaum entlang für rund 700 m nach rechts. Nach einer Rastbank biegt ein nicht bezeichneter Pfad

nach rechts wieder in den Laubmischwald hinein ab. Der folgende Wegabschnitt bis zur Stöffelburg erfordert Spürsinn und Orientierungsvermögen. Wir folgen dem Pfad rechts haltend zur Hangkante. Am bewaldeten Trauf nach links dem Pfad folgen, der bald zurück in Richtung Hochfläche und an einem querenden Weg halblinks zum Waldrand verläuft. Am Rand zur Wiesenfläche an Verzweigung nach rechts halten auf eine Forstpiste, auf der es rund 10 Min. durch das flache Waldgebiet geht. An einer Gabelung nach links und sogleich wieder nach links auf einen Waldweg. Nach 100 m halbrechts halten auf einen etwas zugewachsenen Pfad, der im kurzen Wechsel von bergab und bergauf schließlich zur Ruine Stöffelburg **3** führt. Ein Schild verweist auf die Burg und erklärt ihre Geschichte. Am ehemaligen Burgsporn eröffnet sich eine weite Aussicht auf Gönningen, das Wiesaztal, den südwestlichen Albtrauf und die sanft hügeligen Gäulandschaften des Vorlandes.

Zurück vom Aussichtspunkt halten wir uns auf den Pfad nach rechts, der mit moderatem Gefälle durch den Hangwald zu einem breiten Wirtschaftsweg führt. Mit dem blauen Dreieck bringt uns dieser Ziehweg weiter durch den Wald bergab, bis wir nach gut 15 Min. fast im Talgrund der Wiesaz angekommen sind. Wir zweigen nach rechts ab, überqueren die L230 und wandern

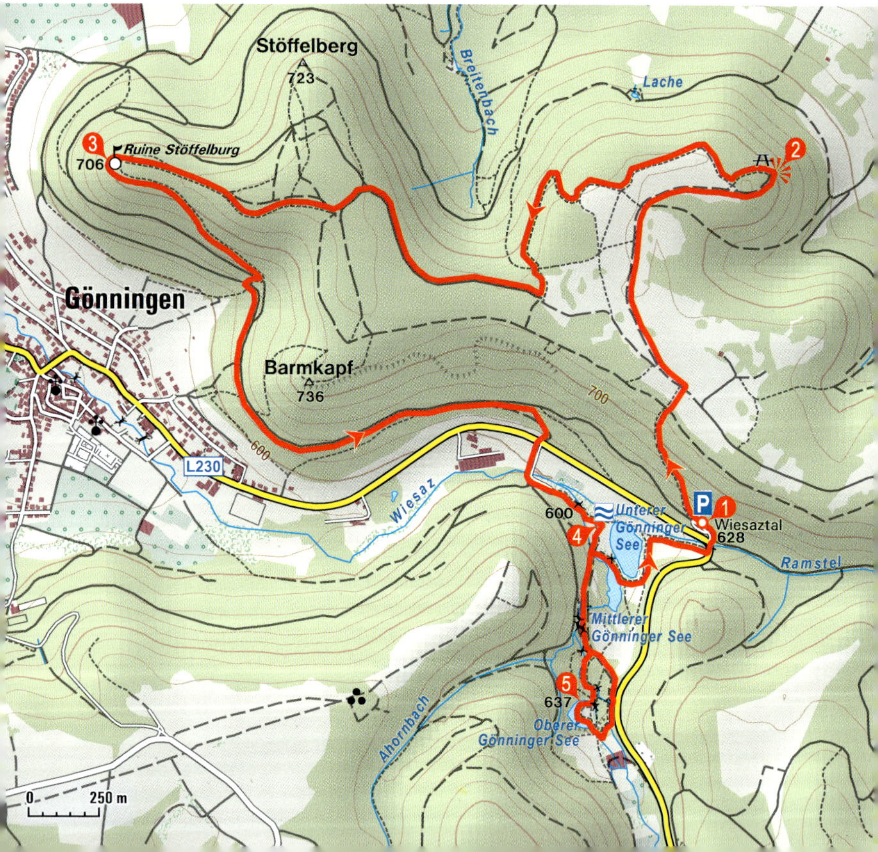

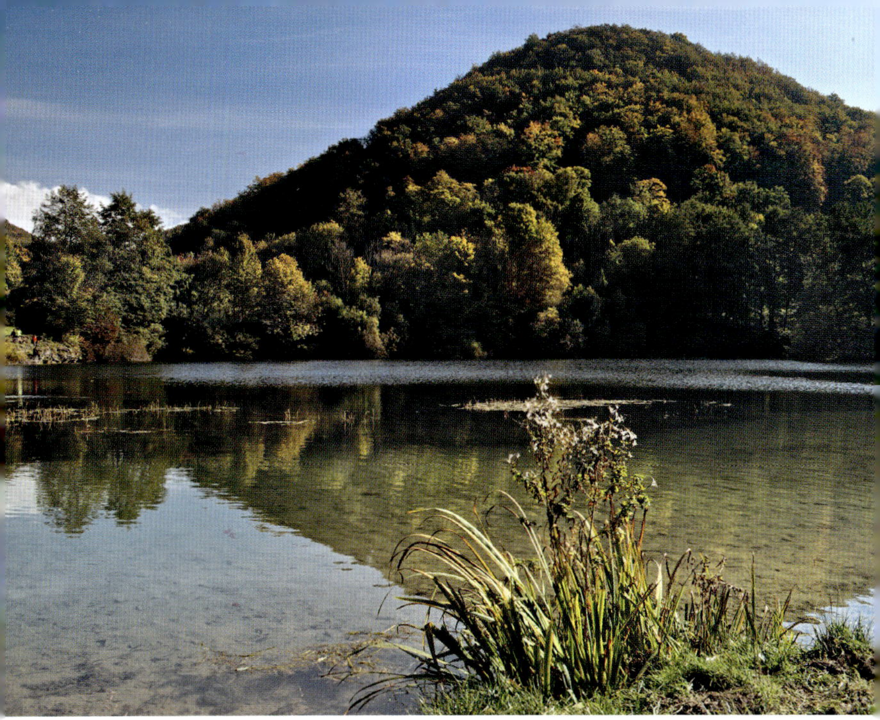

Seeparadies Unterer Gönninger See.

auf einer kleinen Straße geradeaus. Nach 100 m halten wir uns über einen Parkplatz nach links und folgen nun dem Fußweg entlang der Wiesaz zum **Unteren Gönninger See ❹**. Eine einladende Liegewiese umgibt den Badesee, an dessen Ufer wir uns nach rechts orientieren und weiter geradeaus am Mittleren Gönninger See und begleitet von der Wiesaz entlangspazieren. Ein Stufenweg führt nach rechts unmittelbar zum Bachlauf, dem wir bachaufwärts zum kleinen, hufeisenförmigen **Oberen Gönninger See ❺** folgen.

Am südlichen Seeufer treffen wir auf eine steile Felswand mit einer kleinen Höhle. Spätestens an dieser Stelle wird offensichtlich, dass es sich bei den Gönninger Seen um eine von Menschen gestaltete Landschaft handelt. Hier befand sich ein Tuffsteinbruch, aus dem bis zur Mitte des 20. Jahrhunderts Kalktuff gebrochen wurde. In den 1980er-Jahren wurde der gesamte Steinbruch renaturiert und zum Naherholungsgelände umgestaltet. Der Kalktuff-Lehrpfad informiert sehr anschaulich die Hintergründe und alles Wissenswerte zum Abbau des Gesteins. Wir steigen den kurzen steilen Pfad die Felswand hinauf, wenden uns oben gleich nach links und folgen dem Lehrpfad an einem Wasserfall vorbei zurück auf dem bekannten Wegabschnitt zum Mittleren See. Zwischen Mittlerem und Oberen See biegen wir nach rechts ab, spazieren zwischen den beiden Seen hindurch, halten uns dann nach links am Ufer des Oberen Sees bis zu einem querenden Weg. Hier geht es nach rechts, durch die Unterführung, und wir beschließen die erlebnisreiche Wanderung am **Parkplatz** im **Wiesaztal ❶**.

21 Wackerstein und Nebelhöhle

Zur bekanntesten Höhle der Schwäbischen Alb

TOP | 2.45 Std. | 8,7 km | ↗ 250 m | ↘ 250 m

Traumrunde zu luftigen Ausgucken und in die Unterwelt

Lediglich ein schmaler Grat verbindet das Geotop Wackerstein noch mit dem Albtrauf. Der Gipfelbereich des 825 m hohen Felsens ist freistehend und hat sich als Folge der Erosion bereits von der Albkante abgelöst. Von der markanten Felsnadel mit Gipfelkreuz, welches für die Schwäbische Alb eher ungewöhnlich ist, bietet sich ein wunderschöner Panoramablick über den Albtrauf zu den auffallenden Bergkegeln des Georgenberges und der Achalm, den Streuobstwiesen und dem Albvorland mit den Städten Reutlingen und Pfullingen. Auch die eigenwillige Konstruktion des Schönbergturms rückt ins Blickfeld. Die Doppelturmanlage, die oben durch eine Galerie verbunden ist, wurde 1906 eingeweiht und thront weithin sichtbar auf dem Schönbergplateau. Der Schönbergturm symbolisiert das Tor zur Schwäbischen Alb und wird im Volksmund als »Onderhos«, als Unterhose, liebevoll verballhornt. Anlässlich seines 100-jährigen Bestehens wurde der Doppelturm in eine überdimensionale Unterhose gehüllt und nachts angestrahlt. Der Panoramablick vom 26 Meter hohen Turm verdient die Bezeichnungen »atemberaubend« und »spektakulär«. Von ganz oben geht es über das Naturschutzgebiet Won nach ganz tief unten in den Bauch der Alb. Die märchenhafte Welt der Nebelhöhle mit jahrtausendealten bizarren Tropfsteinformationen ruht tief im Fels verborgen. Es ist eine der schönsten Höhlen auf der Schwäbischen Alb. Die Bewohner der Region kannten ein Nebelloch, eine Felsspalte, aus der vor allem im Winter Nebel aufstieg. Die Höhle wurde, glaubt man den regionalen Überlieferungen, von einem Jäger entdeckt. Ein Reh, getroffen von seinem Pfeil, fiel in das Nebelloch, der Jäger kletterte natürlich hinterher und entdeckte so die Höhle.

Ausgangsort: Wanderparkplatz Ruoffseck, 780 m, an der L382.

Anfahrt: Von Reutlingen auf der B464 nach Pfullingen, abbiegen auf die L382 Richtung Sonnenbühl. Direkt nach der Albkante rechts auf den Wanderparkplatz.

Mit dem ÖPNV ab Reutlingen oder Pfullingen mit der Buslinie 7635 bis Ruoffseck.

Anforderungen: Im Bereich des Wackersteins Trittsicherheit und bedingte Schwindelfreiheit.

Orientierung: Unproblematisch auch auf den nicht gekennzeichneten Abschnitten. Zumeist Markierungen blaues Dreieck und roter Balken (HW5).

Einkehr: Der Schönbergturm ist an Sonn- und Feiertagen bewirtschaftet – eine gehisste Fahne am Turm tut dies weithin kund. An der Nebelhöhle ein Kiosk mit Getränken, Kuchen und Vesper entsprechend den Öffnungszeiten der Höhle, siehe Tipp.

Übernachtung: Keine auf dem Weg oder in unmittelbarer Nähe. In Pfullingen und Reutlingen zahlreiche Gasthäuser und Hotels.

Tipp: Besuch der Nebelhöhle: März – Anfang November tägl. 9 – 17.30 Uhr, Mrz. und Nov. Sa./So. 9 – 17 Uhr. Eintritt: 5 €, Kinder 3 €. Tel. +49 7128 605 oder 92518, www.sonnenbuehl.de.

Karten: Freizeitkarte F523 Tübingen, Reutlingen, 1:50.000, LGL Baden-Württemberg, www.lgl-bw.de.

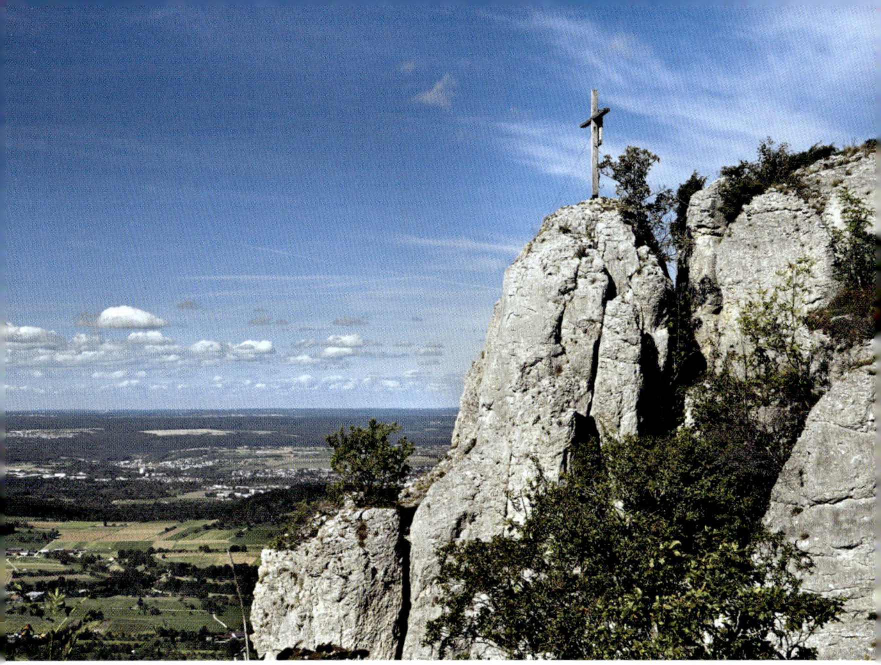

Der markante Wackerstein mit Gipfelkreuz.

Die abwechslungsreiche Runde zu den Glanzlichtern der Reutlinger Alb beginnt am **Parkplatz Ruoffseck ❶**. Es geht geradeaus über die L382 und sogleich an der Weggabelung nach links Richtung Wackerstein (blaues Dreieck). Auf der leicht welligen Hochfläche folgen wir dem Weg durch den Mischwald, nach 10 Min. weiter dem Waldweg in der Nähe des Waldsaums. Rechts von uns können wir durch den lichten Baumbestand hindurch die offene Wiesenfläche des Naturschutzgebietes Won erkennen.

Rund 1 km nach dem Parkplatz halten wir uns an dem Wanderstandort **Won ❷** weiter geradeaus auf einem Waldweg in Richtung Wackerstein. Der ansteigende Weg führt entlang der Traufkante, über eine kleine Felsstufe hinweg nach rund 10 Min. zu einem Abzweig. Wir wenden uns nach links und kommen nach wenigen Metern zu einer Felsformation, die dem Wackerstein vorgelagert ist. So haben wir einen schönen Blick auf den Wackerstein mit seinem Gipfelkreuz, unser nächstes Ziel. Wieder zurück auf dem Traufpfad geht es nach links, an einer Schutzhütte und einem Grillplatz vorbei über den schmalen Felsgrat auf den **Wackerstein ❸**. Der Wackerstein ist ein Aussichtsbalkon erster Güte mit Weitblicken zum Schwarzwald, über die Filderebene

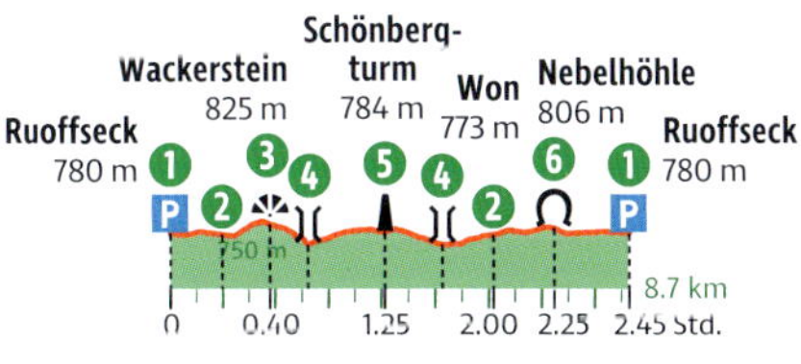

hinweg in den Großraum Stuttgart mit dem unverwechselbaren Fernsehturm, nach Tübingen, Reutlingen und Pfullingen mit den umliegenden Streuobstwiesen sowie zur Achalm, einem kegelförmigen Zeugenberg, der einst zur Kalktafel der Alb gehörte und durch die fortschreitende Erosion sich ablöste. Ein weiterer kegelförmiger Berg fällt ins Auge, der Georgenberg, ein ehemaliger Schlot des Schwäbischen Vulkans.

Über den Grat zurück zum Albtrauf geht es am Grillplatz nach links auf einen leicht absteigenden Waldweg, der mit dem roten Balken des HW5 markiert ist. Geradeaus über einen Wirtschaftsweg und nach wenigen Metern nach links auf einen nicht bezeichneten Pfad gelangen wir zum **Hinteren Sättele** ❹. Das Sättele verbindet am stark zergliederten Albtrauf die Fläche am Wackerstein mit dem Schönberg, in

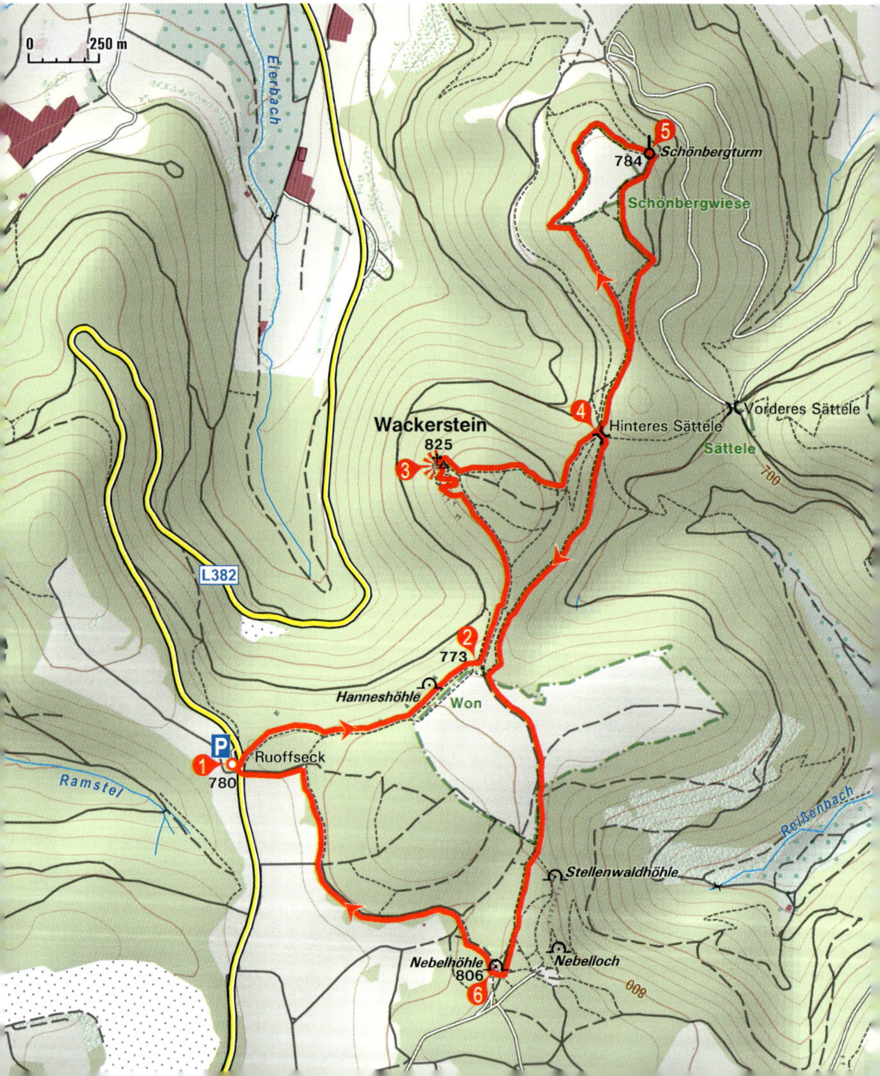

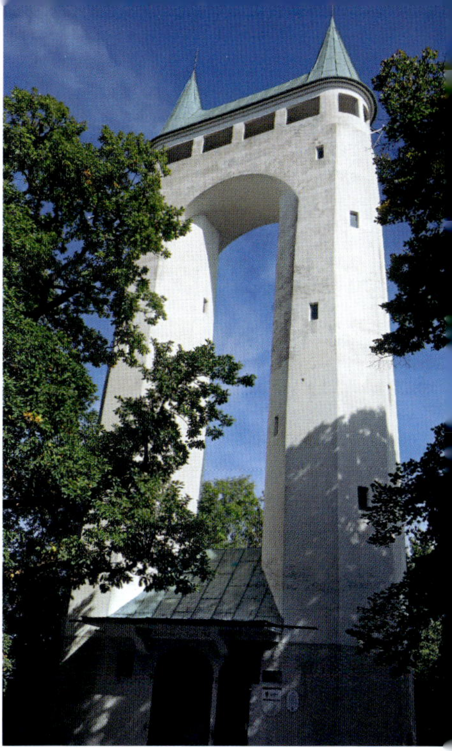

Schönbergturm, die »Onderhos« über Pfullingen

dessen Richtung es nun weiter geradeaus geht. Am Wanderstandort Maustäle orientieren wir uns halb links auf einen nicht gekennzeichneten Pfad, der bergan über Felsstufen hinweg hoch zum Schönberg führt. Am Waldrand blicken wir über die flache Tafel des »Bergs« mit der herrlichen Schönbergwiese und dem unvergleichlichen Schönbergturm. Auf einer Wiesenspur nach links wandern wir am Albtrauf und am Rand der Schönbergwiese entlang zum **Schönbergturm ❺**. Weiß leuchten seine beiden »Beine«, die in luftigen Höhen mit einer Galerie verbunden sind. Der Turm ist permanent geöffnet, sodass man jederzeit das herrliche 360°-Panorama vom Schwarzwald über den Schönbuch bis zu den Alpen genießen kann. Am Fuße des symbolischen Tors zur Schwäbischen Alb oder der überdimensionalen Unterhose befinden sich einige Picknickplätze und Grillstellen im Halbschatten der Laubbäume mit Blick über die Schönbergwiese.

Bereit, nun das letzte Ziel der Tour anzusteuern, die Nebelhöhle, geht es sich links haltend an einer Hütte vorbei am Wiesenrand und nach knapp 150 m auf einen Pfad in Richtung Nebelhöhle nach links bergab durch den Wald (roter Balken). Wir folgen der Markierung über die beiden Wanderstandorte Maustäle und **Hinteres Sättele ❹** hinweg immer geradeaus auf dem breiten Waldwanderweg. Wir gelangen am Waldrand zum Naturschutzgebiet **Won ❷**, das wir auf einer Wiesenspur nach links durchqueren. Die beeindruckende kuppige Wiesenlandschaft mit stattlichen und ausladenden Solitärbäumen ist rasch überquert. Am Waldrand angekommen, folgen wir dem Wanderweg (HW5) zwischen Wiese und Wald und dann weiter geradeaus durch den Wald in Richtung Nebelhöhle. Bald ist die **Nebelhöhle ❻**, das letzte Ziel der Wanderung, erreicht. Hier lockt die Unterwelt der Schwäbischen Alb zu einem Besuch und am Kiosk gibt es Erfrischung und Stärkung. Am Kiosk vorbei wenden wir uns nach rechts, dann gleich nach links auf einen Schotterweg. Die Markierung rotes Dreieck geleitet uns geradeaus bergab durch den Forst, bald am Waldrand entlang und schließlich als Wiesenspur zu einem querenden Feldweg. Geradeaus weiter auf einem Pfad in Richtung Parkplatz Ruoffseck geht es am Wiesensaum nach links, über die L382 und wir sind zurück an unserem Ausgangsort am **Wanderparkplatz Ruoffseck ❶**.

22 Schloss Lichtenstein

Von der Echazquelle zu Württembergs Märchenschloss

1.45 Std. | 3,9 km | ↗240 m | ↘240 m

Ein Schloss wie aus dem Märchen

Am Schloss Lichtenstein kommt man auf der Schwäbischen Alb nicht vorbei. Das Märchenschloss Württembergs ist eine der bekanntesten Visitenkarten der schloss- und burgenreichen Region. Elegant und nahezu unwirklich balanciert das Schloss auf einer Felsnadel über dem steilen Abgrund. Nur über eine Brücke ist der Prachtbau mit dem Albtrauf verbunden. Das erst im 19. Jahrhundert erbaute Palais wurde nach dem Roman »Lichtenstein« von Wilhelm Hauff gestaltet und ist damit wahrlich ein Märchenschloss. Der Bau entsprach den gängigen entrückten Vorstellungen über das Mittelalter und wurde im neugotischen Stil der Burgenromantik errichtet. Bereits der Talgrund der Echaz bietet spektakuläre Blicke auf dieses Glanzstück in berauschenden Höhen.

Das noch junge Echaztal ist recht steil eingeschnitten, sodass die Wege hoch zum Schloss mit einigen Überraschungen aufwarten, wie einer Felsenkasse, abgegangenen Felsbrocken und alpinen Waldsteigen. Gemütlich ist lediglich der Beginn der Wanderung zur Echazquelle, die aus kleinen Quelltöpfen aus dem Kalkgestein hervorsprudelt und sich in einem hübschen Becken sammelt. An der Traufkante reihen sich die Sehenswürdigkeiten aneinander: die Ruine Alt-Lichtenstein mit tollen Aussichten über das Echaztal hinweg auf die Felsenkante des Traifelbergs, das Wilhelm-Hauff-Denkmal und das Schloss Lichtenstein mit spektakulären Blicken und Fotomotiven.

Ausgangsort: Parkplatz bei Sportanlagen und Echazquelle, 565 m, Lichtenstein-Honau.
Anfahrt: Ab Reutlingen auf B 313 über Pfullingen nach Lichtenstein-Honau. Vor Ortsausgang nach rechts auf Forellenweg bis Parkplatz nach Sporthalle. Mit ÖPNV ab Reutlingen mit Buslinien 7606 und 7607 bis Honau, www.naldo.de. Zu Fuß ab Haltestelle in Fahrtrichtung bis kurz vor dem Ortsausgang in den Forellenweg nach rechts und diesem bis zum Parkplatz folgen (5 Min.).
Anforderungen: Sehr steile Abschnitte mit Wildnischarakter setzen Trittsicherheit und bedingte Schwindelfreiheit voraus, aber auch Freude am Kraxeln über Baumstämme im ungefährlichen, aber anstrengenden Steilwald.
Orientierung: Der Abstieg über den Traufhang auf einem schlecht erkennbaren Pfad erfordert einen guten Spürsinn. Ansonst ist die Route stets gut erkennbar und markiert.
Einkehr: Schlossschenke Lichtenstein, www.schlossschenke-lichtenstein.de. Altes Forsthaus, Mo./Di. Ruhetag, www.altesforsthauslichtenstein.de. In Honau: Hotel/Restaurant Adler und Hotel/Restaurant Forellenhof Rössle.
Übernachtung: Hotel/Restaurant Adler, www.adler-lichtenstein.de. Hotel/Restaurant Forellenhof Rössle, www.forellenhof-roessle.de.
Variante: Anstatt im Abstieg auf den verwilderten, mit Baumstämmen »blockierten« steilen Pfad zu gehen, kann man den alpinen Pfad geradeaus bis zur Felsenkasse und den bekannten Weg zurück zum Parkplatz nehmen. Rund 15 Min. kürzer.
Tipp: Diese Wanderung kann mit Tour 23 verbunden werden.
Karten: Freizeitkarte F523 Tübingen, Reutlingen, 1:50.000, LGL Baden-Württemberg, www.lgl-bw.de.

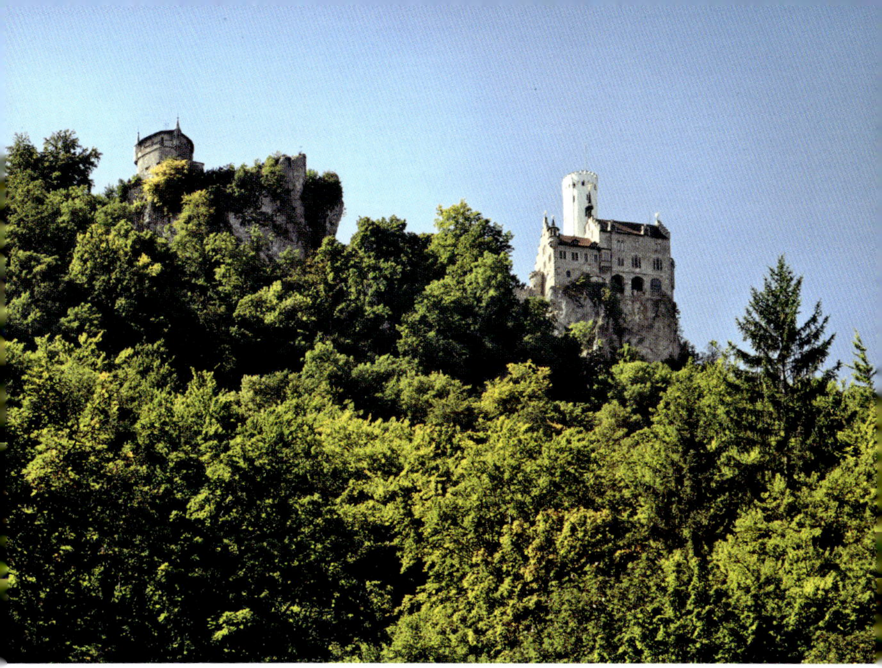

Schloss Lichtenstein balanciert auf einem Felsen über dem Echaztal.

Bereits vom Parkplatz bei den Sportanlagen von **Honau** ❶ können wir direkt über uns, durch die Baumwipfel hindurch, das Schloss Lichtenstein erkennen. Wir wenden uns in südöstliche Richtung am Bach entlang auf einem breiten, fein geschotterten Weg, an einer Forellenzucht vorbei auf direktem Weg zur Echazquelle, ein lieblicher und romantischer Platz, von Laubbäumen eingerahmt. Der Quelltopf schüttet ordentlich Grundwasser aus dem Karstgestein zutage.

Zwischen den Rastbänken hindurch wenden wir uns auf einen Pfad nach rechts, der ohne Kennzeichnung bald in einen querenden Waldpfad mündet. Hier geht es nach rechts weiter durch den Hangwald auf dem schön angelegten Zickzackpfad. Im noch eher jungen und dichten Laubmischwald gewinnen wir auf dem schmalen Pfad an Höhe, übersteigen quer liegende Baumstämme und treffen an einer Weggabelung auf den Burgenweg, der mit der blauen Raute gekennzeichnet ist. Wir folgen dem markierten Weg nach rechts in Richtung Schloss Lichtenstein, vorbei an Felsen, die mit einer weichen grünen Moosschicht bedeckt sind, bis zur Verzweigung an der Felsenkasse. Was es damit auf sich hat, lässt sich am Kassenfels nachlesen: In einem Spalt befindet sich eine kleine Metallkasse des Schwäbischen Albvereins Honau, der diese Wege pflegt und sich über eine anerkennende Spende freut.

An der Felsenkasse wenden wir uns nach links auf einen alpinen Pfad, der mit dem gelben Balken markiert

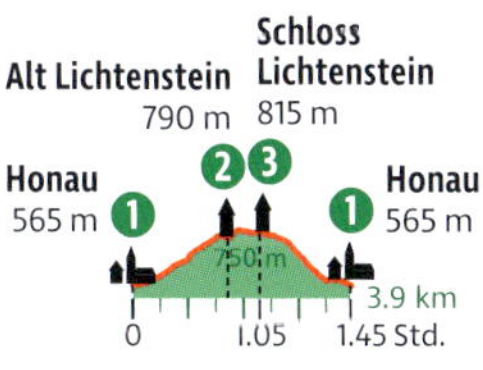

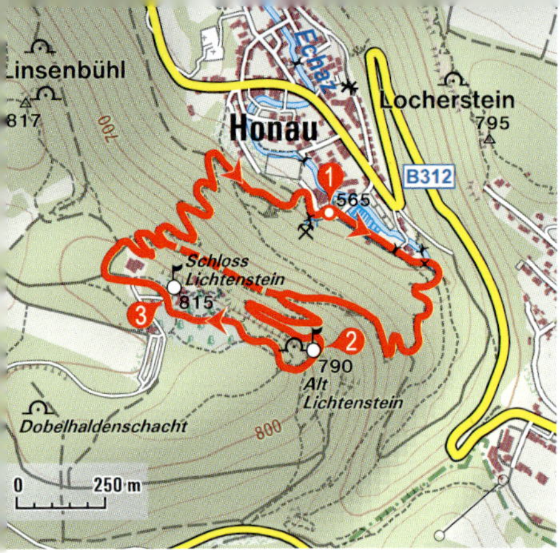

ist. Ein Schild weist darauf hin, dass dieser Abschnitt nur für Geübte geeignet ist. Der schmale Zickzackpfad ist auf einer kurzen Passage seilversichert und einige Baumstämme gilt es zu übersteigen. Dabei wandern wir unmittelbar unterhalb der felsigen Traufstufe auf diesem fast vergessenen Pfad entlang. Schließlich bringen uns einige Treppenstufen auf die Felsstufe hinauf zur Burgruine von **Alt Lichtenstein** **2**. An dieser strategisch günstigen Stelle über dem engen Echaztobel ließen die Herren von Lichtenstein im 12. Jahrhundert ihre Stammburg errichten. Nur gut 200 Jahre thronte sie auf dem Felsen, bis sie um 1400 aufgegeben wurde. Die alten Grundmauern wurden teilweise freigelegt, sodass man heute einen kleinen Eindruck von der ehemaligen Burganlage gewinnen kann. Heute gewährt sie eine schöne Aussicht auf die gegenüberliegende Felswand am Traifelberg, die kuppige Albhochfläche sowie entlang des Echaztals auf den Ort Lichtenstein und weiter bis ins Albvorland.

An der Burgruine halten wir uns an den beiden Gabelungen nach rechts in Richtung Schloss Lichtenstein, passieren nach 150 m das Wilhelm-Hauff-Denkmal und daneben die geologische Pyramide mit Versteinerungen und Ammoniten. In wenigen

Manche »Wilde Wege« erfordern etwas Zeit und Abenteuerlust.

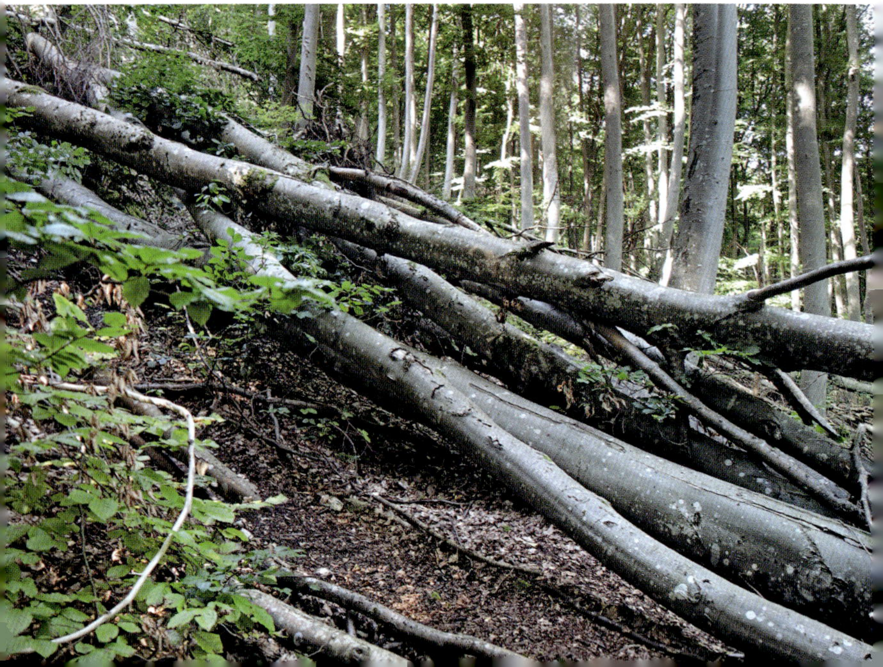

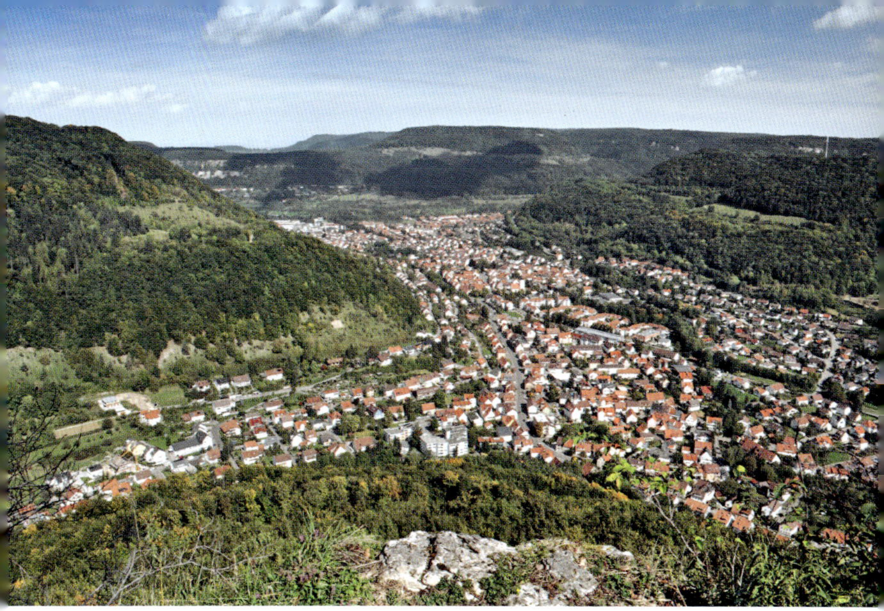

Lichtenstein im Echaztal.

Minuten haben wir auf dem breiten Weg das **Schloss Lichtenstein** ❸ erreicht. Der malerisch angelegte Schlosshof und natürlich das Schloss aus der Nähe zu bestaunen, lohnt den Eintritt. Vom Garten ergeben sich spektakuläre Blicke und Fotomotive auf das Glanzstück, das wie auf den isolierten Felsen geklebt über dem Echaztal dem Himmel entgegenschwebt. An der Schlosspforte geht es nach dem Besuch nach rechts am Alten Forsthaus vorbei weiter. An der folgenden Wegkreuzung nach rechts und nach etwa einer Minute geradeaus auf einen »Alpinen Pfad«. Nach gut 200 m zweigt auf den ersten Blick ein nicht ganz einfach zu erkennender Pfad nach links vom Alpinen Pfad ab. Dieser Abschnitt ist sehr steil, einige Baumstämme und Wurzelteller liegen im Hang und erschweren die Orientierung und das Vorankommen erheblich. Wer diesen Abstieg in Angriff nimmt, sollte Freude im steilen und wilden Gelände haben. Wem dieser Abschnitt zu abenteuerlich ist, der bleibt auf dem alpinen Pfad geradeaus bis zur Felsenkasse und nimmt den bekannten Weg zurück zum Parkplatz.

Auf dem nicht bezeichneten Pfad geht es über zahlreiche Baumstämme meist im Kraxelmodus hinweg. Schließlich treffen wir nach gut 150 Höhenmetern im steilen und anstrengenden Bergab auf einen breiten Weg. Diesem folgen wir nach rechts nahezu höhenlinienparallel durch den hohen Nadelwald. Allerdings ist dieser Forstweg durch zahlreiche quer liegende Stämme nahezu verblockt, sodass weitere Kraxeleien diesen Abschnitt zu einem Baumerlebnispfad machen. Wir gehen an einem querenden Weg geradeaus weiter und treffen auf einen Pfad, auf dem wir uns nach links bergab orientieren. Immer rechts haltend erreichen wir am Waldrand eine schmale Wiesenaue und kommen nach dieser ungewöhnlichen und erlebnisreichen Schlossrunde wieder am Parkplatz in **Honau** ❶ an.

23 Honauer Felsengalerie
Vom Echaztal zu der Steilkante am Traifelberg

1.30 Std. | 4,0 km | ↗ 240 m | ↘ 240 m

Romantisches Aussichtseldorado

Die Traufkante der Schwäbischen Alb ist in der Region bei Reutlingen stark zerklüftet und zertalt. Auch die Echaz hat sich von ihrer Quelle in Honau tief in den Untergrund eingeschnitten und bildet ein ausgeprägtes, nach Norden ausgerichtetes Tal. Schließlich mündet die Echaz nach gut 22 Kilometern in den Neckar. Das Echaztal ist damit nicht nur ein Flusstal, sondern bildet zwischen Honau und Pfullingen auch die felsige Kante der Schwäbischen Alb. In dieser wilden Umgebung stehen sich die Felsenkette unterhalb des Traifelbergs und das Märchenschloss Lichtenstein unmittelbar gegenüber. Die kurze Tour führt auf nahezu vergessenen Wegen vom Echaztal über die ehemalige Strecke der Zahnradbahn, die bis Ende der 1960er-Jahre den Albaufstieg zwischen dem Talort Lichtenstein auf die Hochfläche bewältigte. An der Traufkante geht es von Felsen zu Felsen, ständig begleitet vom Schloss Lichtenstein, das auf Augenhöhe auf der gegenüberliegenden Talseite schwebt. Es ist stets zum Greifen nah und doch so unerreichbar fern. Auf diesem hübschen Weg entlang der Felskante bieten sich fantastische Genussmomente und Fotomotive bis zum Locherstein, dem höchsten Ausguck über dem oberen Echaztal.

Wir folgen dem Sonnenweg.

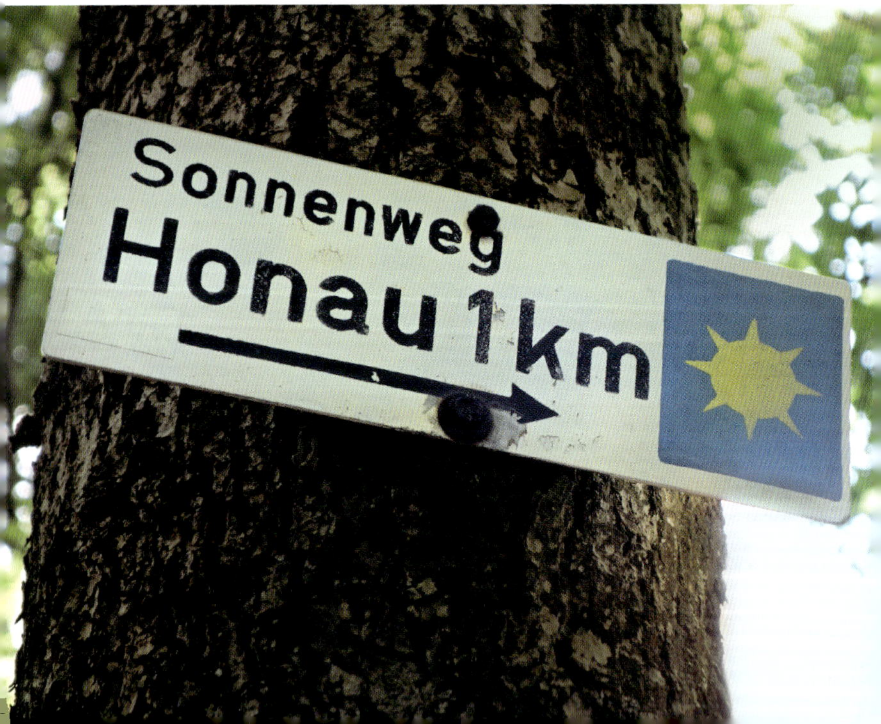

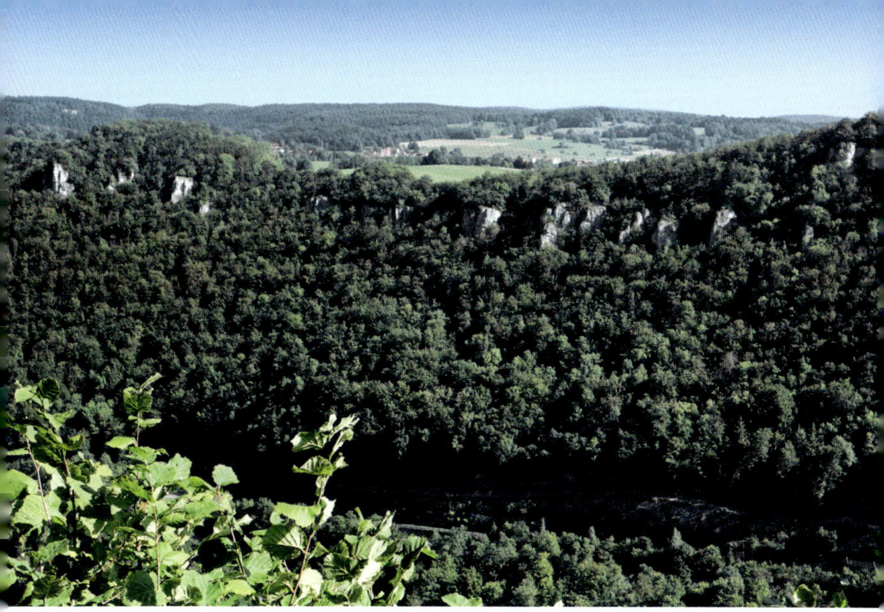

Blick auf die Honauer Felsengalerie.

Ausgangsort: Parkplatz beim Freibad, 570 m, Lichtenstein-Honau.
Anfahrt: Ab Reutlingen auf B313 über Pfullingen nach Lichtenstein-Honau. In der Ortsmitte nach links in Echazstraße zum Parkplatz am Freibad.
Mit ÖPNV ab Reutlingen mit Buslinien 7606 und 7607 bis Honau, www.naldo.de. Zu Fuß ab Haltestelle entgegen der Fahrtrichtung in die Echazstraße nach rechts bis zum Parkplatz (100 m).
Anforderungen: Im Bereich der ungesicherten Aussichtsfelsen ist Trittsicherheit und auch Schwindelfreiheit erforderlich, die restliche Tour ist wandertechnisch unproblematisch.
Orientierung: Meist mit dem roten Dreieck (HW1) gut gekennzeichnete Wege und Pfade. Im Auf- und Abstieg sind die nicht bezeichneten Abschnitte gut erkennbar – einfache Orientierung möglich.
Einkehr: In Honau: Hotel/Restaurant Adler und Hotel/Restaurant Forellenhof Rössle.
Übernachtung: Hotel/Restaurant Adler, www.adler-lichtenstein.de. Hotel/Restaurant Forellenhof Rössle, www.forellenhof-roessle.de.
Tipp: Diese Wanderung kann mit Tour 22 verbunden werden.
Karten: Freizeitkarte F523 Tübingen, Reutlingen, 1:50.000, LGL Baden-Württemberg, www.lgl-bw.de.

Zur kurzen Streckenwanderung auf die Honauer Felsengalerie starten wir am Parkplatz vom **Freibad Honau ①**, in der Ortsmitte. Zwischen dem kleinen Freibad und dem Parkplatz geht es auf einigen Stufen, die im Schwäbischen »Stäffele« genannt werden, bergan. Oberhalb des Freibads enden die Treppen vor einem schmalen Asphaltweg, der Hauffstraße, auf der es kurz nach links geht. Nach knapp 100 m halten wir uns im spitzen Winkel nach rechts auf einen Weg, von dem wir sogleich nach links auf einen nicht gekennzeichneten Pfad abbiegen. Dieser bringt uns als Serpentinenweg angelegt durch den Hangwald rasch bergan. Etwas unerwartet öffnet sich plötzlich der Mischforst und wir stehen an einer künstlich angelegten und eingeebneten Gelände-

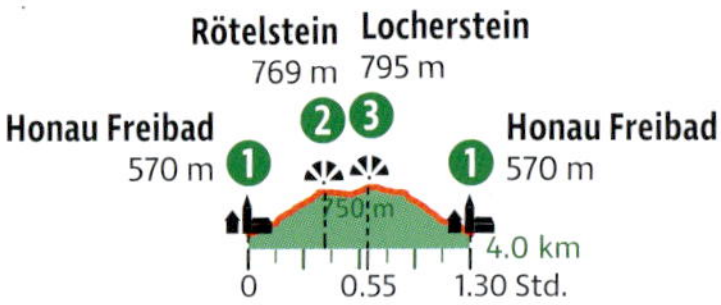

stufe. Wo einst eine Zahnradbahn das Vorland mit der Albhochfläche verband, führt heute ein Radweg aus dem Echaztal auf die Mittlere Alb. Diese Eisenbahntrasse entstand in den 1890er-Jahren und beförderte die »Älbler« zu den Pfullinger Papierfabriken und anderen Arbeitsplätzen im Albvorland. Rund 70 Jahre später wurde der Bahnbetrieb eingestellt und die Bahntrasse in einen Radweg umgewandelt.

Wir orientieren uns auf der Trasse nach links und biegen bereits nach knapp 100 m nach rechts auf einen Pfad ab. Dieser wiederrum in Serpentinen angelegte Pfad durchzieht den oberen Bereich des bewaldeten Hanges bis hinauf zur Traufkante. Im moderaten Bergauf durch den lichten Laubmischwald können wir ab und an verblasste Markierungen des Sonnenweges, eine gelbe Sonne auf blauem Grund, erkennen. In den Karten ist der Pfad teilweise noch als Sonnenweg eingezeichnet, wird aber heute nicht mehr gepflegt. Oben angelangt, treffen wir direkt an der Traufkante auf einen Wanderweg, der mit dem roten Dreieck markiert ist. Wir befinden uns auf einem Abschnitt des Schwäbische-Alb-Nordrand-Weges (HW1), dem wir nun entlang des Albabbruchs folgen. Zunächst geht es auf einen kurzen Abstecher nach links zum Rötelstein. Eingerahmt von Buchen und weiteren Laubbäumen ist der Felskopf des **Rötelsteins** ❷ ein wunderbarer Aussichtspunkt über das Obere Echaztal hinüber zum Schloss Lichtenstein.

Wir wandern auf dem Weg wieder zurück zum Ausstiegspfad und wei-

Felskopf des Rötelsteins.

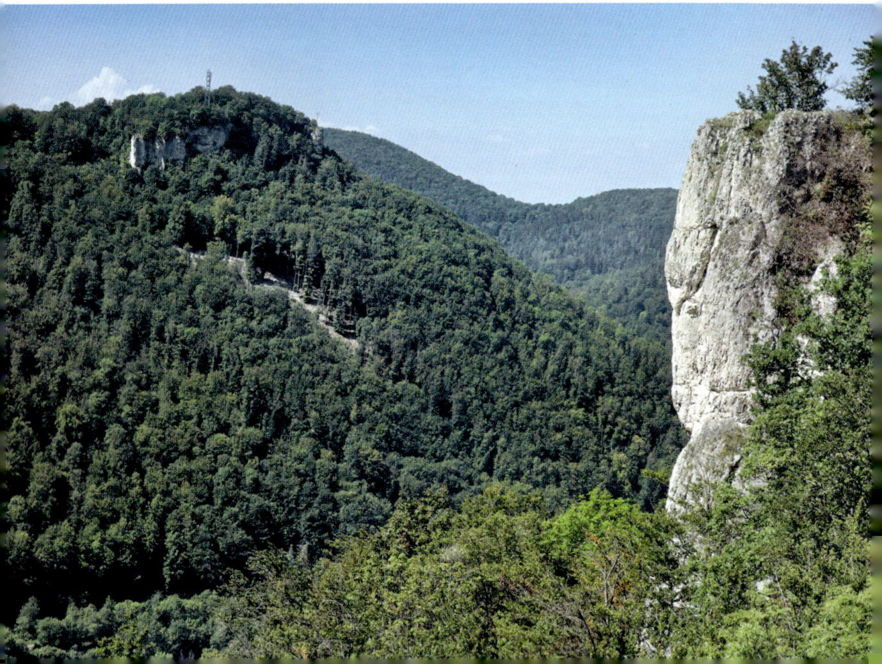

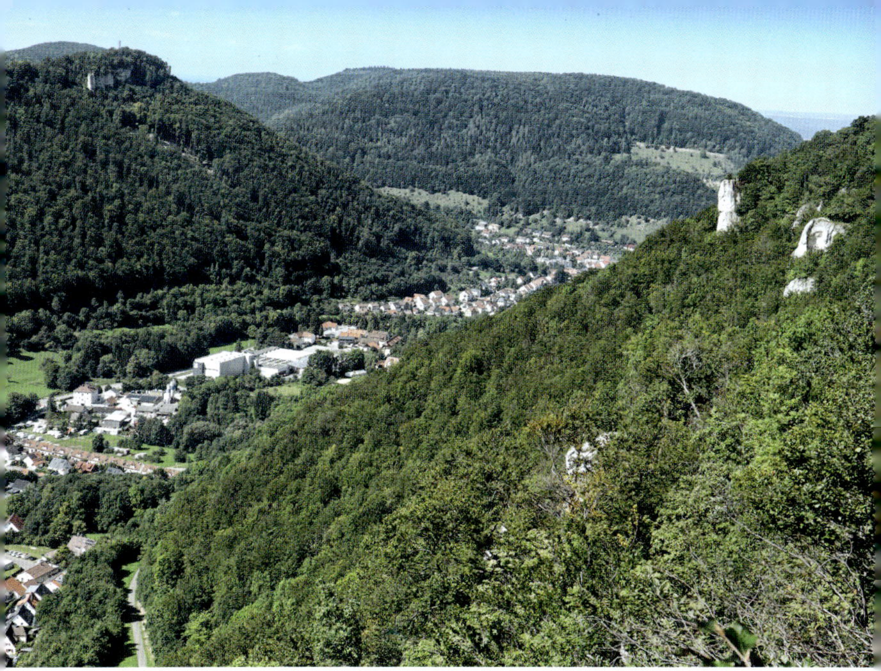

Blick ins Echaztal.

ter geradeaus entlang der Kante. Bereits nach wenigen Metern öffnet sich das Blätterdach und mit wenigen Schritten nach rechts stehen wir auf dem nächsten Felsen mit Fotoblick auf das Märchenschloss. Im künftigen Verlauf der Tour bis zum Locherstein bieten sich mindestens sieben weitere Miniabstecher auf die verschiedenen aussichtsreichen Kalkdome des Traifelberges.

Am Wanderstandort Lochenstein geht es nach links, dem oberen Weg folgend, in Richtung Traifelberg kurz bergan, an einem Aussichtspunkt vorbei und über eine Brücke zum Locherstein. Die Felsbank des **Lochersteins 3** bietet die reizvollste Aussicht auf die westliche Hangseite des Echaztals mit Schloss Lichtenstein und dem Gießstein, einem markanten Sporn am Zusammenfluss von Reißenbach und Echaz. Da man sich einen besseren Rastplatz kaum wünschen kann, ist eine Grillstelle mit einigen Rastbänken im Halbschatten eingerichtet. Schließlich geht es auf dem bekannten Weg zurück bis zum Abzweig des Sonnenwegs nach links. Die Serpentinen führen rasch bergab zur ehemaligen Zahnbahntrasse und schließlich zurück zum Parkplatz am **Freibad Honau 1**.

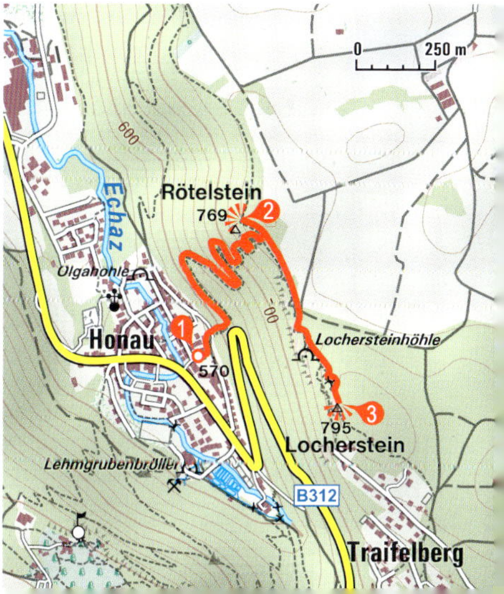

24 Achalm
Von Eningen auf den Zeugenberg

1.30 Std. | 3,9 km | ↗ 240 m | ↘ 240 m

Rauf auf den Reutlinger Hausberg

Die Achalm ist sommers wie winters ein beliebtes und bekanntes Ausflugsziel. Seine Kegelform erinnert zwar an einen Vulkan, aber dem ist nicht so. Bei der Achalm handelt es sich um einen Zeugenberg, der durch die Kräfte der Erosion vom Körper der Schwäbischen Alb isoliert wurde. Seine abgesonderte Lage im nördlichen Vorland der Mittleren Alb machen ihn zu einem Panoramaberg erster Güte. Ein 360°-Rundblick über das Umland der Städte Reutlingen und Pfullingen, über die Streuobstwiesen, den nördlichen Albtrauf und über die große Waldfläche des Schönbuchs hinweg zum nördlichen Schwarzwald ist bei klarer Sicht garantiert. Vor allem zum Sonnenuntergang ist die Stimmung auf dem Gipfel ein besonderes Erlebnis – eine Oase der Ruhe über den Dächern der Stadt. Die Anhöhe der Achalm war wie zahlreiche Gipfel und Felsen der Schwäbischen Alb Sitz einer mittelalterlichen Burg, von der noch wenige Mauerreste zeugen. Der einstige Bergfried wurde bereits zu Beginn des 19. Jahrhunderts als Aussichtsturm neu errichtet. Um den Namen der Burg rankt sich die nette Legende, dass sich der einstige Burgherr mit den Worten »Ach Allmächtiger« von der Welt verabschieden wollte, er allerdings sein Leben vorher aushauchte und nur noch »Ach Allm...« über seine Lippen kam. Der realistische Ursprung des Namens ist weitaus profaner und kann wohl vom Altdeutschen Ache (Bach) und Alm abgeleitet werden. Diese Runde nähert sich über die ruhige Ostflanke dem Gipfel. Dabei durchstreift man Streuobstwiesen und Magerrasenflächen, die als Schafweide genutzt werden, begleitet von mannigfaltigen Ausblicken über die Reutlinger Alb.

Ausgangsort: Parkplatz an der Sporthalle, der Günther Zeller Halle, 465 m, Eningen.

Anfahrt: Ab Reutlingen auf der B464 Richtung Pfullingen. Nach links abbiegen auf Am Südbahnhof und weiter geradeaus auf Alfred-Schradin-Weg und in Eningen auf Wegenstraße. In Ortsmitte auf Bahnhofstraße nach links, auf Karlstraße nach links und auf Sulzwiesenstraße nach rechts bis zur Sporthalle.

Mit ÖPNV ab Reutlingen mit Linien 1 und 11 des Reutlinger Stadtverkehrs, www.der-neue-nahverkehr.de sowie Bus 7644 und 100 der RAB-Regionalbusse bis Eningen, Haltestelle Bahnhofstraße, www.naldo.de. Weiter zu Fuß ab Haltestelle in Fahrtrichtung (nördlich) bis Karlstraße nach links und rechts in Sulzwiesenstraße bis Sporthalle, 10 Min.

Anforderungen: Meist auf einfachen Feld- und Wiesenwegen, nur sehr kurze etwas steilere Abschnitte im Gipfelbereich. Anspruchslose Runde.

Orientierung: Unproblematisch, da die Wege zum Teil markiert sind mit dem blauen Dreieck oder grüner Kreis mit gelbem Ring. Auch die nicht bezeichneten Abschnitte sind einfach zu finden.

Einkehr: Eningen: Hotel/Restaurant Eninger Hof. Restaurant Bruckstüble, www.restaurant-bruckstueble-eningen.de. Zum Zapfhahn, Sa./So. geschlossen, www.zapfhahn-eningen.de. Achalm: Hotel/Restaurant Achalm.

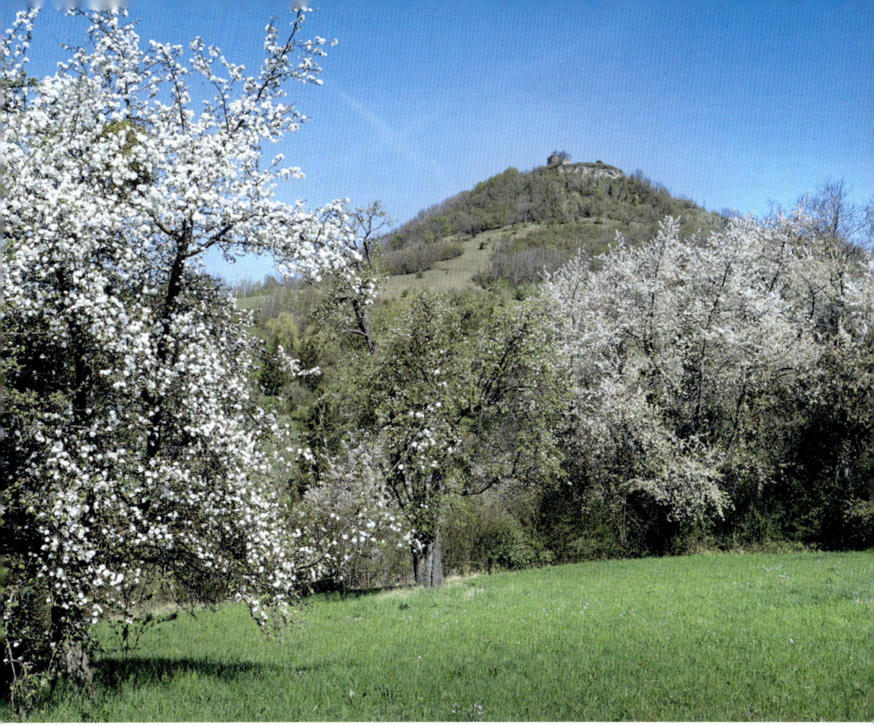

Baumblüte an der Achalm.

Übernachtung: Eningen: Naturfreundehaus, www.naturfreunde-eningen.de. Hotel/Restaurant Eninger Hof, www.eninger-hof.de. Hotel U7, www.hotelu7.de. Loftstyle/Sure Hotel, www.bestwestern.de. Hotel Garni am Arbach, www.hotel-am-arbach.de, Tel. +49 7121 3600396. Achalm: Hotel/Restaurant Achalm, www.achalm.com.
Karten: Freizeitkarte F523 Tübingen, Reutlingen, 1:50.000, LGL Baden-Württemberg, www.lgl-bw.de.

Los geht es zur kleinen Runde auf das Wahrzeichen Reutlingens am Parkplatz an der **Sporthalle** von **Eningen** ➊ unter Achalm. Wir erobern den Bergkegel über die Ostflanke, die von Reutlingen abgewandt ist und auch weniger frequentiert wird als die Westroute. Auf der Salzwiesenstraße gehen wir in südliche Richtung leicht bergab bis zur Achalmstraße. Dieser folgen wir nach rechts und an der folgenden Gabelung halten wir uns nach links. Auf der ansteigenden Burgtalstraße passieren wir die Achalmschule und gelangen zum Ortsrand von Eningen. An einer schön platzierten Rastbank geht der Asphaltweg in einen nicht gekennzeichneten Pfad über, der durch die Streuobstwiesen und

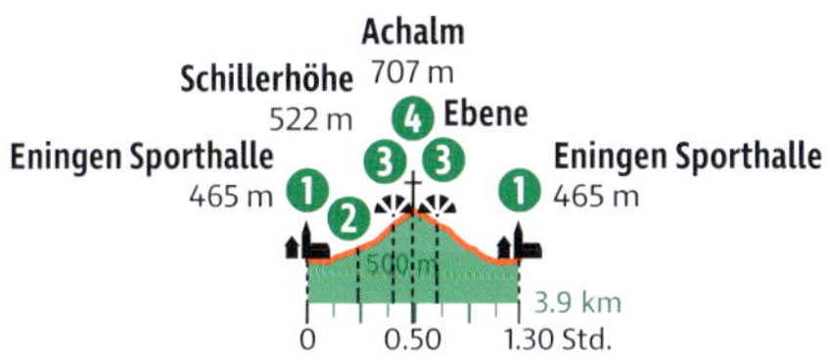

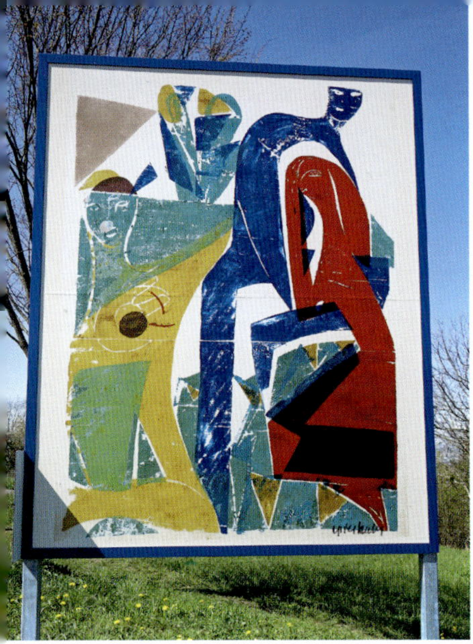

Werke von HAP Grieshaber auf der Schillerhöhe.

Schrebergärten führt. Nach 200 m mündet der Pfad auf einen asphaltierten Feldweg, auf dem es nach links weiter bergan geht. Schnell erreichen wir die **Schillerhöhe 2**, eine kleine Anhöhe am Südostrand der Achalm. Hier wurde ein kleiner Park mit Rastbänken und Kunstwerken des Künstlers HAP Grieshaber installiert. Der gesellschaftspolitisch engagierte Grieshaber lebte über 30 Jahre bis zu seinem Tod 1981 an der Achalm. Seine oftmals großformatigen, expressionistischen Holzschnitte haben ihn über die regionalen Grenzen hinweg einem großen Publikum bekannt gemacht.

Wir folgen der schmalen Straße nach rechts und halten uns an der folgenden Gabelung für gut 100 m nach rechts laut einem Wanderschild in Richtung Ebene. Nach der Linkskurve verlassen wir die Straße auf einer Wiesenspur nach rechts, die anfänglich vage erkennbar ist, schnell aber an Deutlichkeit gewinnt. Dabei orientieren wir uns hangaufwärts über die blumenreichen Mager- und Halbtrockenrasen, die regelmäßig von Schafen gepflegt und gehegt werden. Wir durchstreifen das Gelände leicht links haltend und gelangen zur sogenannten **Ebene 3**. Unter stattlichen Laubbäumen, auf einer Rastbank mit herrlichem Blick auf den Albtrauf kann man die Zeit vergessen.

Wir verlassen die schmale Einebnung des Geländes und treffen weiter ansteigend auf einen mit Beton befestigten Weg. Hier sind wir auf dem

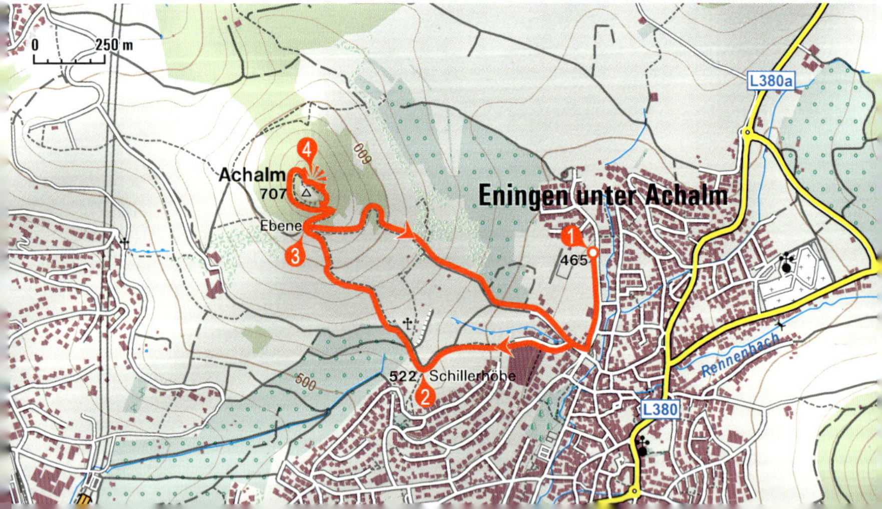

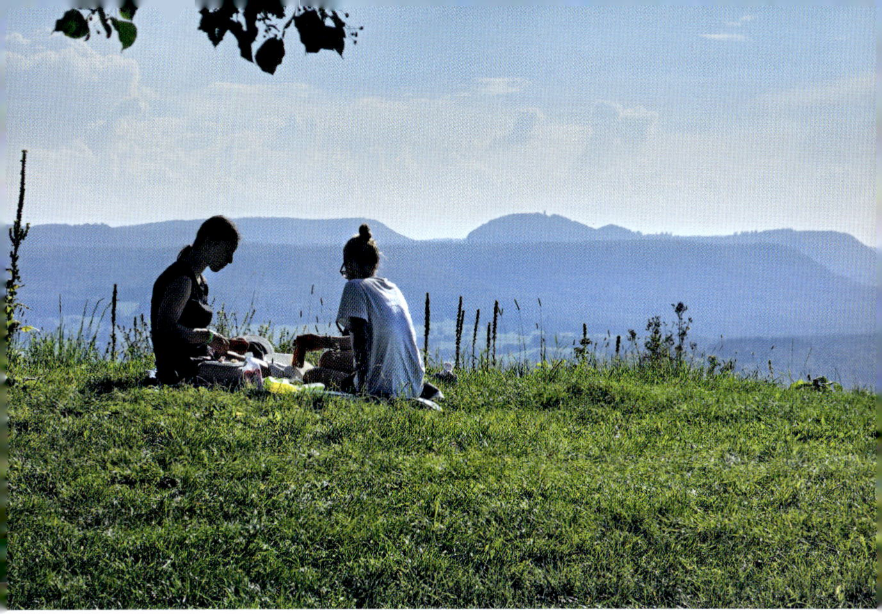

Picknick mit Aussicht auf der Achalm.

Burgenweg, einem Weitwanderweg des Schwäbischen Albvereins, der mit dem blauen Dreieck und einer Burg gekennzeichnet ist. Wir wenden uns nach rechts und folgen dem steilen und etwas gerölligen Pfad bis hoch zum Gipfel. Auf der **Achalm** **4** angekommen, überrascht das großzügige flache Gipfelplateau mit Picknickplätzen, Grillstellen, den Mauerresten und Fundamenten der ehemaligen Burganlage und einer Wiese, die genügend Platz für zahlreiche Picknickdecken bietet. Hier lassen sich erholsame und entspannte Stunden in der Natur vor der Traumkulisse des Albtraufs und des weiten Vorlandes genießen. Für ein 360°-Panoramafoto ist auch gesorgt – vom Aussichtsturm schweift der Blick bis zur Horizontlinie des nördlichen Schwarzwaldes zur Hornisgrinde.

Am Turm und den Fundamenten der Burg vorbei verlassen wir die Achalm nach links auf einen abermals betonierten Weg, der entlang der Westflanke um den Gipfelbereich wieder zurück zur Ebene **3** führt. Danach halten wir uns etwas oberhalb der Rastbank 100 m geradeaus zum sogenannten Rappenplatz. Hier geht es nach rechts bergab auf einen schmalen Pfad durch ein kleines Waldareal, dann über eine Schafweide weiter geradeaus. Schließlich mündet der Wiesenpfad auf einen Stufenweg, der bei einer Infotafel auf einen geschotterten Feldweg einmündet. Links von uns erstreckt sich das Naturschutzgebiet Wagenhals, das aufgrund eines Bergrutsches besonders vielfältige Mikrobiotope aufweist – ein Paradies für zahlreiche vom Aussterben bedrohte Tier- und Pflanzenarten. Es geht nach links durch die Schrebergärten, auf Schwäbisch »Stückle« genannt, zurück zum Ortsrand von Eningen. Auf der Achalmstraße schlendern wir bergab bis zur Kreuzung mit der Sulzwiesenstraße, auf der wir nach links zurück zum Parkplatz an der **Sporthalle** von **Eningen** **1** gelangen.

25 Glemser Felsenkessel

Weite Aussichten von weißen Jurafelsen

3.00 Std. | 8,1 km | ↗ 380 m | ↘ 380 m

Fünf Aussichtsfelsen über dem Ermstal

Eindrücklich baut sich die grüne Wand des Albtraufs südöstlich von Glems auf. Über 300 Meter ragt die felsige Kante in den Himmel, in dem nicht selten Segelflieger, Ultraleichtflugzeuge oder Modellflugzeuge ihre Kreise ziehen. Unmittelbar hinter der Traufkante erstreckt sich auf dem flachen Rossfeld die Start- und Landebahn des Luftsportvereins. Das sollte allerdings niemand abschrecken, diesen wunderbaren Ort zu besuchen – hier ist Platz für alle: Freizeitsportler, Wanderer, Erholungssuchende, Sonnenanbeter und Naturfreunde. Über ausgedehnte Streuobstwiesen, seltene Walnussbaumalleen und lichte Buchenmischwälder geht es im Zickzackkurs zum Rossfeld hinauf und hinab. Eine abwechslungsreiche Runde, die vor allem Tief- und Weitblicke von den immerhin fünf Felsköpfen entlang des Albrandes verspricht. Da sind der Olgafels, der Rossfels, der Wiesfels, der Grüne Fels und die Wolfsfelsen, von deren Köpfen wunderbare Aussichten über das Ermstal zum Hohenneuffen bis in den Stuttgarter Raum und an klaren Tagen bis zum Nordschwarzwald möglich sind. Und das Rossfeld unter unseren Wanderschuhen trägt insbesondere im Frühsommer ein hinreißendes Blütenkleid. Es gehört zur Kernzone des Biosphärengebiets Schwäbische Alb und stellt damit die besondere und artenreiche Flora und Fauna unter Schutz. Am Rossfeld ist ein Miteinander von Naturschutz und Freizeitaktivitäten gelungen umgesetzt.

Ausgangsort: Parkplatz am Sportplatz Glems, 466 m.

Anfahrt: Ab Reutlingen auf der B464 Richtung Pfullingen, weiter kurz auf der B313, dann abfahren durch Eningen unter Achalm auf der L380a bis Glems. In der Ortsmitte nach rechts auf Kirchstraße, dieser geradeaus folgen bis Ortsrand. An Gabelung links zum Sportplatz und Sportheim vom Glems mit großem Parkplatz.
Mit ÖPNV ab Reutlingen mit Linie 100 des Reutlinger Stadtverkehrs, www.der-neue-nahverkehr.de, www.naldo.de. Zu Fuß ab Haltestelle Waldhorn in südliche Richtung auf Neuhauser Straße dann weiter über Kirchstraße, siehe Anfahrt (10 Min.).

Anforderungen: Im Bereich der Felsen ist Trittsicherheit und bedingt Schwindelfreiheit erforderlich.

Orientierung: Die Pfade und Wege – auch die nicht bezeichneten – sind gut erkennbar und stellen keine besonderen Anforderungen an die Orientierung.

Einkehr: Glems: Sportheim Braike, Mo. Ruhetag, Tel. +49 7123 379155. Besede em Stall, Okt. – Nov. Fr. – So., www.besenwirtschaft-im-stall.de.

Übernachtung: Keine.

Tipp: Kann mit Tour 26 verbunden werden.

Karten: Freizeitkarte F52 Bad Urach, 1:50.000, LGL Baden-Württemberg, www.lgl-bw.de.

Am Parkplatz neben dem Sportheim und dem Sportplatz von **Glems** ❶ schnüren wir unsere Wanderschuhe zur aussichtsreichen Tour auf das Rossfeld. Wir wandern am Sportheim vorbei auf der ansteigenden, für den Verkehr gesperrten Straße durch Streuobst- und Walnussbaum-

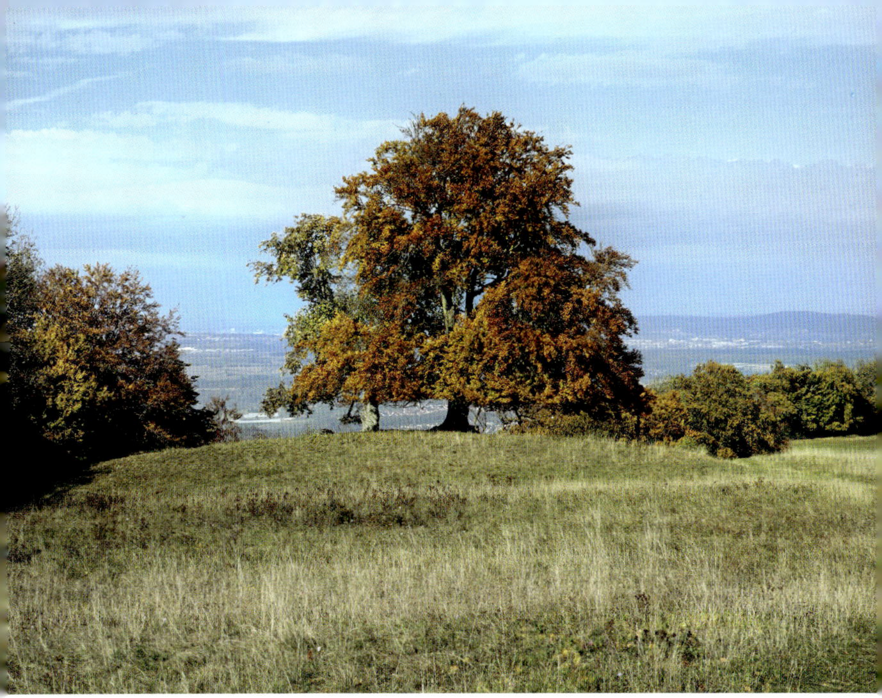

Herbstfärbung auf dem Rossfeld.

wiesen. An der ersten Wegkreuzung geht es nach links auf einen Radweg in Richtung Rossfeld zwischen dem Waldrand und den Wiesen entlang. Nach 250 m biegen wir auf einen nicht markierten Wiesenweg nach rechts ab, dem wir im weiteren Verlauf nach links haltend zwischen den Walnussbäumen hindurch folgen. Bereits hier erhaschen wir hübsche Ausblicke über Glems, auf die Weinberge bei Dettingen und bis in die Region Stuttgart.

Wir überqueren geradeaus einen Schotterweg, treffen auf einen asphaltierten Wirtschaftsweg, dem Unteren Hangweg, dem wir nach links folgen. Am Waldrand mündet der Untere Hangweg in einer Kurve in eine Forststraße ein, auf der es nach rechts in den hohen Buchenmischwald hineingeht. Bereits nach wenigen Metern zweigt nach rechts ein mit dem blauen Dreieck gekennzeichneter Pfad ab, der teils als **Stufenweg** ❷ bergan führt. Wir überqueren geradeaus eine Lichtung, einen geschotterten Weg und eine asphaltierte Forststraße und folgen dabei dem blauen Dreieck in Richtung Rossfeld bergan durch den Traufwald. In einer ausgeprägten Rechtskurve verlassen wir den gekennzeichneten Weg und folgen

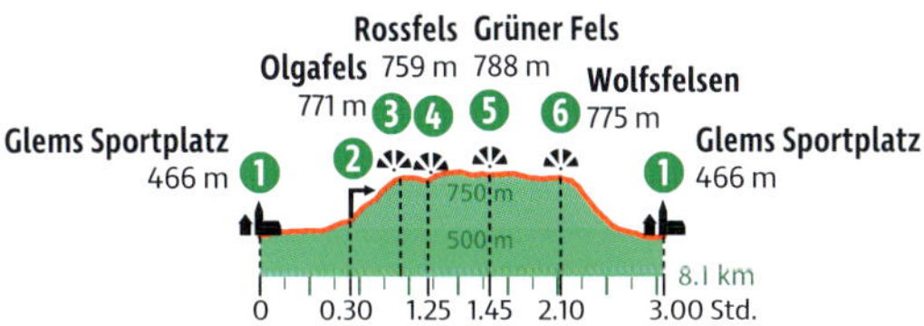

einem Pfad ohne Markierung, der im Zickzack bergan führt und schließlich am Waldrand die Albhochfläche erreicht. Vor uns liegt die lang gestreckte Rossfeldwiese mit der Start- und Landebahn.
Wir wenden uns nach links und folgen der Hangkante knapp 200 m bis zum prächtigen, ungesicherten **Olgafels** ❸. Dieser Felskopf offenbart eine hinreißende Sicht über das Ermstal und entlang der nördlichen Traufkante zum Hohenneuffen sowie auf das Vorland bis hinüber zu den Gipfeln des Nordschwarzwaldes. Wir wandern zurück, immer dem Wanderweg entlang der Hangkante folgend. Nicht lange, und wir können am nächsten Kalkdom mit Gipfelkreuz, dem **Rossfels** ❹, einen Tiefblick auf Glems und die stark besiedelte Region von Reutlingen und Pfullingen werfen. An einem Picknickplatz und einem Fliegerdenkmal vorbei spazieren wir stets nahe dem Waldrand und damit auch der Traufkante zur Grillstelle Wiesfels. Hier zweigt ein Pfad nach rechts ab, dem wir wenige Meter zum Wiesfels folgen. Wiederum ein ungesicherter Felskopf des Glemser Felsenkessels mit hübschen Talblicken. Aber damit

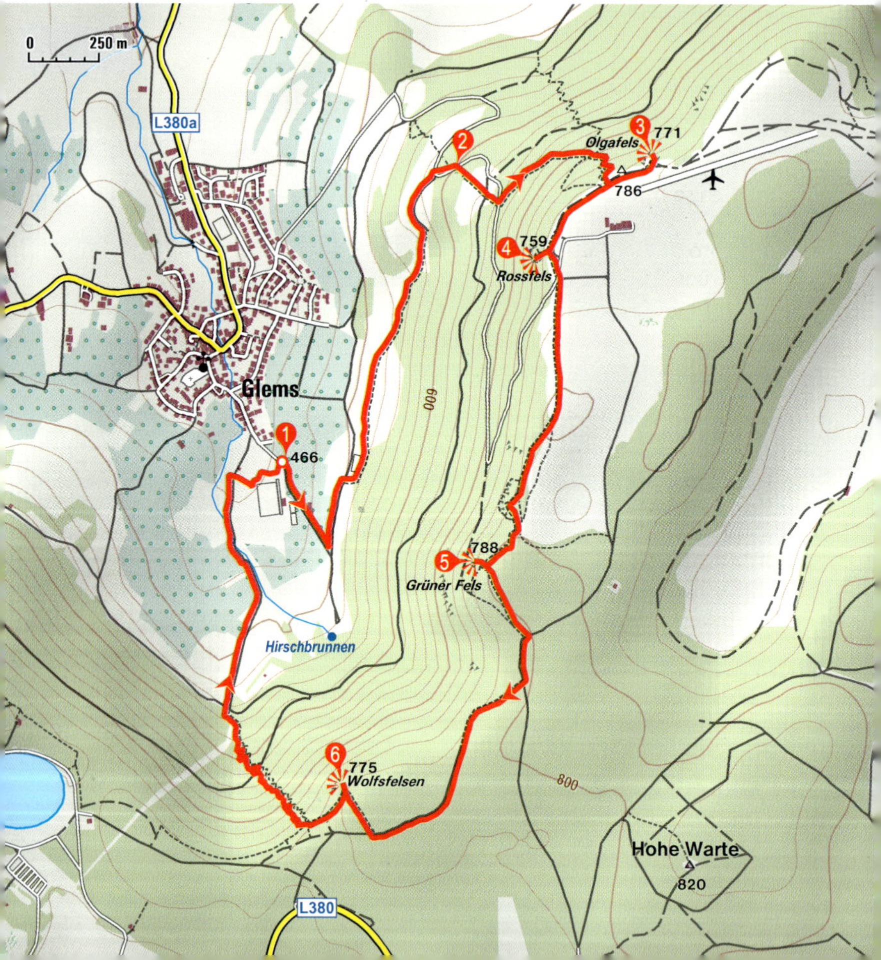

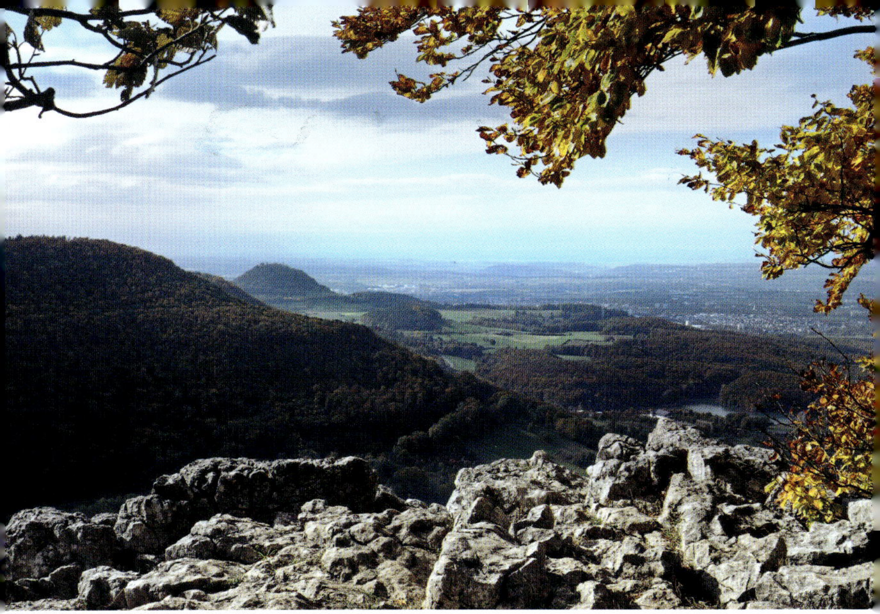

Fabelhafte Traumblicke entlang des Albtraufs und ins weite Vorland.

noch nicht genug. Wir gehen zurück zur Grillstelle, halten uns nach rechts und erreichen so den Aussichtspunkt auf dem **Grünen Fels** ❺ mit schlicht genialen Fotomotiven ins Albvorland. Der Grüne Fels ist ausnahmsweise mit einem Geländer gesichert und sogar mit einer Sitzbank recht komfortabel ausgestattet.

Am Grünen Fels verlassen wir allmählich die westliche Traufkante des Rossfelds und gehen nach rechts zurück zum markierten Wanderweg. Wir halten uns an den folgenden Verzweigungen im Wald an den Wanderschildstandorten St. Johann Hau jeweils rechts. Auf einem breiten Forstweg geht es an dem Standort Schneiderhau West geradeaus und nach knapp 300 m auf einen Pfad nach rechts, der mit dem gelben Ring markiert ist. Er führt in wenigen Minuten zurück zur Hangkante und zu den **Wolfsfelsen** ❻, die über dem Talschluss des Einsiedelbaches ein meist ruhiges und sehr beschauliches Ambiente bieten und natürlich ebenfalls mit einem bezaubernden Talblick aufwarten können.

Wir folgen weiter dem Pfad nach links entlang des Albtraufs und biegen an der Verzweigung »Südwestlich Wolfsfelsen« nach rechts auf einen nicht bezeichneten Serpentinenpfad ab. Im moderaten Abstieg schlängelt sich der Pfad gut erkennbar durch den Laubwald und überquert dabei zweimal Waldwirtschaftswege geradeaus. Auf dem letzten Abschnitt im Abstieg wird der Pfad steil, bevor er am Waldrand auf einen asphaltierten Weg trifft. Auf diesem geht es nach rechts bergab durch die Streuobstwiesen südlich vom Glems immer geradeaus. Auf der Höhe des Sportplatzes und der Sportgaststätte zweigen wir nach rechts auf einen Asphaltweg ab und umwandern sogleich weglos den Platz nach links. Am Spielplatz vorbei bringen uns einige Stufen hoch zurück zum Sportplatz von **Glems** ❶, wo wir diese tolle Runde beschließen.

26 Höllenlöcher und Gelber Fels

Vom Ermstal über den Calverbühl zum Albtrauf

TOP | 3.00 Std. | 7,6 km | ↗ 510 m | ↘ 510 m

Zwischen himmlischen Felsen und höllischen Löchern

Gleich zu Beginn der Wanderung grüßt der Hausberg von Dettingen, der Calverbühl. Unverkennbar steht der kleine Hügel mit einer Linde auf seinem Gipfel vor dem Albtrauf. Beim Calverbühl handelt es sich um einen Vulkanschlot des Schwäbischen Vulkans, der vor rund 15 Millionen Jahren auf der Mittleren Schwäbischen Alb aktiv war. Über 360 Vulkanschlote durchziehen die Region und treten manchmal, wie hier am Calverbühl, als kegelförmige Anhöhen in Erscheinung. Der hübsche kleine Vulkanhügel, der als Geotop geschützt ist, wird von Ziegen gemäht und strauchfrei gehalten. Als weiteres Geotop sind die Dettinger Höllenlöcher ausgewiesen. Die Löcher sind an sich Abrissklüfte, die sich im Bereich des Traufs vom Gesteinskörper der Schwäbischen Alb gelöst haben. Der so entstandene rund 100 Meter lange Canyon ist ein imposantes Highlight, das durchwandert werden kann. Die Höllenlöcher umgibt eine mystische Atmosphäre, der man sich vor allem an Nebeltagen kaum entziehen kann. Raus aus der Felsschlucht geht es entlang der Traufkante zu einem luftigen Aussichtspunkt über dem Ermstal. Am Gelben Fels erscheint der Himmel so nah mit Rundblicken von Bad Urach, Hohenneuffen über Dettingen bis Richtung Stuttgart und zum Nordschwarzwald. Ein kontrastreiches Wanderspektakel zu zauberhaften Naturoasen.

Ausgangsort: Wanderparkplatz Kirschenweg, 430 m, Dettingen an der Erms.

Anfahrt: Ab Reutlingen auf der B 28 Richtung Bad Urach, bis kurz nach Neuhausen. Dann abbiegen auf die L380a Richtung Dettingen a. d. Erms, weiter auf Metzinger Straße und Karlstraße durch Ortskern von Dettingen. Nach rechts auf Keckbronnenweg bis zum Wanderparkplatz Kirschenweg vor der B 28.
Mit ÖPNV ab Reutlingen mit der Ermstalbahn (RB 63) in Richtung Bad Urach bis Bahnhof Dettingen a. d. Erms. www.bahn.de, www.naldo.de. Zu Fuß weiter auf Vogelsangstraße nach rechts und nach rechts in Keckbronnenweg zum Wanderparkplatz (10 Min.).

Anforderungen: Im Bereich der steilen Auf- und Abstiege sowie an den Aussichtsfelsen und in den Höllenlöchern ist Trittsicherheit erforderlich. In den Höllenlöchern liegen Stämme quer und durch eine dicke Laubdecke ist der Pfad verdeckt. Beim Ein- und Ausstieg in die Höllenlöcher müssen kurz die Hände zur Hilfe genommen werden.

Orientierung: Größtenteils auf nicht gekennzeichneten Wegen und Pfaden, die jedoch keine besonderen Herausforderungen an die Orientierung stellen. Entlang der Traufkante ist der Weg mit der roten Gabel und Wanderschildern bezeichnet.

Einkehr: Eine Auswahl in Dettingen: Gasthaus Traube, Hotel Restaurant Metzgerei Rößle, Bella Italia, www.bella-italia-dettingen.de. Gasthaus Ochsen, www.ochsen-dettingen.de.

Übernachtung: Eine Auswahl in Dettingen: Gasthaus Traube, www.gasthaus-traube-dettingen.de. Hotel Krone, Tel. +49 7123 947 3096. Hotel Restaurant Metzgerei Rößle, www.hotel-metzgerei-roessle.de.

Tipp: Kann mit Tour 25 verbunden werden.

Karten: Freizeitkarte F52 Bad Urach, 1:50.000, LGL Baden-Württemberg, www.lgl-bw.de.

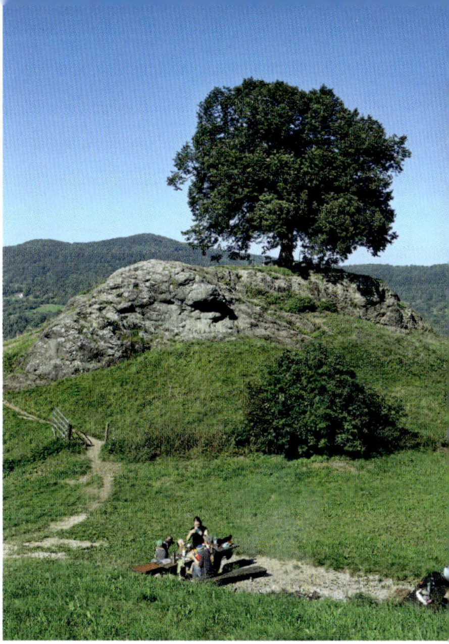

Vulkanschlot Calverbühl.

Zwischen dem Ortsrand von Dettingen an der Erms und der B 28 starten wir zu dieser erlebnisreichen Tour am **Wanderparkplatz Kirschenweg** ❶. Wir gehen auf der kleinen Straße bergan zur B 28, überqueren diese und halten uns sogleich nach rechts auf einem asphaltierten Weg parallel zur B 28. Am ersten Abzweig geht es nach links steil bergan. Vor uns liegt der unverkennbare Calverbühl, auf dessen Gipfel eine Linde thront, darunter eine Rastbank im Schatten des Blätterdaches. Wir halten auf diesen Vulkanschlot zu und steigen auf einem Wiesenpfad – nicht selten zwischen Ziegen – geradeaus auf die steile Anhöhe. Der **Calverbühl** ❷, der Hausberg von Dettingen ist ein lauschiges Fleckchen Erde, das einen hübschen Blick ins Ermstal gewährt.

Über die Kuppe geht es weiter zum Waldrand mit einem einladenden Picknickplatz und dem Hauserbrunnen. Hinter dem Brunnen begeben wir uns auf einen Waldweg halb rechts, nach wenigen Metern kurz nach links auf einen geschotterten Weg und von diesem gleich nach rechts ab auf einen Erdpfad. Dieser führt weiterhin ohne Markierung als Serpentinensteig durch den hohen Hangmischwald. Dabei überqueren wir einen ersten Waldwirtschaftsweg geradeaus und nach 130 Höhenmetern eine weitere Forstpiste schräg links. Dabei folgen wir stets dem ansteigenden, unbezeichneten und gut erkennbaren Waldpfad hinauf zur Traufkante über dem Ermstal. Die Steigung wird geringer, und wir treffen im Traufbereich auf eine Pfadgabelung, an der wir uns nach links wenden. Wir folgen dem eindeutigen Hauptweg nach wie vor durch den lichten Laubmischwald und ignorieren kleine Abzweigungen. Nach gut 600 m im sanft ansteigenden Gelände gelangen wir zu einem kurzen Pfadabstecher nach links zu einem wunderbaren Aussichtsfelsen mit einmaligen Blicken über das Ermstal, das Vorland und die nördliche Traufkante zum Hohenneuffen und bis zur Burg Teck.

Wieder zurück auf dem Hauptweg biegen wir nach links ab und treffen an der nächsten Verzweigung auf ein Wanderschild und die Markierung

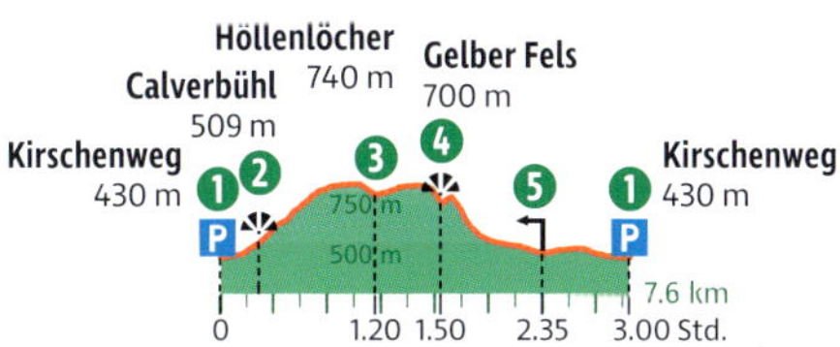

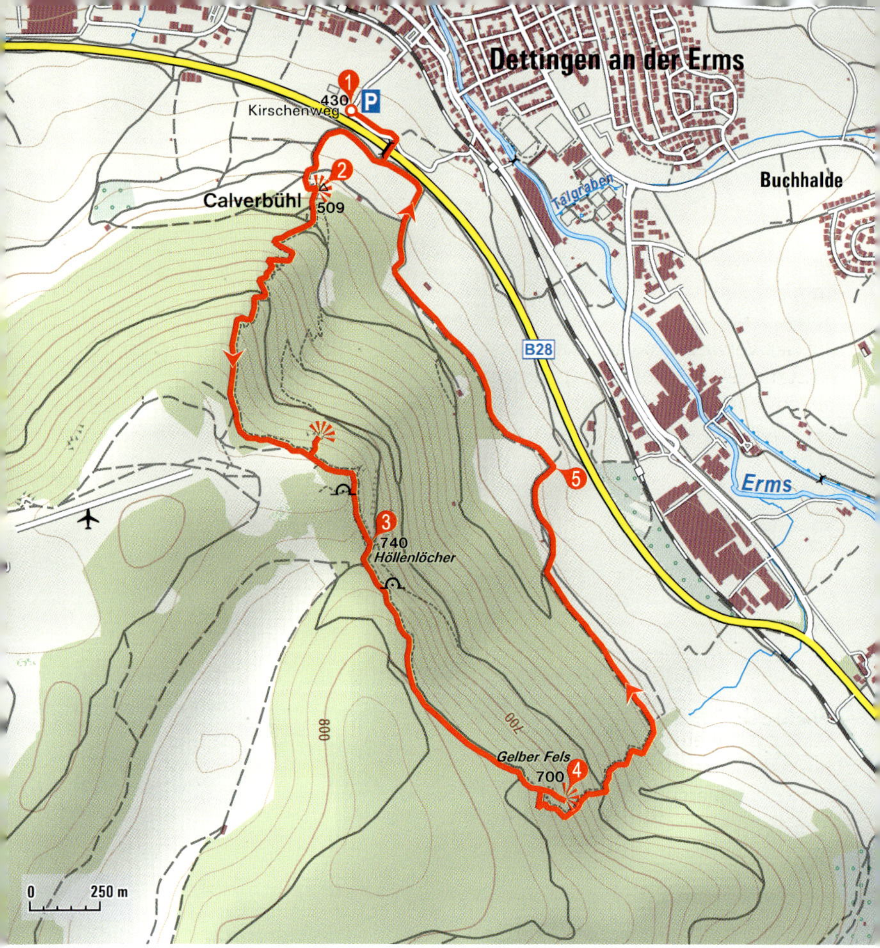

rote Gabel. Es geht geradeaus weiter in Richtung Höllenlochhütte, wobei wir automatisch entlang der Traufkante zum Sonnenfels kommen. Durch seine exponierte Lage an der Albkante wiederholt sich der wunderbare Panoramablick, doch nun wird auf Tafeln erklärt, was zu sehen ist. Nur 2 Minuten entfernt stehen wir an einer Weggabelung vor den Höllenlöchern. Wer die Felsschlucht lieber umgehen möchte, kann sich rechts halten. Wer hinabsteigen möchte in den schmalen wilden Canyon, geht an der Gabelung nach links. Der Pfad verläuft absteigend in die rund 5 Meter breite Abrisskluft hinein, wobei man immer tiefer in die **Höllenlöcher** ❸ vordringt und die senkrechten Gesteinsformationen Schritt für Schritt immer höher werden. Es ist ein Ort mit einer ganz besonderen Atmosphäre und Magie, den man vom tiefsten Punkt über zwei Leitern wieder verlässt.

Nach dem kurzen, aber eindrücklichen Erlebnis im »Höllenschlund« geht es nach rechts auf einen breiten Weg und an dem Wanderstandort Höllenlochhütte nach links in Richtung Gelber Fels. Der angenehme, leicht ansteigende Pfad führt im

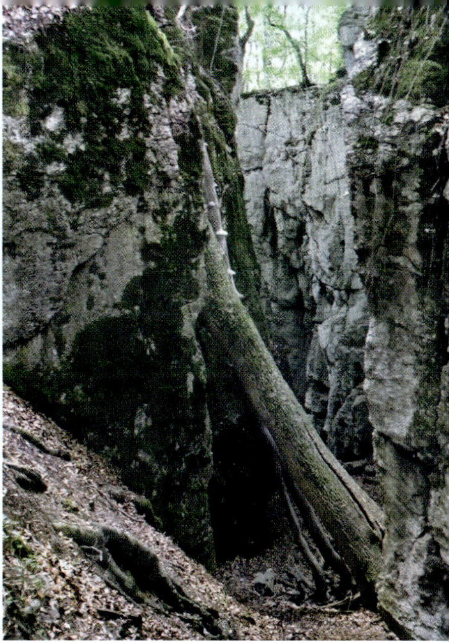

Urige Höllenlöcher.

lichten Laubwald zu einem geschotterten Weg, auf dem wir uns nach links wenden. Nach 500 m zweigt ein Pfad ohne Kennzeichnung nach links ab, der uns im Pfadwirrwarr immer links haltend in wenigen Minuten zum **Gelben Fels ❹** bringt. Bei der Verwitterung des Kalksteins entstand eine Gelbfärbung, der er seinen Namen verdankt. Nochmals genießen wir, dem Himmel so nah, einen Blick über das gesamte Ermstal und zu den Burgen Hohenurach und Hohenneuffen.

Wenige Meter vom Felskopf zurück zur Traufkante halten wir uns an der Verzweigung Beim Gelben Felsen nach links und sogleich nochmals nach links auf einen Pfad, der am Felsfuß des Gelben Felsen steil bergab führt. Dieser vergessene und nicht gekennzeichnete Steig mündet auf einen Forstweg, den wir nach schräg links überqueren. Weiter geht es bergab auf einem aufgelassenen und zum Teil eingewachsenen Pfad durch ein abgeholztes Areal. Nochmal queren wir schräg links einen Waldwirtschaftsweg und steigen weiter auf einen Pfad bergab. Nahe am Waldrand und am Fuß der Albkante mündet der Pfad auf einen breiten Weg, auf dem es nach links weitergeht. Nach gut 5 Minuten treffen wir auf einen querenden Weg. Hier orientieren wir uns nach rechts und auf dem Asphaltweg nach links durch die Streuobstwiesen. An der nächsten Möglichkeit wenden wir uns nach links auf einen geschotterten **Feldweg ❺**, der nochmals durch Streuobstwiesen, Weiden und ein schmales Waldareal führt. Er endet an einem Asphaltweg, dem wir nach rechts bergab bis kurz vor die Bundesstraße folgen. Nun sind wir schon fast am Ende unserer Wanderrunde angekommen, gehen nach links und nach 200 m nach rechts auf der Brücke über die Bundesstraße zurück zum **Wanderparkplatz Kirschenweg ❶**.

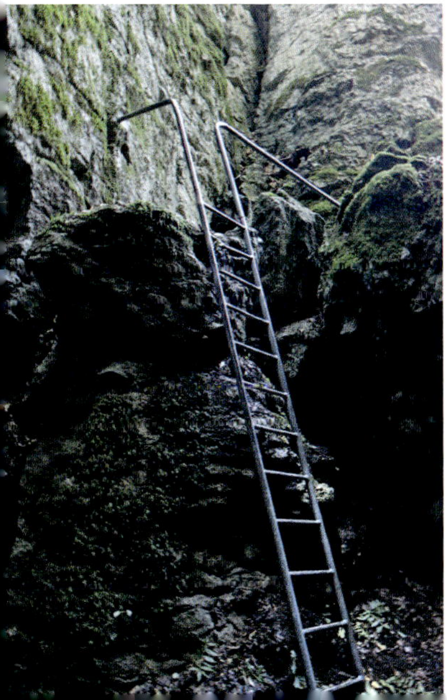

Steighilfe in den Höllenlöchern.

27 Hohenurach und Uracher Wasserfall

Zum höchsten Wasserfall der Schwäbischen Alb

3.30 Std. | 9,0 km | ↗ 570 m | ↘ 570 m

Zu den Sahnehäubchen der Uracher Alb

Weithin sichtbar thront die Burgruine Hohenurach, das Wahrzeichen von Bad Urach, auf dem Schlossberg über dem Ermstal. Unmittelbar vor den Stadttoren wurde die Gipfelburg durch die Grafen von Urach errichtet und rund 500 Jahre später im 16. Jahrhundert zur Landesfestung ausgebaut. Schließlich wurde die Burg aufgegeben und abgebrochen, sodass heute von der großen Anlage nur noch wenige wuchtige Mauern stehen. Von der Burgruine ergeben sich tolle Blicke auf die Dächer der Stadt sowie auf die stark zergliederte Uracher Alb. Der Schlossberg ist wie der benachbarte Runde Berg ein fingerförmiger Ausleger der Gesteinstafel der Schwäbischen Alb. Über seinen Rücken gelangt man über den Aussichtshorst der Eppenzillfelsen in den Talschluss des Brühlbaches und damit zum legendären Uracher Wasserfall, der über eine Tuffsteinkante 37 Meter in die Tiefe stürzt. Die Wassermenge variiert sehr stark und kann vom dünnen Rinnsal bis zum »Niagarafall der Schwäbischen Alb« anschwellen. Der Uracher Wasserfall ist ein fesselndes Naturschauspiel zu jeder Jahreszeit und eine der Top-Sehenswürdigkeiten der Alb. Einsamkeit wird man hier vergebens suchen, dennoch ermöglicht diese Wanderung, die Sahnestücke der Uracher Alb abseits vom großen Trubel zu genießen.

Ausgangsort: Wanderparkplatz Schulmeistersbuche, 463 m, Bad Urach.
Anfahrt: Ab Reutlingen auf der B 28 bis Bad Urach. 500 m nach der Tankstelle nach rechts in Richtung Jugendherberge abbiegen. Nach wenigen Metern rechts Wanderparkplatz P19 Schulmeistersbuche.
Mit ÖPNV ab Reutlingen mit der Ermstalbahn (RB 63) bis Bad Urach, Haltestelle Ermstalklinik, www.bahn.de, www.naldo.de. Von da zu Fuß nach links halten, Gleise unterqueren und nach wenigen Metern Wanderparkplatz auf der rechten Seite (3 Min.).
Anforderungen: Trittsicherheit an den Aussichtsfelsen sowie beim Abstieg zum Uracher Wasserfall und ins Ermstal.
Orientierung: Die Runde verläuft auf gekennzeichneten und unbezeichneten Wegen und Pfaden, die keine Anforderungen an die Orientierung stellen. Im Abstieg zur Jugendherberge ist ein guter Spürsinn hilfreich.
Einkehr: Wasserfallhütte, Kiosk tägl. bis 18 Uhr. Eine Auswahl in Bad Urach: Restaurant Die Traube, www.traube-badurach.de. Gaststätte Hirsch, Tel. +49 7125 3094 540. Ristorante Rostica, www.rostica.de.
Übernachtung: Eine Auswahl in Bad Urach: Jugendherberge Bad Urach, www.jugendherberge-bad-urach.de. Gästehaus Walter, www.gaestehaus-walter.de. Hotel Garni Ratstube, www.hotel-ratstube.de.
Tipp: Von der Abbruchkante des Uracher Wasserfalls führt ein Stufenweg seitlich des Falls ins Tal. Ein sehr schöner, aber auch stark frequentierter Abstecher. Besuch des Höhenfreibads Bad Urach.
Karten: Freizeitkarte F524 Bad Urach, 1:50.000, LGL Baden-Württemberg, www.lgl-bw.de.

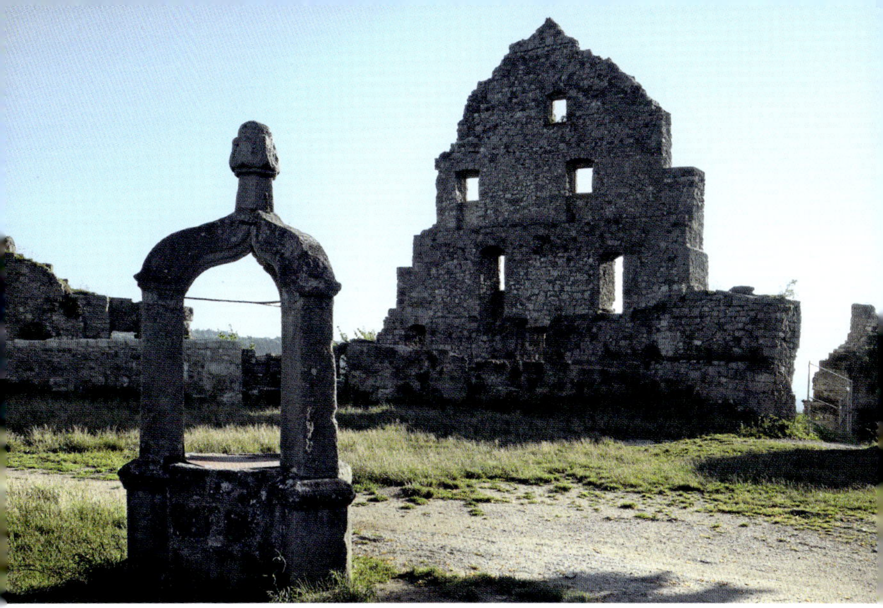

Im ehemaligen Burghof von Hohenurach.

Von der Vorfreude auf die Runde zum Uracher Wasserfall beflügelt, verlassen wir den **Wanderparkplatz** an der **Schulmeistersbuche ❶** stadtauswärts. Im kleinen Seltbachtal wenden wir uns an der Schulmeistersbuche nach rechts auf einen ansteigenden Waldsteig ohne Kennzeichnung. Der Pfad quert im Osthang des Schlossbergs einen breiten Forstweg und führt mit moderater Steigung durch den Hangwald. An einem weiteren Waldwirtschaftsweg halten wir uns kurz nach rechts und kommen so zu dem Wanderstandort Schlossberg, an dem wir uns nach links in Richtung Burgruine Hohenurach orientieren. Wir befinden uns auf dem Hohenurachsteig, dem wir bergan und an einem geschotterten Weg nach rechts zur Burgruine folgen. Auf dem Gipfelplateau erhebt sich malerisch – oder vielleicht auch mahnend – eine Giebelmauer mit Fensteröffnungen als stummer Zeuge der ehemaligen Burg **Hohenurach ❷**. Auf dem Burggelände trotzen noch Befestigungsanlagen, Grundmauern, Brunnen, Durchgänge und Nischen dem Zahn der Zeit, sie laden zum Entdecken ein. Vom Wahrzeichen Bad Urachs hat man einen netten Blick auf die Dächer der mittelalterlichen Fachwerkstadt. Je nachdem, wie gerade der Wind steht, hört man von der Burg bereits den Uracher Wasserfall rauschen.

Zurück auf dem geschotterten, brei-

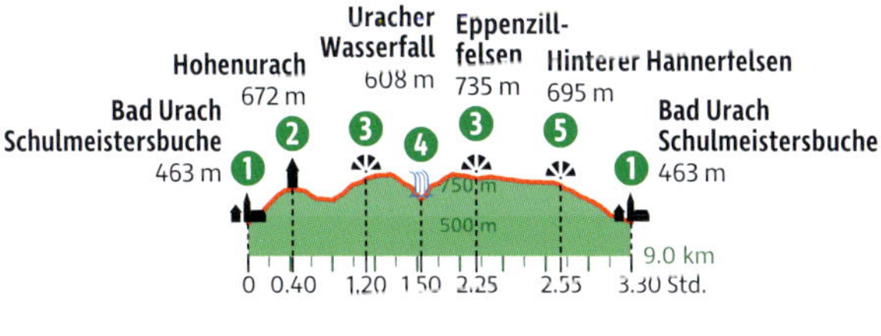

ten Weg, geht es weiter absteigend auf dem Hohenurachsteig geradeaus in Richtung Eppenzillfelsen. An der großen Wegverzweigung mit der Kreuzhütte, einem Unterstand, halten wir uns geradeaus auf einem Gratweg, dem sogenannten Pfaffensteigle. Dieser lauschige, von Wurzelwerk durchzogene Stein-Erdweg führt uns direkt zu den **Eppenzillfelsen ❸**. Wir blicken ins grüne Brühlbachtal und auf die gegenüberliegende Hangkante des Runden Berges. Der Uracher Wasserfall ist zwar nicht zu sehen, aber unüberhörbar.

Wir treten vom Felskopf zurück und wenden uns an der Verzweigung nach rechts, an der roten Gabel orientierend in Richtung Uracher Wasserfall. Es geht entlang der Traufkante weiter durch den Laubmischwald. Gut 500 m nach den Eppenzillfelsen zweigt in einer deutlichen Rechtskurve ein Pfad (rote Gabel) nach rechts ab. Auf diesem steilen Bergabpfad gelangen wir im Taleinschnitt zu einem Wanderweg, der sehr romantisch als Stufenweg an Felsen entlang weiter absteigend zu den Quelltöpfen des Brühlbachs führt. Auf diesem idyllischen Wegabschnitt wandeln wir einige Meter entlang des Bachlaufs im Halbschatten hoher Laubbäume zur Wasserfallhütte, einer netten Einkehr unmittelbar vor dem Wasserfall. Nur noch wenige Meter, und wir stehen an der Abbruchkante des Brühlbachs, der sich hier zum **Uracher Wasserfall ❹** verwandelt. Staunend betrachten wir, wie das klare Quellwasser ins Nichts fällt und diesen Sturz geräuschvoll unter-

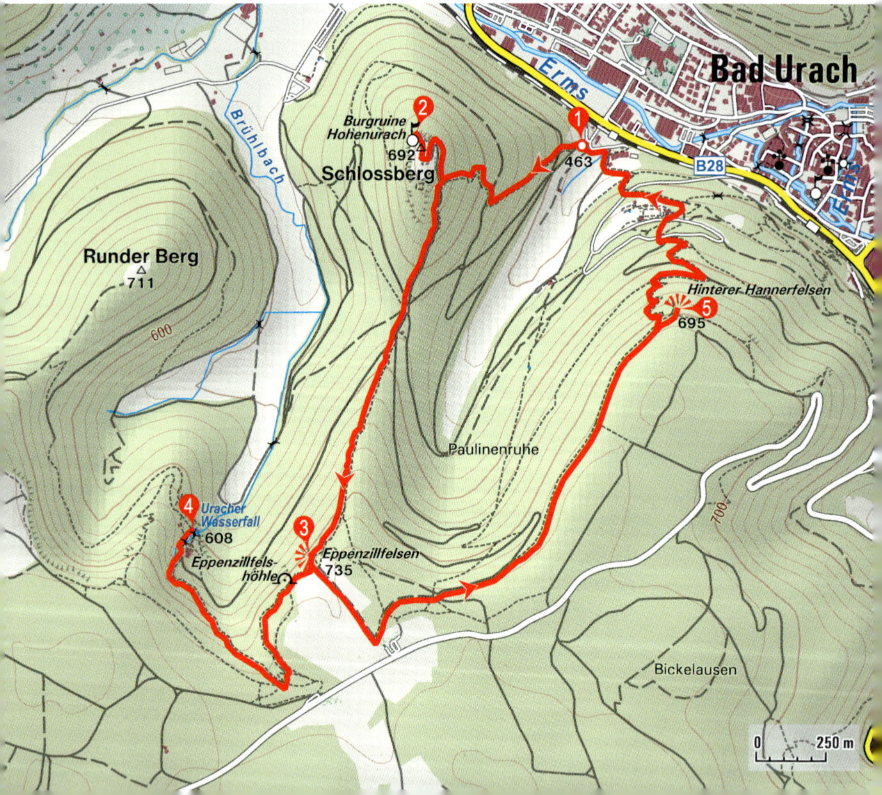

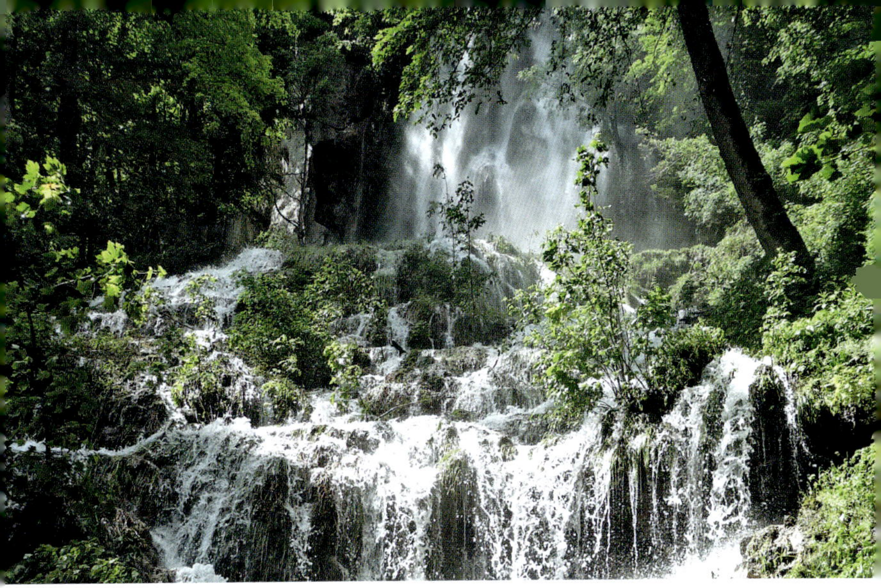

Uracher Wasserfall bei hohen Wasserständen.

malt. Gut 100 Meter tiefer liegt das liebliche Brühlbachtal, eingerahmt von den grünen Traufhängen und bewacht von der Burgruine Hohenurach auf dem Schlossberg.

Wir verabschieden uns vom Wasserfall und wandern auf dem bekannten Weg zurück bis zur Verzweigung Eppenzillfelsen. Hier orientieren wir uns rechts, der Beschilderung in Richtung Oberer Hannerfelsen folgend über eine Lichtung. Vor der Kreisstraße geht es nach links an einem großen Picknickplatz vorbei auf dem Hohenurachsteig in den Wald. Im nahezu ebenen Gelände folgen wir der Hangkante in nordöstliche Richtung bis zum **Hinteren Hannerfelsen ❺**. Nochmals kommen wir in den Genuss eines hübschen Blicks über die Uracher Alb, bevor wir den Abstieg ins Ermstal antreten.

Vom Hannerfelsen geht es einige Meter zurück, dann verlassen wir den Hohenurachsteig auf einem Pfad, der mit dem gelben Ring gekennzeichnet ist, nach rechts. Der gut angelegte Serpentinenpfad trifft nach rund 400 m im moderaten Abstieg auf einen querenden Waldpfad, auf dem es nach rechts weitergeht. Einem kreuzenden Wirtschaftsweg folgen wir kurz nach links und zweigen bei nächster Gelegenheit nach 30 m auf einen Pfad nach rechts ab. Dieser ist durch die rote Raute gekennzeichnet und bringt uns im Zickzackkurs zu einer Straße. Hier wenden wir uns nach links und sogleich wieder auf einen rechts abzweigenden Pfad, der uns direkt zum Höhenfreibad von Bad Urach bringt. Am Eingang halten wir uns rechts und biegen nach wenigen Metern nach links auf einen nicht bezeichneten Stufenweg ab. An dessen Ende wenden wir uns nach links, überqueren geradeaus eine Straße und biegen an einer Pfadkreuzung nach links auf einen Wiesenpfad ab, der oberhalb der Jugendherberge auf die Straße mündet. An der Jugendherberge vorbei gelangen wir zur Seltbachstraße, auf der wir nach links in wenigen Metern an unserem **Wanderparkplatz** an der **Schulmeistersbuche ❶** ankommen.

28 Burgruine Hohenwittlingen

Wittlinger Felsen und die Wolfsschlucht

2.30 Std. | 7,1 km | ↗ 300 m | ↘ 300 m

Stille Aussichtsfelsen, markante Ruine und Abenteuer Wolfsschlucht

So abwechslungsreich wie die Mittlere Schwäbische Alb und die Region um Bad Urach ist auch diese Runde zu den Wittlinger Felsen über dem Ermstal. Zu Beginn führt die Tour durch eine offene Wiesen- und Streuobstwiesenlandschaft entlang eines sanften Talbeckens am Ortsrand von Wittlingen. Hierbei handelt es sich um eine geologisch interessante Situation: Ein Tuffschlot des ehemaligen Schwäbischen Vulkans drang hier durch das Kalkgestein bis an die Oberfläche und wurde durch die Erosion abgetragen. Sie bilden einen wasserstauenden Untergrund mit Quellen in einer Region, die sonst geprägt ist von Wassermangel. Kein Wunder, dass in dieser vulkanischen Senke die Alamanen siedelten. Durch ein ruhiges Waldareal geht es zu den felsigen Aussichtsbalkonen über dem Oberen Ermstal. Von den Albtrauffelsen bis hin zur Burgruine Hohenwittlingen bieten sich herrliche Ausblicke über die kuppige Landschaft rund um das Ermstal. Die Spornburg Hohenwittlingen aus dem 11. Jahrhundert wechselte in ihrer Geschichte mehrmals den Besitzer und diente wahlweise militärischen Zwecken, als Versteck, Gefängnis, Unterkunft und schließlich als »Baumarkt« für die Wittlinger Bauern. Heute sind noch Teile der Umfassungsmauer, des Burghofes und der Bergfried erhalten. Den krönenden Abschluss der Wanderung bildet die Wolfsschlucht, eine wilde und steile Klamm mit Sinterterrassen. Eine Eisenleiter führt aus der versteckten, geheimnisvollen Kluft zurück auf die weite Albhochfläche.

Ausgangsort: Parkplatz Hohenwittlingen, 682 m.
Anfahrt: Ab Reutlingen auf der B 28 bis Bad Urach. Auf die B 465 in Richtung Ulm, nach links abbiegen bis Wittlingen. Im Ortskern nach rechts in den Zehntplatz und Hohenwittlinger Straße nach dem Ortsrand zum Parkplatz Hohenwittlingen.
Mit ÖPNV ab Reutlingen mit der Ermstalbahn (RB 63) bis Bad Urach, Bahnhof. Weiter mit der Buslinie 7646 nach Wittlingen, Haltestelle Uracher Straße, www.bahn.de, www.naldo.de. Weiter geradeaus auf Uracher Straße zur Ortsmitte, dann Beschreibung Anfahrt folgen (10 Min.).
Anforderungen: Trittsicherheit und Schwindelfreiheit an den Aussichtsfelsen sowie in der Wolfsschlucht.
Orientierung: Einfach auf beschilderten und markierten Wegen und Pfaden.
Einkehr/Übernachtung: Keine.
Tipp: Die Runde kann mit Tour 29 verbunden werden.
Karten: Freizeitkarte F524 Bad Urach, 1:50.000, LGL Baden-Württemberg, www.lgl-bw.de.

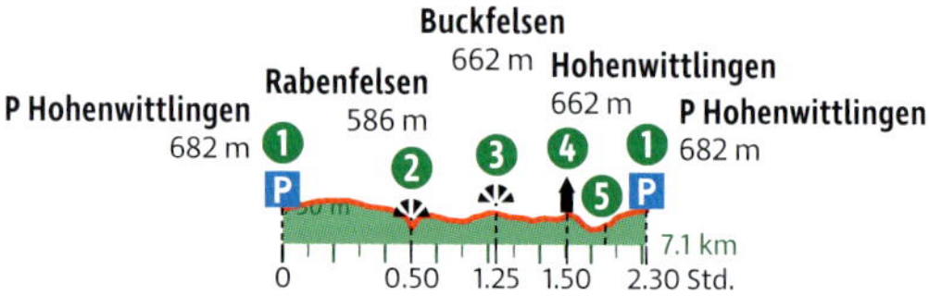

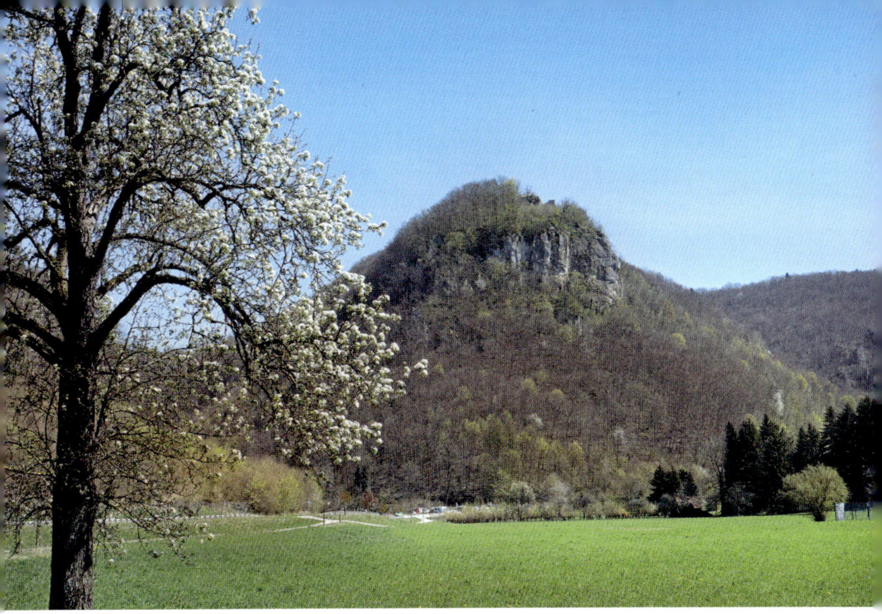

Wittlinger Fels im Ermstal.

Diese erlebnisreiche Wandertour beginnt am **Parkplatz Hohenwittlingen ❶** rund 400 m westlich von Wittlingen. Wir gehen die Asphaltstraße zurück in Richtung Wittlingen, biegen an der ersten Möglichkeit nach rechts ab und halten uns dann nochmals nach rechts auf einen Feldweg. Entlang von Pferdekoppeln, Weiden und Obstwiesen geht es sanft ansteigend auf den Waldrand zu. Am Waldsaum halten wir uns links und folgen dann dem breiten geschotterten Wirtschaftsweg in den albtypischen hohen Mischwald hinein. Dabei folgen wir der Beschilderung in Richtung Geschlitzter Fels. Nach 200 m an einer großen Wegkreuzung orientieren wir uns nach rechts und sogleich nach links weiter in Richtung Geschlitzter Fels. Auf der nahezu ebenen Albhochfläche ignorieren wir einen Abzweig nach rechts und wenden uns dann in einem 90°-Wegknick auf einen Pfad nach links, der mit dem gelben Ring gekennzeichnet ist. Der Pfad wird rasch abschüssig und kurz steil und mündet beim Wanderstandort Ehemalige Burg Baldeck

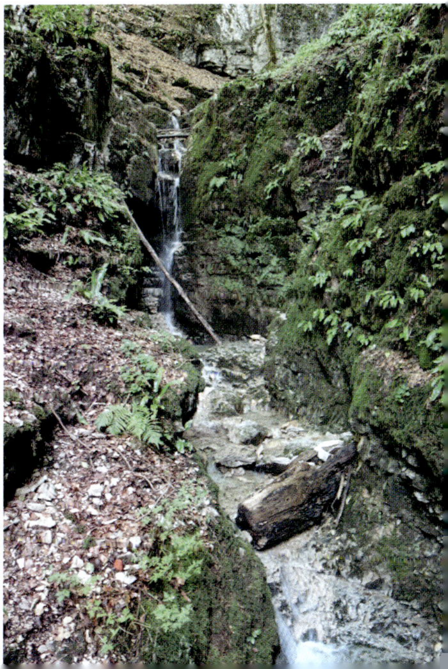

Stimmungsvolle Wolfsschlucht.

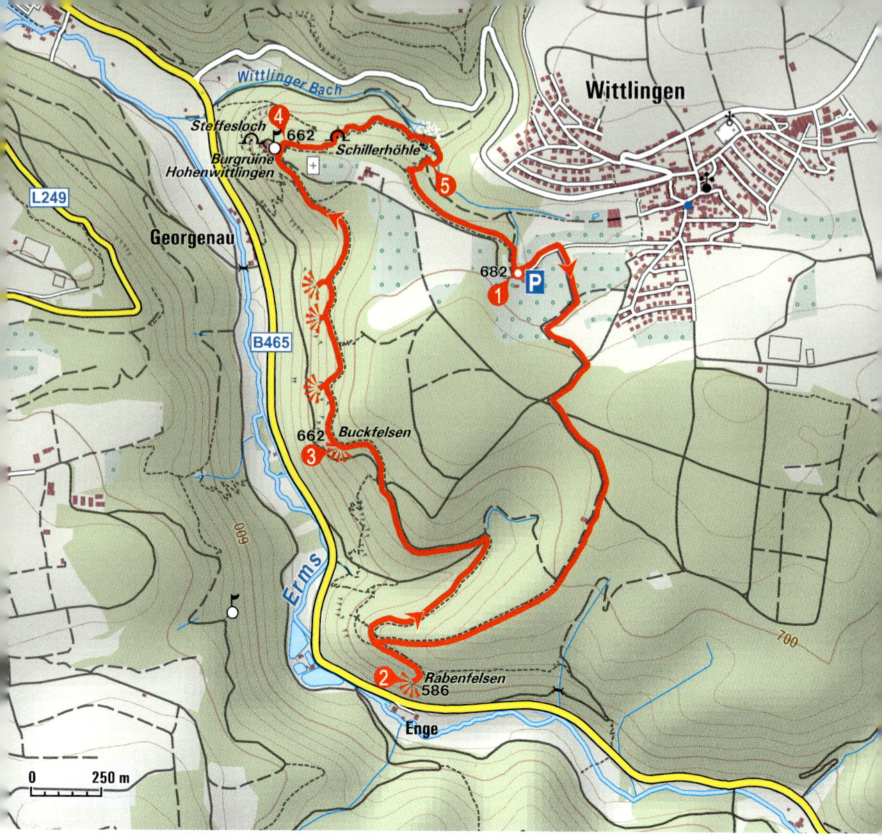

auf einen querenden Weg ein. Auf dem geht es nach links in Richtung Rabenfelsen und nach 200 m auf einen kurzen Abstecher nach rechts zum Felskopf der Rabenfelsen, die eingebettet in den Hangwald über dem Oberen Ermstal ruhen. Die **Rabenfelsen ❷** gewähren einen Blick ins noch junge Tal der Erms mit den Seen der Fischzucht und zur gegenüberliegenden Hangkante mit dem Schlupffelsen.

Wir wandern auf dem bekannten Weg zurück zur Verzweigung Ehemalige Burg Baldeck und folgen hier dem Weg entlang des Albtraufs geradeaus in Richtung Hohenwittlingen. Im herrlichen jungen Buchenwald geht es auf dem schönen Pfad leicht abschüssig zum Wanderstandort Talsteige und weiter geradeaus auf einem Waldweg, gekennzeichnet durch die gelbe Gabel. Wir lassen einen Abzweig nach links liegen und gelangen in wenigen Minuten zu den **Buckfelsen ❸**. Rastbänke laden zum Verweilen und zum stimmungsvollen Talblick ein. Die Aussichten vom Buckfelsen und den noch vor uns liegenden Felsköpfen über dem Ermstal sind einfach nett und beschaulich.

Wir nehmen den Weg geradeaus wieder auf und erreichen mit drei weiteren kurzen optionalen Abstechern auf die Felsköpfe entlang der Traufkante nach 1 km die **Burgruine Hohenwittlingen ❹**. Die ehemalige Burg ist eine klassische Spornburg auf einer Felsnase an der Einmün-

Verwunschene Wegabschnitte in der Klamm.

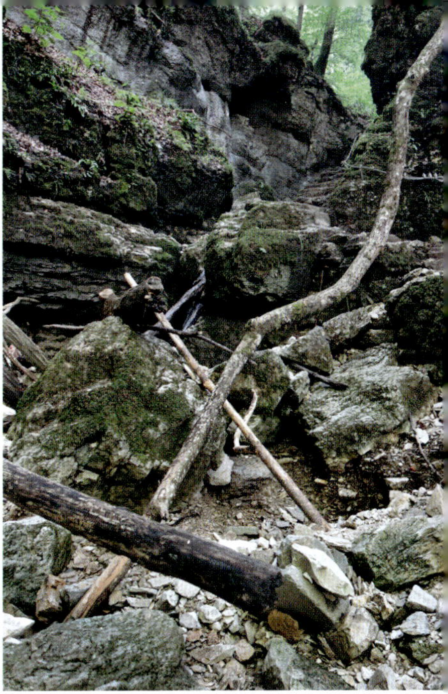

dung des Wittlinger Baches in das Ermstal. Von dieser strategisch günstigen Position kontrollierten einst die Burgherren das militärische und wirtschaftliche Geschehen im Tal. Die Ruine ist neu renoviert und kann seit 2022 wieder besichtigt werden – vor allem vom Bergfried kann man den Blick über die grünen Höhen der Mittleren Schwäbischen Alb schweifen lassen.

An der Grillstelle vorbei bleiben wir auf dem Weg am Trauf bis zum Wanderstandort Schillerhöhle. Hier beginnt ein abenteuerlicher Wanderabschnitt in das Kleinod der Wolfsschlucht. Ein Stufenweg führt nach links steil bergab zur Schillerhöhle, einem frei zugänglichen Refugium für Fledermäuse. In den Wintermonaten ist die Schillerhöhle zum Schutz der Tiere geschlossen. Ein Roman von Christian Weinland erzählt die Geschichte von Rulaman, einem steinzeitlichen Häuptling, der in der Schillerhöhle mit seinem Stamm lebte. Wir halten uns rechts auf einen steilen Pfad unterhalb der Felsen entlang und dringen tiefer in die wildromantische Klamm vor. Von einer Brücke über den Wittlinger Bach entdecken wir die geheimnisvolle Schönheit scheinbar unberührter Natur in der **Wolfsschlucht** ❺. Ein wilder, steiler Pfad führt bald im Einschnitt über die Sinterterrassen mit Seilführung und Eisenleiter hinweg und bergan aus der Klamm. An einem Querpfad geht es nach rechts neben einer Rastbank vorbei steil bergan zu einem Pfad oberhalb der Hangkante, dem wir nach links parallel zur Straße folgen. Der Pfad mündet auf einen breiten Weg ein, dem wir nach rechts zum **Parkplatz Hohenwittlingen** ❶ folgen. Dort beenden wir die erlebnisreiche und vielseitige Runde.

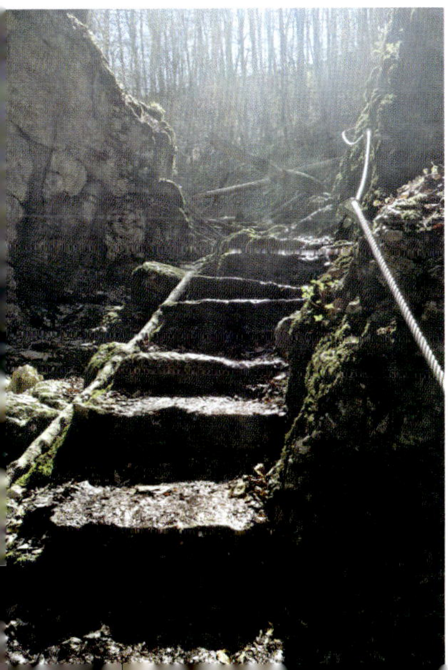

Romantischer Stufenweg im Bereich der Wolfsschlucht.

29 Buckleter Kapf

Aus dem Ermstal auf den Etzenberg

1.15 Std. | 3,3 km | ↗ 240 m | ↘ 240 m

Kurz aber oho: Wilde Stippvisite auf dem Buckleter Kapf

Der Buckleter Kapf ist ein wenig bekannter, aber sehr schöner Aussichtspunkt über dem Ermstal zwischen Dettingen a.d.Erms und Bad Urach. Bereits der Name »Kapf« verweist im alemannischen Sprachraum, also auch im Schwäbischen, auf eine Anhöhe mit Aussicht. Der Buckleter Kapf ist ein Vorsprung der Albhochfläche am Etzenberg zwischen Ermstal und einem Zufluss, dem Talgraben. Allerdings gelingt die Aussicht über das Ermstal, das Rossfeld und ins Albvorland Richtung Pfullingen und Metzingen bis zum Schönbuch nur, weil der Gipfel von Bäumen freigeschlagen wurde. Die Wege und Pfade auf den Albtrauf sind steil und manchmal auch etwas verwildert, dafür darf man am Ausguck die Ruhe und Stille in der Natur genießen.

Ausgangsort: Wanderparkplatz Buckleter Kapf, 488 m, Dettingen an der Erms.

Anfahrt: Ab Reutlingen auf der B28 Richtung Bad Urach, bis kurz nach Neuhausen. Dann abbiegen auf die L380a Richtung Dettingen a.d.Erms, weiter auf Metzinger Straße und Karlstraße durch Ortskern von Dettingen. Nach links auf die Ermsstraße und weiter nach rechts auf Hülbener Straße und Richard-Wagner-Straße zum Wanderparkplatz.

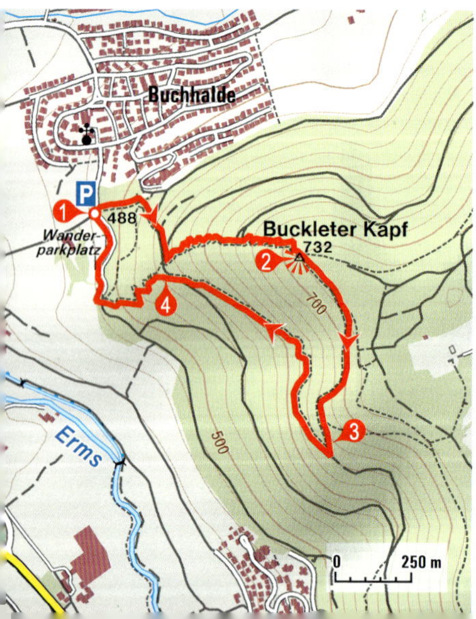

Mit ÖPNV ab Reutlingen mit der Ermstalbahn (RB63) in Richtung Bad Urach bis Bahnhof Dettingen a.d.Erms. www.bahn.de, www.naldo.de. Mit der Buslinie 101 bis Dettingen, Ortsteil Buchhalde, Haltestelle Beethovenstraße. Zu Fuß auf Richard-Wagner-Straße und Lorzingweg an den südlichen Ortsrand zum Wanderparkplatz (10 Min.).

Anforderungen: Im Bereich der steilen Auf- und Abstiege ist Trittsicherheit erforderlich.

Orientierung: Größtenteils auf nicht gekennzeichneten Wegen und Pfaden, die jedoch keine besonderen Herausforderungen an die Orientierung stellen.

Einkehr: Eine Auswahl in Dettingen: Gasthaus Traube, Hotel Restaurant Metzgerei Rößle, Bella Italia, www.bella-italia-dettingen.de. Gasthaus Ochsen, www.ochsen-dettingen.de.

Übernachtung: Eine Auswahl in Dettingen: Gasthaus Traube, www.gasthaus-traube-dettingen.de. Hotel Krone, Tel. +49 7123 947 3096. Hotel Restaurant Metzgerei Rößle, www.hotel-metzgerei-roessle.de.

Tipp: Kann mit Tour 26 verbunden werden.

Karten: Freizeitkarte F52 Bad Urach, 1:50.000, LGL Baden-Württemberg, www.lgl-bw.de.

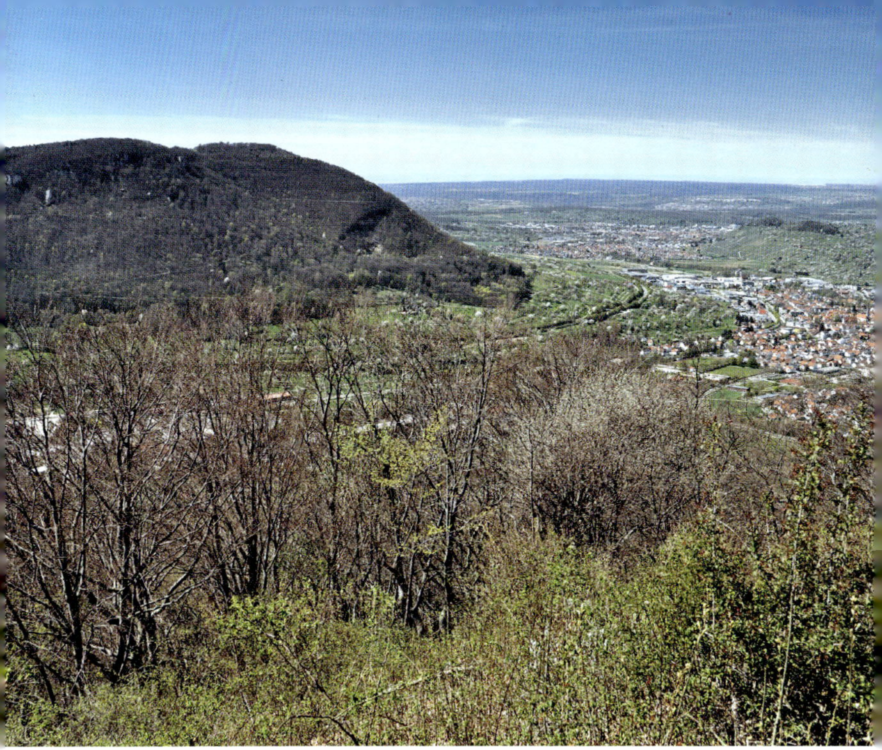

Ermstalblick vom Buckleter Kapf.

Zu dieser kurzen Wanderung starten wir am **Wanderparkplatz Buckleter Kapf ❶**, der am Ortsrand von Dettingen a.d. Erms und am Fuße des steilen Traufanstiegs liegt. Direkt bei einer Informationstafel am Wanderstandort Garten Eden nehmen wir den steilen, geschotterten Weg bergan. Auf dem nicht bezeichneten Weg gewinnen wir rasch an Höhe und orientieren uns kurz vor dem Waldrand auf einen Pfad nach rechts. Dieser aufgelassene, in Vergessenheit geratene Pfad ist ebenfalls nicht gekennzeichnet und mündet nach gut 100 m auf einen geschotterten Waldwirtschaftsweg. Wir wenden uns nach rechts und folgen dem Weg rund 100 m. Von links mündet ein breiter Schotterweg ein und nach wenigen Metern zweigt nach links ein Pfad ab. Auf diesem steigen wir immer geradeaus im Zickzack durch den Hangwald steil bergan. Mittlerweile sind wir in die Kernzone Nägelesfelsen-Eichhalde im Biosphärengebiet Schwäbische Alb eingedrungen. Sie ist eine der 27 Kernzonen des Biosphärengebietes. Der Bannwald entlang der Traufkante zwischen Buckleter Kapf und Bad Urach ist eine Seltenheit, denn er wurde bereits seit 1924 sich selbst überlassen und zählt damit zu den urtümlichsten Waldarealen auf der Schwäbischen Alb. Der Name Nägelesfelsen stammt übrigens von der vom Aussterben bedrohten Pfingstnelke, die auch Felsennägele genannt wird.

Bereits nach gut 30 Min. haben wir den Vorsprung des Etzenberges, wie der Sporn der Albhochfläche hier genannt wird, erreicht und können

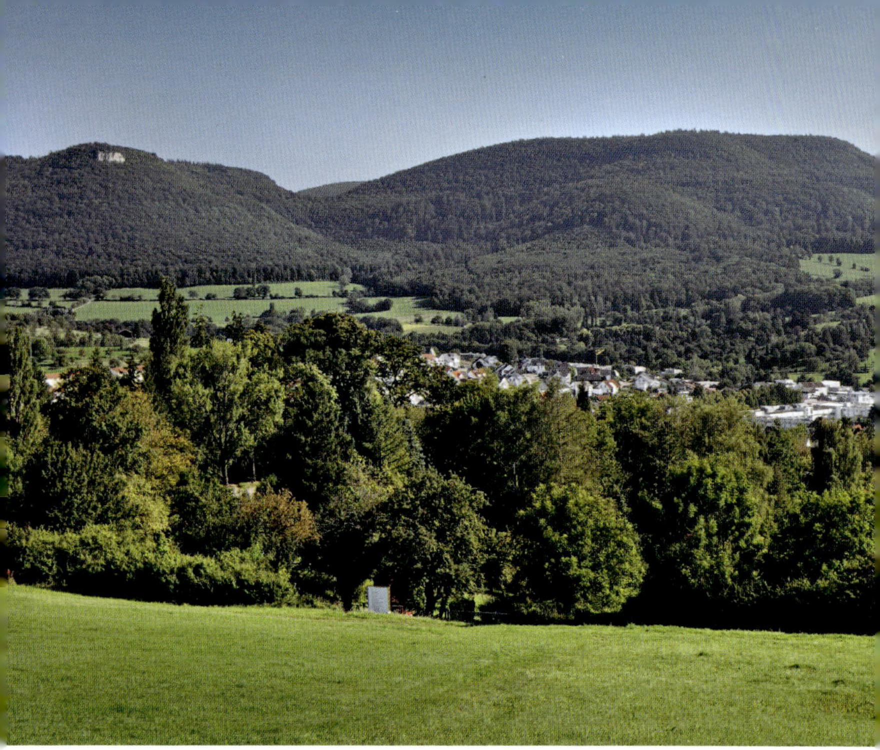

Blick über das Ermstal hinweg auf den Galgenberg.

vom **Buckleter Kapf** ❷ die Aussicht entlang des Ermstals in nordwestliche Richtung bis zum großen zusammenhängenden Forstgebiet des Schönbuchs und zum dicht besiedelten Raum von Pfullingen und Reutlingen genießen. Nun wenden wir uns mit Blick ins Ermstal nach links auf einen mit der roten Gabel gekennzeichneten Pfad, der entlang der Traufkante verläuft. Nach 200 m orientieren wir uns an einer Gabelung nach rechts in Richtung Parkplatz Kurzentrum auf einen abschüssigen Weg, der mit dem gelben Ring markiert ist. Nach knapp 15 Min. auf diesem abschüssigen Wanderweg dürfen wir eine Abzweigung ❸ nach rechts nicht verpassen. Im spitzen Winkel geht der nicht bezeichnete Pfad zunächst eben parallel zum Hang durch den Laubmischwald. Er ist sehr schmal, aber nicht ausgesetzt und gut begehbar. Allmählich wird er deutlich abschüssig und trifft schließlich auf eine **Schotterpiste** ❹. Wir queren den breiten Waldwirtschaftsweg geradeaus und absolvieren den letzten steileren Abschnitt des Abstiegs von der Albkante auf einem nicht gekennzeichneten Pfad, der in kleinen Serpentinen durch den Hang führt. Schließlich mündet der Pfad in der Talsohle am Waldrand auf eine schmale Straße, der wir nach rechts zurück zum **Wanderparkplatz** ❶ folgen.

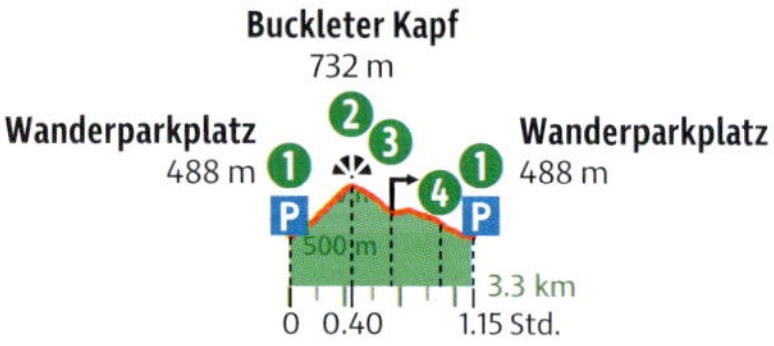

Burg Hohenneuffen

Traumkulisse von der Höhenburg

30

2.15 Std. | 6,7 km | ↗300 m | ↘300 m

Geschichtsträchtige Runde am Albtrauf

Der Hohenneuffen ist die größte Burgruine im Ländle. An diesem geschichtsträchtigen Ort wurde der Südweststaat geboren. Aber hübsch der Reihe nach, denn bereits in der Jungsteinzeit vor rund 4000 Jahren existierte eine Siedlung in geschützter und luftiger Lage auf dem Felssporn – wie auch die Knochen- und Werkzeugfunde der nahen Barnberghöhle belegen. Im Mittelalter wurde die mächtige Burg Hohenneuffen zum kulturellen Zentrum der höfischen Kultur und des Minnesangs. Die Burg galt als uneinnehmbar und wurde im Dreißigjährigen Krieg über 15 Monate erfolglos belagert. Später diente sie als Brandwache, als Landesgefängnis und den Bewohnern der Umgebung als bequemer Steinbruch zum »Häuslesbau«. Trotzdem strahlen die Festungsmauern und Teile der einstigen Gebäude noch heute mittelalterliches Ambiente aus. Im Jahre 1948 trafen sich auf dem Hohenneuffen die Ministerpräsidenten der südwestdeutschen Länder zu einem ersten sondierenden Gespräch. Diese Dreiländerkonferenz markiert den Beginn der jahrelangen Gespräche um die Bildung des Südweststaates Baden-Württemberg, der 1952 schließlich aus der Taufe gehoben wurde. Heute werden hier gerne mittelalterliche Märkte abgehalten, Hochzeiten gefeiert oder es wird einfach im Burghof gemütlich gespeist. Über den Bauernlochberg mit der Barnberghöhle führt die Wanderung auf den exponierten Kalkfelsen zum Aussichtshighlight über dem hübschen Ort Neuffen. Die Burg Hohenneuffen bietet sagenhafte Weitblicke entlang des Albtrauf über das gesamte nördliche Vorland, die Filderebene zum Schönbuch und in die Region Stuttgart. Auf dem Rückweg durchstreift die Tour das Naturschutzgebiet Neuffener Heide und führt zur wilden Quelle der Steinach im der kleinen Bauerloch-Karsthöhle auf dem Bauernlochberg.

Ausgangsort: Parkplatz Sieben Linden, 510 m, an der L1250 bei Neuffen.
Anfahrt: Von der Autobahn A8, Ausfahrt 57 Kirchheim unter Teck-Ost auf B465 in Richtung Lenningen. In Owen rechts auf L1210, durch Neuffen und rund 1 km nach Ortsausgang auf Parkplatz nach links.
ÖPNV: mit der Tälesbahn RB65 ab Nürtingen nach Neuffen. www.weg-bahn.de. Weiter zu Fuß auf Albstraße in südöstliche Richtung bis Parkplatz Sieben Linden (30 Min.).
Anforderungen: Keine.
Orientierung: Keine besondere Herausforderung an die Orientierung auf nicht gekennzeichneten und mit rotem Dreieck und gelbem Ring markierten Pfaden und Wegen.
Einkehr: Burgrestaurant Hohenneuffen, www.hohenneuffen.de. Neuffen: La Fontana, www.la-fontana-neuffen.de. Hotel/Restaurant Taube, Sa./So. geschl. Wirtshaus/Café HIPO15, Mo./Di. geschl., www.hipo15.de. Pizzeria Bären, Di. Ruhetag, www.ristorante-pizzeria-bären.de.
Übernachtung: Neuffen: Hotel/Restaurant Taube, www.traube-neuffen.de. Hotel Garni Hartmann, www.hotel-garni-hartmann.de.
Tipp: Taschenlampe einstecken für Barnberghöhle.
Karten: Freizeitkarte F524 Bad Urach, 1:50.000, LGL Baden-Württemberg, www.lgl-bw.de.

Auf interessanten und schönen Umwegen geht es an dem **Parkplatz Sieben Linden ❶** los zur Burg Hohenneuffen. Bereits vom Parkplatz sieht man die Burg auf dem Felssporn in luftiger Höhe, wie sie über den Bauerlochberg mit der Neuffener Heide und der hübschen Ortschaft Neuffen wacht. Wir gehen an einer Schranke und einer Informationstafel vorbei und halten uns an der Weggabelung nach rechts in Richtung Burg Hohenneuffen. Auf dem breiten Waldweg, der alten Steige, wandern wir bergan. An einem Abzweig halten wir uns nach links und gewinnen im Mischwald an Höhe. An einem querenden Wirtschaftsweg ohne Markierung halten wir uns nach rechts und folgen diesem leicht abschüssig bis kurz vor der Landesstraße, die sich in engen Kurven über den steilen Albaufstieg windet. Es geht nach links auf einen Pfad, der ohne Kennzeichnung als Serpentinenweg durch den Hangwald bergan führt und unmittelbar zur **Barnberghöhle ❷** führt. Die Karsthöhle ist frei zugänglich und führt 46 Meter tief durch den Felsen. Mit Hilfe einer Taschenlampe kann die Höhle außerhalb der winterlichen Fledermausschutzzeit erkundet werden. Die Barnberghöhle diente während der Steinzeit als Wohnhöhle, wie Werkzeug- und Knochenfunde belegen.

Zurück aus dem Untergrund im Tageslicht geht es auf einen Pfad nach rechts, der entlang einer Felskante bergan führt. Nach wenigen Minuten treffen wir am Albtrauf auf einen breiten, mit dem gelben Ring bezeichneten Weg, dem wir nach links folgen. Nun wandern wir auf der Albhochfläche stets entlang des Albtraufs, bis wir nach rund 500 m an dem Wanderstandort Beim Molachsee nach links auf den Schwäbische-Alb-Nordrandweg, den HW1, treffen. Wir wenden uns kurz nach links und sogleich wieder nach rechts auf den Weg, der unmittelbar entlang der Traufkante verläuft. Parallel dazu führt der Schwäbische-Alb-Nordrandweg einige Meter weiter auf der Hochfläche auch in Richtung Burg Hohenneuf-

»Scho schee«, der Weitblick vom Hohenneuffen.

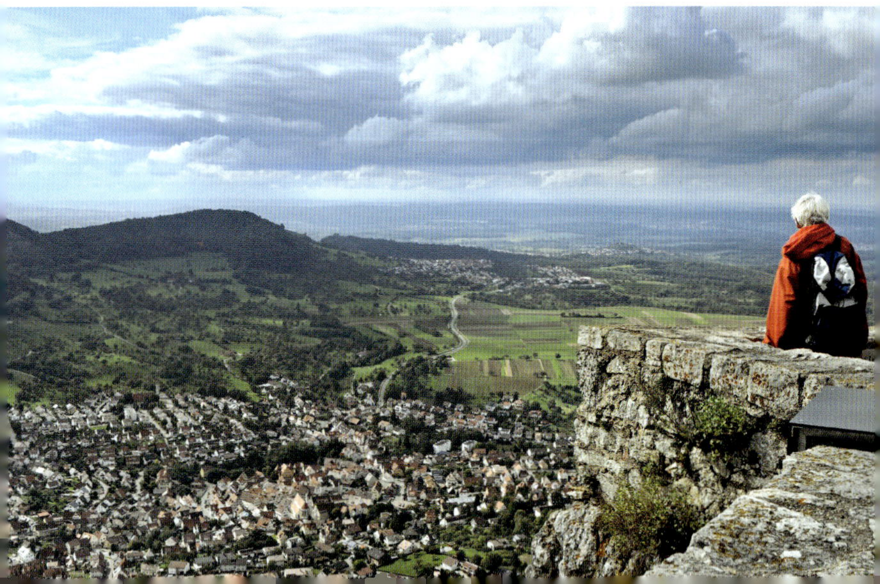

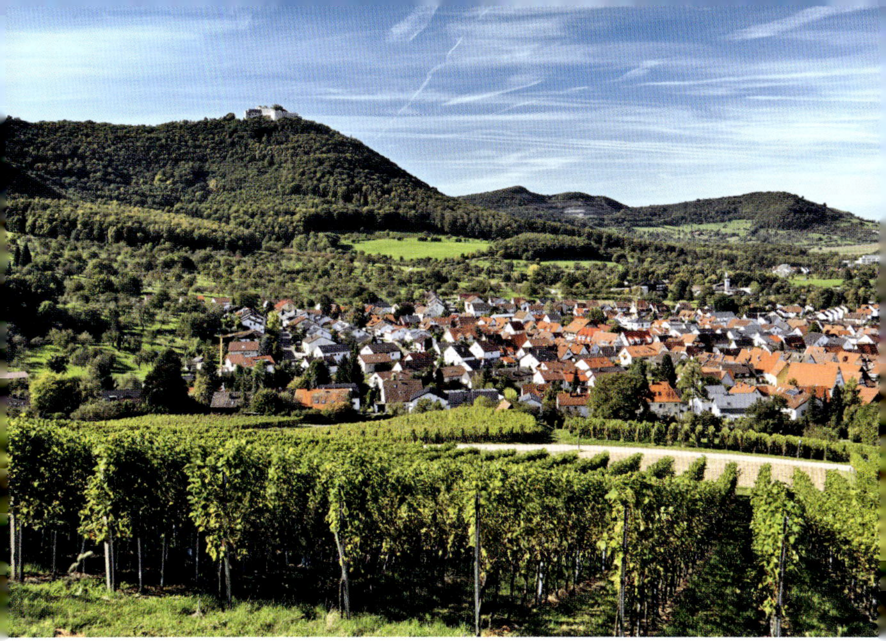

Über dem Dorf Neuffen erhebt sich der Hohenneuffen mit seiner Burgruine.

fen. Auf unserem Weg passieren wir einen hübschen Aussichtsfelsen mit Blick auf Neuffen und die Streuobstwiesen des Albvorlandes. Unser Weg mündet auf den HW1 nach links ein. Wir passieren den kleinen Molachsee, der sich rechts auf der Lichtung befindet. Dabei handelt es sich um eine geologische Besonderheit: Ein Schlot des Schwäbischen Vulkangebietes ist bis zur Oberfläche durchgedrungen und ermöglicht die Ansammlung von Wasser. Daneben versickern die Niederschläge sehr schnell im karstigen Kalkgestein. Hier konnte sich aber ein kleines Feuchtgebiet entwickeln – eine Seltenheit auf der Schwäbischen Alb.

Weiter geht es zum Startplatz für Gleitschirmflieger, einem wunderbaren Platz, nicht nur um mit dem Blicken den bunten Schirmen in den Himmel zu folgen, sondern auch um die Burg Hohenneuffen schon aus nächster Nähe zu bestaunen. Am Wanderstandort Bei der Schanze, mit Unterstand und Grillplatz, orientieren wir uns nach links und gehen stets geradeaus entlang der Traufkante. Wir passieren den großen Hohenneuffen-Parkplatz, bis unmittelbar unterhalb des Burgfelsens der gepflasterte Burgweg nach links abzweigend beginnt. Auf diesem geht es nun die letzten Höhenmeter an der Stauferstele vorbei zur Burg-

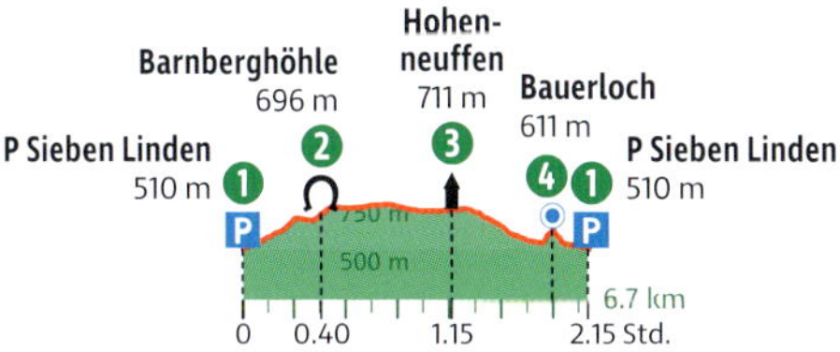

Erleichterter Wegverlauf an den Trauffelsen.

mauer. Durch das Burgtor gelangen wir in die großzügige und verwinkelte Anlage der **Burg Hohenneuffen** ❸ mit dem Burghof, Restaurant; Picknickplätzen und Aussichtsterrassen. Von hier entfaltet sich die harmonische Vielfalt der Stauferalb: Von der geschwungenen Albkante mit den steilen bewaldeten Hängen auf die Dörfer im Vorland, umgeben von Streuobstwiesen und dem dicht besiedelten Großraum Stuttgart.

Wir verlassen die geschichtsträchtige Burg und marschieren auf dem Pflasterweg bergab zum Wanderstandort Burgweg. Hier biegen wir nach rechts auf einen breiten Weg ab, der in Richtung Neuffener Heide führt und sogleich geht es nach rechts auf einen nicht bezeichneten Pfad. Mit moderatem Gefälle wandern wir bergab, halten uns an einer Verzweigung nach links und treffen auf einen breiten geschotterten Weg (gelber Ring), auf dem wir weiter absteigen. Wir wenden uns an dem ersten links abzweigenden Pfad in Richtung Neuffener Heide und nach wenigen Metern am Wanderstandort Obere Schlossallee nach links in Richtung Parkplatz Sieben Linden. Mit Blick auf den Halbtrockenrasen des Naturschutzgebietes Neuffener Heide kommen wir nach 10 Min. zur wilden Steinach.

Hier bietet sich ein Abstecher zum Bauerloch ein. Direkt dem Bacheinschnitt folgend geht es nach links zur Karstquelle, die aus einer kleinen Höhle, dem **Bauerloch** ❹, strömt. Auf demselben Pfad wieder zurück folgen wir dem Hauptweg nach links und gelangen nach wenigen Minuten zurück zum **Parkplatz Sieben Linden** ❶, wo wir unsere Hohenneuffen-Runde schließen.

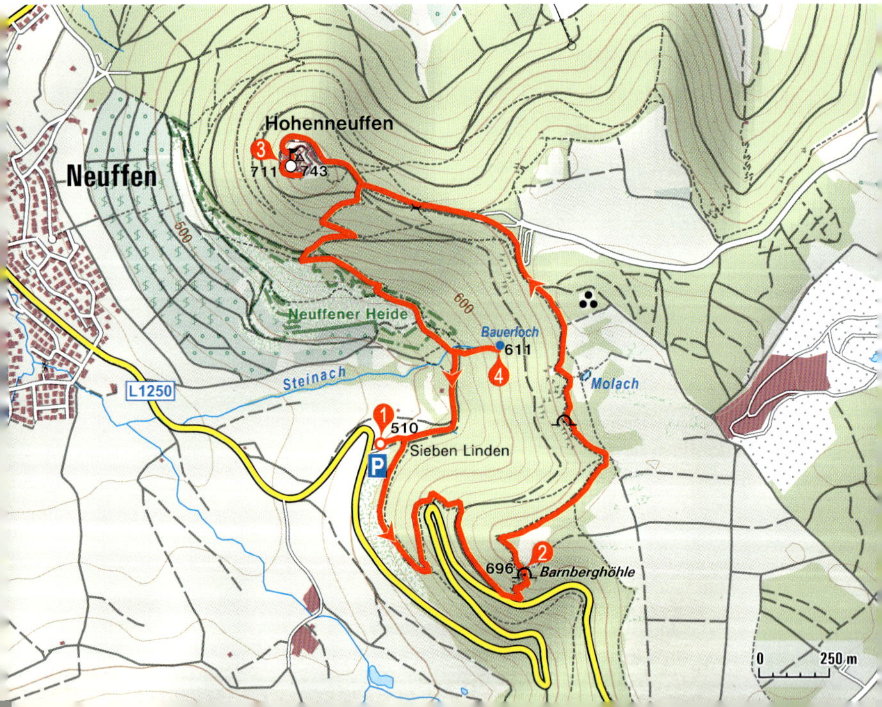

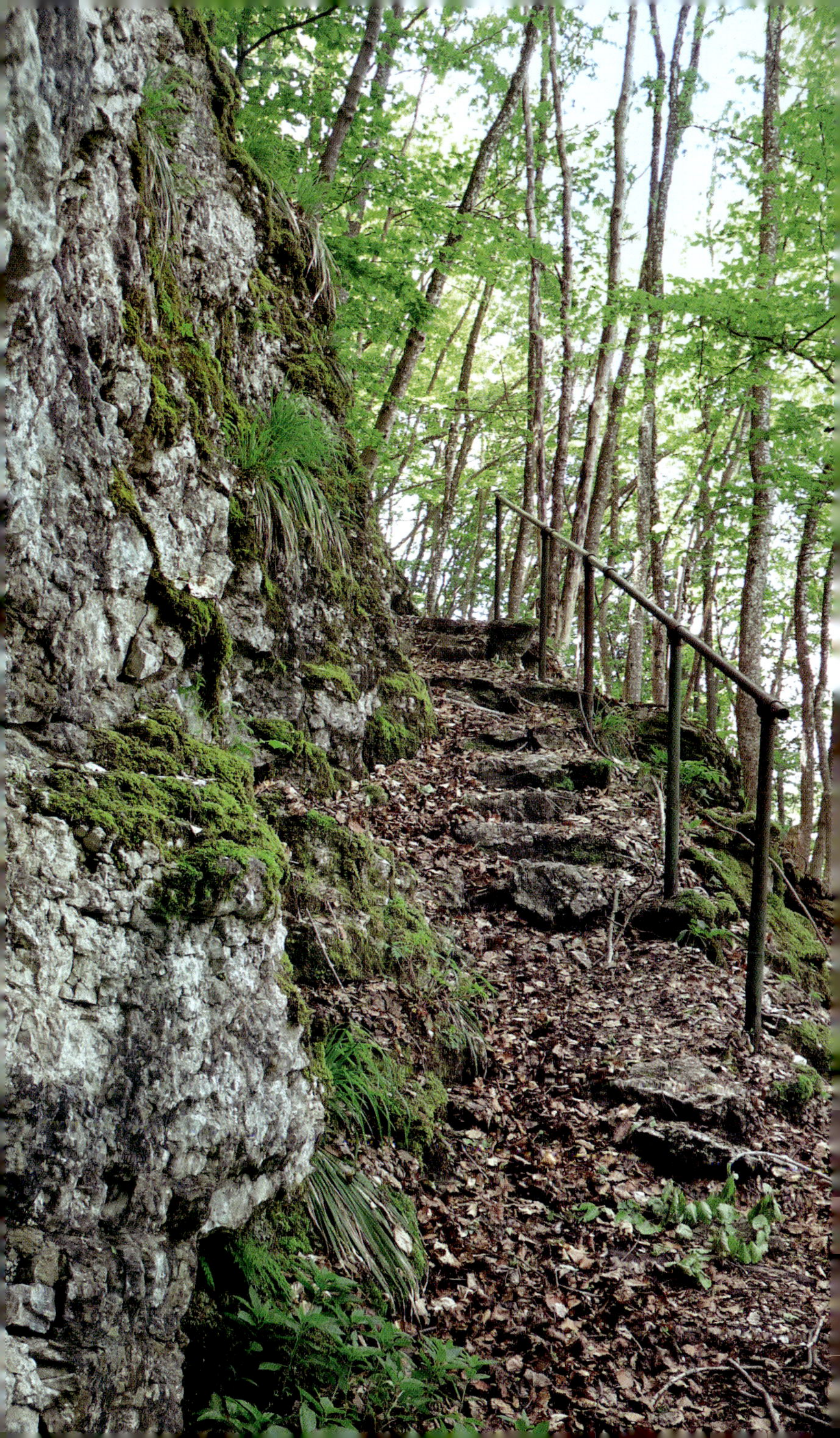

31 Bassgeige

Vom Heidengraben zum Brucker und Beurener Fels

2.15 Std. | 7,1 km | ↗ 260 m | ↘ 260 m

Zeitreise auf der Berghalbinsel

Zwischen dem Lenninger Tal und Beuren befindet sich ein besonders markantes Gebiet des Albtraufs, die Bassgeige. Aus der Luft betrachtet, erinnert der Umriss des Traufs an das Musikinstrument. Die Enden der Bassgeige werden markiert vom Brucker und Beurener Fels. Von den Felsköpfen bieten sich umwerfende Blicke auf die Burg Teck, den Hohenneuffen, zum Schwarzwald und manchmal sogar bis zu den Vogesen. Die besondere Lage der Bassgeige nutzten die Kelten als natürliche Befestigung und gründeten im 1. Jahrhundert v. Chr. auf der Berghalbinsel eine der bedeutendsten Siedlungen auf dem europäischen Festland, den sogenannten Heidengraben. Der schmale Streifen, durch den die Bassgeige mit der Albhochfläche in Verbindung steht, konnte gut mit Wällen, Gräben und Toren gesichert werden. Auf der Wanderung über die Bassgeige begegnet man der landschaftlichen Vielfalt der nördlichen Schwäbischen Alb mit den Aussichtsfelsen, der steilen bewaldeten Traufkante, der blumengeschmückten Hochfläche. Hier trifft Geschichte auf herrliches Naturerlebnis.

Das Freilichtmuseum Beuren lohnt einen Besuch.

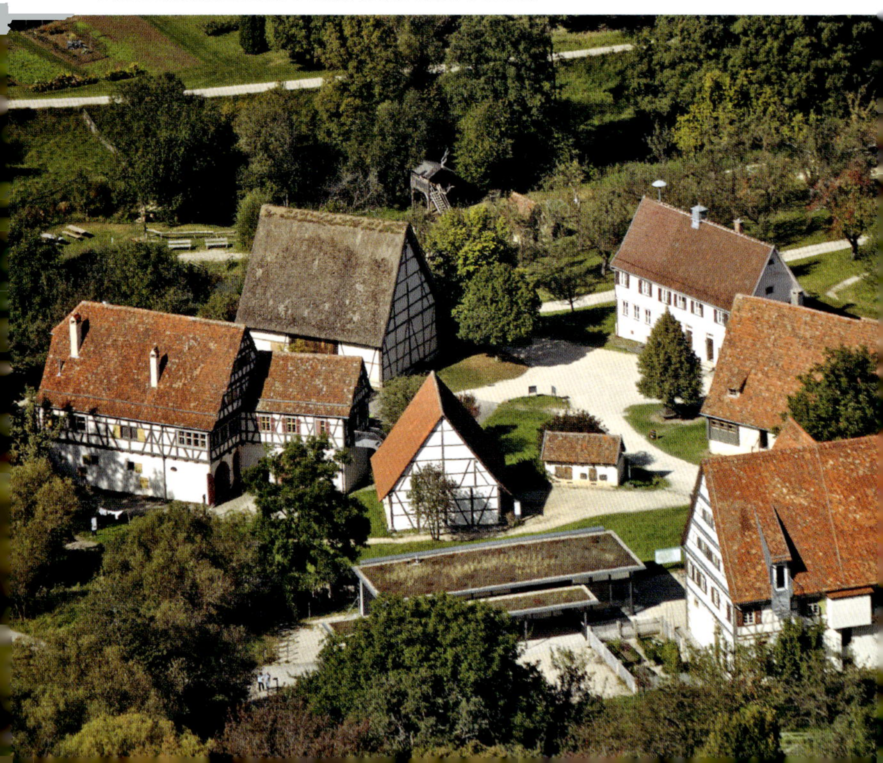

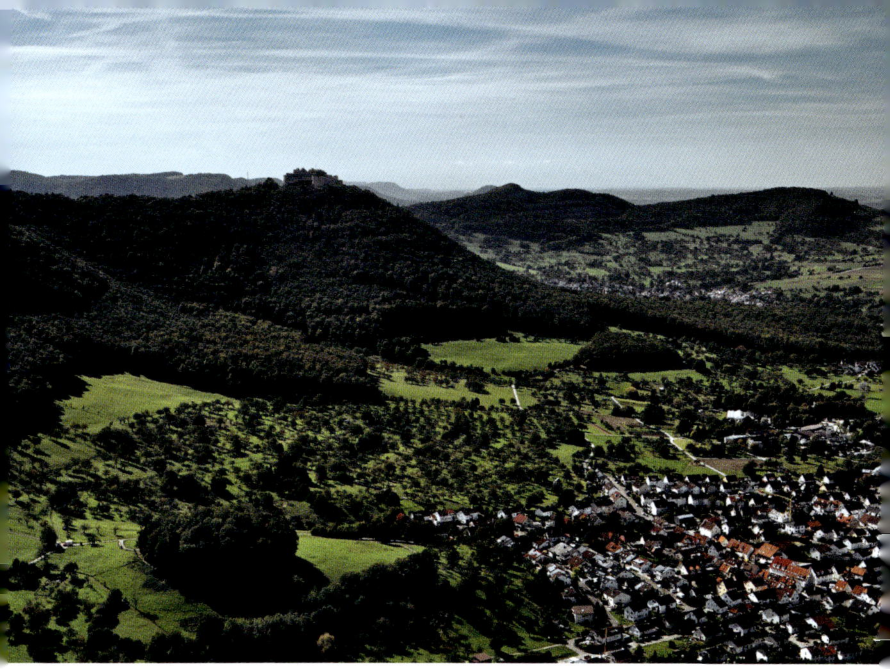

Von der Bassgeige schweift der Blick weit entlang des grünen Albtraufs.

Ausgangsort: Parkplatz am Alten Sportplatz, 547 m, bei Beuren an der K1262.
Anfahrt: Von der Autobahn A8, Ausfahrt 57 Kirchheim unter Teck-Ost auf B465 in Richtung Lenningen in Owen rechts auf die L1210 Richtung Beuren. Vor Beuren nach links auf die K1262, die Weiler Steige, in Richtung Erkenbrechtsweiler. Nach 850 m Parkplatz auf der linken Seite.
ÖPNV: mit der Tälesbahn RB65 ab Nürtingen nach Neuffen. www.weg-bahn.de. Mit den Buslinien 179 und 199 bis Beuren, Haltestelle Beurener Steige. Zu Fuß auf Weiler Steige in südöstliche Richtung bis zum Parkplatz am Alten Sportplatz geradeaus (10 Min.).
Anforderungen: Keine.
Orientierung: Keine besondere Herausforderung. Hauptsächlich auf mit rotem und blauem Dreieck gekennzeichneten Wegen und Pfaden.
Einkehr: In Beuren: Storchennest, Do. geschl., www.storchennest.metro.bar. La Piccola Trattoria, Mi. geschl., Tel. +49 7025 9116890. Hotel/Restaurant Beurener Hof. Schlosscafé, Mi. Ruhetag, www.schlosscafe-beuren.de.
Übernachtung: In Beuren: Hotel/Restaurant Beurener Hof, www.beurener-hof.de. Zahlreiche Gästehäuser und Ferienwohnungen.
Tipp: Besuch in der Panorama Therme Beuren, www.panorama-therme.de.
Karten: Freizeitkarte F524 Bad Urach, 1:50.000, LGL Baden-Württemberg, www.lgl-bw.de.

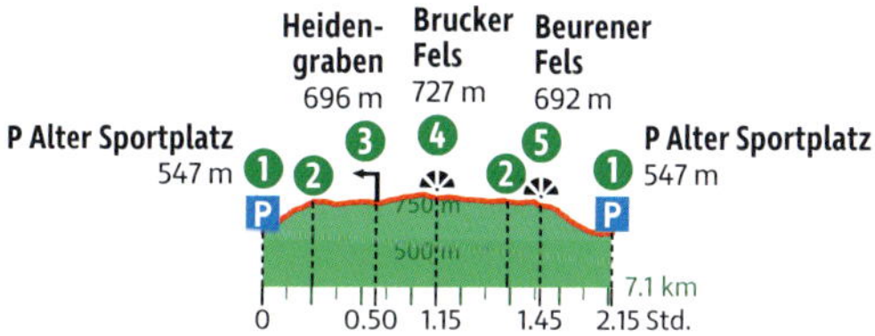

Den Aufstieg zur Bassgeige beginnen wir am **Parkplatz Alter Sportplatz ❶** von Beuren. Vom Parkplatz an der Weiler Steige gehen wir auf die Sportanlagen zu und biegen nach rechts auf einen Pfad ab, der Richtung Erkenbrechtsweiler beschildert ist. Ohne weitere Markierung führt der Pfad durch den Hangwald steil bergan. Dabei ignorieren wir zwei Abzweigungen nach links und gelangen so auf direktem Weg hoch zur Hangkante beziehungsweise zur **Albhochfläche ❷**. Wir treffen auf einen breiten Wanderweg, auf dem wir kurz nach rechts und nach wenigen Metern nochmals nach rechts auf einen Pfad einschwenken. Der ansteigende Pfad wird rasch flacher, verläuft durch ein lichtes Waldareal und tritt nach 300 m aus dem Wald heraus. Nun geht es auf der Albhochfläche auf einer Wiesenspur entlang dem Waldsaum geradeaus. Nach gut 500 m knickt die Wiesenspur im rechten Winkel nach links ab und mündet auf einen Asphaltweg ein. Wir folgen dem Weg kurz nach rechts bis zur Gabelung am Parkplatz Bassgeige. Wir befinden uns hier im Bereich des sogenannten Heidengrabens, der Wall- und Grabenanlagen einer keltischen Siedlung. Informationstafeln erklären die Bauweise dieses keltischen Oppidums.

Am Parkplatz geht es nach links auf dem Wirtschaftsweg auf den Waldrand zu. Rechts in der Wiese ist ein sogenanntes Zangentor rekonstruiert worden. Dies bildete einen gesicherten Durchgang zwischen der Keltensiedlung und dem Umland und kann frei im Gelände besichtigt werden. An dem Wanderstandort **Heidengraben ❸** orientieren wir uns nach links und folgen nun dem Schwäbische-Alb-Nordrand-Weg (HW1), der mit dem roten Dreieck markiert ist, bis zum Brucker Fels. Dabei führt der Weg vom Waldrand wieder in den lichten Mischwald hinein, am Halsenbrünnele vorbei und folgt der Traufkante zu einem Miniabstecher nach rechts einige Stufen hoch zum Friedrichsfelsen. Dieser gewährt uns einen netten Blick ins

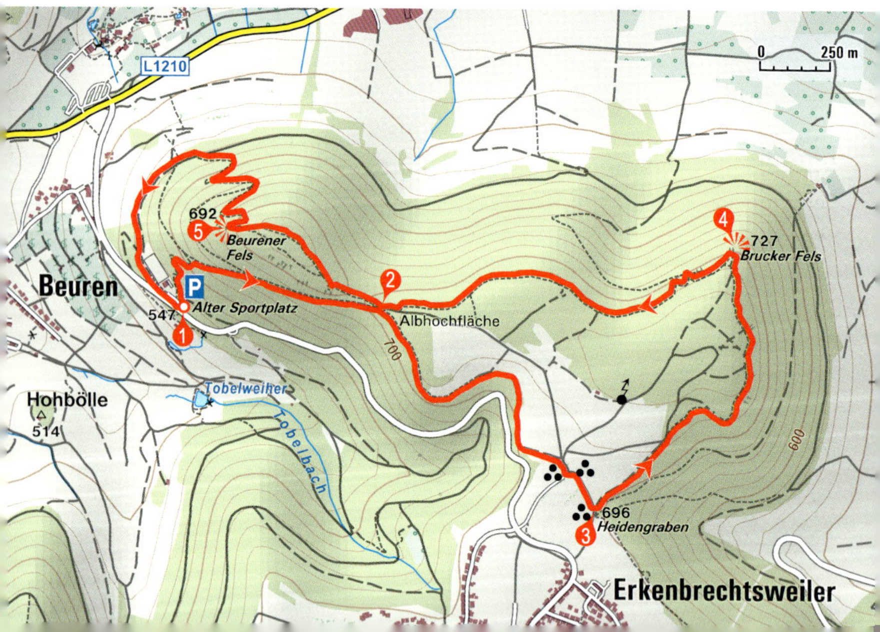

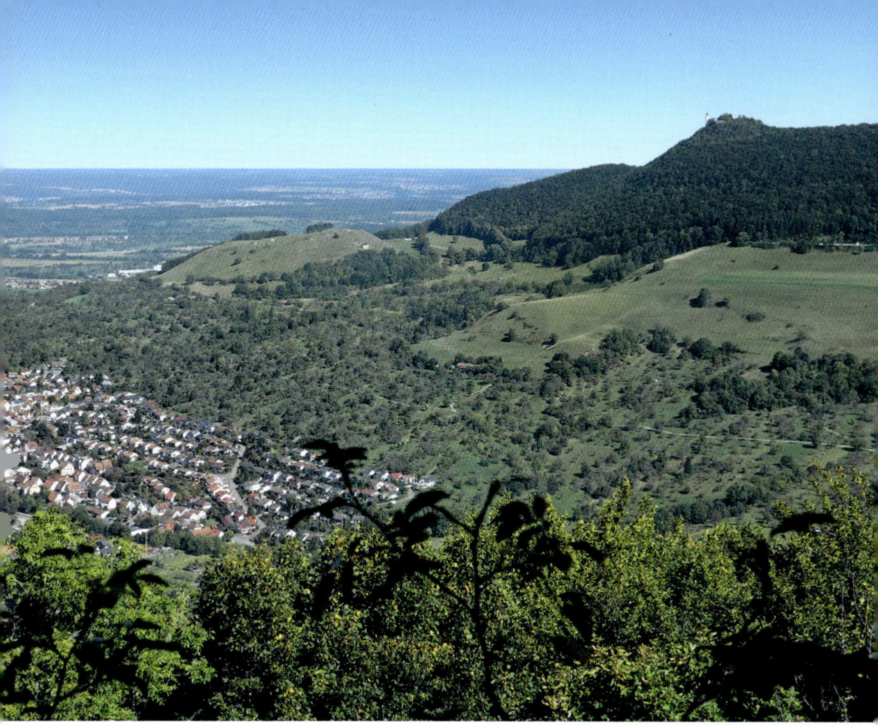

Die Burg Teck im Visier.

hübsche Lenninger Tal. Weiter geradeaus gelangen wir zum **Brucker Fels ❹**. Der nordöstliche Felskopf mit Sitzgelegenheit bietet einen umwerfenden Panoramablick entlang der Albkante, rüber zur Burg Teck und über das weite Vorland.

Wir folgen dem Pfad auf der Hochfläche der Bassgeige, wenden uns an der Gabelung nach links in Richtung Beurener Fels, unserem nächsten Etappenziel. Nun werden wir vom blauen Dreieck begleitet. Es ergeben sich noch zwei kurze Abstecher auf zwei Aussichtspunkte, wobei die Sicht am Brucker Fels eindeutig mehr zu bieten hat. Durch das Waldareal münden wir am Wanderstandort Schlupffels Ost auf einen breiten Weg, auf dem wir nach rechts weiterwandern. Am Schlupffels vorbei – dieser markiert die »Taille« der Bassgeige – geht es an der Beurener Felshütte vorbei zum westlichen Ende der Bassgeige, das vom **Beurener Fels ❺** gebildet wird. Am Felssporn liegt uns die schöne Stauferalb zu Füßen: über die Gemeinde Beuren im Tal, zur Burg Hohenneuffen und weiter dem Albtrauf folgend bis hinüber zum Schwarzwald, und an guten Tagen können sogar die Vogesen erahnt werden, munkelt man.

Zurück vom Beurener Fels verlassen wir nun das Albplateau nach links auf einen Pfad (blaues Dreieck) in Richtung Beuren. Der gut angelegte Zickzackweg bringt uns rasch vom Trauf bergab. An dem Wanderstandort Beurenberg halten wir uns nach links und folgen nun dem breiten Weg entlang des Bergfußes geradeaus zurück zu den Sportplätzen und damit zu unserem Ausgangsort und **Parkplatz Alter Sportplatz ❶**.

32 Schreckenfels und Falkensteiner Höhle

Eine Felsnase und ein unterirdischer Fluss

TOP | 2.30 Std. | 7,0 km | ↗ 270 m | ↘ 270 m

Ungezähmtes Naturerleben bei Grabenstetten

Nur einen Steinwurf von Grabenstetten entfernt, verbirgt sich im steil eingeschnittenen Talschluss der Schwarzen Lauter eine urwüchsige und wilde Landschaft. Einzelne Felsbrocken liegen neben hoch aufragenden Kalkwänden, vermoosten Baumstämmen, entwurzelten Bäumen und querliegendem Geäst im schmalen Taleinschnitt, der hier auch den Albtrauf bildet. Die Kleine und die Große Schrecke, wie diese ursprünglichen Seitentäler genannt werden, sind ein wilder, abenteuerlicher und beeindruckender Flecken auf der Schwäbischen Alb. Überragt wird dieser verwunschene Ort vom Schreckenfels, einer Felsnase, die keck in den Talschluss ragt. Von diesem ehemaligen Schwammriff ergeben sich hübsche Blicke in die Kleine und die Große Schrecke. Über die schmale Verbindung der Grabenstettener Berghalbinsel mit dem Körper der Schwäbischen Alb geht es hinab zum Talschluss der Elsach und damit zur Falkensteiner Höhle. Diese aktive Wasserhöhle zählt zu den längsten Höhlen der Schwäbischen Alb. Die Niederschläge versickern, sammeln sich im Untergrund und treten im Gang der Falkensteiner Höhle als Elsach ins Freie. Das Höhlenportal ist in seiner Größe sehr imposant und ermöglicht einen Blick in das Innenleben der Höhle. Mit einer Taschenlampe ausgerüstet, ist es je nach Wasserstand möglich, einige Meter der Elsach in den dunklen Bauch der Schwäbischen Alb zu folgen. Es ist nicht verwunderlich, dass sich um diese Höhle mit dem riesigen, tiefen und dunklen Schlund zahlreiche Legenden und Geschichten ranken. In der Höhle wurde nach Gold gegraben und der Eingang zur Hölle oder zumindest in eine mystische Unterwelt vermutet. Eine wilde, überraschende, vielfältige und abenteuerliche Tour auf der Stauferalb.

Ausgangsort: Parkplatz am Ortsrand von Grabenstetten, 688 m.

Anfahrt: Von der A8, Ausfahrt 57 Kirchheim unter Teck-Ost auf B465. Hinter Oberlenningen rechts auf L211 nach Grabenstetten, im Ort links Richtung Kläranlage zum Wanderparkplatz.

ÖPNV: Ab Bad Urach mit der Buslinie 100 bzw. 173 bis Grabenstetten, Haltestelle Kirche in der Ortsmitte. Zu Fuß auf Böhringer Straße Richtung Rathaus, links in Hofener Weg bis zur Kläranlage. Diese nach links umgehen zum Wanderparkplatz.

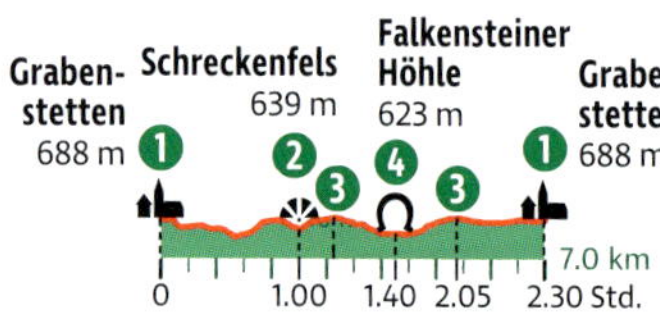

Anforderungen: Trittsicherheit, bedingte Schwindelfreiheit, und Freude am Kraxeln im steilen und unwegsamen Gelände.

Orientierung: Keine besondere Herausforderung an die Orientierung, auch nicht auf den unmarkierten und aufgelassenen Wegen.

Einkehr/Übernachtung: In Grabenstetten Bäckerei Ladner's Ochsen Beck, +49 7382 1817, www.ochsenbeck.de. Gasthaus zum Lamm, Mo. Ruhetag, Tel. +49 7382 823, www.lamm-grabenstetten.de.

Karten: Freizeitkarte F524 Bad Urach, 1:50.000, LGL Baden-Württemberg, www.lgl-bw.de.

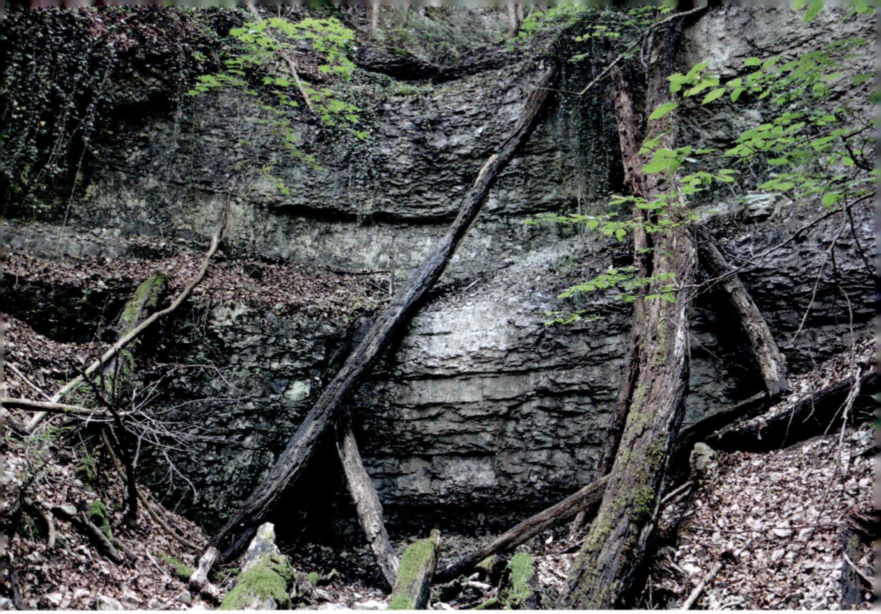

Wilde Natur im Bannwald.

Vom **Parkplatz am Ortsrand von Grabenstetten ❶** wandern wir auf einem Feldweg zwischen den Streuobstwiesen und dem Waldrand des herrlichen Buchenmischwaldes auf die Traufkante zu. Hier treffen wir auf die Überreste einer ehemaligen Spornburg, der Ruine Hofen. An den Grundmauern vorbei, ignorieren wir einen abzweigenden Pfad nach rechts und gehen geradeaus auf einem steilen Serpentinenpfad. Nach Kurzem mündet der Abstiegspfad auf einen sehr schmalen Pfad ein. Hier wenden wir uns nach rechts und folgen dem unmarkierten Pfad parallel zum Hang. Immer wieder blockieren Baumstämme den Weg und im steilen Hang erfordert der ausgesetzte Weg volle Aufmerksamkeit und Freude am Kraxeln. Unterhalb der Felsstufe geht es im Bereich der Kleinen Schrecke immer weiter in den Talschluss hinein. An einer Gabelung halten wir uns nach links auf einen steil absteigenden Pfad, der durch die wilde und urwüchsige Landschaft zwischen Laubbäumen und einzelnen Felsbrocken hindurch

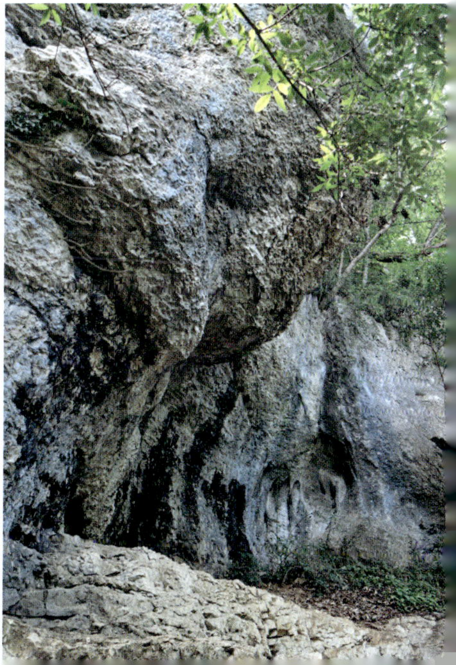

Herausmodellierte Riffkalke der Schreckenfelsen.

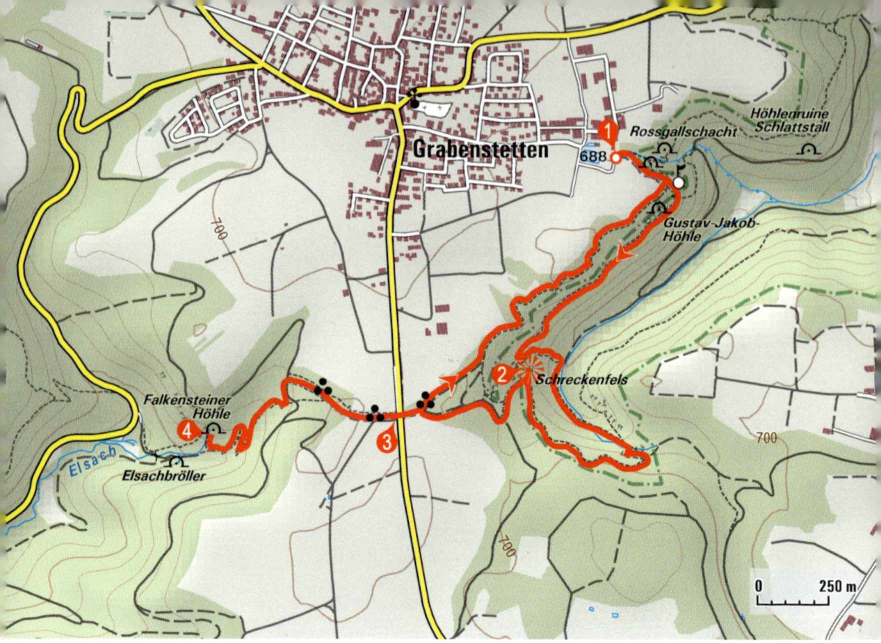

zur Talsohle der Schwarzen Lauter führt.

Im Talgrund gelangen wir zu einem breiten Weg, auf dem wir nach rechts nahezu gemütlich wandern. Im Talschluss angekommen, stehen wir vor einer Felswand, an der die Quelle der Schwarzen Lauter zu finden ist. Ein abzweigender Pfad nach links bleibt unbeachtet. Wir steigen einen mit Stufen befestigten steilen Schleifenpfad bergan und halten uns an einem Querweg nach rechts. Die Kennzeichnung durch die rote Gabel begleitet uns durch den Schonwald im Bereich der Großen Schrecke zum **Schreckenfels ❷**. Die Felsnase aus harten Riffkalken konnte der Erosion stärker als die umliegenden Kalkschichten widerstehen und wurde so herausmodelliert. Vom Schreckenfels überblickt man schön das Tal der Schwarzen Lauter sowie die beiden Steilwände der Schrecken im Talschluss.

Weiter geht es auf dem Wanderweg nach rechts (rote Gabel), an der nächsten Gabelung nach links und dann rechts haltend auf einen breiten Forstweg. Auf diesem wandern

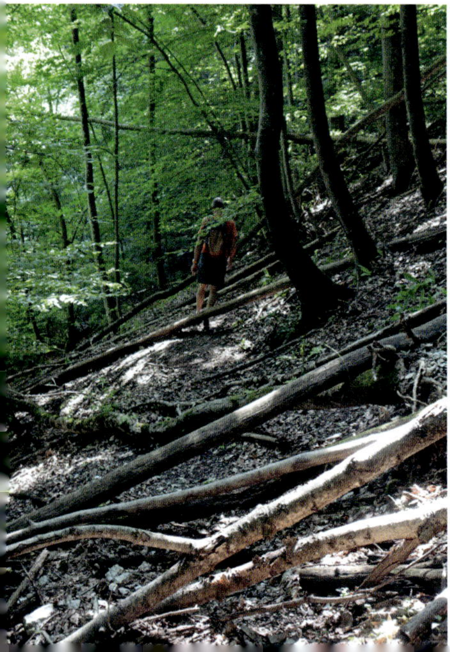

Über Stock und über Stamm im Buchenwald bei den Schrecken.

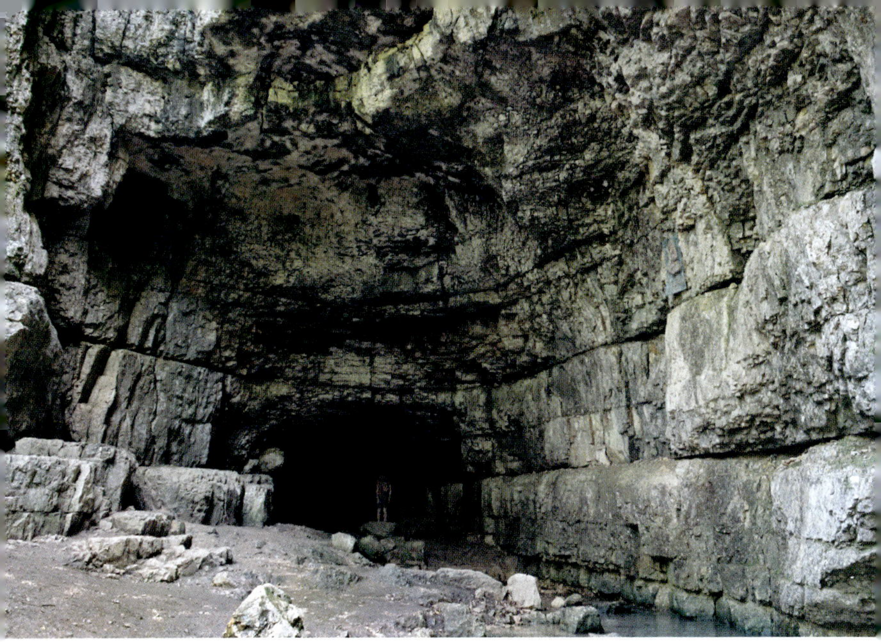

Einst galt der Eingang der Falkensteiner Höhle als Tor zur Unterwelt.

wir ansteigend und dabei alle Abzweigungen nach rechts ignorierend aus dem Wald. Am Grillplatz Heidengraben vorbei erreichen wir an der **Kreisstraße ③** die Albhochfläche. Hier im Bereich des Heidengrabens ist nur noch ein eher schmaler Steg vorhanden, der die nördliche Berginsel von Grabenstetten und Erkenbrechtsweiler mit dem Gesteinskörper der Schwäbischen Alb verbindet. Wir wandern über die Straße und folgen der Beschilderung geradeaus in Richtung Falkensteiner Höhle. Auf dem leicht abschüssigen Weg treten wir wieder in den charakteristischen Buchenmischwald ein. Nach 200 m im hohen Laubwald treffen wir auf einen querenden Weg, dem wir nach links folgen. Dieser Serpentinenweg bringt uns nach gut 10 Min. direkt zur **Falkensteiner Höhle ④**. Die Höhlenöffnung ist gewaltig, durch die beständig die Elsach aus der Dunkelheit ins lichte Grün des Hangwaldes fließt. Mit etwas Vorsicht auf den nassen und rutschigen Kalksteinen kann man dem Fluss etwas in die Unterwelt hinein folgen. Der hintere Teil der Falkensteiner Höhle kann nur mit entsprechender Ausrüstung und im Rahmen einer Führung begangen werden. Ein magischer Ort, an dem sich womöglich schon die keltischen Siedler, die auf der Berginsel bei Grabenstetten ein befestigtes Oppidum errichteten, aufgehalten haben und ihren Wasserbedarf deckten.

Zurück geht es auf dem bekannten Weg wieder durch den Traufwald bergan zur Straße. Wir überqueren die Kreisstraße und halten uns an der nächsten Wanderverzweigung nach links. Wir folgen nun diesem Wanderweg entlang der Traufkante in der Nähe des Waldrandes. An einzelnen Felsköpfen vorbei, treffen wir schließlich bei der Ruine Hofen auf den bekannten Weg, der uns in wenigen Minuten nach links zurück zum **Parkplatz am Ortsrand von Grabenstetten ①** bringt.

33 Donntalrunde

Zum Stellfelsen und zur Ruine Sperberseck

3.00 Std. | 8,4 km | ↗500 m | ↘500 m

Beschauliche Runde im Urwald von morgen

Das stimmungsvolle Donntal ist Teil des herrlichen Naturschutzgebietes Oberes Lenninger Tal, durch das sich der Donnbach friedvoll dahinschlängelt. Vom Talgrund erstrecken sich die Hangwälder bis zur Traufkante der Schwäbischen Alb. Die hohen Buchenmischwälder sind sich selbst überlassen und bieten einen Eindruck vom Übergang eines kultivierten Waldes hin zur naturbelassenen Bannwaldwildnis. So geht es schon mal auf den steilen Pfaden über querliegende Baumstämme und Wurzelteller hinweg, bis die Albhochfläche mit dem Stellfelsen erreicht wird. Vom meist wenig besuchten Kopf des Stellfelsens liegt einem das malerisch-grüne Donntal zu Füßen und das nächste Etappenziel, die Ruine Sperberseck, wacht über dem Talschluss. Man erzählt sich, dass vor allem Verliebte den Weg zum Stellfels finden und so mancher Antrag auf der Rastbank über die Lippen kam. Rund um Gutenberg und Schopfloch ist diese Sitzgelegenheit als »Verlobungsbänkle« bekannt. In unmittelbarer Nähe des Stellfelsens befindet sich das Albhaus der DAV-Sektion Stuttgart, das an manchen Wochenenden zur Einkehr lockt, bevor der Abstieg ins Donntal und der Aufstieg zur Ruine Sperberseck ansteht. Die ehemalige Burganlage aus dem 11. Jahrhundert hat ziemlich gelitten, nur noch Grundmauern und Reste der wehrhaften Schildmauer sind übriggeblieben. Doch die Lage des einstigen Sitzes der Herren von Sperberseck, auf dem zu drei Seiten hin sehr steil abfallenden Bergsporn über dem Donntal lohnt den Besuch. Eine tolle Runde mit Wildnischarakter zu verträumten Aussichten ins Donntal.

Das Donntal zu Füßen der Ruine Sperberseck.

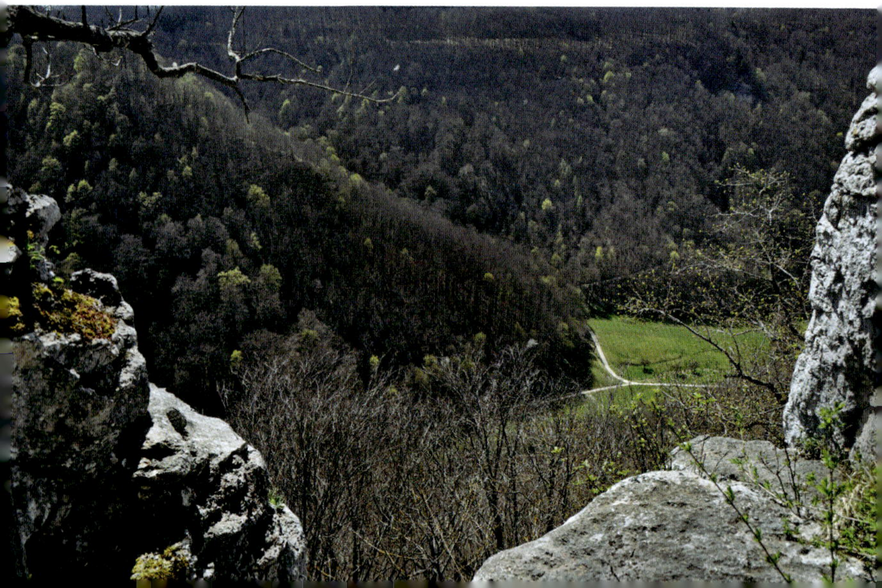

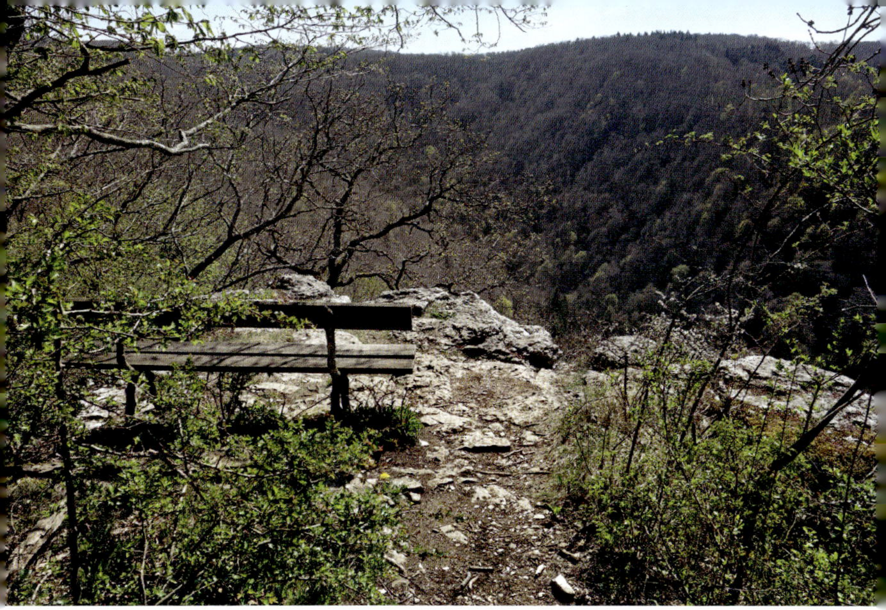

Gemütliche Rast und Aussichten vom Stellfelsen.

Ausgangsort: Wanderparkplatz Gutenberg, 526 m.
Anfahrt: Von der Autobahn A 8, Ausfahrt 57 Kirchheim unter Teck-Ost auf B 465 geradeaus bis Gutenberg. Unmittelbar am Ortseingang nach rechts auf den Wanderparkplatz.
ÖPNV: ab Kirchheim unter Teck mit der Regionalbahn 64 bis Endbahnhof Oberlenningen, dann mit dem Bus L176 bis Gutenberg, Haltestelle Grünenbergstraße oder mit der Buslinie L176 ab Kirchheim bis Gutenberg. www.naldo.de, www.wbg-bus.de. Weiter zu Fuß in Richtung Ortsausgang und nach links auf den Wanderparkplatz abbiegen (3 Min.).
Anforderungen: Trittsicherheit erforderlich.
Orientierung: Keine besondere Herausforderung. Die nicht bezeichneten Pfade sind gut erkennbar, teilweise Markierung durch rote Gabel.
Einkehr/Übernachtung: Beim Stellfelsen: Stuttgarter Albhaus, Selbstversorgerhütte, an einigen Wochenenden bewirtschaftet, www.dav-albhaus.de.
Tipp: Kann gut mit Tour 34 verbunden werden.
Karten: Freizeitkarte F524 Bad Urach, 1:50.000, LGL Baden-Württemberg, www.lgl-bw.de.

Am Ortsrand von **Gutenberg** beginnt die nette Donntalrunde am **Wanderparkplatz ➊**. An der schmalen Lindenstraße geht es in östliche Richtung an kleinen Gemüsegärten vorbei und nach rund 150 m auf den Feldweg, der im spitzen Winkel nach rechts bergan abzweigt. Bereits nach

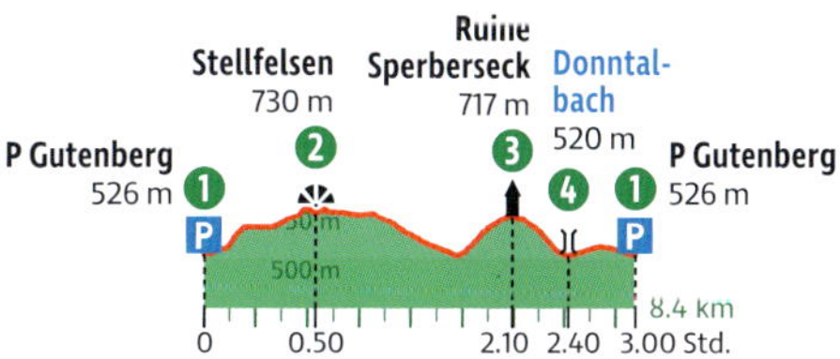

knapp 300 m wenden wir uns auf eine unmarkierte Wiesenspur nach links, die über eine Wiesenfläche ansteigend zum Waldrand führt. Im Wald halten wir uns zweimal nach rechts und folgen dem schönen, schmalen Waldsteig durch das steile Hanggelände. Dieser Wald wird nicht mehr forstwirtschaftlich genutzt und kann sich als Bannwald zum Urwald von morgen entwickeln. Unterhalb der Felsstufen an der Albtraufkante haben sich Schotterfelder entwickelt, durch die sich der sehr schmale Steig im Steilgelände stets gut erkennbar hinzieht – ein wundervoller Wegabschnitt gleich zu Beginn der Wanderrunde. Nach gut 30 Min. auf dem Waldpfad trifft die Route auf einen querenden Steig. Diesem folgen wir für einen Abstecher nach links zum Stuttgarter Albhaus und direkt an der DAV-Hütte kurz nach links zum **Stellfelsen 2**. Der Stellfelsen ist bei Kletterern bekannt, aber ansonsten fristet er meist ein unbeachtetes Dasein als Aussichtsfels. Eine Ruhebank lädt auf dem Felskopf zum stillen Genuss der Landschaft im Naturschutz- und Biosphärengebiet am zerklüfteten Albtrauf im Oberen Lenninger Tal. Links ist der steile Felssporn mit der Ruine Sperberseck aus nächster Entfernung erkennbar, auf die wir nun zusteuern.

Auf demselben Weg geht es vorbei am Albhaus nach rechts und wir treffen wieder auf den Pfadabzweig am Beginn des Abstechers zum Stellfelsen. Wir orientieren uns nach links und wandern wieder durch den abenteuerlichen Fast-Urwald. An der Gabelung nach 500 m halten wir uns nach rechts und treffen nochmals rechts haltend auf einen

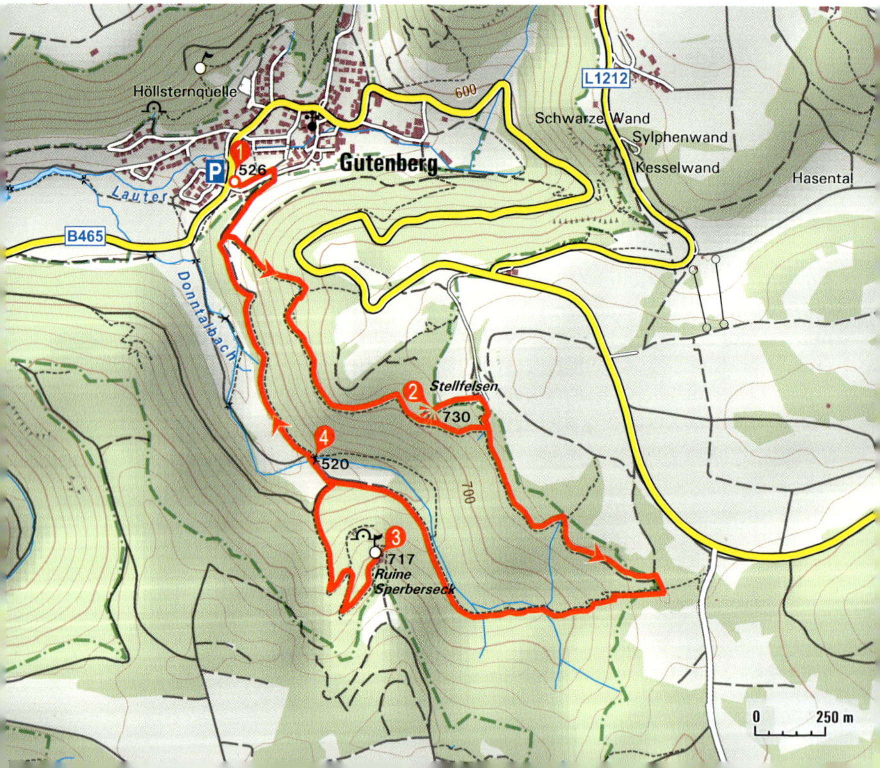

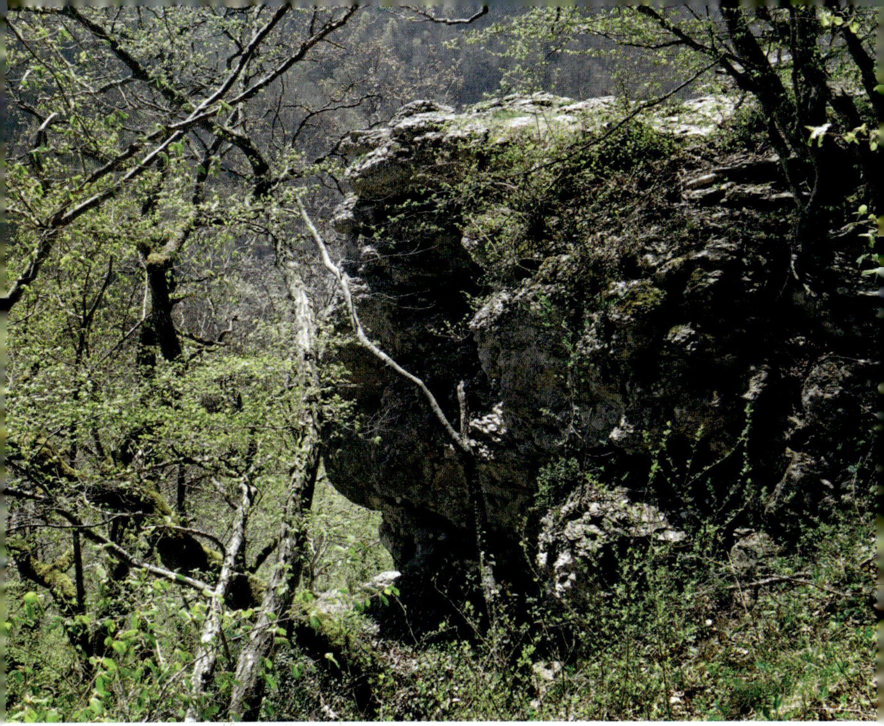

So mancher Aussichtsfels ist keiner mehr, wenn die Bäume wuchern.

Wanderweg, der mit der roten Gabel gekennzeichnet ist. Auf diesem abschüssigen Waldweg gehen wir nach rechts Richtung Donntal-Gutenberg. Dabei überqueren wir zweimal ein kleines Rinnsal, querliegende Stämme und kommen nach rund 1 km im Talgrund zu einer Verzweigung am Donnbach. Wir wenden uns nach links, verlassen den Wald und zweigen auf der satten Blumenwiese am Fuße der Ruine Sperberseck nach links ab (Abstecher zur Burgruine).

Die Wandermarkierung gelbes Dreieck begleitet nun unseren Aufstieg zur Ruine im Traufwald. Den steilen Anstieg bewältigen wir auf einem Zickzackweg, der schließlich nach links zum Felssporn mit der **Ruine Sperberseck** ❸ führt. Das verbliebene Mauerensemble der einstigen wehrhaften Schildburg kann an den Dornröschenschlaf erinnern, aus dem die Burg Sperberseck wohl nie wieder erwachen wird. Der Ausblick ist durch die dichten Baumwipfel etwas eingeschränkt ins Donnbachtal möglich. Auf dem Zickzackweg geht es wieder bergab zur Verzweigung am Fuß der Burgruine. Wir orientieren uns nach links und überqueren auf der Brücke den **Donntalbach** ❹. Gleich nach der Brücke halten wir uns wenige Meter nach links auf dem breiten geschotterten Weg und nehmen den zweiten Pfadabzweig nach rechts, der ohne Markierung dem Tal flussabwärts folgt. Im lichten Laubforst führt der Pfad sanft ansteigend in der Nähe des Waldsaumes entlang, trifft auf einer Wiese auf einen Feldweg, den wir bereits vom Beginn der Wanderrunde kennen. Er bringt uns zurück zur Lindenstraße und nach links zum **Wanderparkplatz** in **Gutenberg** ❶.

34 Gutenberger Höhle und Felsengalerie

Felsenkessel im Lenninger Talschluss

TOP | 2.45 Std. | 8,0 km | ↗340 m | ↘340 m

Felsenmagie und Höhlenzauber im Lenninger Tal

Im lieblichen Talschluss des Lenninger Tals schlummern besondere Perlen der Natur in den Kalkmassiven. Im steilen Anstieg zur Albhochfläche ragt der Reiterfels bei Schopfloch in das schmale Tal der Lauter. Keine Frage, ein toller Aussichtspunkt über das Naturschutzgebiet im Oberen Lenninger Tal. Auch die Gutenberger Höhle ist ein echter Hingucker, oder besser gesagt, ein tiefer Blick in den Bauch der Schwäbischen Alb. In den sechs Karsthallen beherbergt die Gutenberger Höhle prachtvollen Tropfsteinschmuck und zählt zu den schönsten Höhlen der Schwäbischen Alb. Bei der Entwicklung der Gutenberger Höhle spielt das Schopflocher Moor eine bedeutende Rolle. Durch das Hochmoor sickert säurehaltiges Wasser beständig durch die Klüfte im Kalkstein und beschleunigt die Lösungsprozesse. Die Schauhöhle kann wie die benachbarte Gußmannshöhle im Rahmen einer Führung besichtigt werden. Die spektakuläre Traufkante bei Schopfloch begleitet weiter diese Runde. Der Charly-Lorch-Weg ermöglicht auf langen Leitern den Zugang zu den Kletterfelsen in der Kesselwand, die senkrecht, massiv und mächtig das Lautertal abschließt. Schließlich führt ein steiler Canyon zwischen den Steilhängen durch die wilde Felsenlandschaft, die begeistert und verzaubert. Allmählich wird die Natur lieblicher und im Bereich des Lauterursprungs sogar lieblich-idyllisch. Eine kurzweilige, vielseitige und verblüffende Tour im Oberen Lenninger Tal.

Eine weite Vorhalle führt zur Gutenberger Höhle.

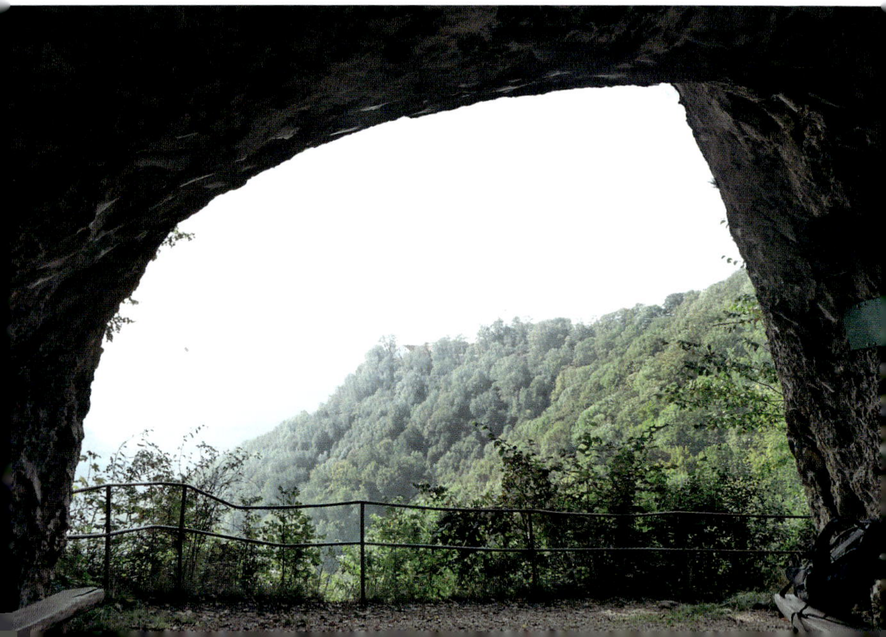

Ausgangsort: Wanderparkplatz Tiefental, Gutenberg, 545 m.
Anfahrt: Von der Autobahn A 8, Ausfahrt 57 Kirchheim unter Teck-Ost auf B 465 geradeaus bis Gutenberg. In der Ortsmitte nach links auf Schillerstraße bis zum Wanderparkplatz rechts.
ÖPNV: ab Kirchheim unter Teck mit der Regionalbahn 64 bis Endbahnhof Oberlenningen, dann mit dem Bus L176 bis Gutenberg, Haltestelle Post oder mit der Buslinie L176 ab Kirchheim bis Gutenberg. www.naldo.de, www.wbg-bus.de. Weiter zu Fuß ab Haltestelle Post vor Nikolaus Kirche nach rechts in Schillerstraße bis zum Wanderparkplatz (3 Min.).
Anforderungen: Schwindelfreiheit und Trittsicherheit unbedingt erforderlich.
Orientierung: Lediglich auf kurzen Wegabschnitten wie bei der Gutenberger Höhle ist die Orientierung im unmarkierten Gelände knifflig. Ansonsten gut erkennbare Wege und Pfade, die teilweise mit der roten Raute gekennzeichnet sind.
Einkehr: Schopfloch: Gaststube Alpenrose, Tel. +49 7026 601588. Bei Schopfloch: Harpprechthaus, Mo./Di. Ruhetag.
Übernachtung: Bei Schopfloch: Harpprechthaus, www.harpprechthaus.jimdosite.com.
Tipp: Kann gut mit Tour 33 verbunden werden.
Karten: Freizeitkarte F524 Bad Urach, 1:50.000, LGL Baden-Württemberg, www.lgl-bw.de.

Los geht es zu dieser Prachtrunde am **Wanderparkplatz Tiefental** ❶ in Gutenberg. Dabei wenden wir uns auf der Schillerstraße nach rechts und nach wenigen Metern auf einen nicht bezeichneten Wiesenweg nach rechts hinter dem Kindergarten und den Hausgärten entlang. Unmittelbar vor der Straße biegen wir scharf links ab auf einen leicht ansteigenden Weg, dem wir in den Buchenmischwald hinein folgen. Wir ignorieren zwei abzweigende Wege nach links und wenden uns nach rund 30 Min. im Anstieg nach rechts auf einen Waldsteig ohne Markierung, der zum Albtrauf führt. Mit dem Erreichen der Abbruchkante führt ein kurzer Abstecher nach rechts zum **Reiterfelsen** ❷, einem phänomenalen Aussichtsfelsen im Oberen Lenninger Tal. Er gewährt uns einen tollen Blick auf die Traufkante und Schopfloch sowie weit in das langgestreckte Tal der Lauter.
Zurück auf dem Traufpfad geht es kurz nach rechts und an der nächsten Gabelung nach links. Auf der Hochfläche orientieren wir uns an einer Wiesenfläche stets am Waldrand nach links. Nach rund 750 m erreichen wir bei einem Regenrückhaltebecken die Kreisstraße zwischen Schopfloch und Krebsstein. Wir folgen der K 1246 knapp 5 Minuten nach links und zweigen in einer Spitzkehre nach links auf einen abschüssigen Weg ab. An den zwei rasch aufeinanderfolgenden Gabelungen wenden wir uns jeweils nach links auf einen Pfad (rote Raute), der mit einem Geländer talseits gesichert ist. Auf ihm erreichen wir die **Gutenberger Höhle** ❸. Die Höhle wartet mit einer na-

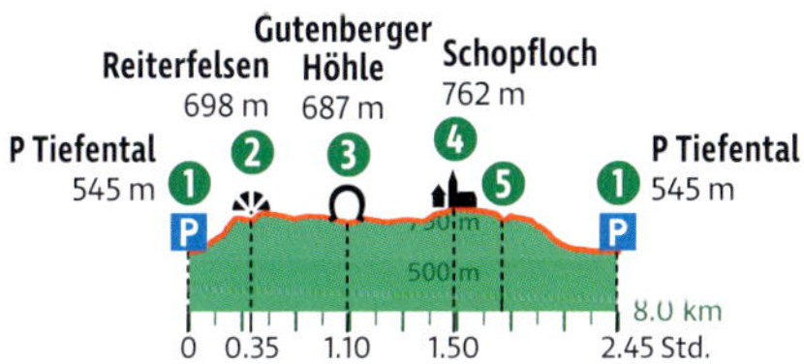

türlichen Vorhalle auf, dem Heppenloch, einem geschützten Rastplatz mit einem stimmungsvollen Blick hinunter nach Gutenberg. Auch wenn man schon einige Höhlen gesehen hat, ist der Besuch doch immer etwas ganz Besonderes. Jede ist anders und birgt einen geheimnisvollen Reiz und auch einen unheimlichen Zauber in sich.

Aus dem Dunkel und der Kühle der Höhle wieder aufgetaucht, geht es entweder auf demselben Weg zurück zur Kreisstraße oder man nimmt wenige Meter nach der Gutenberger Höhle einen nur schwer erkennbaren Pfad für Kraxelfreudige, der nach rechts abzweigt und sehr steil im Bereich der Höhle zum Waldrand führt. Am Waldrand hält man sich nach rechts und erreicht so einen Feldweg, der nach links in die Kreisstraße einmündet. Auf dieser kurz nach rechts und dann geht es wieder nach rechts, auf dem bekannten Weg am Regenrückhaltebecken vorbei zur Traufkante am Reiterfelsen. Wir treffen hier wieder auf den Traufpfad, auf dem wir uns nach links wenden – wobei sich sogleich ein zweiter Abstecher auf den Felskopf des Mädlesfelsen nach rechts anbietet. Am Ortsrand von Schopfloch durchqueren wir einen Bauernhof nach links und wandern auf dem Haldenweg zur Kirche von **Schopfloch ❹**.

In der verschlafenen Ortsmitte geht es nach rechts auf die Pfulbstraße, von der roten Raute geleitet aus dem Ort hinaus und auf einem parallel verlaufenden kleinen Sträßchen oberhalb der L1212 in Richtung Bergwachthaus. Vor der Bergwacht geht es nach rechts über die Straße direkt zu einem Parkplatz. Gleich am Beginn des Parkplatzes »Kreisler« zweigt ein

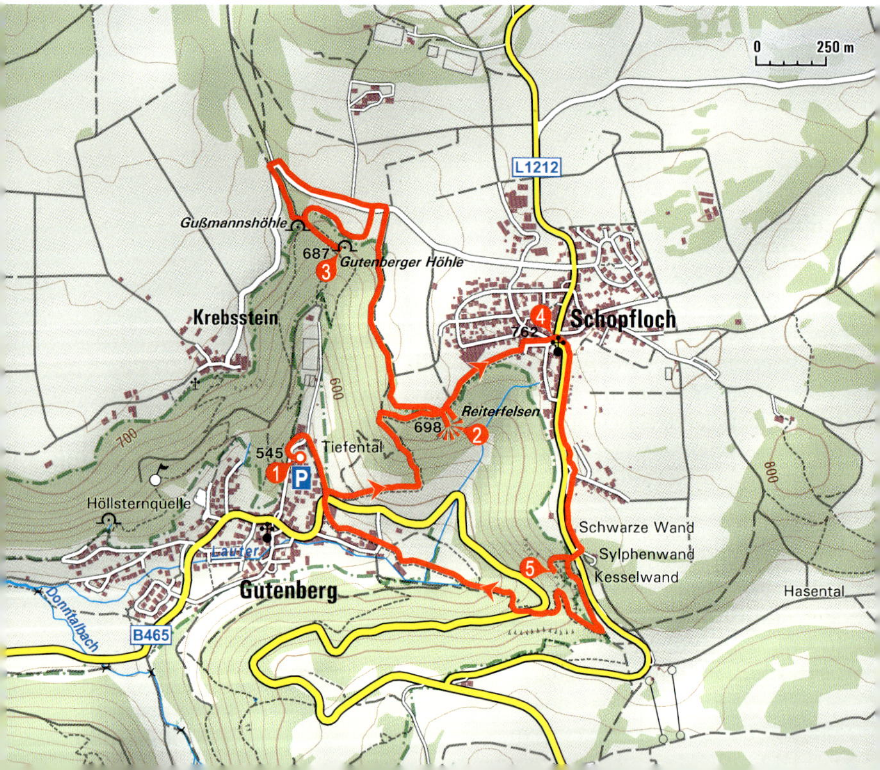

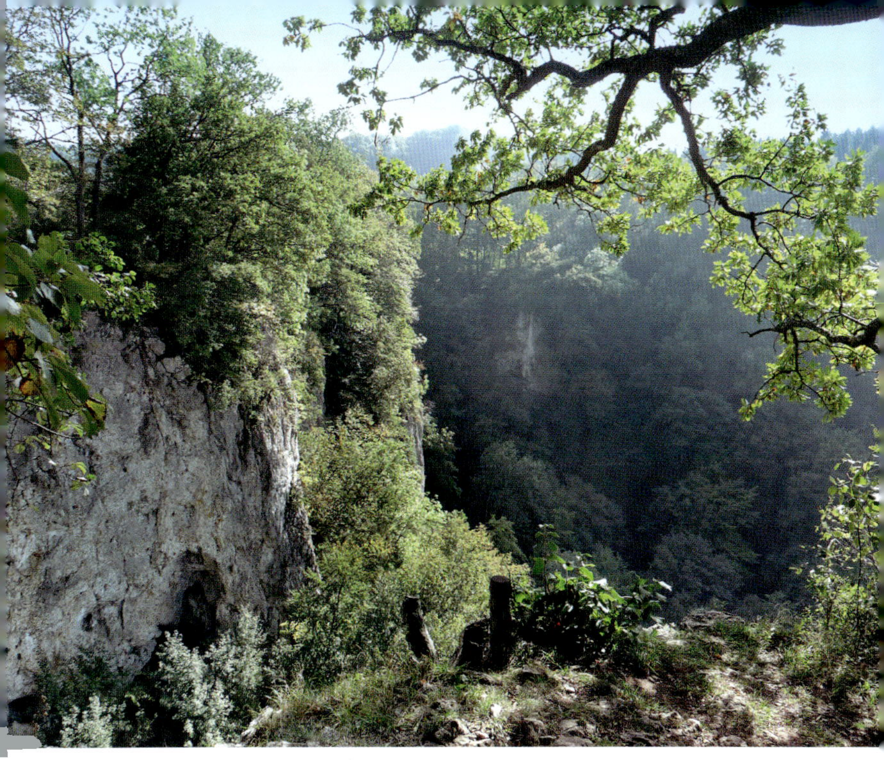

Steilabfall ins obere Lenninger Tal.

Pfad nach rechts ab. Hier beginnt der Charly-Lorch-Weg, der mit Hilfe von drei Metallleitern die linke Kesselwand hinabführt. Dieser Abstecher ist nur etwas für schwindelfreie Wanderer, aber so nah kommt man den Kletterfelsen der imposanten **Kesselwand ❺** nicht mehr.

Wir kraxeln die Leitern wieder hinauf und wenden uns auf der Traufkante auf dem Pfad nach rechts, der bald für rund 200 m neben der L1212 verläuft. Im Geländeeinschnitt zweigt ein Pfad nach rechts in Richtung Gutenberg ab. Der Abstieg hat es in sich, ist aber einfach landschaftlich grandios. Wir schlängeln uns auf einem schmalen und steilen Pfad die Traufkante hinab. Zwischen Felsen der Kesselwand hindurch zum Teil mit einem Seil abgesichert, geht es im hohen Buchenmischwald bergab. Oberhalb einer Straße gehen wir an Steinschlagnetzen vorbei, bevor wir die Straße schräg nach links überqueren. Die letzten Höhenmeter bergab wandern wir nochmals auf einen Pfad, der nun weniger steil an der Lauterquelle entlangführt. An einem Forstweg halten wir uns nach links weiter im Uferbereich des Bachlaufs durch Streuobstwiesen bergab. Am Ortsrand von Gutenberg schwenken wir nach links in die Obere Mühlstraße ein. An der Ulmer Straße geht es nach rechts und nach 100 m nach links in den uns bereits bekannten Weg oberhalb der Hausgärten zurück zum **Wanderparkplatz Tiefental ❶**. Unglaublich, welche Vielfalt die Natur bereit hält und wie unterschiedliche Eindrücke und Erlebnisse auf einer kleinen Wandertour möglich sind.

35 Mittagsfels und Tobeltal

Stille Runde im Lenninger Tal

2.00 Std. | 5,6 km | ↗ 290 m | ↘ 290 m

Kleine Runde auf vergessenen Pfaden

Alle, die eine kurze Wanderung mit Aussichten und Naturerlebnis suchen, werden von dieser wenig beachteten Tour bei Oberlenningen begeistert sein. Auf stillen Pfaden ohne Markierungen führt die Wanderung durch das Naturschutzgebiet Tobeltal mit Mittagsfels und Wielandstein. Über die steile Talwand des Lenninger Tals, das gleichzeitig auch die Traufkante der Schwäbischen Alb bildet, geht es zum Mittagsfels. Dieser unspektakuläre Felsen ist ein guter Standort, um sich an einer weiten Aussicht auf das Lenninger Tal, zum Brucker Fels, Gelben Fels sowie die Burg Teck und das Albvorland bis nach Esslingen und Stuttgart zu erfreuen. Auf der Traufkante am Kopf der Linken Tobelfelsen entlang mit einigen Aussichtspunkten gelangt man zum Tobeltal. Inmitten des naturnahen Buchenhangwaldes hat der Tobelbach ein tief eingeschnittenes Kerbtal geschaffen. Es ist ein wertvoller Lebensraum für Pflanzen und Tiere mit einer hohen ökologischen Vielfalt. Der geröllige, naturnahe Tobeltal geht am Trauffuß über in eine offene Tallandschaft mit Obstwiesen und Weiden. Eine reizvolle und stille Wanderung durch ein wildes Stück der Schwäbischen Alb.

Urwüchsige Traufwälder im NSG Tobeltal.

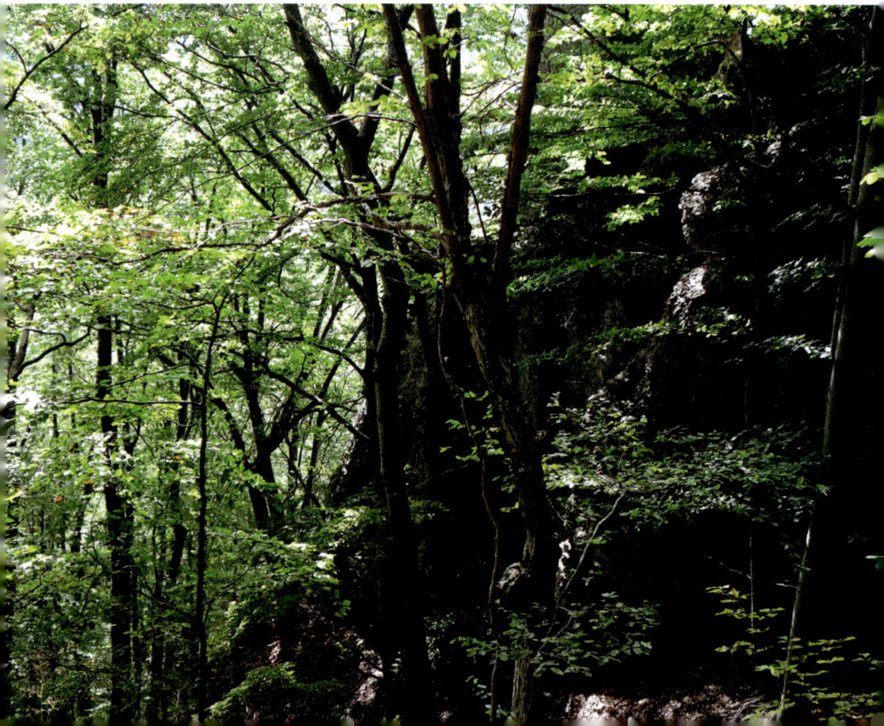

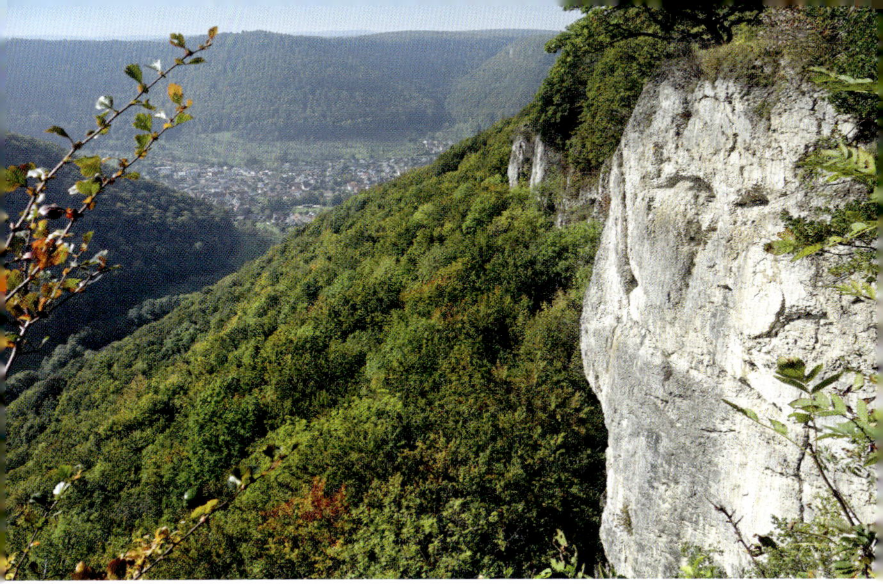

Reizvolle Ausblicke bietet der Mittagsfels.

Ausgangsort: Parkplatz am Friedhof, 465 m, Oberlenningen.
Anfahrt: Von der Autobahn A8, Ausfahrt 57 Kirchheim unter Teck-Ost auf B465 geradeaus bis Oberlenningen. In der Ortsmitte nach links auf Hohe Steige bis zum Parkplatz am Friedhof links.
ÖPNV: ab Kirchheim unter Teck mit der Regionalbahn 64 oder mit der Buslinie L176 bis Bahnhof Oberlenningen, www.naldo.de, www.wbg-bus.de. Vor dem Bahnhofsgebäude nach links, dann nach links in Parkstraße und rechts auf den Schulweg, der direkt zum Parkplatz führt (5 Min.).
Anforderungen: Wie immer ist Trittsicherheit im Bereich der Felsköpfe erforderlich.
Orientierung: Trotz der durchweg unbezeichneten Wege und Pfade ist kein besonderer Orientierungssinn notwendig.
Einkehr: Lenningen: Vereinsheim TSV Oberlenningen, www.tsv-oberlenningen.de, Tel. +49 7026 600 805.
Übernachtung: Lenningen: Pension Alte Bauernstube, www.alte-bauernstube.de.
Karten: Freizeitkarte F524 Bad Urach, 1:50.000, LGL Baden-Württemberg, www.lgl-bw.de.

Die Schnürsenkel der Wanderschuhe geschnürt, und los geht die Runde zum Mittagsfels und durchs Tobeltal am Friedhofsparkplatz in **Oberlenningen ❶**. Am Friedhof wenden wir uns nach links auf die Hohe Steige bergan. In einer Linkskurve verlassen wir die schmale Straße geradeaus auf einen Feldweg, der in den Laubmischwald hineinführt. Dieser moderat bis steil ansteigende Waldweg ist nicht bezeichnet. Nach rund 350 m im Buchenforst zweigen wir in einer Rechtskurve nach links auf einen Pfad ab. Dieser führt gut erkennbar ohne Bezeichnung weiter bergan durch den lichten und hohen Hangwald. Wir treffen auf einen weiteren Pfad und wandern nach rechts weiter hoch zur Traufkante. Unmittelbar an der Abbruchkante der Schwäbischen Alb öffnet sich der Blick auf eine kleine Lichtung mit einer hübschen Obstbaumwiese. Wir wenden uns nach links entlang des Traufrandes und nach Kurzem an

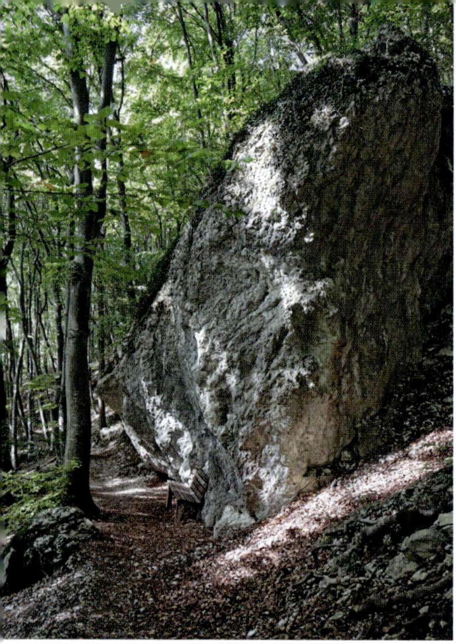

Schattige Rastbank im Buchenwald.

einer Pfadgabelung nochmals nach links. Ein kleiner Abstecher bringt uns zum Naturdenkmal **Mittagsfels** **2**. In der Regel hat man den schönen Felskopf mit einer netten Sitzgelegenheit für sich alleine und kann ungestört den Blick ins Lenninger Tal, über die angrenzenden Albhochflächen sowie zur Burg Teck und ins Vorland in sich aufsaugen.

Wieder zurück vom Mittagsfels, folgen wir dem unmarkierten, wenig begangenen Pfad stets in unmittelbarer Nähe des Albtraufs. Dabei führen immer wieder kurze Abstecher nach rechts zu weiteren Aussichtspunkten auf den Felsköpfen der Linken Tobelfelsen. Auf diesen gut 1,5 km Wegstrecke kann man das Kleinod Albtrauf mit der besonders fragilen Felsenvegetation, seinen Buchenmischwäldern und mit viel Glück auch den Schwarzspecht aus nächster Nähe erleben. Von den Linken Tobelfelsen sieht man auf der gegenüberliegenden Seite des Tobeltals den Ausläuferberg mit der Ruine Wielandstein. Auch ist der Bergsturz, der im Januar 2015 abgegangen ist, gut im Gelände erkennbar. Eine Informationstafel erklärt die Besonderheiten des Naturdenkmals Tobelfelsen, an denen wir bereits vorbeigekommen sind.

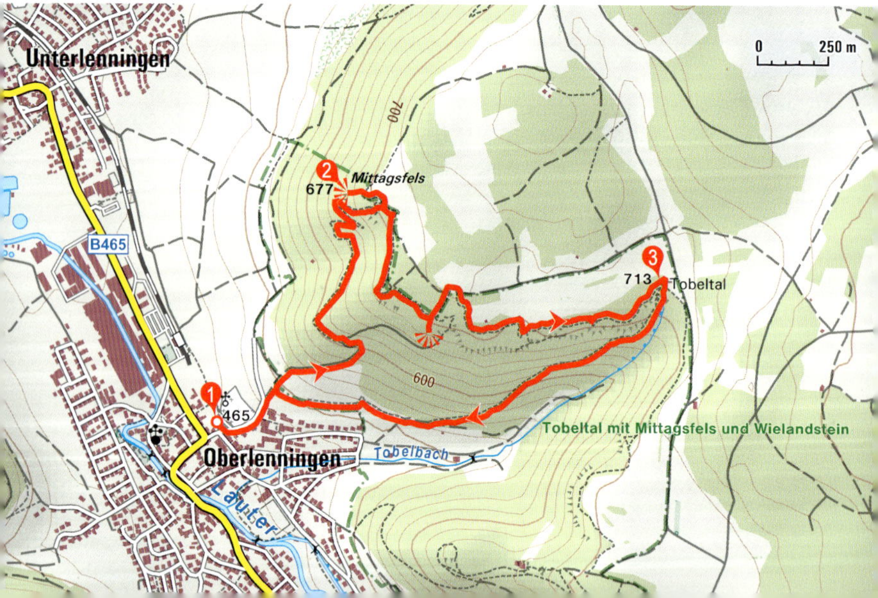

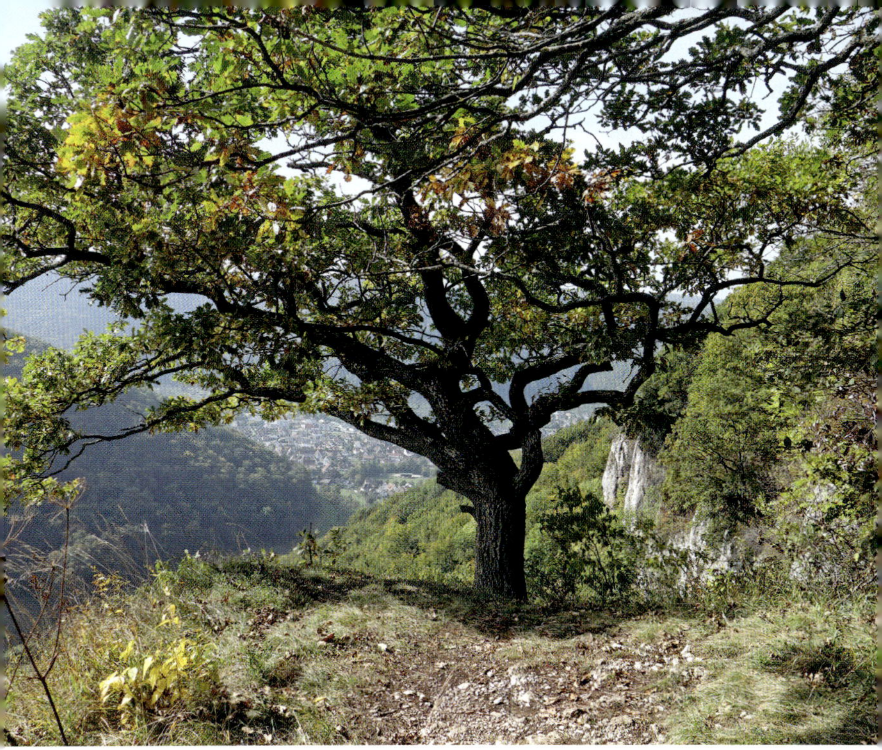

Am Mittagsfels über dem Lenninger Tal.

An der Infotafel nehmen wir nach rechts den Abzweig ins Tobeltal ❸ auf einen steilen, nicht ausgewiesenen Serpentinenpfad, der an Felsen vorbei über die Traufkante bergab führt. Der Zickzackpfad geht über in einen stellenweise geröllige Waldsteig, der mit moderatem Gefälle dem wilden Taleinschnitt des Tobelbaches folgt. Ein urwüchsiger Wegabschnitt, in dem die Natur weitgehend sich selbst überlassen gestaltet und wirkt. Am Waldrand mündet der Abstiegspfad auf einen Feldweg, auf dem wir wenige Meter nach rechts gehen und dann auf einen Pfad nach rechts abzweigen. Diese Wiesenspur führt leicht abschüssig durch die Streuobstwiesen am Hang zwischen Oberlenningen und dem Hangbuchenwald. Nach knapp 500 m mündet die Wiesenspur auf einen Feldweg ein, dem wir bergab auf dem bereits bekannten Weg zurück zum Parkplatz in **Oberlenningen** ❶ folgen. Wir lösen die Schnürsenkel unserer Wanderschuhe und verabschieden uns vom Naturschutzgebiet Tobeltal mit Mittagsfels und Wielandstein.

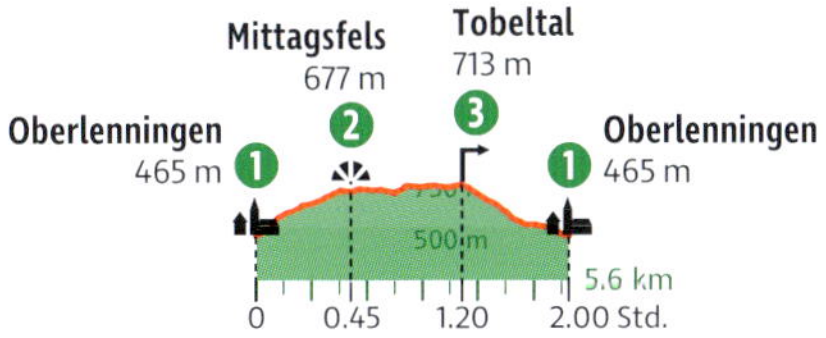

36 Burg Teck

Von der Ruine Rauber zur Spornburg

3.00 Std. | 8,9 km | ↗400 m | ↘400 m

Mythos Schwäbische Alb: Burgen, Felsen, Höhlen und Panoramablicke

Weithin sichtbar thront die Burg Teck auf einem Ausleger des Albtraufs über der gesamten Mittleren Schwäbische Alb. Die schöne Höhenburg mit der markanten Silhouette wurde um 1100 errichtet. Sie diente der Überwachung des Lenninger Tals, bis sie im Bauernkrieg im 16. Jahrhundert niedergebrannt wurde. Seitdem ist die Teck eine Ruine, von der lediglich ein Teil der Burgmauern in die Gegenwart gerettet werden konnte. Schließlich wurde die Teck doch wiederbelebt und erhielt ihren charakteristischen Aussichtsturm, das Wanderheim und ganz wichtig, die Schenke. Die Burg Teck ist ein beliebtes Ausflugs- und Wanderziel, das auf schattigen Waldpfaden entlang des Albtraufs erreicht wird. Am Teckberg kann zudem dem sagenumwobenen Sibyllenloch, einer Höhle, in der die weise Sibylle lebte, sowie dem beachtlichen Gelben Fels ein Besuch abgestattet werden. Legendär sind die Postkartenblicke vom Gelben Fels und der Burg Teck über den nördlichen Albtrauf. Die vom Wald schon nahezu verschluckte romantische Burgruine Rauber rundet die vielfältige Runde ab, die Wanderherzen erfreuen wird.

Ausgangsort: Parkplatz Diepoldsburg, 780 m.
Anfahrt: Von der Autobahn A8, Ausfahrt 57 Kirchheim unter Teck-Ost auf B465 Richtung Lenningen. Nach 1,5 km nach links abbiegen in Richtung Weilheim, auf K1250 durch Nabern bis nach Albaufstieg nach rechts auf K1253 bis zum Parkplatz vor Diepoldsburg.
ÖPNV: ab Kirchheim unter Teck mit der Buslinie L176 bis Ochsenwang, Haltestelle Bissinger Straße, www.wbg-bus.de. Zu Fuß weiter an der Bissinger Straße, der K1253 in südwestliche Richtung geradeaus bis zum Parkplatz. (15 Min.).
Anforderungen: Trittsicherheit bei den An- und Abstiegen sowie am Gelben Fels erforderlich.
Orientierung: Mit dem roten Dreieck bezeichnete und dazu auch unbezeichnete Wege ohne Orientierungsschwierigkeiten.
Einkehr: Burg Teck, Restaurant und Kioskverkauf, Mo./Di. Ruhetag.
Übernachtung: Burg Teck, Wanderheim des Schwäbischen Albvereins, www.burg-teck-alb.de.
Karten: Freizeitkarte F524 Bad Urach, 1:50.000, LGL Baden-Württemberg, www.lgl-bw.de.

Wir starten zu dieser Paradetour im Ländle am **Parkplatz Diepoldsburg** ❶ und überqueren die Kreisstraße in Richtung Ruine Rauber am Waldrand entlang, der gleichzeitig bereits die Traufkante der Schwäbischen Alb markiert. Auf dem Pfad gelangen wir zum winzigen Friedhof Diepoldsburg und halten uns an der Verzweigung halb rechts auf einen Pfad, der mit dem roten Dreieck markiert ist. Auf dem sanft abschüssigen Waldpfad passieren wir die Grundmauern der Oberen Diepoldsburg, wandern auf einer Brücke über den tiefen Burggraben und stehen bereits in der märchenhaften **Ruine Rauber** ❷. Die Mauerreste des Rauber liegen ganz vom Wald eingehüllt auf einem Felsgrat. Die Burg diente unter anderem Raubrittern als Zufluchtsort – daher rührt auch der Name Rauber.

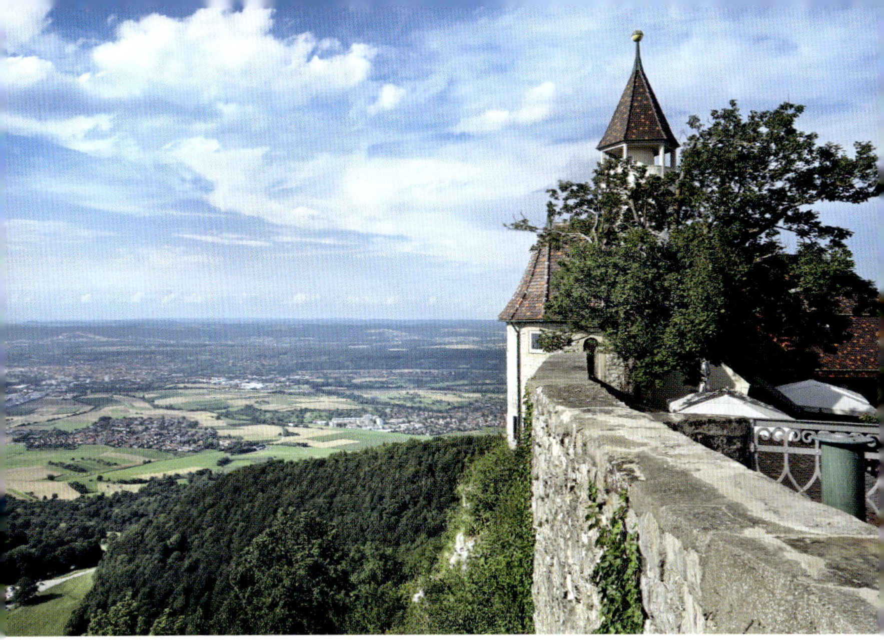

Ein Blick über die Mauer auf der Burg Teck.

Am Rauber eröffnet sich ein erster schöner Blick auf die markante Felskante des nahe gelegenen Breitensteins und ins Albvorland am Fuß des Teckberges.

Über eine Steintreppe, die in einen nicht gekennzeichneten Pfad übergeht, verlassen wir die Ruinen geradeaus. Dabei halten wir uns nach links, steil bergab am Rauberfelsen entlang – alternativ kann man auch über den Burggraben vom Rauber absteigen. Der Steig mündet nach rechts auf den Pfad, der vom Burggraben durch den Hangwald weiter bergab zum **Sattelbogen 3** führt. Über den schmalen Sattelbogen ist der Teckberg noch mit der Albhochfläche verbunden. Doch das Schicksal des Teckberges ist besiegelt, denn die Erosion wird weiterhin am Sattelbogen nagen und den Berg von der Albfläche abtrennen.

Am Sattelbogen gehen wir schräg links weiter zum Teckberg. An der Wegespinne nehmen wir den Weg halbrechts neben dem mit dem roten Dreieck markierten Weg. Der nicht gekennzeichnete Pfad führt steil ansteigend auf den bewaldeten Bergrücken. Im welligen Auf und Ab geht es entlang des Grates auf einem schönen Pfad in nördliche Richtung. Wir treffen auf einen breiten Forstweg, auf dem wir uns für 50 m nach links wenden und dann auf einen wiederum unmarkierten Pfad nach rechts weiter dem Grat folgen.

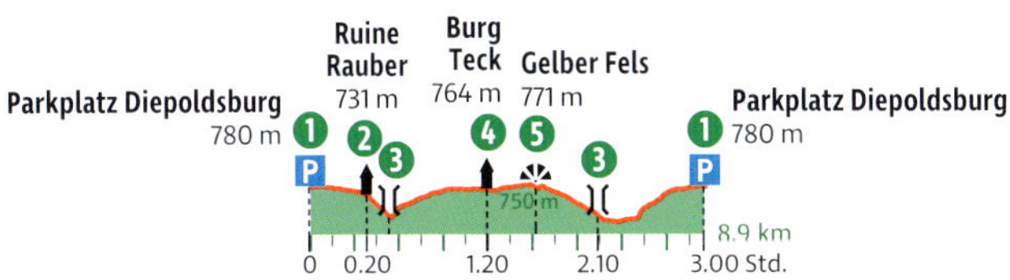

Wir treffen kurz auf den Hauptwanderweg und verlassen diesen nach wenigen Metern wieder nach rechts auf einen aufgelassenen Pfad. Für rund 700 m folgen wir diesem etwas eingewachsenen Pfad durch das wilde Gelände am Bergrücken. Wir treffen auf einen breiten geschotterten Weg, auf dem wir nach links die letzten Höhenmeter des Teckberges erwandern und schließlich durch ein stattliches Tor die **Burg Teck 4** erreichen. Die herrliche Gipfelburg lässt das Wanderherz höherschlagen: Einkehr im Biergarten des Innenhofes, Picknickplätze unterm Laubdach sowie eine majestätische Aussicht. Von der Burgmauer schweift der Blick über den Hohenneuffen hinweg auf den steilen Albtrauf und weiter ins Albvorland bis zur Landeshauptstadt und zum Neckartal. Vor allem im Farbenspiel des Sonnenuntergangs kann man die magische Stimmung der Burg Teck kaum abschütteln.

Durch das Burgtor verlassen wir die Teck und wenden uns nach links auf einen Stufenweg, der zum Sibyllenloch und unterhalb des Burgfelsens verläuft. An der nächsten Gabelung geht es nach rechts und nach wenigen Metern auf dem geschotterten Forstweg nochmals nach rechts. Nach 50 m biegen wir mit dem roten Dreieck nach rechts Richtung Gelber Fels ab. Auf dem leicht ansteigenden

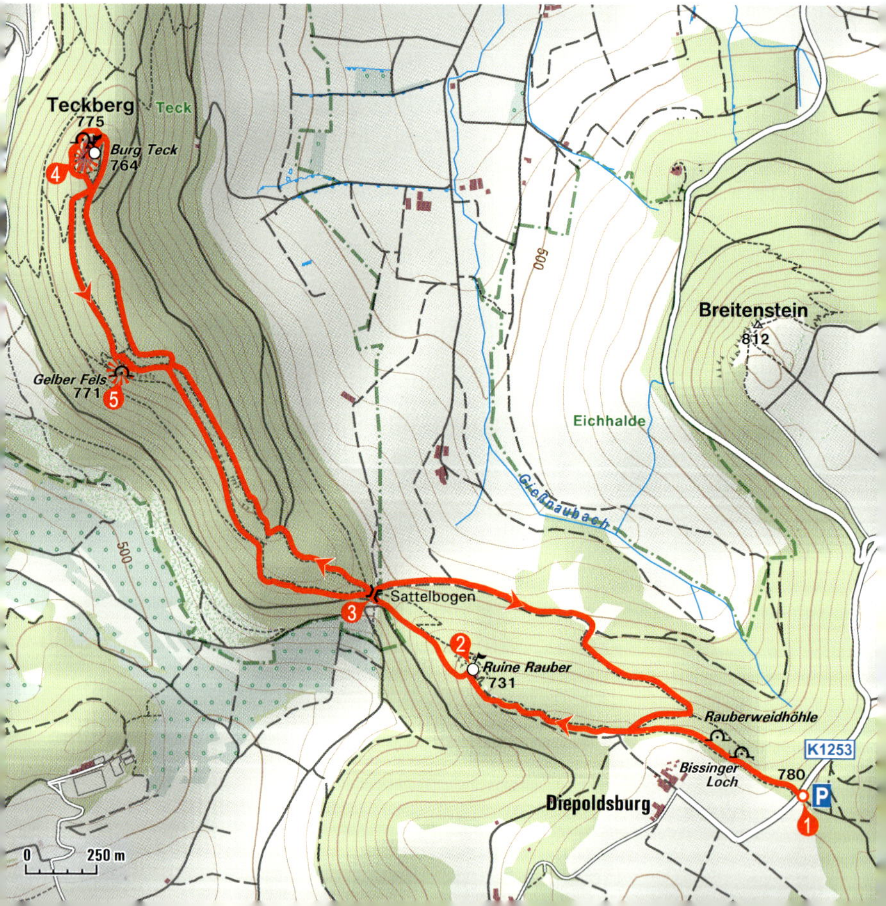

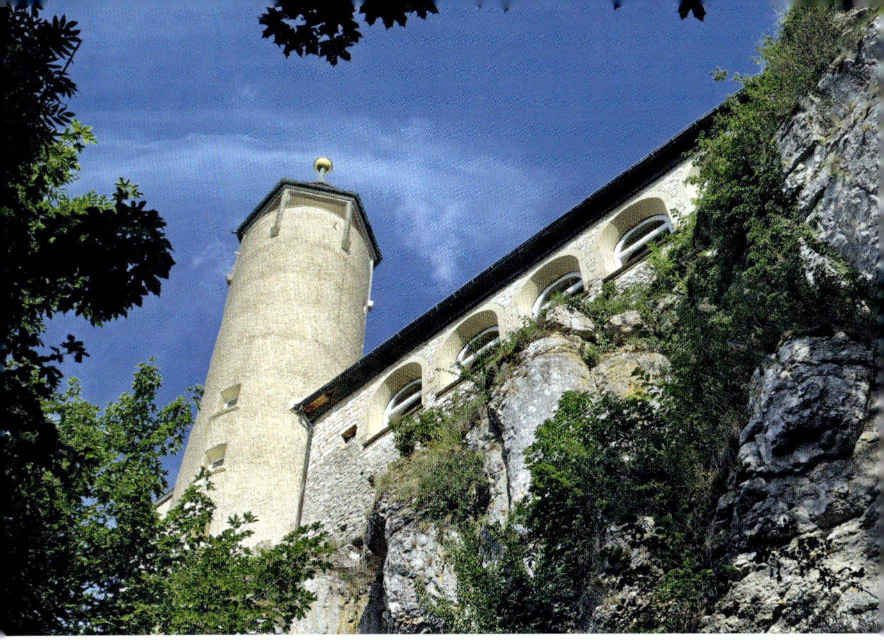

Mit dem Felsen verwurzelt, erhebt sich die Burg Teck in den schwäbischen Himmel.

malerischen Pfad durchstreifen wir im Halbschatten des Laubmischwaldes den Westhang des Teckberges zum **Gelben Fels ❺**. Die rund 25 Meter hohen Kalkfelsen werden von Kletterern und den Kolkraben geschätzt, die hier im Frühjahr brüten. Der widerstandsfähige Riffkalk des Gelben Felsens gewährt fesselnde Tiefblicke ins Lenninger Tal und zum gegenüberliegenden Waldhang der Bassgeige. Am Fuße des Felsens befindet sich die Veronikahöhle sowie das Verena-Beutlins-Loch. Hier soll der Sage nach Verena Beutlin im 14. Jh. mit ihren beiden unehelichen Kindern gehaust haben. Die Bewohner des Dorfes Owen nahmen sie in der Höhle gefangen. Unter Folter gestand Veronika Beutlin, eine Hexe zu sein, und fand den Tod auf dem Scheiterhaufen.

Wir wandern weiter geradeaus auf dem lauschigen Weg, passieren einige kleinere Felsen, halten uns an einem Unterstand nach rechts und stehen wieder am **Sattelbogen ❸**. Wir orientieren uns nun nach links und am Waldrand nach rechts auf den breiten Rauberweg, der uns am Waldrand mit Blick ins üppig grüne Grienaubachtal zum Alten Bergwachthaus bringt. Hinter der Hütte beginnt rechts ein nicht bezeichneter Pfad, der im moderaten Anstieg durch den hohen Laubmischwald führt. An der Gabelung nach 500 m geht es nach rechts auf dem Pfad weiter, der beim Friedhof Diepoldsburg wieder die Traufkante erreicht. (Wer gerne über Baumstämme kraxelt und richtig verwilderte Wege mag, kann an der Gabelung nach rechts den Pfad nehmen und zwischen den Felsen am Bissinger Loch und der Rauberweidhöhle die Traufkante erkraxeln.) Wir wenden uns nach links, gehen auf bekannten Pfaden zurück zum **Parkplatz Diepoldsburg ❶** und beenden hier die Runde zu einem der Lieblingsziele auf der Schwäbischen Alb.

37 Breitenstein

Auf das Aussichtsplateau der Stauferalb

2.00 Std. | 5,5 km | ↗ 390 m | ↘ 390 m

Prachtvoller Ausguck aufs Ländle

Dürfte man sich einen Aussichtsbalkon von der Schwäbischen Alb erträumen, der Breitenstein wäre die Manifestation dieses Traumes. Die langgestreckte, über 811 m hohe Felspartie am Nordtrauf der Alb bietet an sonnigen Tagen ein einmaliges »Fernseherlebnis« ohne einschränkende Vegetation: Von der Limburg zum Aichelberg, den Drei Kaiserbergen, dem Neckartal in den Schwäbischen Wald und über die Metropolregion Stuttgart zum Nordschwarzwald. Aber vor allem entzückt der nahe gelegene Teckberg mit der unverwechselbaren Silhouette der Burg Teck. Das Kalkplateau des Breitensteins ist entsprechend ein beliebtes, aber auch ein sehr lohnenswertes Ausflugsziel.

Ausgangsort: Parkplatz Sportvereine Bissingen, 428 m.
Anfahrt: Von der Autobahn A8, Ausfahrt 57 Kirchheim unter Teck-Ost auf B465 Richtung Lenningen. Nach 1,5 km nach links abbiegen in Richtung Weilheim, auf K1250 durch Nabern bis Bissingen an der Teck. Nach rechts auf Vordere Straße und weiter nach rechts auf Seestraße am Bissinger See vorbei zum Parkplatz beim Sportplatz und Seestüble.
ÖPNV: ab Kirchheim unter Teck mit der Buslinie 173, 173A, 175, 176 bis Bissingen an der Teck, Haltestelle See, www.wbg-bus.de. Von da weiter auf Seestraße an See vorbei bis zum Parkplatz (3 Min.).
Anforderungen: Trittsicherheit und bedingte Schwindelfreiheit auf dem Breitenstein.
Orientierung: Problemlose Orientierung durch das blaue Dreieck auf gut gekennzeichneten Wegen.
Einkehr: Bissingen an der Teck: Seestüble, Mo. Ruhetag, www.seestueble.com. Pizzeria Da Altobelli, www.tv-bissingen.de. Gasthaus Adler.
Übernachtung: Gasthaus Adler, www.adler-bissingen-teck.de.
Karten: Freizeitkarte F524 Bad Urach, 1:50.000, LGL Baden-Württemberg, www.lgl-bw.de.

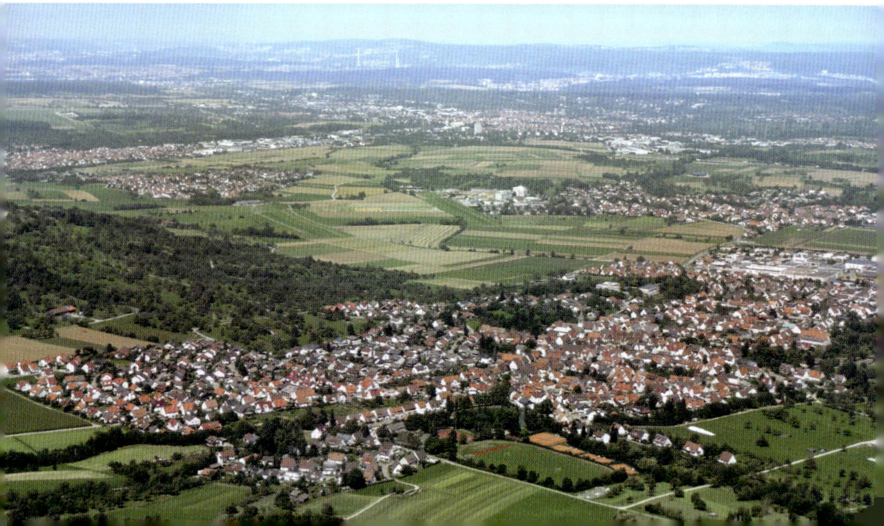

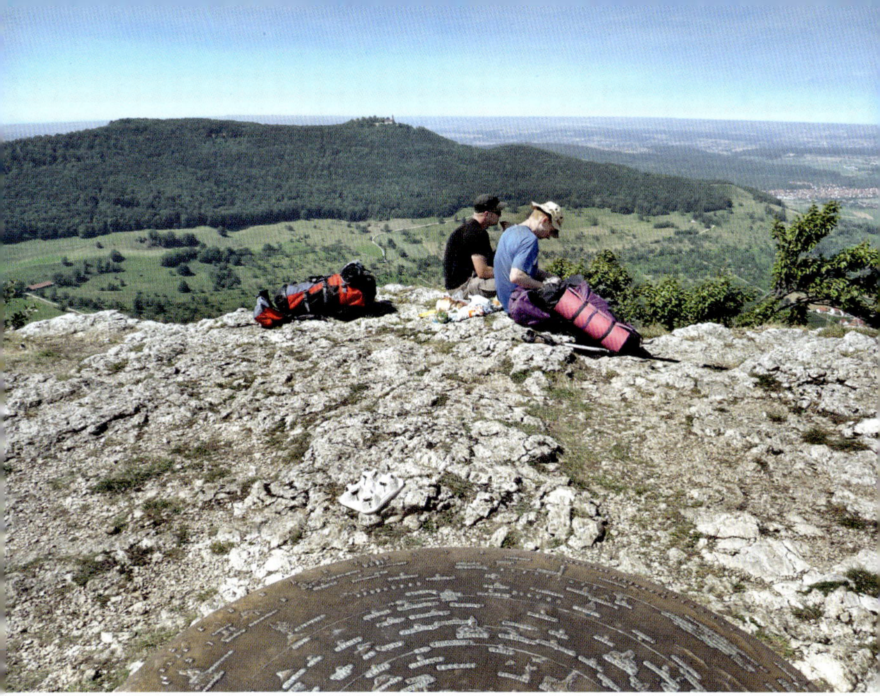

Oben: Auf dem Aussichtsplateau der Stauferalb.
Links: Nahezu unendliche Aussichten ins Albvorland.

Wir starten zu unserer Ausgucktour ins »Schwobaländle« am Fuße der Teck vom Parkplatz an den **Sportplätzen** in **Bissingen** ❶ an der Teck. Auf der Seestraße geht es in südliche Richtung aus dem Ort hinaus. Schon bald spazieren wir durch herrliche Streuobstwiesen mit Kirsch-, Pflaumen-, Apfel- und Birnbäumen bestanden, die vor allem im Frühjahr zur Blütezeit eine wahre Augenweide sind. Mit Blick auf die Burg Teck zur Rechten geht es leichtfüßig bergan. Rund 400 m nach dem Ortsende folgen wir einem abzweigenden geschotterten Weg nach links in Richtung Breitenstein. Das blaue Dreieck begleitet unseren Weg durch den Wiesenhang. Auf einem breiten Weg, der sich rasch zum Wiesenpfad verjüngt, geht es stets der Markierung folgend geradeaus. Noch immer schreiten wir durch die für das Albvorland so typischen Streuobstwiesen bergauf. Bald erreichen wir den Waldrand und werden nun den Anstieg zum Breitenstein unter dem Blätterdach eines herrlichen Buchenhangwaldes verbringen. Nach rund 30 Min. tref-

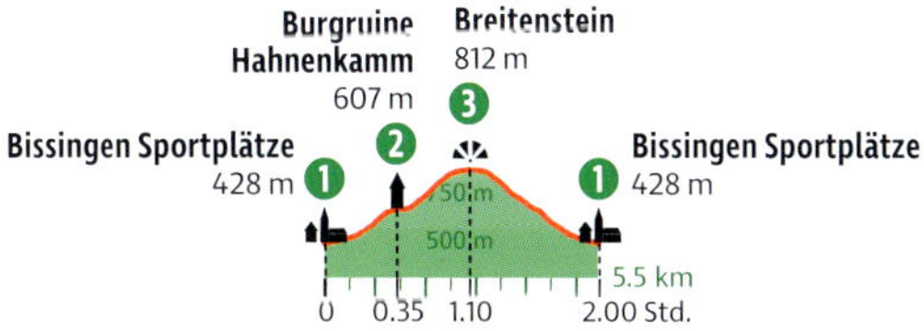

Über 810 Meter reckt der Breitenstein seine weiße Kalkflanke in die Lüfte.

fen wir kurz vor der Kreisstraße, der Ochsenwanger Steige, auf eine Gabelung. Hier nehmen wir den linken Pfad, der als Abstecher zur Burgruine Hahnenkamm führt. Der ansteigende Pfad bringt uns links haltend zu einer baumbestandenen Bergkuppe mit wiederaufgebauten Mauerresten der **Burgruine Hahnenkamm** ❷. Die Burganlage wurde vermutlich Mitte des 13. Jhs. errichtet und diente als Schutzburg für die Burg Teck.

Zurück vom Abstecher wenden wir uns nach links und überqueren die Ochsenberger Steige nach schräg rechts. Auf einem geschotterten Weg, der schnell in einen Pfad übergeht, geht es weiter Schritt für Schritt durch die sogenannte Eichhalde. Der steile Anstieg zum Albtrauf wird durch einen sehr schön angelegten Zickzackweg erleichtert. Der Waldsteig bringt uns über den steilen Hang direkt zur Nordkante der Schwäbischen Alb, dem vielbeschriebenen Albtrauf. Wir wenden uns nach rechts und folgen dem Traufweg zum rund 200 m langen Felsriegel des **Breitensteins** ❸ mit zahlreichen kurzen Felsausbuchtungen. Das gesamte Kalkplateau ist ein geschütztes Geotop, Naturdenkmal und ein großer Aussichtsbalkon mit atemberaubenden Weit- und Tiefblicken von den Drei Kaiserbergen zur Teck und weiter bis zum Rand des Nordschwarzwaldes. Eine Orientierungstafel am Gipfel zeigt die Lage und Entfernung der Ortschaften und Berge im Panoramaradius. Zahlreiche Grillstellen im kargen Magerasen laden zur ausgiebigen Rast, bevor es auf dem Anstiegsweg wieder bergab zurück nach Bissingen an der Teck zum Parkplatz an den **Sportplätzen** in **Bissingen** ❶ geht.

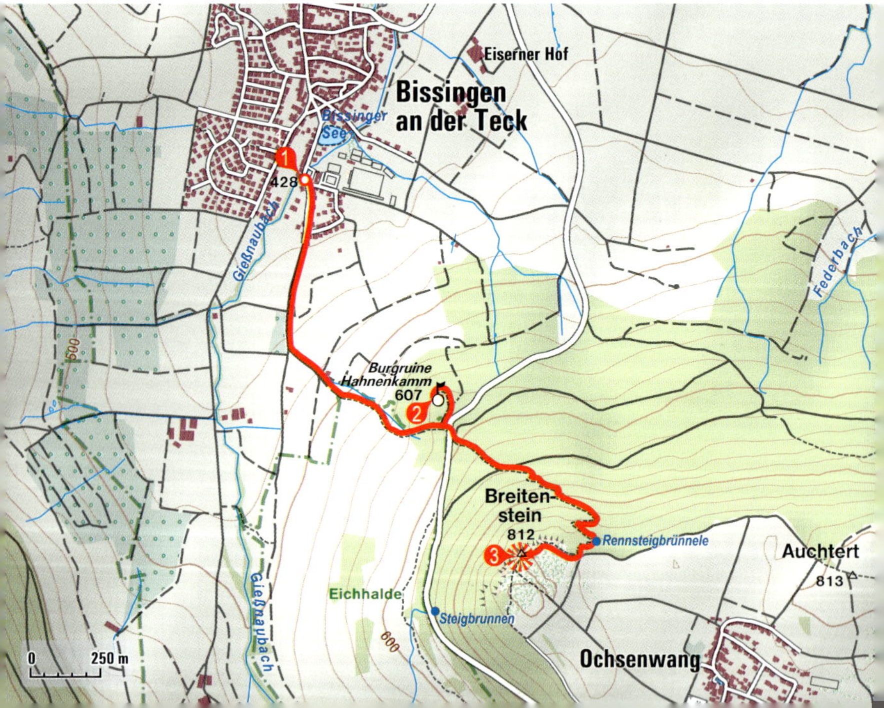

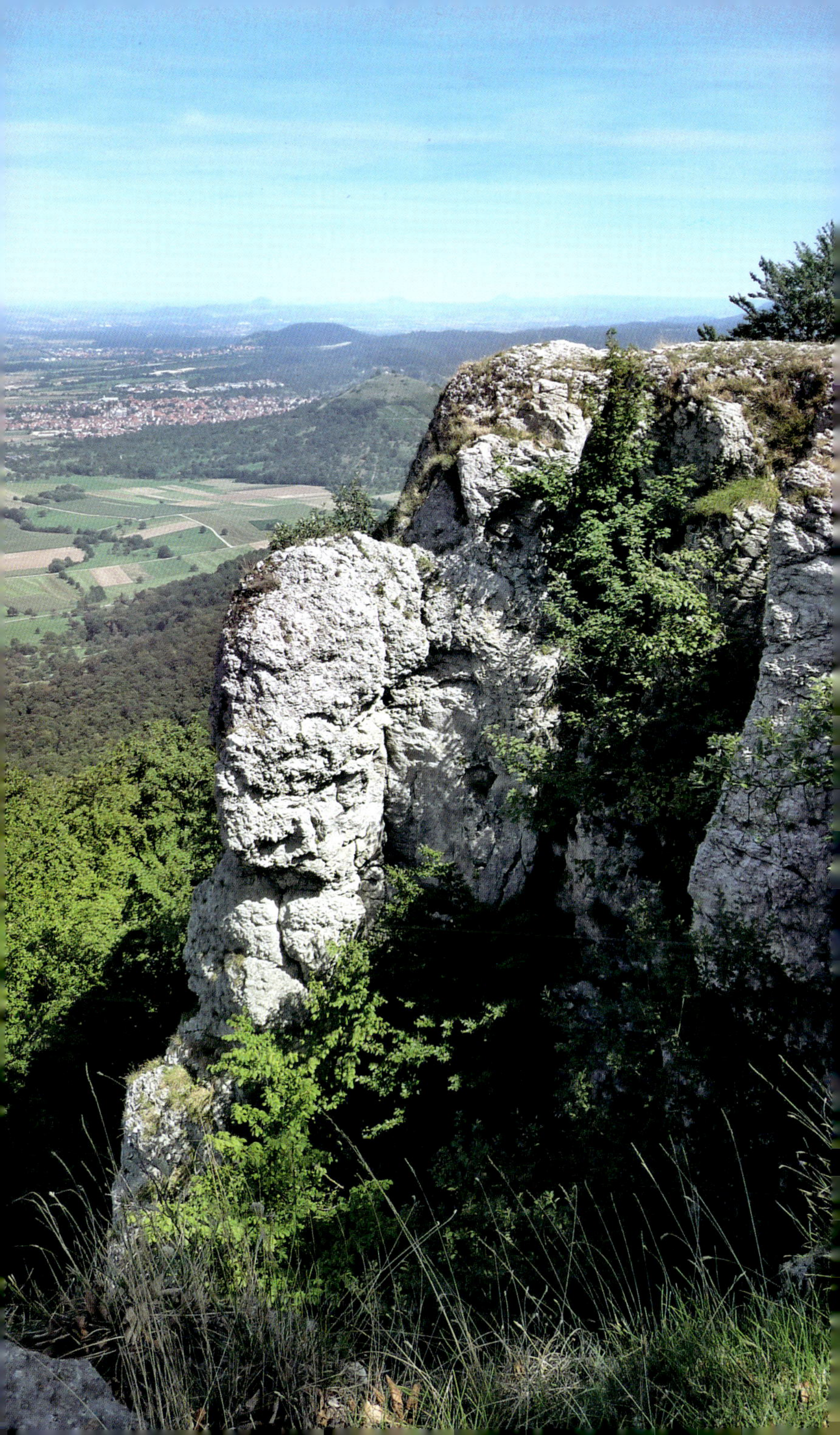

38 Zipfelbachtal und Randecker Maar

Vom Wildbach zum ehemaligen Vulkanschlot

2.45 Std. | 8,1 km | ↗360 m | ↘360 m

Wilder Tobel, schöner Felsausguck und erstaunliches Trockenmaar

Eine geologische Zeitreise auf der malerischen Schopflocher Alb mit einem Füllhorn an Naturattraktionen: vom Zipfelbachtal zum Mörikefels an der reizvollen Traufkante und weiter zum Randecker Maar. Hier lief der Schwäbische Vulkan vor rund 17 Millionen Jahren zu seiner Höchstform auf. In zahlreichen Vulkanschloten stieg Magma aus dem Erdinneren empor und traf dabei auf Grundwasser. Explosionsartig verdampfte das Wasser, wobei die darüber liegenden Gesteinsschichten weggesprengt wurden. Im Falle des Randecker Maars bildete sich ein See über dem Basaltgestein. Dieser See ist allerdings wieder verschwunden, da sich der Zipfelbach vom Albtrauf her immer weiter zum Randecker Maar grub, es schließlich annagte und den See zum Auslaufen brachte. So bildet das heutige Trockenmaar ein riesiges, nach Nordosten offenes Freilufttheater mit steil ansteigenden Grasflächen im Zuschauerraum vor der weiten Kulisse des Albvorlandes. Bereits das Zipfelbachtal, durch das die Wanderung zum Albtrauf führt, ist ein wunderbares Kleinod: Eingehüllt von naturbelassenem Wald sprudelt, schlängelt und spritzt der Zipfelbach über Baumstämme und Felsen durch den Tobel.

Ausgangsort: Parkplatz Bachstraße, 440 m, Ortseingang Hepsisau.
Anfahrt: Von der Autobahn A8, Ausfahrt 58 Aichelberg auf L1214 Richtung Weilheim. Auf Durchgangsstraße nach links durch Ortskern von Weilheim, nach links auf L1200 Richtung Neidlingen. Rechts abbiegen auf L1212 bis zum Ortsbeginn von Hepsisau. Parkplatz Bachstraße rechts.
ÖPNV: Ab Kirchheim unter Teck mit der Buslinie 173, 173A, 177, 177A bis Hepsisau, Haltestelle Rathaus, www.wbg-bus.de. Start der Wanderung dann direkt an der Haltestelle auf Hauptstraße geradeaus.
Anforderungen: Trittsicherheit, vor allem bei Nässe in der Zipfelbachschlucht, und bedingte Schwindelfreiheit am Mörikefels.
Orientierung: Problemlos. Teilweise mit rotem Dreieck markiert.
Einkehr: Hepsisau: Ristorante Lamm, Di. Ruhetag, www.lamm-hepsisau.de. Maarstube, Hof Ziegelhütte, www.hofziegelhuette.de.
Übernachtung: In Ochsenwang: Gasthaus Rössle, www.gasthof-alb.de. Landgsthof Krone, www.krone-ochsenwang.de.
Tipp: Hofladen und Einkehr am Ziegelhof mit Käse und weiteren Produkten in Demeterqualität.
Karten: Freizeitkarte F524 Bad Urach, 1:50.000, LGL Baden-Württemberg, www.lgl-bw.de.

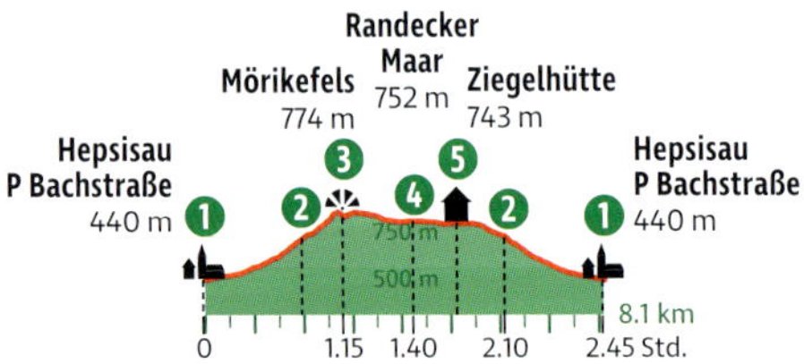

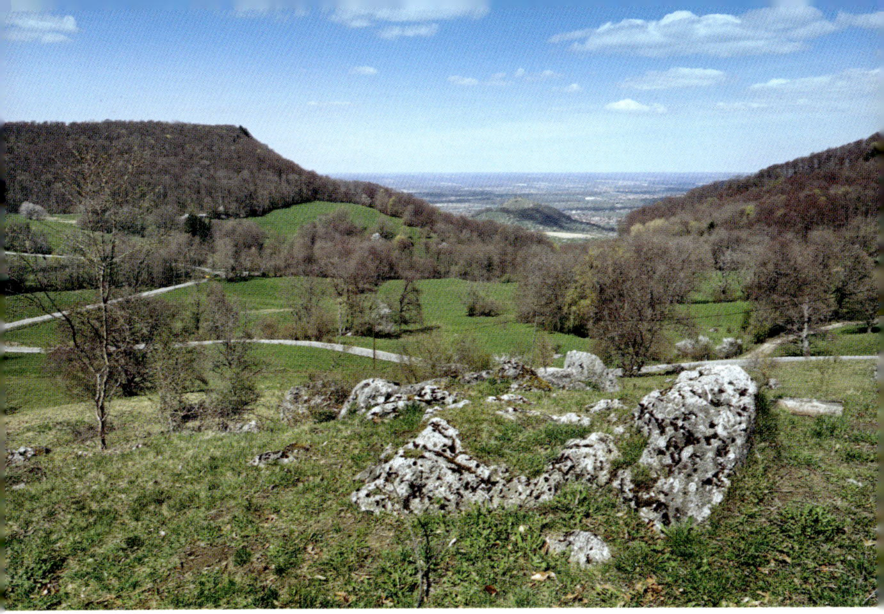

Das Randecker Maar bildet ein »Fenster« hinüber ins nördliche Albvorland.

Viele Wege führen zum Randecker Maar, jedoch nur einer durch das Zipfelbachtal. Zu diesem brechen wir am Parkplatz in der **Bachstraße** in **Hepsisau** ❶ auf. Von diesem großen Parkplatz am Ortsrand wandern wir entlang der Hauptstraße im historischen Ortskern am Backhaus und Rathaus vorbei zu einem Abzweig nach rechts über den Zipfelbach. Nach 50 m wenden wir uns nach links auf eine Wiesenspur, die geradeaus über eine schmale Straße führt und weiter als Feldweg durch hübsche Streuobstwiesen neben dem Zipfelbach flussaufwärts verläuft. Wir zweigen vom Feldweg auf einen Pfad nach links ab und wandern nun, alle Abzweigungen ignorierend, durch das lauschige Zipfelbachtal, das sich rasch zu einem engen Tobel verengt. Dabei geht es auf Holzstegen über den plätschernden Bach, vorbei an kleinen Kaskaden und Gesteinsformationen und im Bach querliegenden Baumstämmen weiter bergan in eine der Kernzonen des Biosphärengebietes der Schwäbischen Alb. Rund 30 Min. bezaubert uns schon der Bachlauf in der engen Schlucht, bis wir im Naturspektakel am **Ende des Zipfelbachtals** ❷ auf eine Weggabelung treffen.

Wir orientieren uns nach rechts auf einen steilen Stufenweg in Richtung Mörikefels und Breitenstein. Dabei verlassen wir rasch den Taleinschnitt, gehen rechts haltend auf einem

Munter sprudelt der Zipfelbach.

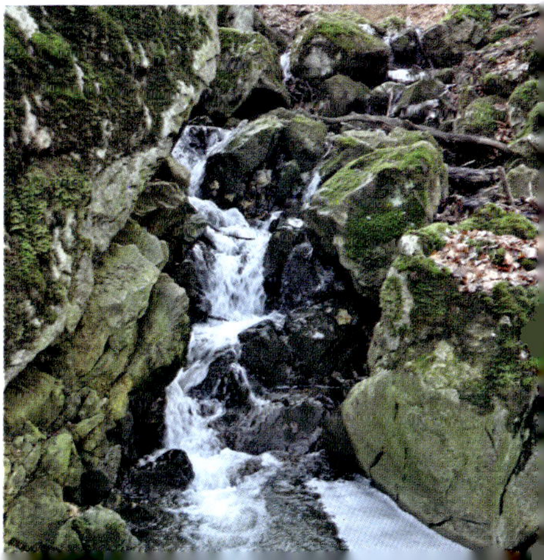

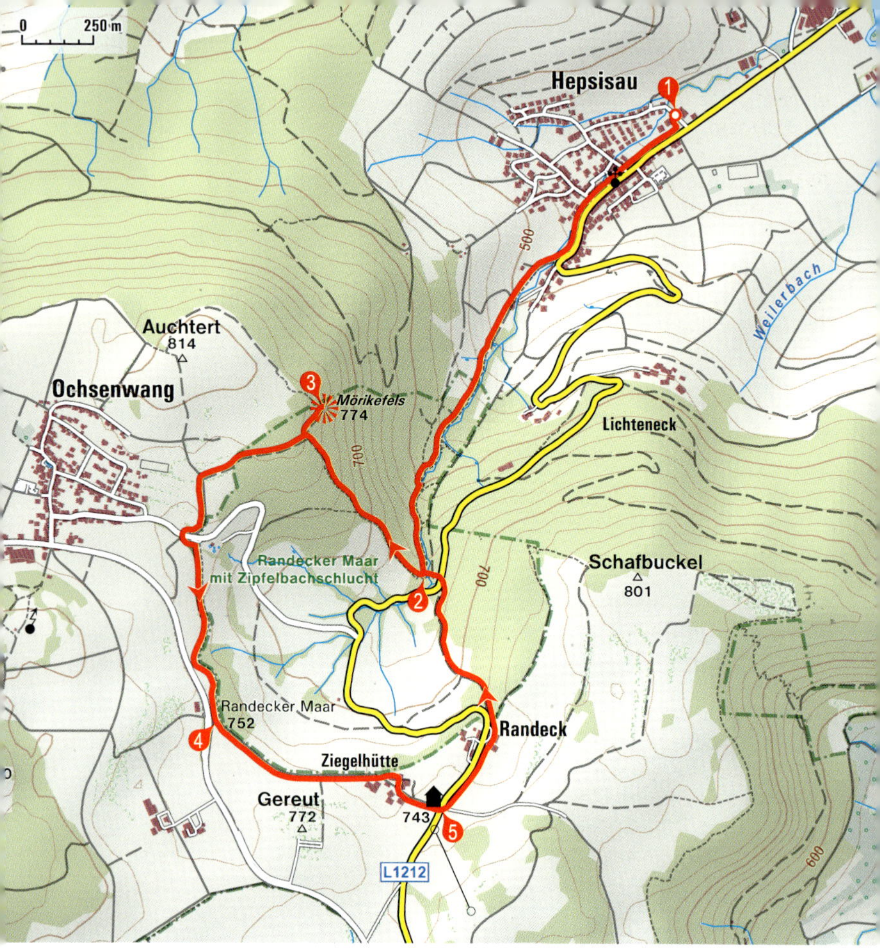

Pfad zwischen Wiese und Waldrand und gelangen wieder in den hohen Laubmischwald. Hier orientieren wir uns an der Wegverzweigung geradeaus auf einen leicht ansteigenden Waldweg und halten uns an den Abzweigungen nach rechts. So erreichen wir den Albtrauf und auf einem winzigen Abstecher nach rechts den **Mörikefels ❸**. Der steile Aussichtsfels ist nach Eduard Mörike benannt, der in Ochsenwang fast zwei Jahre lang als Stellvertreter des Pfarrers lebte. Der kleine Felskopf soll sein Lieblingsort gewesen sein. So blicken wir wie Mörike auf die Albkante bei Aichelberg, auf die kegelförmige Limburg und auf die Drei Kaiserberge, den Staufen, den Stuifen und den Hohenrechberg.

Zurück auf dem Weg geht es 100 m weiter nach links zur letzten Weggabelung im Mischforst. Wir zweigen nach rechts ab durch den Wald und bald über eine Wiesenfläche auf dem Albplateau. An einem querenden Asphaltweg halten wir uns nach links und folgen dem roten Dreieck bergab zur Kreisstraße. Es geht schräg links über die Straße und weiter nach rechts auf einen Pfad. Diesem folgen wir nun entlang der oberen Kante des **Randecker Maars** **4**. Auf dem Weg ergeben sich immer wieder entzückende Ausblicke über das Albvorland bis zu den Drei Kaiserbergen. Vor uns liegt direkt an der Traufkante der nach Norden hin »angenagte« Kessel des Randecker Maars. Einzelne Gesteinsblöcke liegen verstreut am Rand und in der Halbschale des Maars und einzelne stattliche Solitärbuchen bestimmen diese parkähnliche Landschaft. Das Randecker Maar besitzt eine überregionale Bedeutung für die Vogelbeobachtung. Der trichterförmige Einschnitt des Maars erleichtert den Zugvögeln, den Höhenunterschied zwischen Vorland und Albhochfläche zu überwinden. Die Zugvögel kommen zum Teil auf Augenhöhe an der Oberkante des Maars an. So können die Piepmätze sehr viel besser bestimmt und erfasst werden. Weiter geradeaus gelangen wir zur **Ziegelhütte** **5**, einer sehr netten Einkauf- und Einkehrgelegenheit.

Nach dem Gehöft wenden wir uns für 300 m auf der L1212 nach links bis Randeck. Hier geht es nach rechts auf einen Pfad, der direkt neben der Straße für einige Meter parallel bergab verläuft. Wir bleiben diesem Pfad treu, ignorieren Abzweigungen nach rechts oder links, überqueren geradeaus einen Feldweg und die Straße der Hepsisauer Steige. Ein steiler, abschüssiger Schotterweg bringt uns dann direkt zurück ins Zipfelbachtal. Wir nehmen die Brücke über den Bachlauf nach links und stehen wieder an der Gabelung am **Ende des Zipfelbachtals** **2**. Der Zipfelbach und der geologische Zahn der Zeit tragen die Verantwortung, dass das Randecker Maar nicht mehr wassergefüllt und nur noch zur Hälfte vorhanden ist. Wir folgen dem »Übeltäter« auf dem bekannten hübschen Pfad bachabwärts und in Hepsisau ebenfalls auf der bereits erwähnten Route zurück zur **Bachstraße** in **Hepsisau** **1**.

Buchenhaine und Magerrasen prägen das Landschaftsbild des Vulkankraters.

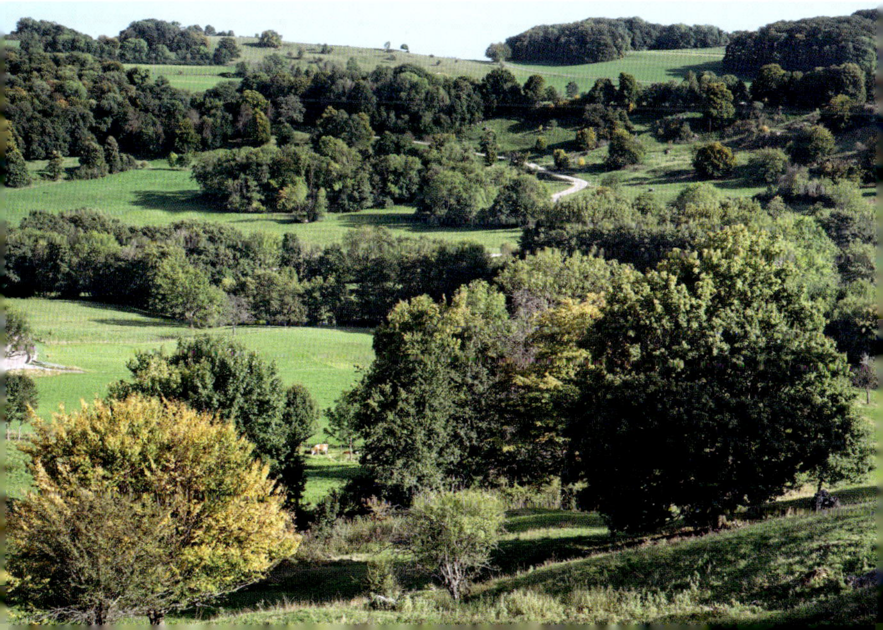

39 Neidlinger Talschluss

Ruine Reußenstein, Heimenstein, Neidlinger Wasserfall

3.00 Std. | 8,1 km | ↗ 410 m | ↘ 410 m

Naturfeeling pur im Bergwinkel über Neidlingen

Verwegen balanciert die Ruine Reußenstein auf einem Felsenriff über dem Neidlinger Talschluss. Von ihr aus kontrollierten die Burgherren den wichtigen Albaufstieg. Sie gilt als Ideal einer mittelalterlichen Burgruine und wurde im 20. Jahrhundert zur Besichtigung in Teilen restauriert und begehbar gemacht. Wilhelm Hauff erzählt in seiner Sage: »Die Burg Reußenstein liegt auf jähen Felsen weit oben in der Luft und hat keine Nachbarschaft als die Wolken und bei Nacht den Mond.« Sie soll von einem Riesen namens Heim erbaut worden sein, der auch ganz nebenbei mit einem ungeschickten Fehltritt im Gelände die Lindach geschaffen haben soll, die den Neidlinger Wasserfall speist. Inmitten des freundlich-lichten Hangwaldes ergießt sich die Lindach über steile Kaskaden. Eine Traumrunde im herrlichen Neidlinger Talschluss mit Burgenromantik und sagenhaften Naturerlebnissen.

Ausgangsort: Wanderparkplatz Untere Wendung, 595 m, an der L1200.

Anfahrt: Von der Autobahn A8, Ausfahrt 58 Aichelberg auf L1214 Richtung Weilheim. Auf Durchgangsstraße links durch Ortskern von Weilheim, links auf L1200 Richtung Neidlingen. Durch Neidlingen geradeaus bis zum Albaufstieg in der ersten Linksschleife nach rechts auf Wanderparkplatz.

Anforderungen: Trittsicherheit im Bereich der Felsen und im Abstieg auf dem Hans-Schumann-Weg.

Orientierung: Der Großteil der Tour verläuft auf markierten Wegen (rotes Dreieck), lediglich im Bereich des Neidlinger Wasserfalls ist etwas Orientierungssinn hilfreich.

Einkehr: Neidlingen: Gasthof Lamm, www.lamm-neidlingen.de. Da Mariella Schützenhaus, Mo. geschlossen, www.sv-neidlingen.de. Alte Kass, Hotel und Kaffeehaus, www.alte-kass.de.

Übernachtung: In Neidlingen: Alte Kass, Hotel und Kaffeehaus, www.alte-kass.de.

Tipp: Besuch des Neidlinger Tales zur Zeit der Kirschblüte. Dann verwandeln sich die Hänge der Obstwiesen in weiße Blütenmeere.

Karten: Freizeitkarte F524 Bad Urach, 1:50.000, LGL Baden-Württemberg, www.lgl-bw.de.

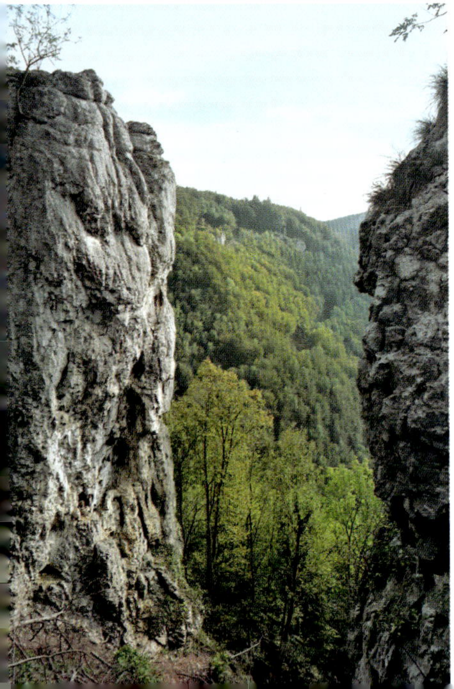

Mächtige Jurafelsen bilden den Nordrand der Alb.

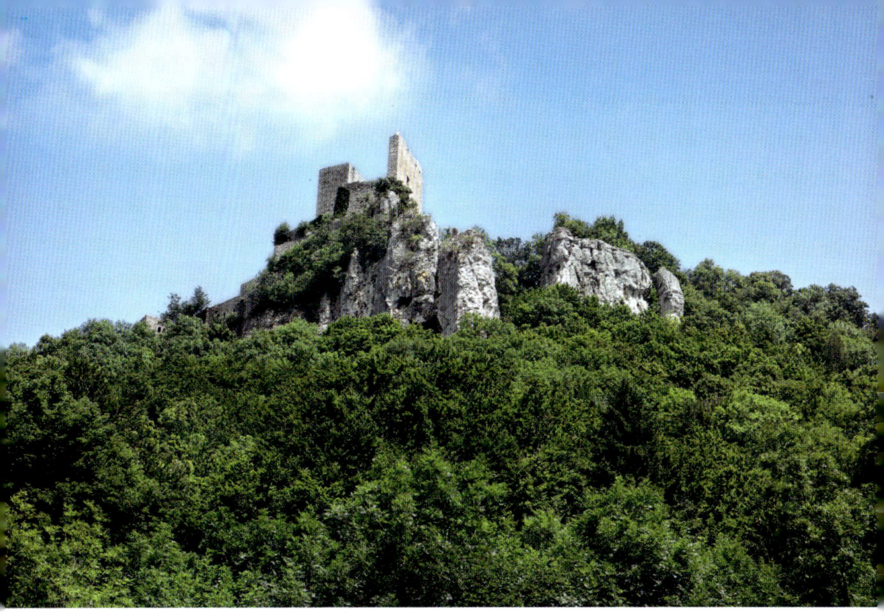

Kühn balanciert die Ruine Reußenstein auf dem Albtrauf.

Am **Wanderparkplatz Untere Wendung** ❶ begeben wir uns auf Schusters Rappen und beginnen unsere Tour auf einem Pfad, der am Parkplatz nach links abzweigt. Dieser in Serpentinen angelegte Pfad führt mit moderater Steigung durch den Hangwald bis kurz unterhalb der Ruine Reußenstein. An einer Pfadgabelung wählen wir die linke Alternative und gelangen nach 120 m direkt zum tiefen Halsgraben, der die Burg von der Albhochfläche trennt. Wir halten uns nach rechts zur Kernburg der **Ruine Reußenstein** ❷ mit dem Burghof, Wohngeschossen und dem Bergfried. Der fast 20 m hohe Bergfried mit seinen rund 2 m dicken Mauern befindet sich an der höchsten Stelle der Burg. Von ihm und vom Burghof aus offenbart sich ein himmlischer Blick auf den Albtrauf mit dem Heimensteinfelsen, auf den ehemaligen Vulkankegel der Limburg und auf die Dächer von Neidlingen.

Vom Wahrzeichen des Neidlinger Tals gehen wir nach rechts und sogleich auf den schönen Felskopf des Mittelkopfs und einige Meter weiter auf den Südostfelsen. Von diesen beiden Felsriffen, die ein beliebtes Kletterrevier sind, erkennt man den waghalsigen Burgbau in schwindelnden Höhen über dem lieblichen Neidlinger Tal, der fest mit dem Fels verwachsen scheint. Wieder auf dem Hauptweg, geht es nach rechts vom roten Dreieck geleitet entlang der

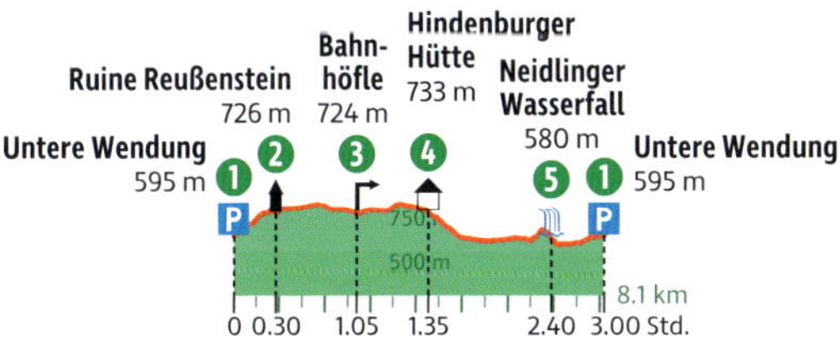

Albkante. Nach 15 Min. mündet der Pfad auf eine schmale Straße. Auf dieser marschieren wir nach 100 m nach rechts auf einen abzweigenden Pfad, auf dem wir den Wanderstandort **Bahnhöfle ❸** erreichen.

An dem beliebten Rast- und Grillplatz orientieren wir uns nach rechts auf einen geschotterten Waldweg, der allmählich in einen ansteigenden Pfad übergeht. An einer Gabelung halten wir uns weiter nach rechts entlang des Albtraufs. Ein kleiner Schlenker bringt uns zum Heimenstein, einem mächtigen Kalkstock, der von der Heimensteinhöhle durchzogen ist. Die Höhle ist an sich frei zugänglich und lediglich während der Vogelbrutzeit von Januar bis Juli geschlossen. Vom Felskopf des Heimensteins genießen wir einen wunderschönen Talblick auf Neidlingen, das Albvorland und die Ruine Reußenstein. Nur 5 Minuten trennen uns von dem nächsten Wanderziel, das wir nach rechts weiter auf dem mit dem roten Dreieck markierten Pfad erreichen. Die **Hindenburger Hütte ❹** bietet einen Unterstand sowie einen gemütlichen und geschützten Rastplatz und dies vor der herrlichen Kulisse des Neidlinger Tales.

Direkt an der Hindenburger Hütte beginnt ein nicht gekennzeichneter Abstiegspfad, der Hans-Schumann-Weg. Durch den steilen bewaldeten Hang schlängelt sich der Serpentinenpfad in vielen Kurven und Kehren dahin. Nachdem der größte Teil des Abstiegs geschafft ist, trifft der Pfad auf einen querenden Waldwirtschaftsweg, auf dem es nach rechts weitergeht. Auf dem nahezu eben

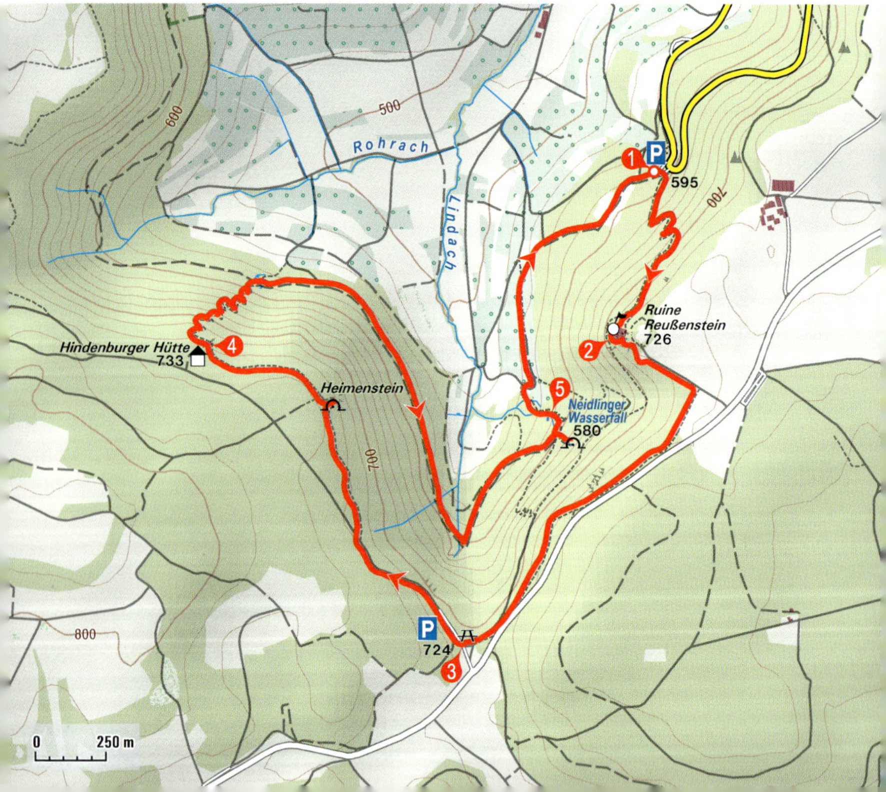

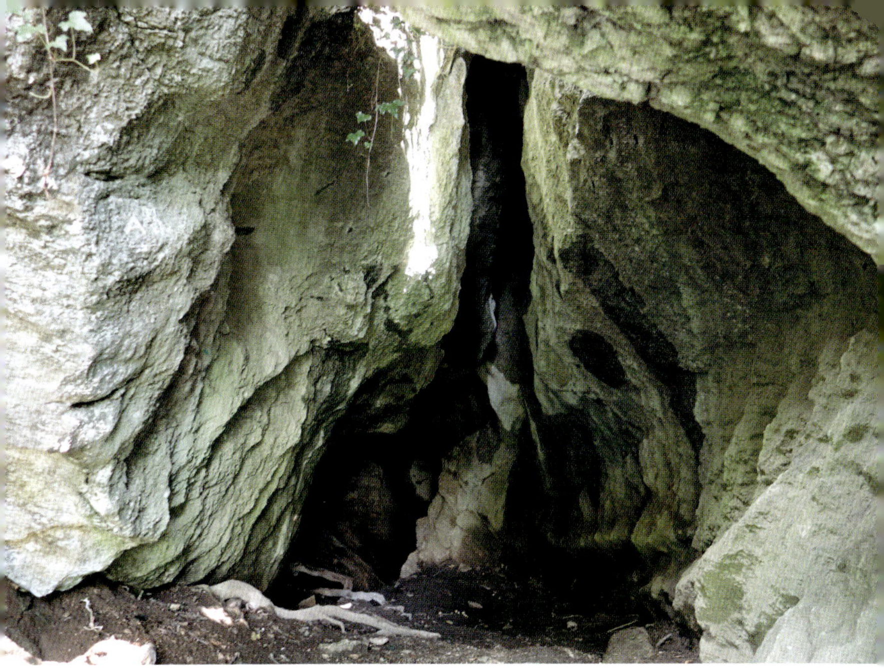

Die Heimensteinhöhle wurde von einem unterirdischen Fluss geschaffen.

verlaufenden Forstweg gelangen wir auf Stegen über die Quellbäche des Pfannenbachs, die in kleinen Kaskaden über das bemooste Kalkgestein strömen. An einer Gabelung nach rund 20 Min. halten wir uns nach rechts, wandern ansteigend zu einem idyllischen schmalen Bachlauf. Am Steg kann ein kurzer Abstecher hoch zur Wasserfallhöhle unternommen werden. Hier entspringt die Lindach aus dem karstigen Gestein, der wir etwas tiefer im Gelände gleich nochmal begegnen werden. Wir wandern auf dem Forstweg 50 m geradeaus und biegen dann nach links auf einen sehr steilen Pfad (ohne Kennzeichnung) ab. Auf diesem Erdpfad können wir schon hören, was wir gleich zu sehen bekommen, den **Neidlinger Wasserfall** ❺. Mitten im Wald gelegen, strömt die noch recht junge Lindach über das mit dichtem Moos bewachsene Kalkgestein – ein unberührtes Fleckerl Natur.

Wir folgen dem Pfad parallel zum Bachlauf, treten aus dem Wald und schlendern über eine wunderbare Streuobstwiese. Typisch für das Neidlinger Tal sind die zahlreichen Kirschbäume, die das gesamte Tal und die Hänge der Limburg im Frühjahr in ein weißes Blütenkleid verwandeln. Wir treffen auf einen Asphaltweg, dem wir nach rechts folgen. Nach wenigen Metern geht er in einen Wiesenpfad über, der weiter durch die Streuobstwiesen führt. Wir halten auf den Waldrand zu, steigen nochmals etwas bergan, wenden uns an einer Verzweigung nach rechts auf einen breiten Weg, der mit dem blauen Dreieck gekennzeichnet ist. Wir folgen diesem Weg und der Markierung über eine Lichtung mit einer hübschen Grillstelle und Picknickplatz und haben dann unseren Ausgangspunkt am **Wanderparkplatz Untere Wendung** ❶ wieder erreicht.

40 Teufelslöcher bei Bad Boll
Zu den Quellen des Teufelsklingenbachs

TOP | 2.30 Std. | 7,7 km | ↗ 200 m | ↘ 200 m

Wildnis und Abenteuer in den Teufelslöchern

Unterwegs in urtümlichen, wilden und kaum erschlossenen Schluchtenwäldern am Fuße der Schwäbischen Alb. Nur einen Katzensprung vom Albaufstieg der Autobahn A8 entfernt, erstreckt sich das ganz besondere Naturschutzgebiet Teufelsloch-Kaltenwang. Seine naturnahen Bannwälder, Feuchtgebiete, Bäche und Quellen gelten als Rückzugsraum für seltene und bedrohte Arten, darunter Schwarze Teufelskralle, Wildes Silberblatt oder Goldnessel. In den feuchten Waldarealen rund um den Teufelsklingenbach fühlt sich der Feuersalamander pudelwohl und ist relativ häufig anzutreffen. Zudem zwitschern Wasseramsel, Schwarzspecht, Eisvogel, Kolkrabe oder Neuntöter ihr Lied in den vielfältigen Biotopen des Naturschutzgebietes. Auch summen und brummen seltene Käfer- und Fliegenarten durch Wald und Flur. Eine kleine lokale Sensation war die Entdeckung eines neuen Kurzflügler-Käfers, des Aloconata bucki, *im Bereich der Teufelslöcher. Vorbei an einer Wasserkaskade, über schmale Quellbäche, entlang des naturnahen Teufelsklingenbachs im ungezähmten Schluchtbannwald bietet diese ungewöhnliche und spannende Tour abenteuerliche Naturerlebnisse.*

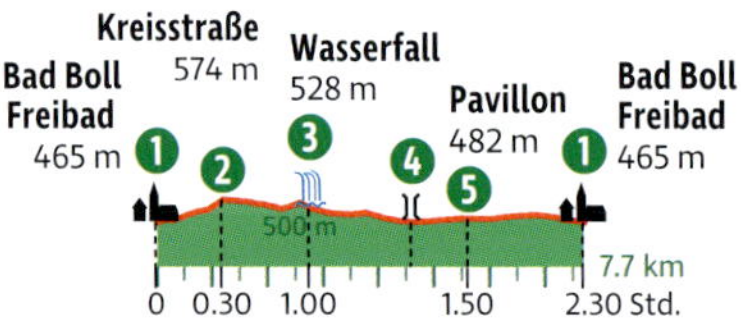

Ausgangsort: Parkplatz am Freibad von Bad Boll, 465 m.
Anfahrt: Von der Autobahn A8, Ausfahrt 58 Aichelberg, Richtung Bad Boll auf L1214. Nach Reitclub Badhof nach rechts auf Badstraße, rechts auf Gruibinger Straße und links auf Freibadweg bis zum Parkplatz am Freibad von Bad Boll. Mit ÖPNV: Ab Göppingen mit Buslinie 920, 923, 924 bis Bad Boll Haltestelle Gruibinger Straße oder Buslinie 983 bis Bad Boll, Dürnauer Straße. Ab Gruibinger Straße nach links in Freibadstraße zum Freibadparkplatz (10 Min.). Ab Dürnauer Straße über Im Winkel und nach links in Bachweg am Friedhof vorbei und Freibadweg zum Freibad-Parkplatz (15 Min.).
Anforderungen: Keine besonderen Anforderungen, außer Freude, im unwegsamen und stellenweise recht matschigen Gelände unterwegs zu sein.
Orientierung: Im Bereich der Teufelslöcher und der Eichhalde sind gute Orientierung und Spürsinn sehr hilfreich. Abschnittsweise folgt die Tour den Löwenpfaden sowie den Albtraufgängen.
Einkehr: Brender's, www.brenders.de. Bad Boll, Auswahl: Gasthof & Restaurant Zur Krone, Mo. und Di. geschl., www.krone-bad-boll.de. Restaurant Stauferland im Badhotel, So. Ruhetag, www.badhotel-stauferland.de. Ristorante, Pizzeria da Pepe, Mo. Ruhetag, www. ristorante-pepe.de.
Übernachtung: Bad Boll, eine Auswahl: Gasthof & Restaurant Zur Krone, www.krone-bad-boll.de. Badhotel, www.badhotel-stauferland.de. Seminaris Hotel, www.seminaris.de.
Tipp: Besuch des nett und ruhig gelegenen Freibades von Bad Boll.
Karten: Freizeitkarte F524 Bad Urach, 1:50.000, LGL Baden-Württemberg, www.lgl-bw.de.

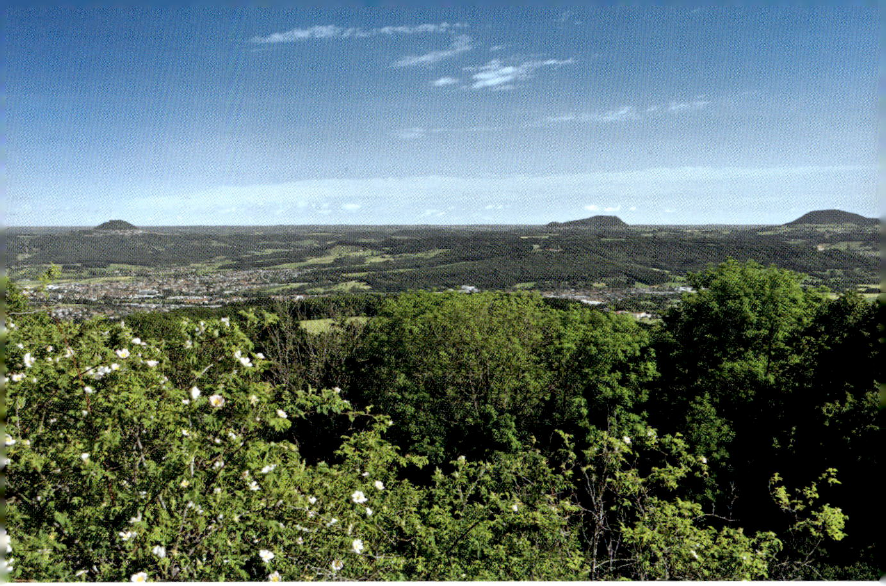

Weithin sichtbar und unverkennbar – die Drei Kaiserberge.

Vom Parkplatz am **Freibad** von **Bad Boll** ❶ gehen wir in südliche Richtung auf einem asphaltierten Weg durch Streuobstwiesen, bis wir nach knapp 400 m an einer Verzweigung nach rechts abbiegen. Auf dem hübschen, markierten Waldweg, der zu den »Löwenpfaden« der Schwäbischen Alb gehört, geht es nach rechts, bald am Waldrand entlang mit einladenden Rastbänken. Umgeben von Streuobstweisen liegt Bad Boll idyllisch im Albvorland. Vom Waldrand öffnet sich der Blick weit über den Kurort hinaus bis zu den Drei Kaiserbergen nördlich des Filstals. An einer querenden Forstpiste geht es nach links ohne Markierung, leicht ansteigend durch den schattigen Laub-Nadel-Mischwald. Dabei orientieren wir uns nach rechts und überqueren die **Kreisstraße** ❷ geradeaus.

An der unmittelbar folgenden Gabelung zweigen wir nach links auf den Erlenweg ab. Dieser Waldwirtschaftsweg führt zunächst ansteigend, dann nahezu eben durch den dichten Forst. Nach 500 m verlassen wir den breiten Waldweg und wenden uns nach links auf einen nicht bezeichneten Pfad. Hier beginnt die abenteuerliche Passage auf aufgelassenen, nicht bezeichneten und recht wilden Wegen im Einzugsbereich des Teufelsklingenbachs. Hier im gesamten Quellgebiet sind die Pfade und

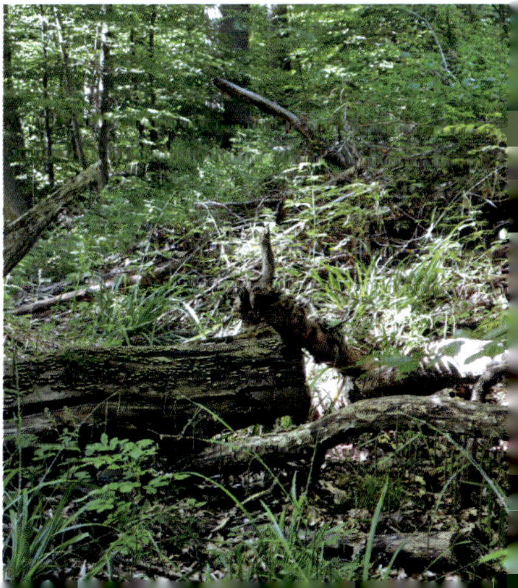

Abenteuerlicher Bannwald rund um die Teufelslöcher.

Wege aufgrund des wasserstauenden tonig-lehmigen Untergrundes meist recht schlammig. Nach 300 m auf dem stark eingewachsenen Pfad mit querliegenden Ästen und Stämmen zweigen wir nach rechts auf einen weiteren Waldpfad ab. An einer Gabelung nach 200 m geht es nach links und weiter links haltend über ein Rinnsal und die Bachböschung hoch. Wir treffen auf einen Waldweg, dem wir nach rechts folgen. Dieser 7-Brücken-Weg bringt uns direkt zu einem Wasserfall, den man schon lange hört, bevor man ihn sehen kann. Nach 200 m sind wir bei dem hübschen **Wasserfall 3** angekommen. Hier befindet sich der Talschluss des Teufelsklingentals mit einem der beiden Quellbäche.

Es geht geradeaus durch das Bachbett und am gegenüberliegenden Hang dem Pfad folgend nach rechts weiter. Im folgenden Streckenverlauf orientieren wir uns stets an der Nähe des Teufelsklingenbaches auf unserer rechten Seite. Dabei geht es sprichwörtlich über Stock und über Stein – in diesem Fall durch dichte Vegetation, querliegendes Holz und durch matschiges Gelände. Dabei werden auf dem 7-Brücken-Weg durch die Teufelslöcher einige zum Teil recht desolate Holzstege überquert. Nicht nur der Weg an sich ist recht abenteuerlich, der gesamte Schluchtwald ist ein Bannwald mit dichter bodendeckender Vegetation, Moos, Totholz, kreuz- und querliegenden Ästen und Stämmen und dem naturbelassenen Teufelsklingenbach mit seinen Zuläufen

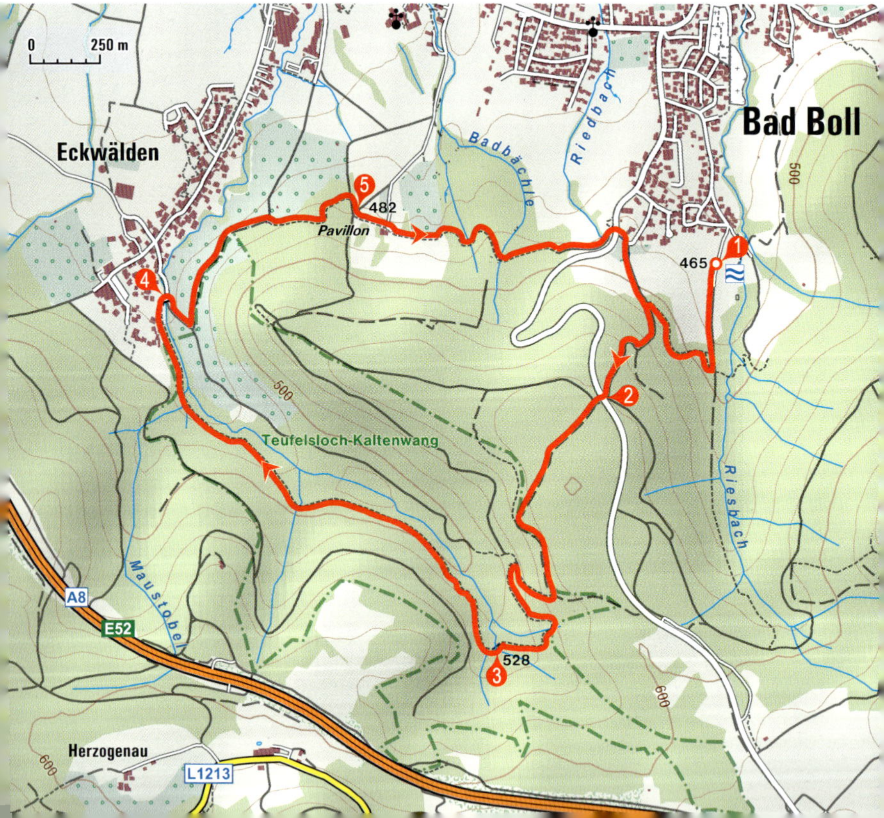

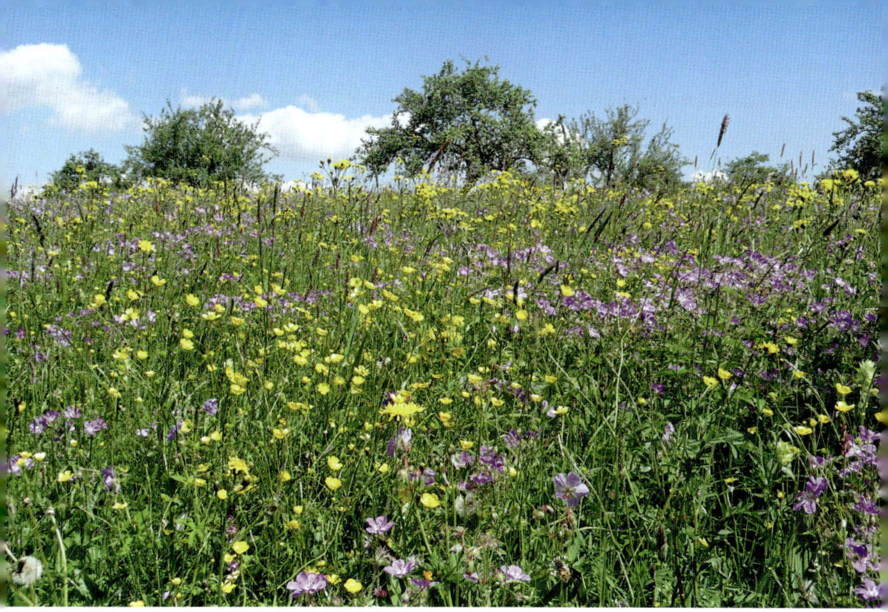

Streuobstwiese im Frühlingskleid.

mittendrin. Knapp 2 km verbringen wir in dieser urwüchsigen Naturlandschaft, die ihresgleichen sucht. Dann öffnet sich der Wald am Ortsrand von Bad-Boll-Eckwälden; wir gelangen zu einer **Brücke ❹** über den Teufelsklingenbach und wenden uns dann nach rechts in den Unteren Teufelslochweg.

An dem ersten Abzweig wenden wir uns nach links auf einen angenehmen Panoramapfad durch die Streuobstwiesen südlich von Bad Boll. Nach 500 m geht es an der Gabelung nach rechts und sogleich nach links auf einen Weg, der durch ein Waldgebiet führt. Immer noch ohne Kennzeichnung halten wir uns an der nächsten Verzweigung nach links, kurz danach nach rechts und gleich darauf wieder nach rechts. So gelangen wir aus dem Wald auf eine Wiesenfläche mit einem **Pavillon ❺**. Wir gehen oberhalb des Pavillons nach links auf dem Boller Höhenweg mit einem herrlichen Blick auf die Kegel der Drei Kaiserberge. Dieser Wegabschnitt ist als Albtraufgängerweg ausgeschildert und führt an einer stattlichen Solitäreiche und dem Restaurant Brender's im Schützenhaus vorbei. Wir halten uns auf einen Pfad geradeaus und folgen nun im Waldbereich der Eichenhalde im Wirrwarr unzähliger Wege der Beschilderung des Albtraufgängerwegs. In der Eichenhalde sind Kurwege und auch ein Erlebnisweg »Sinneswandel« angelegt. Wir verlassen die Eichenhalde auf dem Silberpappelweg nach links, überqueren eine Straße nach schräg rechts und wandern an einer Kirschbaumanpflanzung vorbei. Leicht bergan, gelangen wir nochmals in ein Waldgebiet, halten uns an der ersten Verzweigung nach links und marschieren nun auf dem bekannten Waldweg zurück zum Asphaltweg, der uns nach links zurück zum Parkplatz am **Freibad** von **Bad Boll ❶** bringt. Nach dieser Abenteuer- und Wildnisrunde kann ein Besuch im Freibad den Tag wunderbar abrunden.

41 Hausener Wand
Vom Filstal auf den Michelsberg

2.15 Std. | 6,7 km | ↗ 320 m | ↘ 320 m

Geologische Zeitreise mit herrlichen Aussichten

Die Abrissfelsen der Hausener Wand ermöglichen einen Blick in die Entstehungsgeschichte der Schwäbischen Alb. Die mächtigen und steilen Kalkfelsen stammen aus der Jurazeit, als sich hier vor rund 160 Millionen Jahren ein Meer mit reichem und vielfältigem Leben ausbreitete. Die heutigen Weißjurafelsen der Hausener Wand waren Teil eines großen Riffs im Jurameer. Diese harten und erosionsbeständigen Riffkalke wurden vor allem während der Eiszeiten und der dazwischenliegenden Warmzeiten durch Eismassen und Flüsse herausmodelliert und stehen nun als geologische Zeitzeugen nicht nur bei Hausen, sondern auch entlang der gesamten Traufkante der Schwäbischen Alb. Am Bergfuß der Wand trifft man auf eine Unmenge an Geröll und Gestein, das wohl in einem großen Bergrutsch am Ende der letzten Eiszeit vom Michelsberg abgegangen ist. Das Gebiet steht unter Naturschutz und ist auch als Geotop ausgewiesen. An der Abbruchkante bieten sich zahlreiche Aussichtspunkte auf das schön geschwungene Obere Filstal, die Streuobsthänge, Äcker und Talauen zum Waldgürtel der benachbarten Traufhänge.

Ausgangsort: Parkplatz Am Michaelsberg, 462 m, Hausen an der Fils.
Anfahrt: Von der Autobahn A8, Ausfahrt 59 Mühlhausen, Richtung Geislingen an der Steige auf B466. Nach 10 km nach links abbiegen auf Hauptstraße nach Hausen an der Fils. Parkplatz rechts am Bonhoeffer Gemeindehaus.
ÖPNV: Ab Geislingen an der Steige mit Buslinien 965 und 966 bis Haltestelle Hirsch. www.vvs.de. Zu Fuß weiter entlang der Hauptstraße in Fahrtrichtung zum Parkplatz (2 Min.).

Anforderungen: Entlang der Abbruchkante und an den Felsköpfen ist Trittsicherheit gefordert.
Orientierung: Problemlos. Markierung durch rote Raute und auf unbezeichneten, aber gut erkennbaren Wegen.
Einkehr: Hausen an der Fils: Restaurant zum Michelsberg, www.zum-michelsberg.de. Vesperstube Lamm, Mo. geschl., Tel. +49 7334 959690.
Übernachtung: Keine.
Karten: Freizeitkarte F521 Göppingen, Remstal, Filstal, 1:50.000, LGL Baden-Württemberg, www.lgl-bw.de.

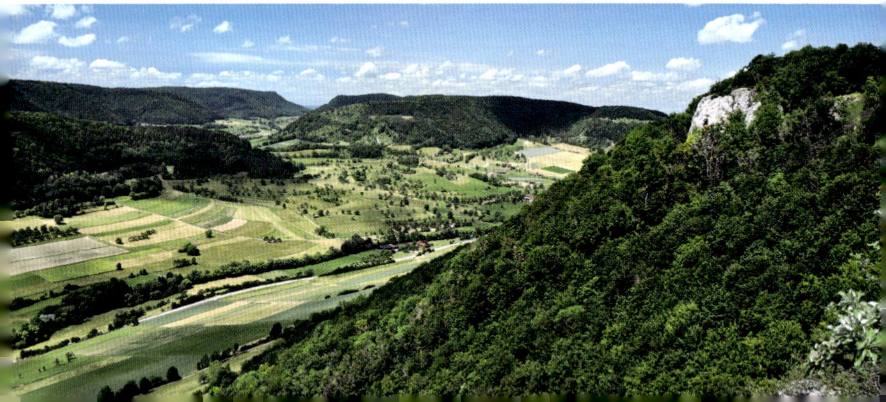

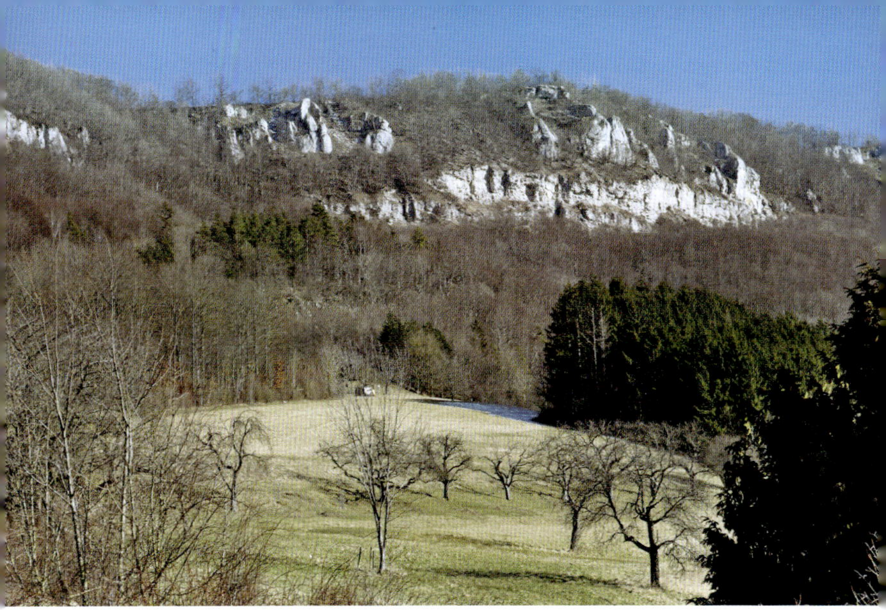

Oben: Die Hausener Wand, ein Felskoloss der Stauferalb.
Links: Dreitälerblick an den Hausener Felsen.

Los geht es zur kleinen Runde über die Hausener Wand am Parkplatz in der Ortsmitte von **Hausen an der Fils** ❶ am Bonhoeffer Gemeindehaus. Dabei orientieren wir uns auf der Michelsbergstraße in Richtung Hausener Fels. Der Weg ist mit der roten Raute gekennzeichnet und führt leicht ansteigend aus dem Ort auf die nahen Felsen der Hausener Wand zu. Wir bleiben der Michelsbergstraße treu und ignorieren die Abzweigungen nach rechts. Am Ortsrand wenden wir uns auf einen Feldweg nach rechts und gelangen nach wenigen Minuten an eine **Verzweigung** ❷, an der wir zuerst nach links auf einen Feldweg und sogleich nochmals links auf einen abzweigenden Pfad einschwenken. Dieser in Serpentinen angelegte Pfad führt mit mittlerer Steigung durch den Hangwald bergan. Am Fuß eines steil aufragenden Kalkfelsens entlang gelangen wir an den Rand der langgezogenen Abbruchkante. Damit ist der Anstieg schon geschafft. Wir halten uns nach links für einen kurzen Abstecher zu den **Hausener Felsen** ❸. Vom Felskopf eröffnet sich ein weiter Blick in das Filstal flussabwärts in Richtung Deggingen, ins Rohrbachtal zwischen Hausen und Unterböhringen sowie ins das kleine Autal, ein Seitental der Fils bei Bad Überkingen. Hinter uns liegt die Hochebene des Michelsberges mit seinen landwirtschaftlich genutzten und offenen Fluren.

Vom Hausener Felsen mit Picknickplatz und Grillstelle geht es entlang der Abbruchkante zurück zum Aufstiegspfad und weiter geradeaus dem Trauf folgend. Der Wiesenweg verjüngt sich zum Pfad, wobei sich

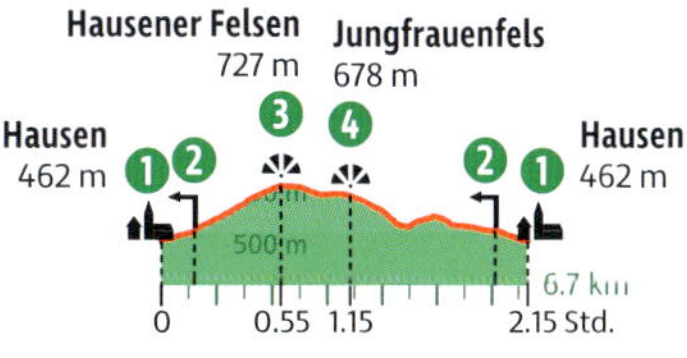

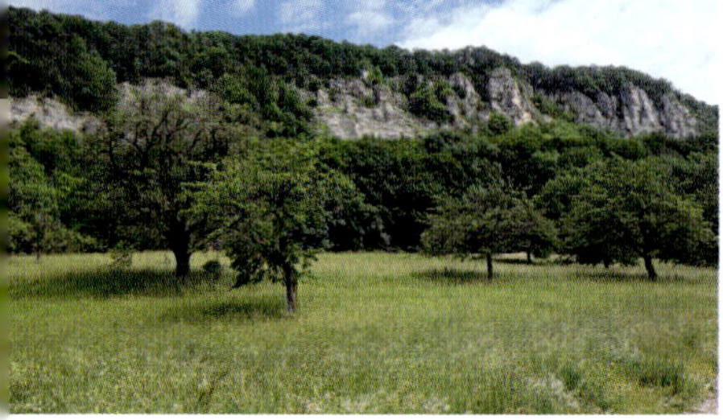

Rechts: Rund 250 Meter ragt die Hausener Wand über dem Oberen Filstal auf.
Links: Streuobstwiesen am Fuße der Hausener Wand.

kleine Abstecher zu weiteren Felsköpfen anbieten. Weiterhin begleitet von der roten Raute erreichen wir den Aussichtspunkt am **Jungfrauenfels 4** mit einer einladenden Rastbank. Nochmals öffnet sich der schöne Tälerblick an der Hausener Wand mit einer neuen Perspektive auf die kleinteilig zergliederte Landschaft am Rand der Schwäbischen Alb.

Wir wandern weiter geradeaus auf dem nun leicht abschüssigen Pfad entlang der Abbruchkante, wobei wir in nordöstliche Richtung Geislingen an der Steige im Knotenpunkt der fünf Täler erkennen können. An einer Wegverzweigung biegen wir nach rechts in Richtung Bad Überkingen ab. Es geht auf dem in Kurven angelegten Weg mit moderatem Gefälle durch den lichten Hangmischwald. An einer Gabelung halten wir uns rechts und nach knapp 300 m nochmals rechts auf einen Pfad, der nun ohne Bezeichnung nahezu eben durch den bezaubernden Buchenmischwald führt. Auf dieser Wegstrecke durch das Naturschutzgebiet wird man eher auf Eichhörnchen und andere Waldbewohner treffen als auf Menschen. Wir treten aus dem Wald und wandern auf einem Wiesenweg mit Blick auf den sanft geformten Weigoldsberg, das Rohrbachtal und das Filstal auf den Ortsrand von Hausen zu. Der Wiesenweg geht in einen Schotterweg über und wir gelangen zu der **Verzweigung 2**, an der unserer Anstieg zur Hausener Wand begonnen hat. Hier wenden wir uns nach links und erreichen auf der Michelsbergstraße wieder unseren Ausgangspunkt am in **Hausen an der Fils 1**.

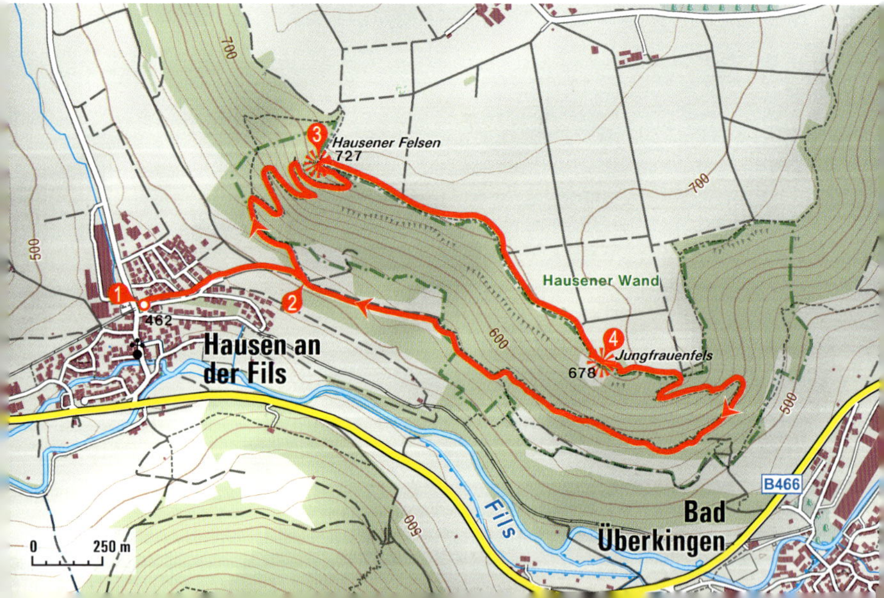

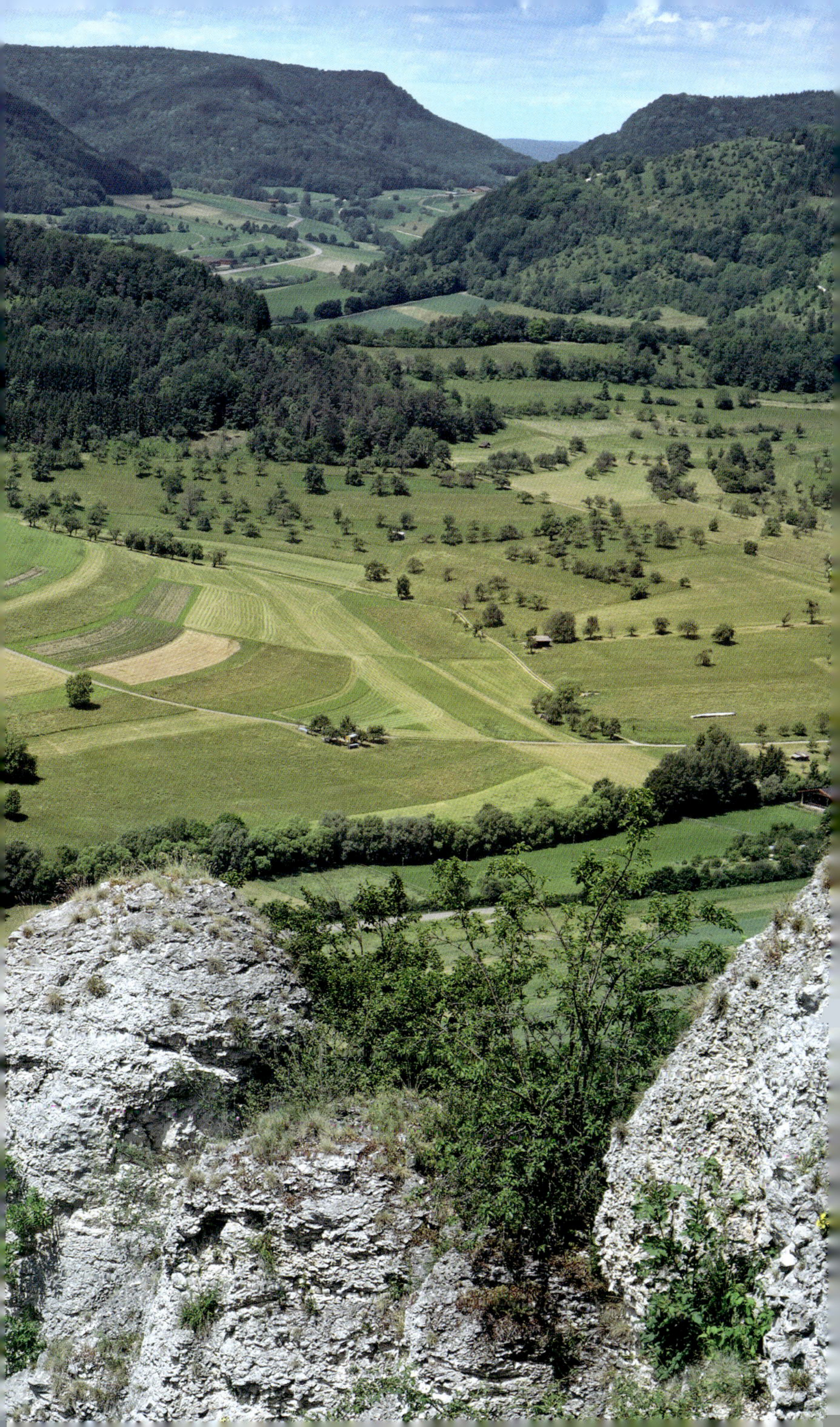

42 Burgruine Helfenstein

Am Albtrauf über Geislingen

1.45 Std. | 5,4 km | ↗180 m | ↘180 m

Albgenuss mit Fünf-Täler-Blick

Hoch über dem Filstal bot der felsige Bergsporn die idealen Voraussetzungen zum Bau der imponierenden Burg Helfenstein. Sie zählte seit dem 12. Jahrhundert zu den bedeutendsten Burgen des Landes und wurde sukzessive zur Festung ausgebaut mit Bollwerk, Zwinger und Bastionen. Kernstück der Helfenstein war der alles überragende Geschützturm sowie das gräfliche Palais. Schließlich wurde Mitte des 16. Jahrhunderts die gesamte Burganlage geschleift und der Rückeroberung durch die Natur überlassen. Bäume, Sträucher und ein dichter Vegetationsteppich überzog den Bergsporn, der die Mauerreste verhüllte. So geriet die Burganlage über die Jahrhunderte fast in Vergessenheit. Aber nur fast, denn im Sommer 1932 begannen Grabungen, bei denen die Grundmauern der Helfenstein freigelegt wurden. Teile der Burganlage, wie der weithin sichtbare Turm, wurden wiederaufgebaut. Die über den Dächern Geislingens thronende Spornburg ist heute nicht mehr wegzudenken. Sie ist ein beliebtes Ausflugsziel auf der Stauferalb mit dem legendären Fünf-Täler-Blick.

Die verwinkelte Spornburg lädt zum Entdecken ein.

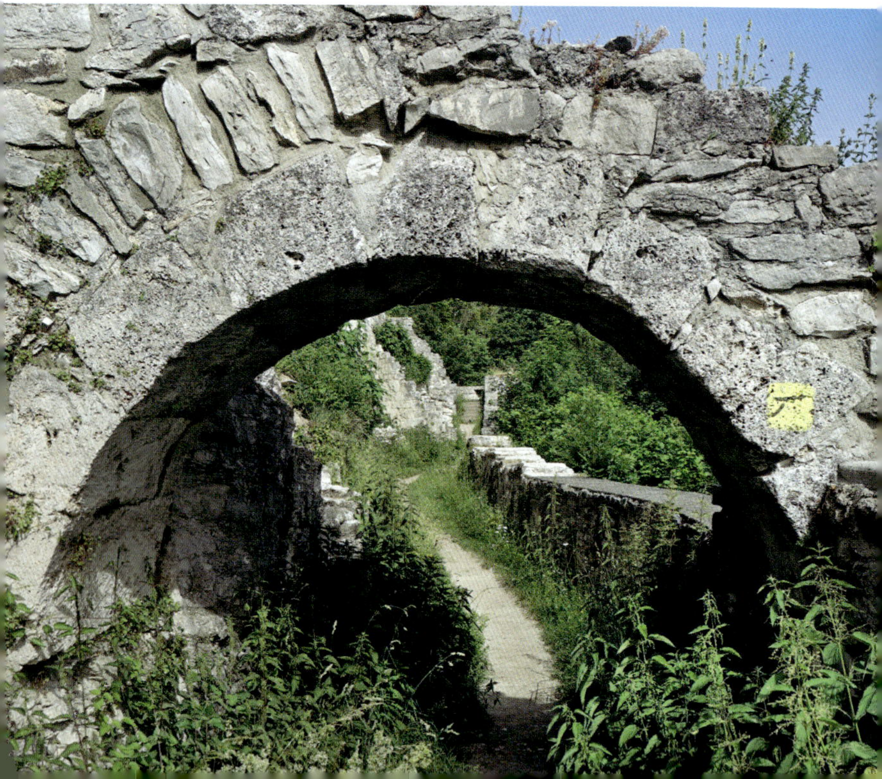

Ausgangsort: Parkplatz Burgruine Helfenstein, 637 m.
Anfahrt: Von der Autobahn A8, Ausfahrt 59 Mühlhausen, bis Geislingen an der Steige auf B466. In Geislingen Mitte nach rechts auf B10, Stuttgarter Straße, dann geradeaus auf Bahnhofstraße und Weilerstraße bis zur Ruine Helfenstein.
Mit ÖPNV: Mit der Bahn bis Geislingen an der Steige. Buslinie 957 bis Weiler ob Helfenstein, Haltestelle Ruine Helfenstein. Die Haltestelle liegt gleich beim Parkplatz der Burgruine. www.bahn.de, www.vvs.de.
Anforderungen: Keine speziellen Anforderungen.
Orientierung: Auf dem Wegabschnitt im unteren Hangbereich des Steinigen Berges und zur Burgruine Helfenstein ist ein guter Orientierungssinn auf den nicht bezeichneten Pfaden und Wegen hilfreich. Teilweise markiert als Löwenpfade.
Einkehr: Burgschenke Helfenstein, Tel. +49 7331 63312. In Geislingen zahlreiche Optionen.
Übernachtung: Burghotel ob Helfenstein, www.burghotel-schiehle.de. Geislingen: Hotel und Restaurant Krone, www.hotel-krone-geislingen.de.
Karten: Freizeitkarte F521 Göppingen, Remstal, Filstal, 1:50.000, LGL Baden-Württemberg, www.lgl-bw.de.

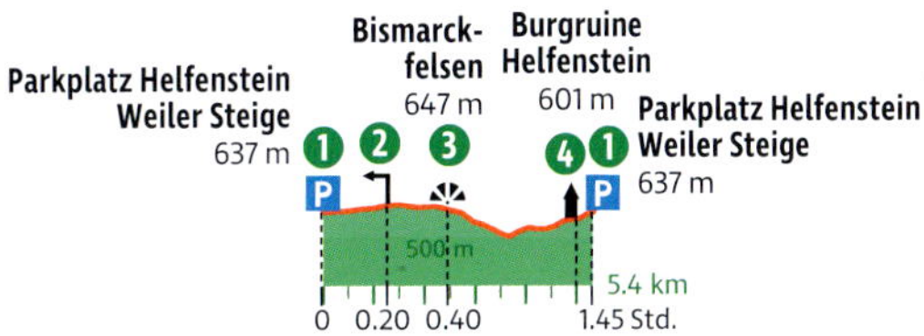

Obwohl wir kurz vor der Burg Helfenstein an der **Weiler Steige** ❶ mit der Wanderrunde beginnen, werden wir erst am Schluss das Highlight der Tour besuchen und den Ausblick genießen. So wenden wir uns erst einmal an der Schalkstetter Straße für 50 m nach links und zweigen dann auf einen nicht gekennzeichneten Pfad nach rechts ab. Dieser verläuft geradeaus entlang der Traufkante im Buchenmischwald nahe dem Waldrand. Nach rund 600 m mündet der Pfad auf einen Forstweg ein, auf dem es nach links weitergeht. Bevor der Waldweg nach knapp 200 m abschüssig wird, biegen wir nach rechts auf einen Pfad ab, der weiterhin dem Waldrand folgt. In einer deutlichen Linkskurve ignorieren wir den **Pfadabzweig** ❷, der im spitzen Winkel nach links führt, und folgen weiterhin dem hübschen Waldpfad, der inzwischen mit dem Löwenkopf der sogenannten Löwenpfade, beschildert ist. Entlang der Hangkante gelangen wir zum **Bismarckfelsen** ❸. Der vorgelagerte Felskopf ist ein toller Aussichtspunkt über Geislingen und beschert einen außergewöhnlichen Blick ins Mittlere Filstal Richtung Kuchen mit den steilen Traufhängen und nahezu waagrechten Hochebenen.

Vom Bismarckfelsen gehen wir wenige Meter zurück und halten uns nach rechts auf einen gut angelegten Pfad, der im Zickzack durch den Hangwald bergab führt. Wir folgen der Löwenpfad-Beschilderung, überqueren einen weiteren Pfad geradeaus und verlassen dann nach 250 m den ausgewiesenen Pfad an einer Gabelung nach links. Wir wandern ohne Markierung im Laubmischwald des Steinigen Berges entlang und münden auf einen breiten Waldweg ein, dem wir kurz nach rechts

Holzsteg im Kern der Burganlage.

folgen. Bereits an der nächsten Verzweigung biegen wir nach links ab und überqueren auf einer Brücke den Quellgrund der sogenannten Siebenquellen. Wir gelangen bei einem Spiel- und Sportplatz am Ortsrand von Geislingen an einer Wendeschleife auf eine Straße. Der Straße rund 50 m folgen und dann auf einen Pfad nach links abbiegen. Dieser ansteigende, nicht gekennzeichnete Pfad macht an einem Haus einen Schlenker nach links und mündet gleich darauf in die Straße der Weiler Steige ein. Diese queren wir geradeaus und folgen einem breiten Waldwirtschaftsweg. Nach etwa 150 m wenden wir uns an einem abzweigenden Pfad nach links. Dieser aufgelassene Waldsteig trifft auf einen breiten Weg, der im Zickzack steil bergan führt. Wir folgen dem Hauptweg und ignorieren die zahlreichen Abkürzungen. An dem hübschen Holzunterstand Wiesele überrascht ein netter Blick auf die gegenüberliegende Seite des Filstals mit der Hochfläche Schildwacht und dem mächtigen Ostlandkreuz, ein Gedenkmahl für die Vertriebenen aus den Ostgebieten.

Vom Unterstand gehen wir zurück bis zur nächsten Verzweigung, orientieren uns nach rechts bergan, überqueren einen breiten Weg nach schräg links und erreichen allmählich den Bergsporn mit der Ruine Helfenstein. Auf einem Stufenweg geht es durch die Burgmauer und im Burggraben nach rechts hoch zur **Burgruine Helfenstein ❹**. Vom Burghof, der von einem Aussichtsturm überragt wird, entfaltet sich ein fesselnder Panoramablick über die fünf Täler der Flüsse Eyb, Talgraben, Rohrach und des Filstals, welches im Talknotenpunkt Geislingen einen scharfen Knick beschreibt und wie zwei verschiedene Täler wahrgenommen wird. Die Burgruine ist ein sehr malerischer Ort, der vor der Burgschenke bewirtschaftet wird. Wir verlassen die Helfenstein über die moderne Holzbrücke und sind in wenigen Minuten zurück am **Parkplatz** an der **Weiler Steige ❶**.

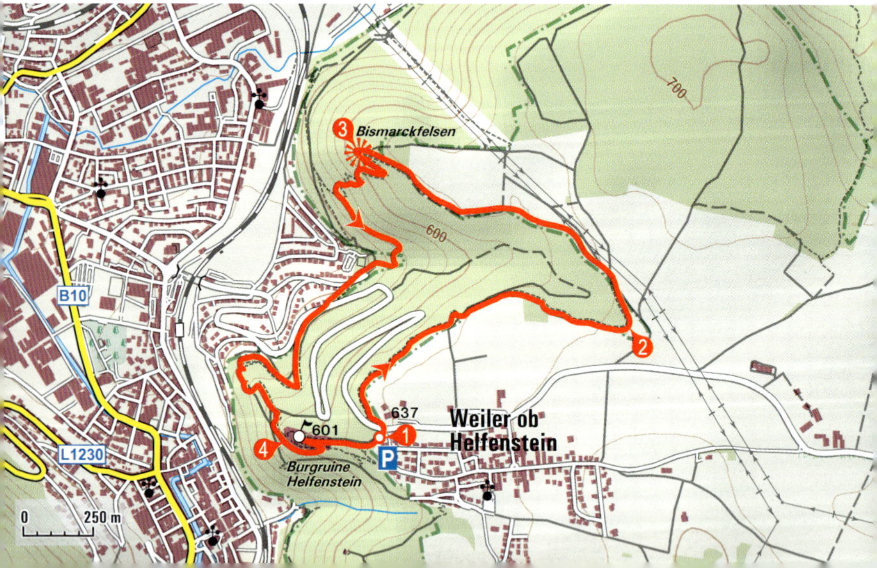

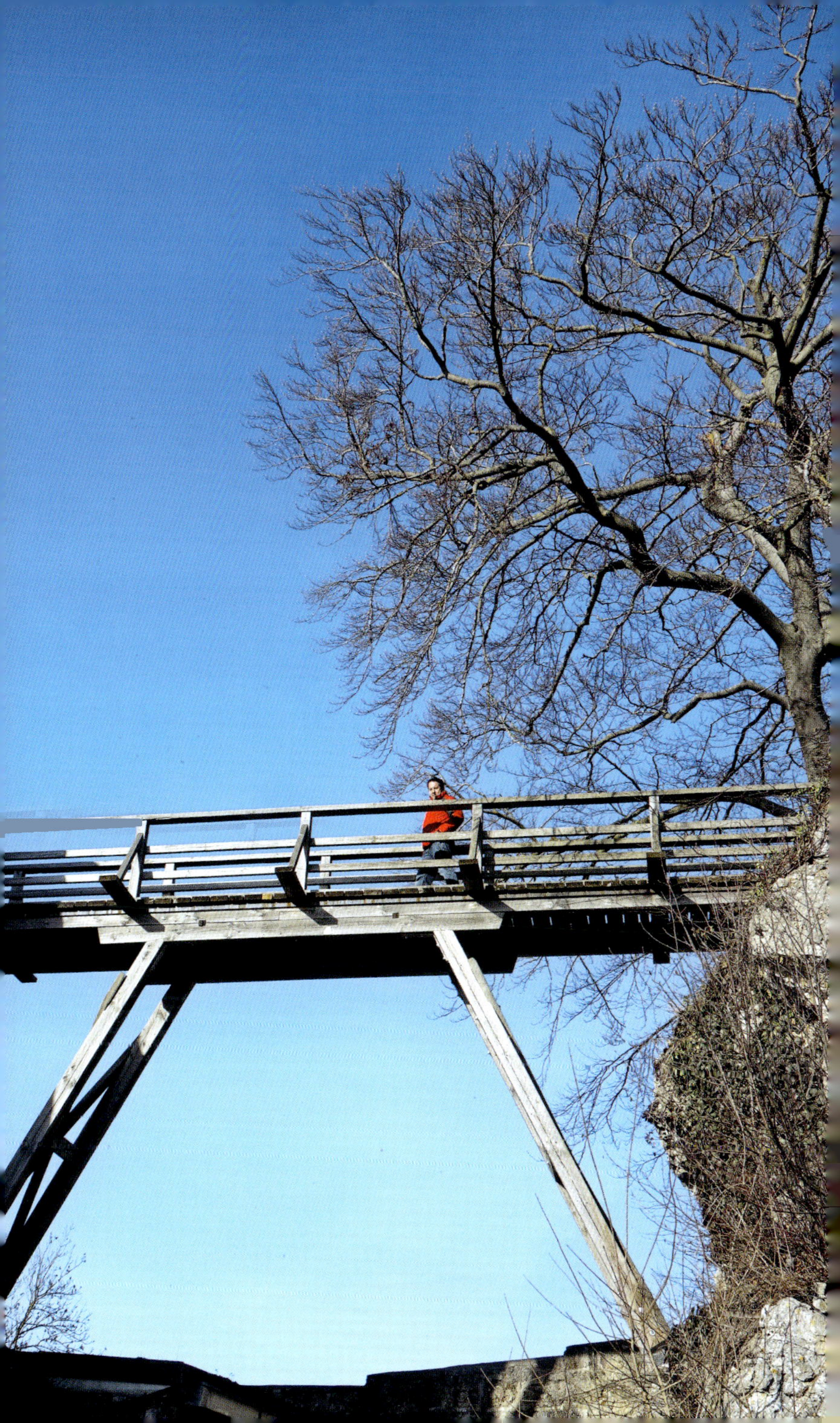

43 Felsental und Anwandfels

Durch das Felsenmeer zur Albkante über dem Eybtal

3.15 Std. | 10,3 km | ↗370 m | ↘370 m

Traumrunde: Wildes Felsental und zerklüfteter Albtrauf

Unweit der Fünftälerstadt Geislingen an der Steige versteckt sich ein Wanderleckerbissen in einem schmalen Trockental bei Eybach. Das Naturschutzgebiet Felsental ist ein fast unwirklicher Ort mit steilen Talhängen, isolierten Felsen und Geröllhalden. Der Einschnitt ist ein wunderbar wilder und »unaufgeräumter« Ort, an dem die Baumstämme zum Teil wie hingeworfene Mikadostäbchen herumliegen. Bergan verengt sich der Weg immer weiter, bis schließlich eine imposante Kalksteinbarriere mit Hilfe von Metallleitern überwunden wird. Das Felsental ist längst kein Geheimtipp mehr, aber eine hervorragende Empfehlung für puren Naturgenuss im märchenhaften Ambiente. Eine zweite Runde führt vom Ausgang des Felsentals auf schmalen Pfaden zum Himmelsfels, dem Wahrzeichen von Eybach. Die zerklüftete Albtraufandschaft offenbart hübsche Tal- und Weitblicke über das Eybtal auf die Hochebenen der Schwäbischen Alb. Der Anwandfels mit dem genialen Fünftälerblick krönt die Wanderfreuden auf der Stauferalb. Das Eybtal ist Teil eines der größten Naturschutzgebiete der Alb mit einer vielfältigen naturnahen Landschaft, die vernetzte Lebensräume für eine große Anzahl von bedrohten Arten bietet.

Ausgangsort: Parkplatz Felsental, 470 m, in Eybach.

Anfahrt: Von der Autobahn A8, Ausfahrt 59 Mühlhausen, bis Geislingen an der Steige auf B466. In Geislingen nach rechts auf die B10 in Richtung Ulm und links auf Kantstraße und auf der L1221 bis Eybach. Nach rechts auf Felsentalstraße bis zum Wanderparkplatz am Ortsrand.
Mit ÖPNV: Mit der Bahn bis Geislingen an der Steige. Vom ZOB mit Buslinie 958 und 959 bis Eybach, Ortsmitte. www.bahn.de, www.vvs.de. Weiter zu Fuß auf Durchgangsstraße in Richtung Geislingen, nach links der Felsenstraße folgen bis zum Parkplatz (10 Min.).

Anforderungen: Trittsicherheit bei den steilen An- und Abstiegen sowie im Bereich des Himmelsfels und des Anwandfels.

Orientierung: Im Abstieg bei der Felsentalrunde ist etwas Orientierungsvermögen vorteilhaft. Sonst keine Probleme bei der Wegfindung auf mit der roten Gabel, rotem Punkt und roten Raute markierten Wegen.

Einkehr: Eybach: Landgasthof Ochsen und Sängerheim, www.saengerheim-eybach.de.

Übernachtung: Eybach: Landgasthof Ochsen, www.ochsen-eybach.de, Tel. +49 7331 932530.

Karten: Freizeitkarte F521 Göppingen, Remstal, Filstal, 1:50.000, LGL Baden-Württemberg, www.lgl-bw.de.

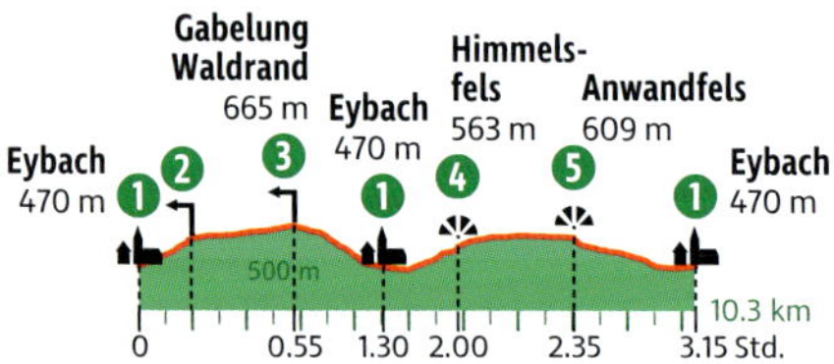

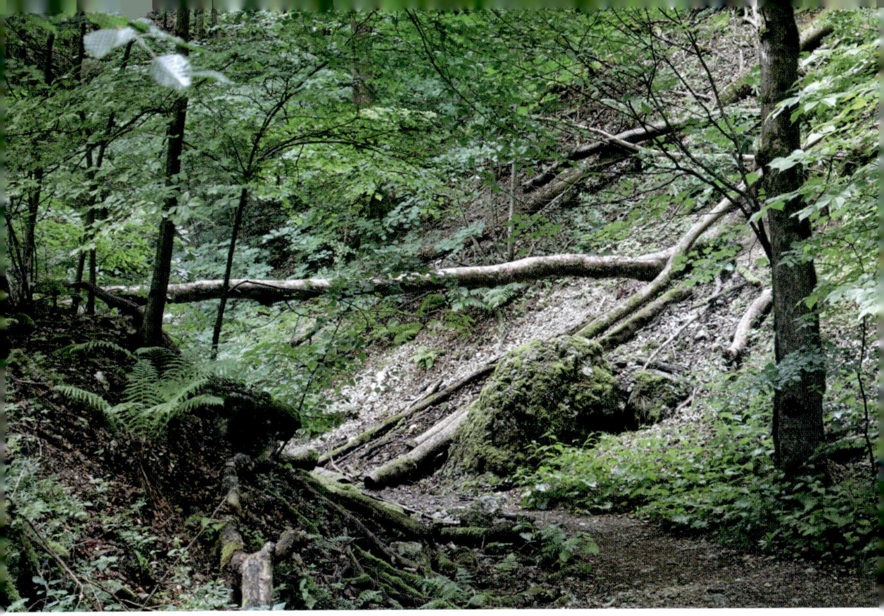

Urtümliches Felsental.

Der Ausgangsort am **Parkplatz Felsental** in **Eybach** ❶ bietet die Möglichkeit in zwei kleinen Runden das Felsental sowie den Albtrauf über dem Eybtal auf wilden Wegen zu erkunden. Zuerst starten wir zur Felsental-Schleife und verlassen den Wanderparkplatz auf einem breiten Wirtschaftsweg in südliche Richtung. Das Wanderzeichen rote Gabel markiert den Weg durch das Felsental. Es geht bald auf einem schmalen Weg bergan durch den enger werdenden Taleinschnitt im Buchenmischwald. Links und rechts wachsen die beeindruckenden Felsformationen im Naturschutzgebiet des Trockentals. Schritt für Schritt wird es wilder und urwüchsiger mit quer liegenden Stämmen und Ästen sowie kleineren bemoosten Kalkbrocken im Talgrund, um die sich der Weg schlängelt. An einer steilen und engen Gesteinsbarriere helfen zwei Metallleitern über die Stufe hinweg. Gleich danach geht es an einer **Gabelung** ❷ nach den Leitern links der roten Raute folgend in Richtung Waldhausen.

Auf diesem schönen Wanderweg verlassen wir das Felsental und gehen moderat bergan auf die Albhochfläche. An der sanften Traufkante angekommen, wenden wir uns an einer Verzweigung nach links

Leitern erleichtern die Passage im Felsenmeer.

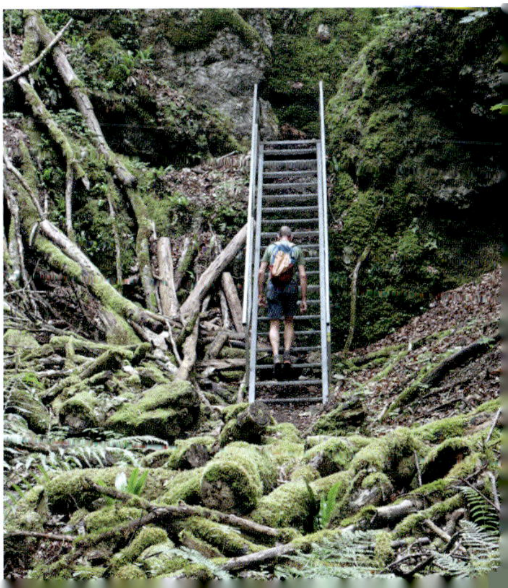

auf eine nicht bezeichnete Forstpiste, die für knapp 1 km durch den stattlichen Laubmischwald führt. Schließlich gelangen wir nach 100 m zu einer **Gabelung** am **Waldrand** ❸ und biegen hier an einem Jägerstand nach links ab. Der nicht markierte Weg führt zurück in das Forstareal. An den beiden folgenden Gabelungen orientieren wir uns nach links und wandern auf einem aufgelassenen Serpentinenpfad über die steile Hangkante zurück ins Tal. Kurz vor Eybach mündet der Abstiegspfad auf einen Waldweg, auf dem es für uns nach links weitergeht. Nach 300 m wenden wir uns nach rechts und erreichen nach rund 1.20 Std. wieder den **Parkplatz** bei **Eybach** ❶. Den zweiten Teil der Tour starten wir geradeaus auf der Felsentalstraße über die Eyb. Über uns thront der markante Himmelsfels – unser nächstes Ziel – über dem Eybtal. Wir durchstreifen die Ortsmitte von Eybach, gehen an der Durchgangsstraße kurz nach rechts und dann gegenüber dem Haus Nr. 37 nach links auf einen Pfad, der mit dem roten Punkt markiert ist. An einem leerstehenden Haus am Hangfuß wenden wir uns nach rechts auf einen hübschen Waldpfad, der mit mittlerem Anstieg durch den Mischwald führt. An der 42 m tiefen Schachthöhle, die den Himmelsfels nahezu lotrecht durchzieht, vorbei stehen wir am Felskopf des **Himmelsfels** ❹. Nahezu senkrecht bricht der Himmelsfels ins Eybtal ab. Diesen Standort schätzten

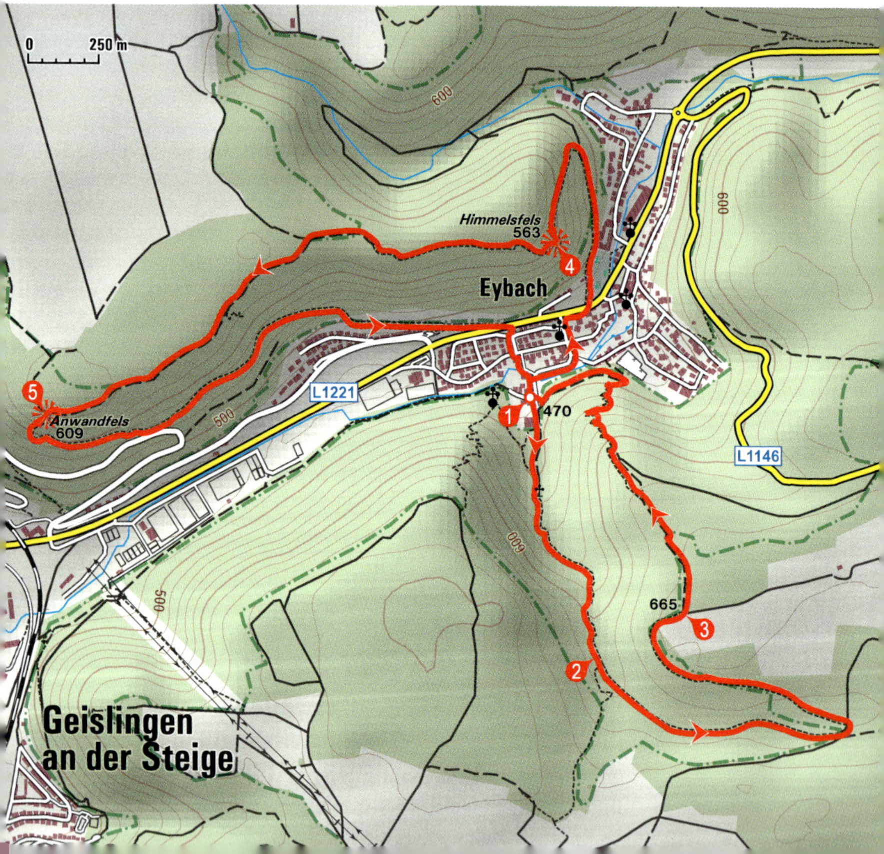

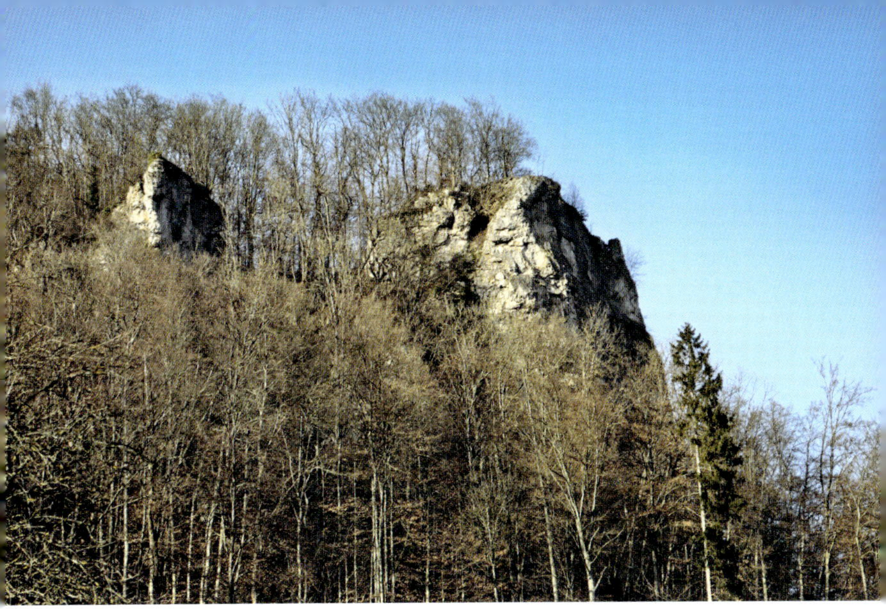

Der Himmelsfels wacht über Eybach.

einst die Ritter von Hohen-Eybach und ließen eine Spornburg im 12. Jh. auf dem Fels errichten. Heute kann nur noch ein Burgstall mit wenigen Mauerresten ausgemacht werden.

Weiter geht es in westliche Richtung auf einem Pfad, der der Talkante und der roten Raute folgt und bald in einen breiten Forstweg übergeht. Im nahezu ebenen Gelände gibt das Blätterdach immer wieder Ausblicke auf die gegenüberliegende Traufkante frei. Oberhalb des Drehfelsens folgen wir an einer Gabelung dem Abzweig nach links weiterhin in unmittelbarer Nähe der Hangkante. Nach rund 30 Min. erreichen wir einen Pfadabzweig nach rechts, der mit der roten Raute und Steinmännchen gekennzeichnet ist. Hier geht es wenige Meter nach links auf einem Abstecher zum **Anwandfels 5**. Vom Anwandfels blicken wir nicht nur ins Eybtal, sondern weit über die Dächer von Geislingen ins südlich abzweigende Rohrachtal mit der Burgruine Helfenstein sowie ins Filstal und ins kleine Längenbachtal. Wir lösen uns von dem eindrucksvollen Fünf-Täler-Blick, gehen den Abstecher etwas zurück und beginnen mit dem recht steilen Abstieg nach links am Fels entlang. Nach einigen Stufen geht es an der Gabelung nach links auf einen aufgelassenen Pfad ohne Kennzeichnung. Dieser führt durch den Hangwald mit moderatem Gefälle. Nach gut 15 Min. halten wir uns nach rechts und nach wenigen Metern nach links auf einen Weg, der am Ortsrand von Eybach oberhalb von Gärten entlang verläuft. Auf einem breiten Radweg nach links kommen wir zur Durchgangsstraße von Eybach, die wir geradeaus queren. Auf einem Fußweg geht es geradeaus, dann kurz nach links in die Wiesentalstraße. Nach rechts spazieren wir auf einem Fußweg, der vor Eyb auf die Felsentalstraße mündet. Auf der Brücke überqueren wir die Eyb und beenden unsere zweite Runde nach rund 2 Std. am **Parkplatz Felsental** in **Eybach 1**.

44 Rosenstein

Rundwanderung auf der Berghalbinsel

TOP | 2.15 Std. | 6,3 km | ↗ 310 m | ↘ 310 m

Idyllische Felseninsel vor den Toren Aalens

Die Rosenstein-Runde ist ein Sahnestückchen: Zahlreiche Höhlen, steil in den Himmel emporragende Kalkfelsen, schmale und verschlungene Schluchten, Ringwälle aus der Steinzeit sowie die malerische Burgruine Rosenstein bieten urtümliche Naturromantik, mit einem Spritzer Geschichte und Burgvergnügen. Auf dem Westfels der Rosensteininsel wurde die Höhenburg im 12. Jahrhundert in exponierter und strategisch günstiger Lage errichtet. Nachdem die Festung verlassen wurde, diente sie den umliegenden Bewohnern als Steinbruch. Lediglich die Westwand, einige weiteree Mauerreste und der tiefe Burggraben haben die Zeit überdauert und bilden ein verwunschenes Ensemble, das zu Beginn des 19. Jahrhunderts Dichter der Romantik wie Ludwig Uhland oder Gustav Schwab inspirierte. Die Höhlen und großartigen Hallen im durchlöcherten Kalkgestein machen den besonderen Reiz des Rosensteins aus. Die Durchgangshöhle Finsteres Loch kann auf eigene Faust entdeckt werden – ein besonderes Abenteuer, das man sich nicht entgehen lassen sollte. Die Berginsel Rosenstein ist ein Eldorado für Romantiker und Abenteurer.

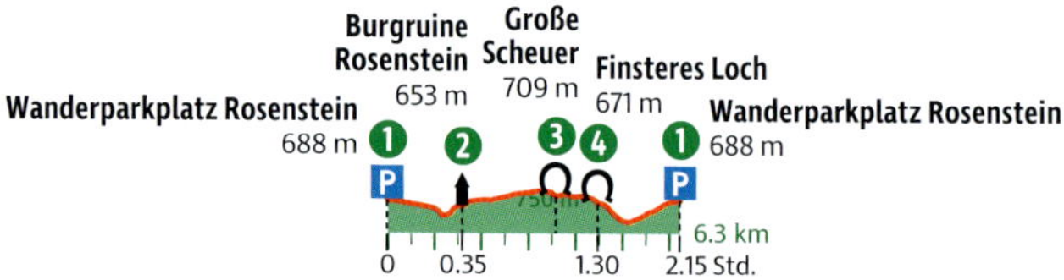

Ausgangsort: Wanderparkplatz Rosenstein, 688 m.

Anfahrt: Ab Schwäbisch-Gmünd auf der B29 in Richtung Aalen. Bei Mögglingen rechts auf L1161 auf Mögglinger Straße nach Heubach. Durch Heubach auf Hauptstraße, nach links abbiegen auf Fritz-Spießhofer-Straße bis zum Wanderparkplatz Rosenstein.

ÖPNV: Ab Schwäbisch-Gmünd mit Buslinie 1 und 267 bis Heubach, Haltestelle Triumph. www.stadtbus-gmuend.de, www.ostalbmobil.de. Zu Fuß weiter auf Fritz-Spießhofer-Straße und Pionierweg bergan in Richtung Rosenstein. Geradeaus bis zum Wanderparkplatz Rosenstein, 30 Min.

Anforderungen: Trittsicherheit im Anstieg zur Burgruine Rosenstein, im Abstieg beim Finsteren Loch sowie auf den Felskanzeln. Abenteuerliche und geröllige Passage im Finsteren Loch – Taschenlampe erforderlich. Schwindelfreiheit am Aussichtspunkt bei der Burg Rosenstein.

Orientierung: Im Wegabschnitt zwischen dem Parkplatz und der Burgruine ist ein gewisser Orientierungssinn von Vorteil. Ansonsten nicht schwierig und meist markiert mit roter Gabel und blauer Raute.

Einkehr: Waldschenke Rosenstein, www.waldschenke-rosenstein.de.

Übernachtung: DAV Rosensteinhütte, www.dav-schwaebischgmuend.de.

Tipp: Taschenlampe zur Erkundung des Finsteren Lochs. Geöffnet 1. Mai – 30. September.

Karten: Freizeitkarte F522, Aalen, Härtsfeld, Heidenheimer Alb, 1:50.000, LGL Baden-Württemberg, www.lgl-bw.de.

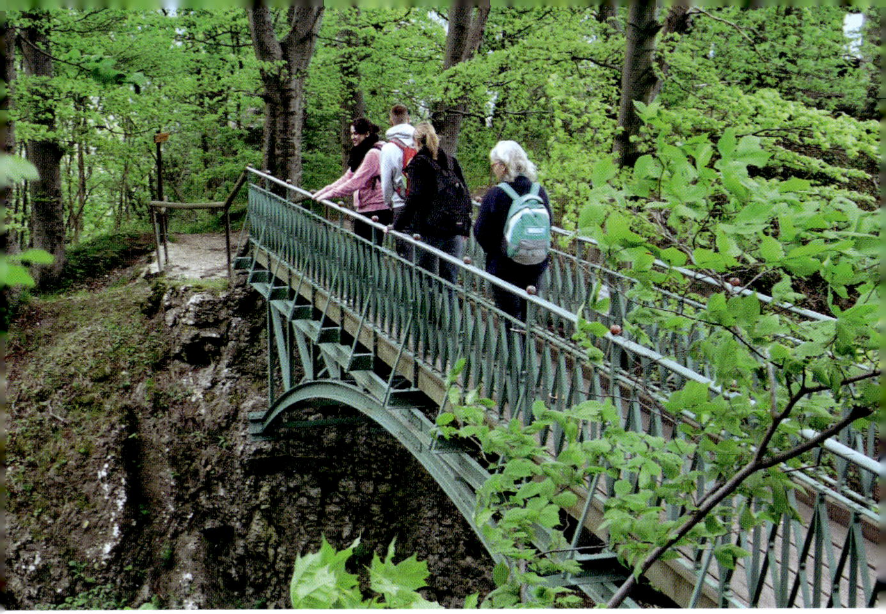

Über einen Steg gelangen Besucher zur Ruine Rosenstein.

Ein schmaler Sattel verbindet die Rosensteinhalbinsel mit dem Albkörper. Genau an dieser Verbindung befindet sich der große **Wanderparkplatz Rosenstein ❶**, von dem aus wir unsere Rucksäcke schultern. Wir orientieren uns am roten Dreieck in Richtung Ruine Rosenstein und wenden uns an der ersten Möglichkeit nach links in Richtung Heubach (rote Gabel). Nach knapp 300 m geht es nach rechts auf einen steil bergan führenden Weg. An einem querenden Pfad, dem sogenannten Lemppweg, führt die Wanderung nach links durch den Hangmischwald, weiter von der roten Gabel begleitet. Nach knapp 700 m auf diesem hübschen Weg zweigen wir an einer Gabelung nach rechts auf einen steilen ansteigenden Pfad ab, der als Stufenweg zum Felsfuß unterhalb der Burgruine Rosenstein führt. An den Kletterfelsen und der kleinen Scheuer, einer Karsthöhle, vorbei, kommen wir zu Mauerresten, die bereits zur ehemaligen Burg Rosenstein gehören. An einer Gabelung halten wir uns nach links auf einen kurzen und schmalen Pfad, der zu einem Aussichtspunkt an den Resten der ehemaligen Burgmauer führt. Wir genießen vor der verwunschenen Burgruine einen stimmungsvollen Blick ins Remstal und auf die Dächer und Gärten von Heubach.

Zurück vom Aussichtsfels geht es geradeaus bergan und dann nach links zur **Burgruine Rosenstein ❷**. Die Westwand des Wohngebäudes hat die Zeit überdauert und thront auf dem Felsen über dem Klotzbachtal. Wir verlassen die Burgruine auf einer Brücke über den tiefen Burggraben und wenden uns gleich auf einen kleinen Schlenker nach links zum Lärmfels, einem tollen Felskopf mit weiten Blicken ins Vorland der Schwäbischen Ostalb. Nach wenigen Minuten gelangen wir auf den Hauptweg und sind am herrlichen Biergarten der Waldschenke angekommen. Das beliebte Ausflugsziel ist meist gut besucht. Rund 150 m nach der Waldschenke wenden wir uns an der ersten Möglichkeit nach links auf einen nicht gekennzeichneten Pfad, dem wir geradeaus durch einen Geländeeinschnitt folgen. Schließlich münden wir wieder in den Hauptweg, den Remstal-Höhenweg, ein. Die rote Gabel ist nun unsere Begleiterin auf diesem urigen, mit Wurzeln und Steinen durchsetzten Waldpfad. Dabei promenieren wir nun im lichten Buchenmischwald in unmittelbarer Nähe der Traufkante mit mittlerer Steigung entlang der Rosensteinhalbinsel. Immer wieder ergeben sich nette Ausblicke, an denen auch Bänke zum Verweilen einladen, ins Albvorland, ins Remstal, zum Kochertal auf den Welzheimer Wald und weiter auf die Schwäbisch-Fränkischen Waldberge.

Nach gut 15 Min. auf dem Remstal-Höhenweg stehen wir an dem nördlichsten Punkt des Rosensteins. Hier beginnt ein kurzer und unbedingt lohnenswerter Abstecher zur Großen Scheuer, einer der zahlreichen Höhlen im Kalkfels der Rosensteinhalbinsel. Ein mit Stufen und Geländer befestigter Pfad führt nach links steil bergab. Bereits drei Minuten später stehen wir in der **Großen Scheuer** ❸, der größten und bekanntesten Höhle des Rosensteins. Die Große Scheuer ist immerhin 44 Meter lang, 7 Meter hoch und besitzt drei Öffnungen, die wie Fenster die Höhle mit genügend Tageslicht versorgen. Die Große Scheuer bietet einen guten Eindruck von der Lebensweise unserer Vorfahren, die in solchen Höhlen Unterschlupf und Schutz suchten. In den insgesamt vierzig bekannten Höhlen auf der Rosenstein-Halbinsel, wurden Werkzeuge und andere Artefakte aus der frühen Jungsteinzeit gefunden.

Wieder zurück an der Felskante, halten wir uns nach links weiter auf dem Höhenweg. Im weiteren Verlauf können wir am Hohen Stein, am Sedelfelsen und an einer weiteren Felskanzel wie aus der Vogelperspektive das gesamte Vorland über Aalen hinweg zu den Ellwanger Bergen betrachten. Am Abzweig zum Finsteren Loch geht es auf einem steilen, abschüssigen Pfad (blaue Raute) den Hang nach links hinab. Das **Finstere Loch** ❹ ist eine Durchgangshöhle

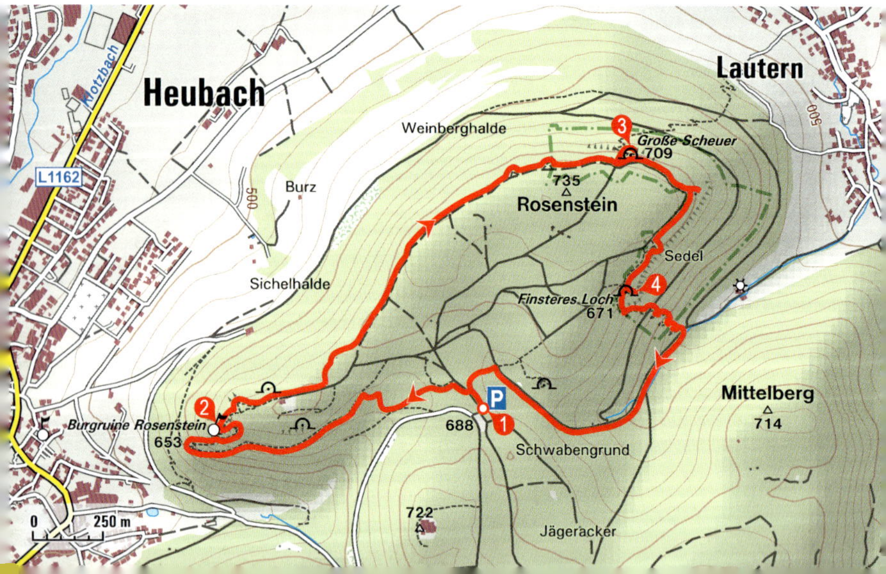

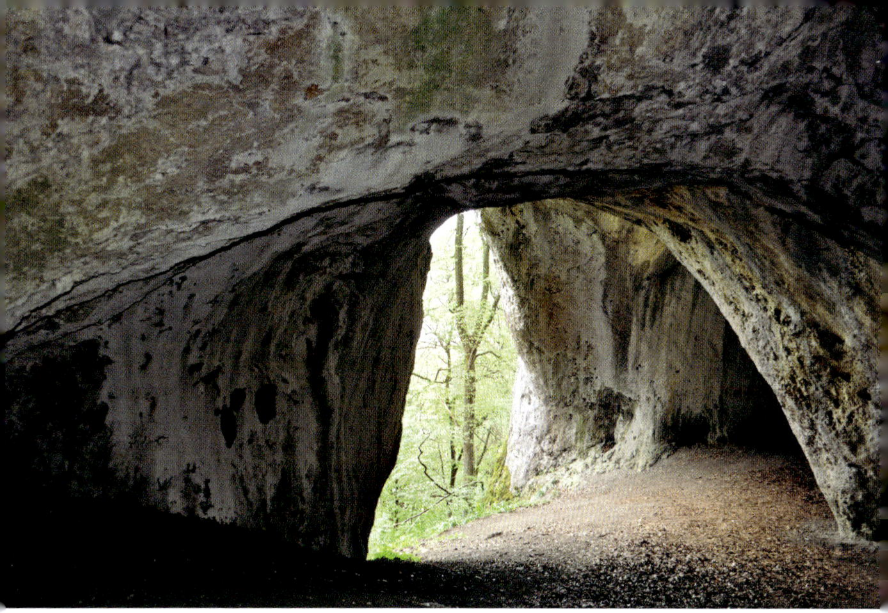

Die Große Scheuer ist ein magischer Ort.

von 140 Metern Länge, damit ist sie die längste der Rosensteinhöhlen. Kurz hinter dem südlichen Eingang öffnet sich eine 5 Meter hohe Halle, am hinteren Ende führt ein schmaler Höhlengang weiter in den Bauch der Erde, der sich nochmals zu einer bis zu 13 Meter hohen Halle ausweitet. Wer noch weiter in die Dunkelheit vordringen möchte, kann über einen rund 25 Meter langen Gang zum nordöstlichen Ausgang der Höhle gelangen. Der gesamte Höhlengang ist nicht gesichert und führt teilweise über Geröll hinweg. Die Höhlenbegehung ist ein tolles Abenteuer, das noch lange in Erinnerung bleiben wird.

Vom Finsteren Loch folgen wir dem Zickzackpfad weiter steil bergab, überqueren eine Forstpiste schräg links und wandern weiter absteigend auf dem Serpentinenweg, der im Lautertal auf einen breiten Wirtschaftsweg einmündet. Auf diesem wandern wir nach rechts bergan, passieren einige malerische Quelltöpfe und eine kleine Felsengalerie. Nach knapp 1 km zweigen wir nach links auf einen unbezeichneten Pfad ab, der in einen breiten Weg einmündet. Jetzt ist es nur noch ein Katzensprung nach links auf dem breiten Weg zurück zum Wanderparkplatz **Rosenstein ❶**.

Westfassade der Ruine Rosenstein.

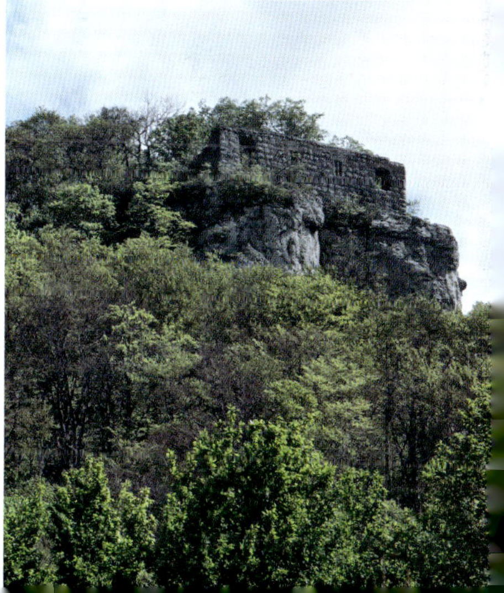

45 Kocherursprung

Im Tal des Weißen Kocher zur Ruine Kocherburg

1.15 Std. | 3,7 km | ↗150 m | ↘150 m

Gemütliche Wanderung im jungen Kochertal

Quellen haben etwas Magisches, das Menschen schon immer anzog. Gerade auf der Schwäbischen Alb sind in der ansonsten wasserarmen Region Quellen, Bäche und Flüsse lebensnotwendig. So ist es nicht weiter verwunderlich, dass bereits in prähistorischer Zeit – wie Funde belegen – Siedlungen sich in der Nähe von Gewässern bildeten. Davon zeugt auch die Wallanlage, in der sich heute die mittelalterliche Ruine der Kocherburg auf einem Auslegerberg befindet. Dieser ist mit dem Körper der Alb, dem Härtsfeld, durch einen schmalen Sattel verbunden und liegt in unmittelbarer Nähe des Kochers. Die vorgeschichtliche Wallanlage sowie die Kocherburg, die nach dem Dreißigjährigen Krieg als Steinbruch diente, sind mittlerweile im dichten Buchenwald im Dornröschenschlaf versunken. Die Wanderung folgt dem Weißen Kocher durch sein junges Tal zu seinen Karstquellen im Talschluss. Zahlreiche kleinere Quellaustritte speisen den Weißen Kocher, der seinen Namen dem weiß spritzenden und sprudelnden Wasser verdankt. Das Tal des Weißen Kochers ist ein landschaftlich äußerst reizvolles und liebliches Gebiet im hohen Laubwald mit wilden Gesteinsformationen und seltenen Tieren und Pflanzen, das dieser Runde ihren besonderen Zauber verleiht.

Ausgangsort: Parkplatz am Sportplatz Unterkochen, 500 m.
Anfahrt: Ab Aalen auf der B19 in Richtung Heidenheim. Bei Unterkochen abfahren auf L1084 nach Unterkochen und weiter auf Heidenheimer und dann Waldhäuser Straße. Auf Höhe der Minigolfanlage nach links auf Bischof-Hefele-Weg bis zum Sportplatz. Parkplätze neben dem Sportplatz.
ÖPNV: Mit der Bahn RS 51 ab Aalen bis Unterkochen. www.bahn.de. Zu Fuß weiter auf Waldhäuser Straße und nach links in Bischof-Hefele-Weg bis zum Sportplatz, 25 Min.
Anforderungen: Keine speziellen Anforderungen.
Orientierung: Einfache Orientierung auf unbezeichneten und markierten Wegen (rotes Dreieck).
Einkehr/Übernachtung: Landgasthof Läuterhäusle, in unmittelbarer Nähe des Parkplatzes, www.laeuterhaeusle.de. Weitere Einkehrmöglichkeiten in Unterkochen.
Tipp: Fußbad in der Kneipp-Anlage.
Karten: Freizeitkarte F522, Aalen, Härtsfeld, Heidenheimer Alb, 1:50.000, LGL Baden-Württemberg, www.lgl-bw.de.

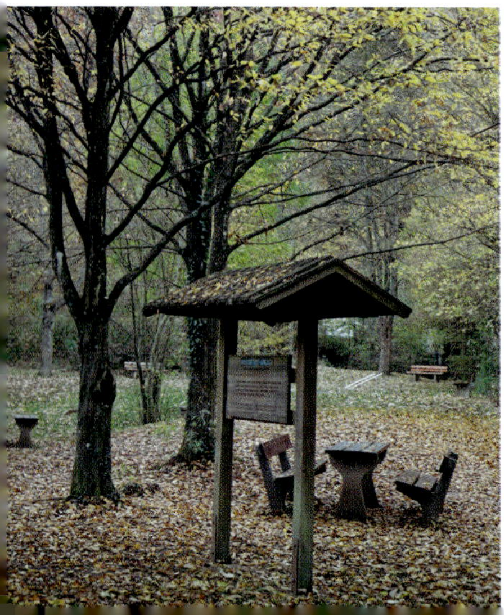

Zahlreiche Rastplätze laden zum Verweilen ein.

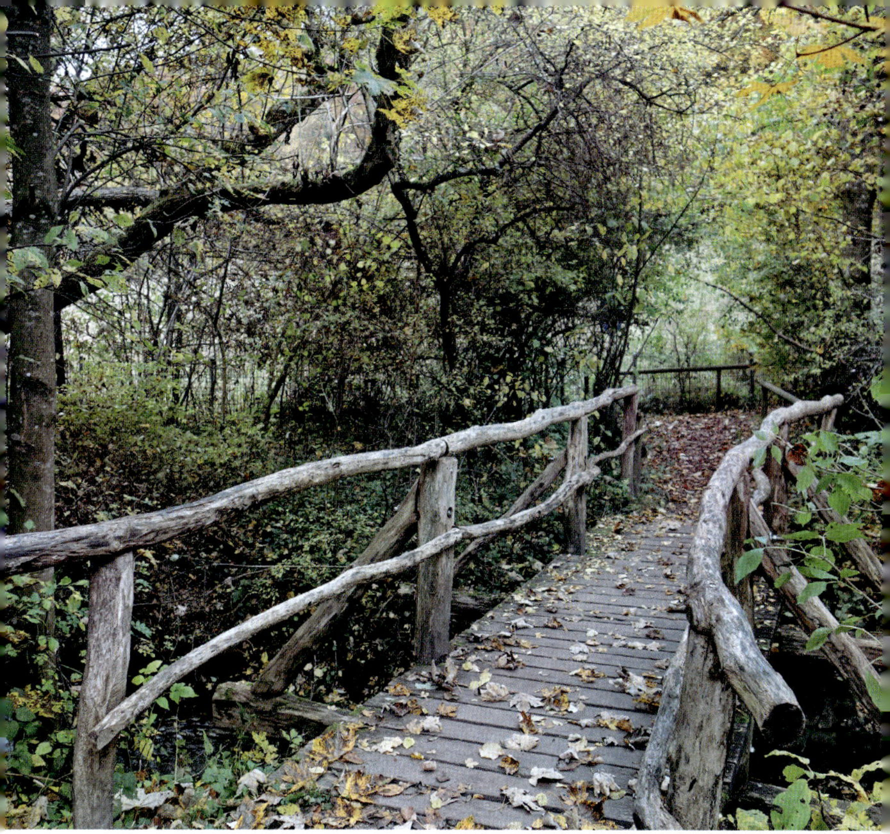

Hübsch angelegte Stege und Pfade führen zur Quelle des Weißen Kocher.

Am **Sportplatz** von **Unterkochen** 1 am östlichen Ortsrand beginnen wir unsere Wanderung zum Kocherursprung und zur Kocherburg. Am großen Spielfeld geht es weiter in östliche Richtung auf das Vereinsheim zu. Zwischen dem Sportplatz und Tennisplätzen nach links und vor dem Bach nach rechts weiter entlang der Tennisplätze zu einer großen Grünfläche am Bachufer und einer Kneipp-Anlage. Vor dem Kneipp-Becken gehen wir nach rechts, auf einem Steg über den Bachlauf des Weißen Kocher und weiter auf einem ansteigenden Pfad. Dieser mündet in einen breiten Weg ein, dem wir nach links folgen. Von der Wandermarkierung rotes Dreieck geleitet, geht es immer geradeaus auf dem nahezu unmerklich ansteigenden Waldweg durch den lichten Laubwald mit hohen und stattlichen Bäumen entlang des Laufes des Wei-

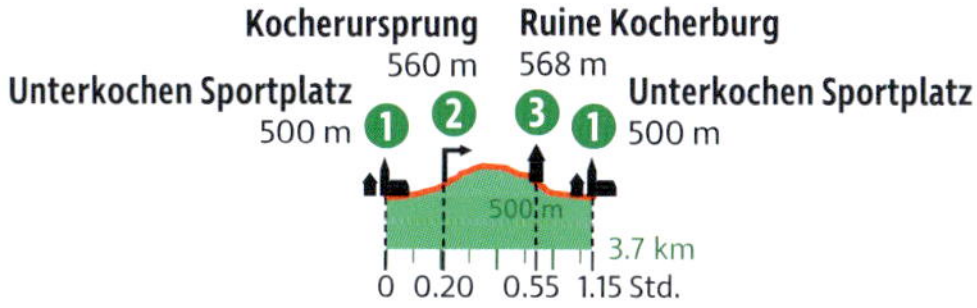

Herbststimmung am Weißen Kocher.

ßen Kochers. Der Taleinschnitt wird enger und der Weiße Kocher schlängelt sich munter an Kalkfelsen vorbei. An den Uferrändern und in den steilen Hanglagen gedeihen seltene Pflanzenarten und mit etwas Glück lassen sich die raren Wasseramseln oder Wanderfalken beobachten. Wir überqueren schmale Rinnsale auf Holzstegen und befinden uns bereits im Quellgebiet des Weißen Kocher. Aus mehreren Karstquellen sprudelt das klare Quellwasser und verleiht diesem Flecken einen ganz besonderen Charme. Die oberste Kocherquelle, über die auch ein längerer Steg führt, ist im Sommer meist versiegt.

Hinter dem Steg gabelt sich der Weg am Wanderwegweiser **Kocherursprung** ❷. Wir wenden uns nach rechts auf einen ansteigenden Pfad, der über den Hang im Talschluss führt. Wir orientieren uns erneut nach rechts und folgen dem roten Dreieck. Rund 300 m nach dem Kocherursprung treffen wir auf die Bahntrasse der ehemaligen Härtsfeldbahn, die von Aalen über die

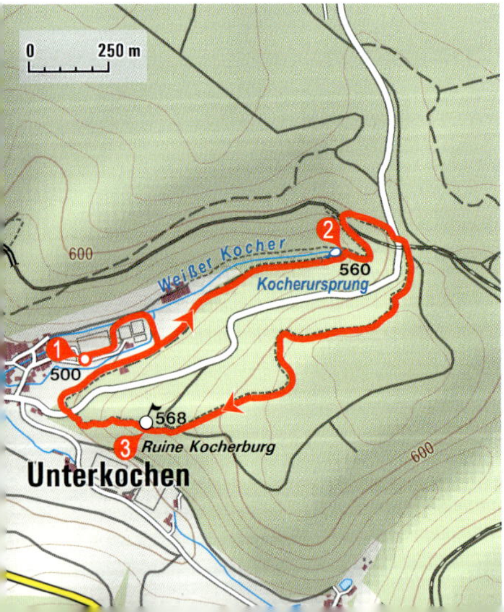

Albhochfläche nach Dillingen ins Donauried führte. Wir überqueren die Trasse nach schräg rechts und schreiten weiter bergan auf einem Pfad, der nach 200 m auf eine Straße stößt. Diese überqueren wir geradeaus. Unmittelbar neben der Straße geht es an einer Infotafel zu den Wallanlagen auf dem vor uns liegenden Auslegerberg, nach rechts auf einen unbezeichneten Pfad. Wir folgen diesem Pfad durch den lichten Mischwald, ignorieren die abzweigenden Wege nach links, die zu den bronzezeitlichen Wallanlagen führen, und gelangen zum Ursprungsfels. Diese bizarre Felsformation aus nadelförmigen Kalkspitzen lassen wir rechts liegen und wandern weiter in Traufnähe. An einer Verzweigung wählen wir den Weg geradeaus, der an der Kocherburg in eine breite Forstpiste mündet. Wenige Schritte nach rechts und wir sind an der **Ruine Kocherburg** ❸ angekommen. Nur noch wenige Mauerreste, die gerade renoviert werden, zeugen von der mittelalterlichen Burg, deren Steine beim Bau einer neuen Kirche und eines Amtshauses in Unterkochen recycelt wurden.

Links von der Kocherburg geht es auf einen nicht gekennzeichneten Pfad, der recht steil am westlichen Sporn der Ausliegerfläche zurück ins Tal führt. Dabei passieren wir die Kapelle Mönch mit Kind und überqueren geradeaus eine Straße. Nach wenigen Metern treffen wir auf einen asphaltierten Talweg, dem wir 350 m nach rechts folgen. An der bereits bekannten Verzweigung biegen wir nach links ab auf den Pfad, der uns an der Kneipp-Anlage vorbei zurück zum **Sportplatz** von **Unterkochen** ❶ bringt.

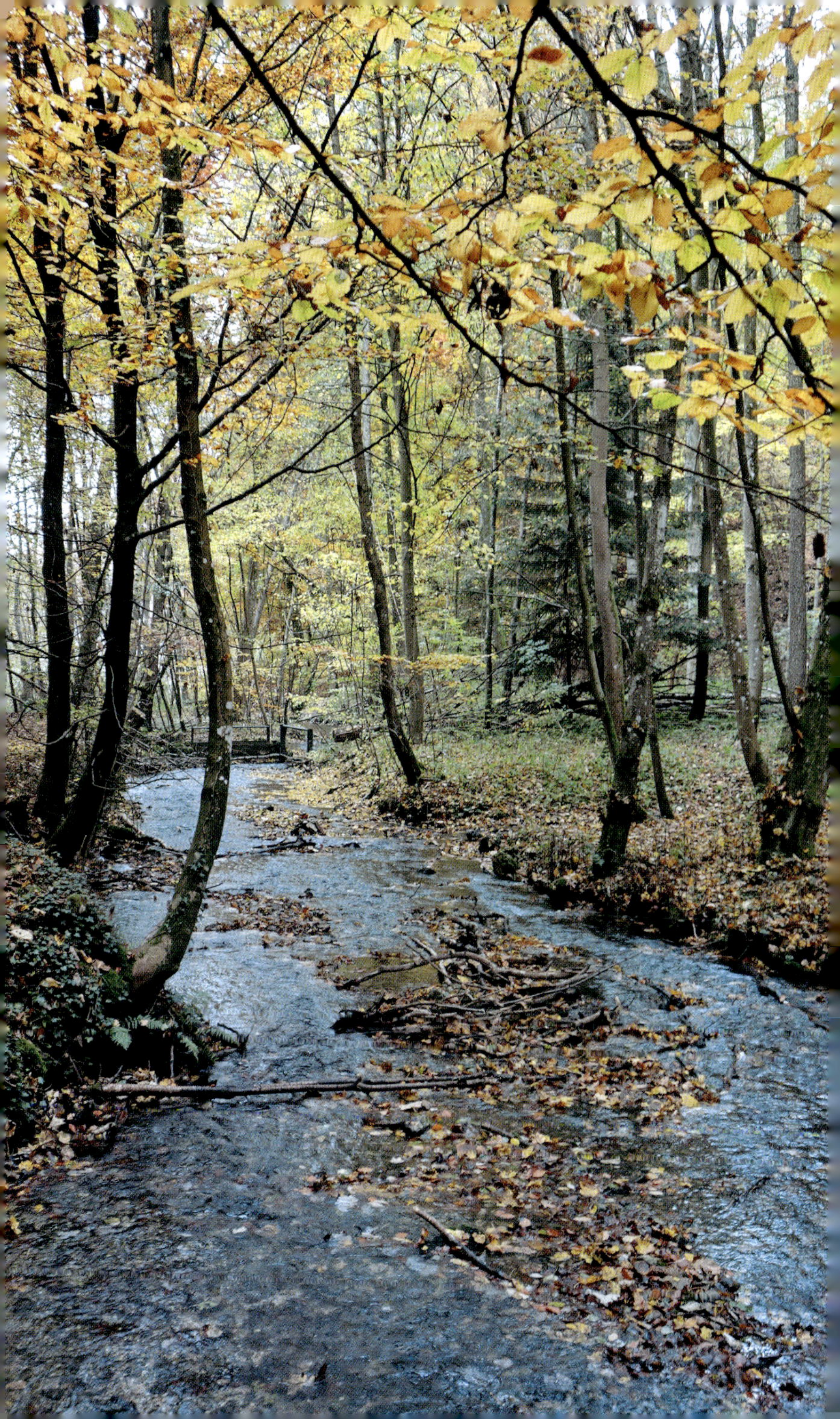

46 Eselsburger Tal

Anhausen, Eselsburg und Steinerne Jungfrauen

3.15 Std. | 11,4 km | ↗ 230 m | ↘ 230 m

Im Naturparadies zwischen Talauen und Felsformationen

Im sagenumwobenen Eselsburger Tal durchfließt die Brenz in einer weiten Flussschlinge die südliche Heidenheimer Alb. Herrliche Wacholderheiden, reizvolle Burgruinen, magische Felsnadeln und beschauliche Ausblicke begleiten diese naturnahe Wanderung. Das Eselsburger Tal bietet mannigfaltige Lebensräume für eine Vielzahl von Pflanzen- und Tierarten. Darunter sind mehr als 80 verschiedene Vogelarten, wie Neuntöter, Dorngrasmücke, Kolkrabe und Schwarzspecht, die im Naturschutzgebiet nisten. Vor allem für Amphibien ist das Eselsburger Tal ein kleines Paradies: Bergmolch, Kammmolch, Gelbbauchunke, Grasfrosch und Erdkröte tummeln sich in der Brenzaue und mit etwas Glück bekommt man sogar eine Ringelnatter zu Gesicht. Auch der Biber nagt sich wieder durchs Gehölz. Die Brenz modellierte bizarre Felsformationen aus dem massiven Jurakalk, darunter die markanten und mythischen Steinernen Jungfrauen. Diese einst fröhlichen Mägde wurden vom Fluch ihrer verbitterten Herrin getroffen, die sie zu Stein verwünschte. So stehen sie noch heute im landschaftlich unglaublich reizvollen Flusstal und warten auf ihre Erlösung.

Ausgangsort: Wanderparkplatz Anhausen, 473 m.

Anfahrt: Auf der A7 Ausfahrt Giengen in Richtung Herbrechtingen L1079. Auf Lange Straße durch Herbrechtingen, nach links auf Brunnenstraße, Bindsteinweg und Anhauser Straße in Richtung Anhausen. Gleich nach der Brenz Wanderparkplatz auf der linken Seite. Mit ÖPNV: Mit dem Zug nach Herbrechtingen, www.bwegt.de. Zu Fuß weiter von Bahnhofstraße über Anhauser Straße zum Wanderparkplatz, 20 Min.

Anforderungen: Trittsicherheit im Abstieg vom Falkenstein, sonst keine besonderen Anforderungen.

Orientierung: Problemlose Orientierung auf unbezeichneten und mit dem roten Balken, roter Gabel sowie gelbem Ring markierten Wegen. Lediglich im Abschnitt vor den Steinernen Jungfrauen ist etwas Spürsinn hilfreich.

Einkehr: Eselsburg: Wirtshaus Eselsburg, Talschenke, www.eselsburg-talschenke.de. Biotal Bistro & Hofcafé, www.milchmobil.de. Herbrechtingen: Café am Tal, www.tortenwunschmanufaktur.de.

Übernachtung: Herbrechtingen: Hotel/Restaurant Hoffmann, www.hotel-hofmann.de. Hotel, Gasthof Grüner Baum, www.gruener-baum-gigler.de. Hotel Adler, www.hotel-adler-herbrechtingen.de.

Tipp: Kühlendes Fußbad in der Kneipp-Anlage beim Wanderparkplatz Anhausen an der Brenz.

Karten: Freizeitkarte F522, Aalen, Härtsfeld, Heidenheimer Alb, 1:50.000, LGL Baden-Württemberg, www.lgl-bw.de.

Wir schultern den Rucksack für die schmucke Runde in der Naturoase Eselsburger Tal am **Wanderparkplatz Anhausen** ❶. An der Anhauser Straße überqueren wir die Brenz nach links und halten uns auf einem Fuß- und Radweg bis zum Kloster Anhausen. Gleich am Beginn der Siedlung nach rechts abbiegen auf einen Pfad, der durch das ehemalige

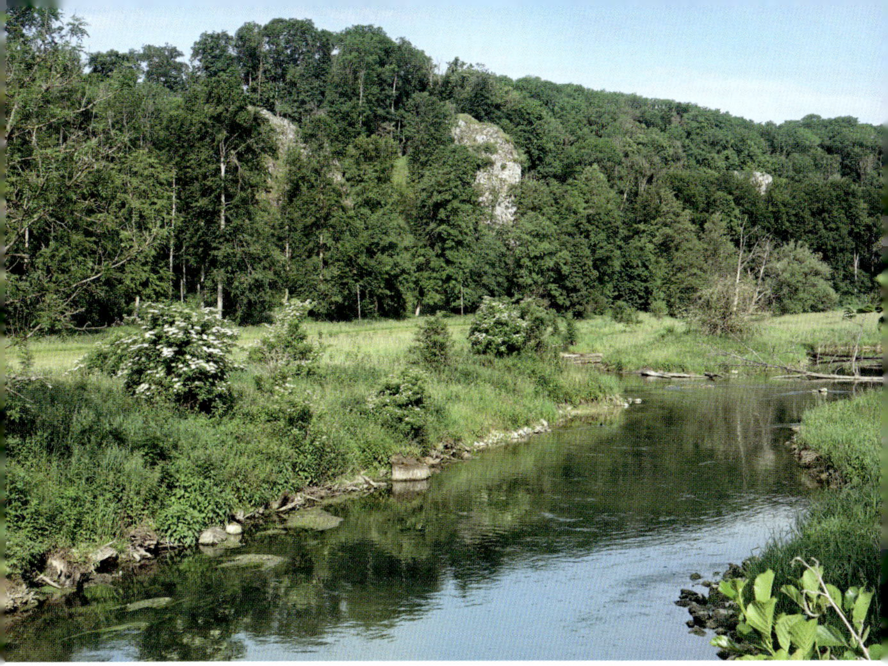

Ruhig und langsam fließt die Brenz im Eselsburger Tal.

Klostergelände führt. Wir überqueren geradeaus die Riedstraße und orientieren uns am Wanderstandort **Anhausen ❷** nach links in Richtung Falkenstein (roter Balken). Der geschotterte Weg führt zum Waldrand, an dem wir nach rechts auf einen Pfad abbiegen. Mit moderater Steigung wandern wir auf dem schönen Pfad, dem Kapellenweg, der zum Teil mit Kalksteinen eingerahmt ist, durch den Wald. Der rote Balken des Main-Donau-Bodensee-Weges begleitet uns in südöstliche Richtung, geradeaus über eine Straße hinweg und zwischen Wald- und Feldrand auf einem flachen Wiesenweg bis zur **Domäne Falkenstein ❸**. Die bäuerliche Domäne ist malerisch bei den spärlichen Mauerresten der ehemaligen Burg Falkenstein gelegen. Die einstige stolze Burg aus dem 12. Jh. balancierte auf dem schmalen Felsgrat über dem Tal der Brenz. Heute kann man vom Burgfelsen einen einmaligen und beschaulichen Blick über das Brenztal, das hier Eselsburger Tal genannt wird, genießen. Diesen Aussichtspunkt erreichen wir auf einem kleinen Abstecher nach links, hier lädt auch ein kleiner Hofladen mit Getränkekühlschrank zur Rast ein.

Vom Felsen führt ein schmaler und steiler Stufenweg nach links wieder zurück zum Hauptweg. Am Ende

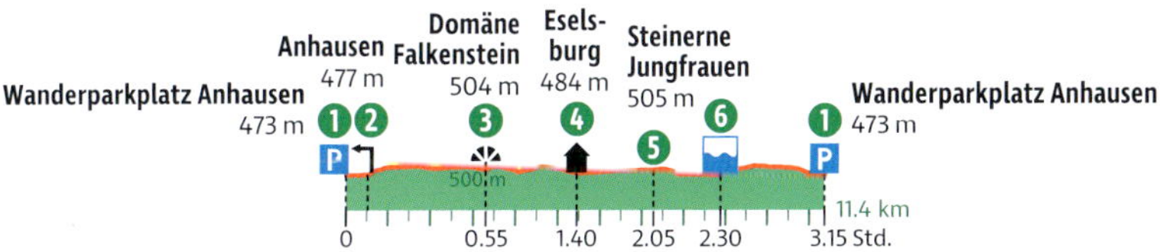

der Domäne wenden wir uns an der Gabelung nach links und nach 150 m nochmals nach links auf einen geschotterten Weg, der mit der roten Gabel gekennzeichnet ist. Dieser führt uns steil bergab unterhalb des Falkensteins ins Brenztal. Am Waldrand treffen wir auf einen breiten Radweg, den wir geradeaus überqueren. Anschließend wandern wir auf einer Brücke über die Brenz. Nochmals geht es am Waldrand geradeaus über eine Piste und auf dem Zoeppritz-Weg bergan auf den bewaldeten Buigen. Der Höhenzug des Buigen liegt in einem engen Flussmäander der Brenz und ist rasch überschritten. Auf der anderen Hangseite geht es nun durch das Waldschutzgebiet bergab und über die Brenz. Ein kurzer Abstecher nach links bringt uns nach **Eselsburg** ❹ mit der Möglichkeit zur Einkehr in der Talschenke oder im Biotal-Hofladen.

Wir kehren zurück, halten uns geradeaus vorbei an der Brenzbrücke und nach 250 m hinter dem Bachfelsen auf einen Pfad nach rechts. Auf dem Wiesenpfad gelangen wir zu einem Aussichtsfels auf die Brenzschleife und den kleinen Weiler Eselsburg. Wir biegen im rechten Winkel nach

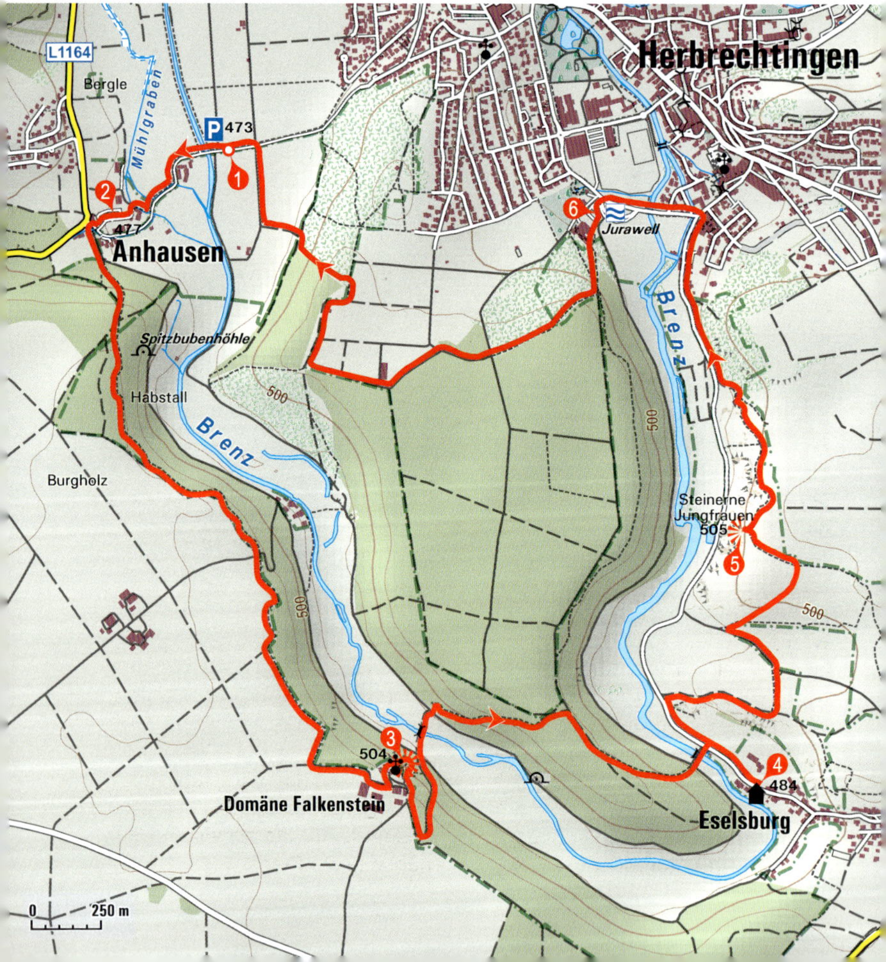

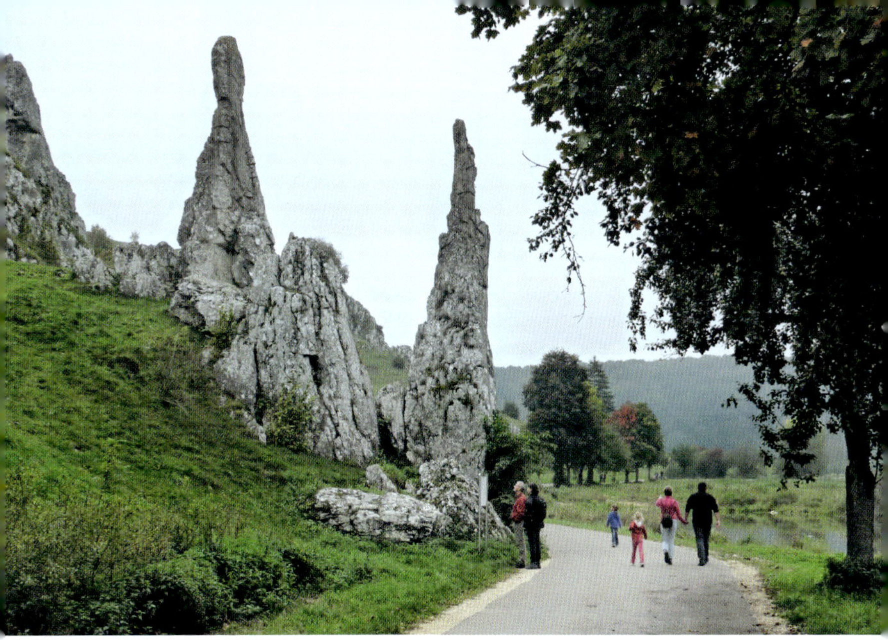

Um die Felsnadeln der Steinernen Jungfrauen ranken sich Mythen und Sagen.

links auf eine nicht gekennzeichnete Wiesenspur, die durch die Wacholderheide bergab auf einen geschotterten Weg führt. Diesem folgen wir nach links und biegen an der ersten Möglichkeit nach rechts auf einen ansteigenden Pfad durch die herrliche Wacholderheidenlandschaft ab. Nach knapp 10 Min. wenden wir uns nach links und erreichen den Felskopf der **Steinernen Jungfrauen ❺**. Ein überraschend weiter Blick über die Ostalb bis nach Heidenheim und hinab ins liebliche Eselsburger Tal eröffnet sich von der bekannten Felsformation der Steinernen Jungfrauen.

Wir folgen dem schmalen Pfad entlang der Felskante in nördliche Richtung. Nach rund 10 Min. treffen wir auf einen Feldweg, auf dem wir nach links bergab die Straße im Brenztal erreichen. Auf dieser geht es nach rechts am Heimatmuseum vorbei nach Herbrechtingen. Wir wenden uns nach links auf einer Brück über die Brenz, am **Freizeitbad Jurawell ❻** über den Parkplatz nach links und weiter auf einem Pfad nach links bergan in Richtung Anhausen.

Am Waldrand auf der Anhöhe nach rechts folgen wir dem gelben Ring und dem Waldsaum nun geradeaus und ignorieren sämtliche Abzweigungen. An einer Lindenpflanzung und einem Schafhof vorbei, stehen wir an einem tollen Aussichtspunkt über die üppig grüne Flussaue der Brenz. Hier geht es nach rechts auf einer Wiesenspur, von der nach knapp 400 m ein Pfad nach links bergab führt. Über die steile Böschung gelangen wir zurück ins Brenztal und folgen den Feldwegen in einer Rechts-links-rechts-Kombination durch die Wiesen. So gelangen wir zur Anhauser Straße, auf der es kurz nach links über die Brenz zurück zum Wanderparkplatz **Anhausen ❶** geht. Hier beschließen wir die Eselsburger Runde mit einem kühlen Fußbad in der Brenz.

47 Lonetal

Bocksteinhöhle, Hohlenstein-Höhlen und Vogelherd

2.45 Std. | 11,6 km | ↗70 m | ↘70 m

Bei den Höhlenmenschen im stillen Lonetal

Auf den Spuren der steinzeitlichen Menschen geht es durch das Lonetal zu deren Wohn- und Schutzhöhlen. Eine abwechslungsreiche und geheimnisvolle Runde durch eines der längsten Trockentäler der Schwäbischen Alb. Zu den rätselhaftesten Orten auf der Schwäbischen Alb zählt gewiss der Vogelherd am Lonetal. Der Vogelherd ist ein felsiger Hügel mit einer Höhle, die bereits während der Altsteinzeit Zuflucht, Schutz und Behausung für die damaligen Jäger und Sammler bot. Sie hinterließen der Nachwelt ganz erstaunliche Schätze, wie geschnitzte Tierfiguren aus Mammutelfenbein, Reste von Flöten sowie zahlreiche Schmuckstücke und Werkzeuge. Diese Artefakte sind die ältesten bislang bekannten Zeugnisse für menschliche Kunst und Musik und dies in einer Epoche, in welcher der moderne Mensch, der Homo Sapiens, erst den europäischen Kontinent betrat und damit begann, den Neandertaler zu verdrängen. Die Vogelherdhöhle ist damit eine der bedeutendsten Grabungsstätten der menschlichen Frühgeschichte. Sie kann im Archäopark besichtigt werden, ebenso sind zahlreiche der erstaunlichen Fundstücke zu sehen. Auf dem Weg durch das Lonetal mit seinem urigen Charme vermitteln auch die frei zugängliche Bocksteinschmiede, Bocksteinhöhle und den Hohlenstein-Höhlen eine Idee vom Lebensraum der damaligen Bewohner. Die Felshöhlen sind Teil des UNESCO-Welterbes »Höhlen und Eiszeitkunst der Schwäbischen Alb«. Diese reizvolle Wanderung im Trockental der Lone ist eine Entdeckungsreise sowie eine Zeitreise in der Menschheitsgeschichte.

Das Kalkgestein im Lonetal ist mit zahlreichen Klüften und Höhlen durchsetzt.

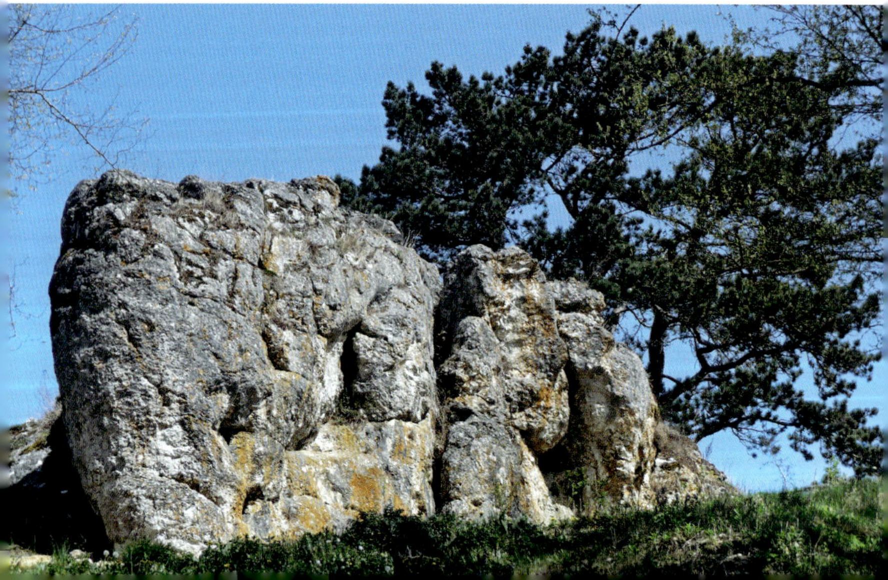

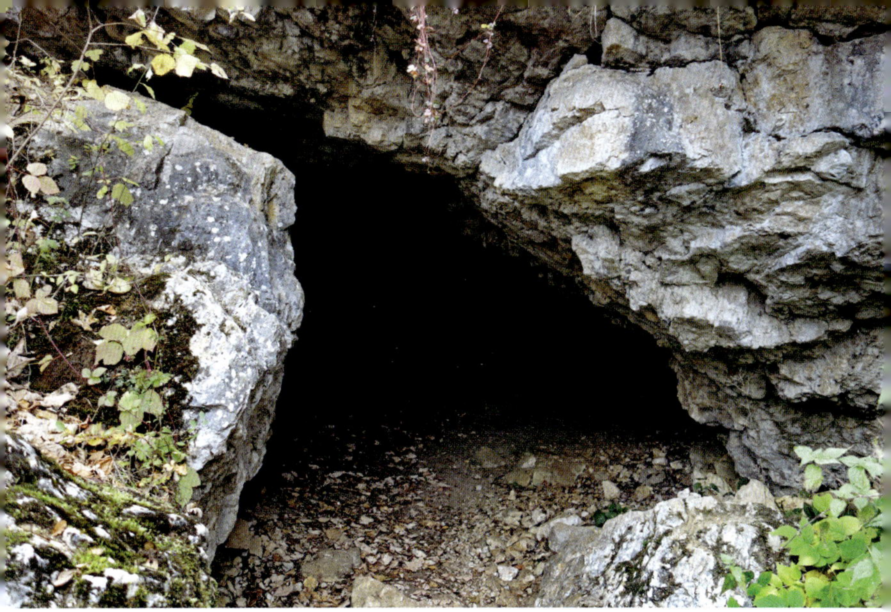

Die Höhlen im Lonetal dienten den Neandertalern als Lagerplatz.

Ausgangsort: Parkplatz Bissinger Straße, 484 m.
Anfahrt: Auf der A7 Ausfahrt 118 Niederstotzingen in Richtung Bissingen auf die L1168 abbiegen. Am Ortsrand von Bissingen nach rechts auf die Öllinger Straße. Nach gut 2 km nach rechts auf den Parkplatz abzweigen.
Anforderungen: Trittsicherheit im Anstieg zur Bocksteinschmiede und zur Bocksteinhöhle.
Orientierung: Einfach. Meist gekennzeichnet mit rotem Balken und Neandertalerweg.
Einkehr: Parkcafé Archaeopark, www.archaeopark-vogelherd.de.
Übernachtung: Keine.
Karten: Freizeitkarte F525, Ulm, Blaubeuren, Donautal, 1:50.000, LGL Baden-Württemberg, www.lgl-bw.de.

Wir rüsten uns am **Parkplatz Bissinger Straße** ❶ an der K3022 zwischen Bissingen ob Lonetal und Öllingen zu dieser besonderen Tour durch das Lonetal. Das Wanderzeichen roter Balken weist uns den Weg über die Straße in Richtung Bocksteinhöhle. Der schöne Weg folgt dem Waldrand und lässt zwei Abzweigungen nach rechts unbeachtet. An einer Rastbank vorbei geht es auf einem geschotterten Weg weiter geradeaus. An dem Wanderstandort Unter dem Bockstein zweigen wir nach rechts ab auf einen steilen und gerölligen Pfad, der teilweise durch Stufen befestigt ist und auf den Bockstein führt. Zwei kurze Abstecher sind möglich zu den frei zugänglichen Höhleneingängen der Bocksteinschmiede und der Bocksteinhöhle. Die beiden **Bocksteinhöhlen** ❷ gelten zu den ältesten Siedlungen des Neandertalers in Süddeutschland.
Weiter führt der Steig bergan auf den Felskopf des Bocksteins mit einem aussichtsreichen Unterstand. Von hier hat man einen guten Blick ins grüne Lonetal. Nach dem Unterstand halten wir uns nach rechts, an einer Holzskulptur vorbei, die eine überlebensgroße urzeitliche Hyäne darstellt. Nun begleitet uns weiterhin der rote Balken des HW4 sowie

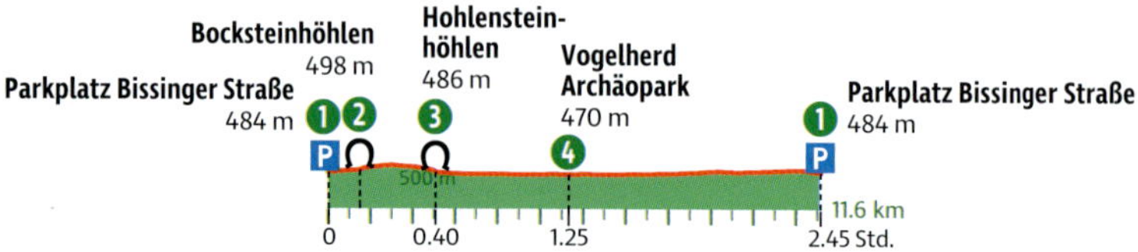

ein fröhlicher keuleschwingender Urzeitmensch à la Fred Feuerstein auf dem »Neandertalerweg« durch den Mischwald. An den folgenden Verzweigungen orientieren wir uns stets nach links auf der Waldhochebene entlang breiter Wege und einem Baumlehrpfad. Nach gut 1 km verlassen wir den Waldwirtschaftsweg nach links auf einen abschüssigen Pfad, der auf einen breiten Forstweg trifft, auf dem es nach links noch wenige Meter bergab zum Lonetal geht. Am Wanderstandort Hohlensteinhöhlen haben wir den Talgrund des Lone-Trockentals erreicht und wenden uns nach rechts. Nach 100 m bringt uns ein kurzer Abstecher nach rechts zu den **Hohlensteinhöhlen 3**. Der breite Höhleneingang liegt nur wenige Meter oberhalb des Lonetals im Buchenmischwald. Die Hohlensteinhöhle ist eine zusammengesetzte Höhle aus den Felslöchern Kleine Scheuer, Bärenhöhle und Stadel. Der Stadel ist der Fundort des berühmten Löwenmenschen, einer 35.000 Jahre alten Elfenbeinfigur. Insgesamt ist die Hohlensteinhöhle ein archäologisches Kleinod mit außergewöhnlichen Funden aus der Steinzeit.

Zurück auf dem geschotterten Weg wenden wir uns nach rechts und wandern nun knapp 2 km stets geradeaus im Lonetal in Richtung Vogelherdhöhle. Einst floss der Neckar über die Lone in die Donau, doch die rückschreitende Erosion leitete den Neckar rheinwärts um. Durch die Fortschreitende Verkarstung wurde das Lonetal zum Trockental und der

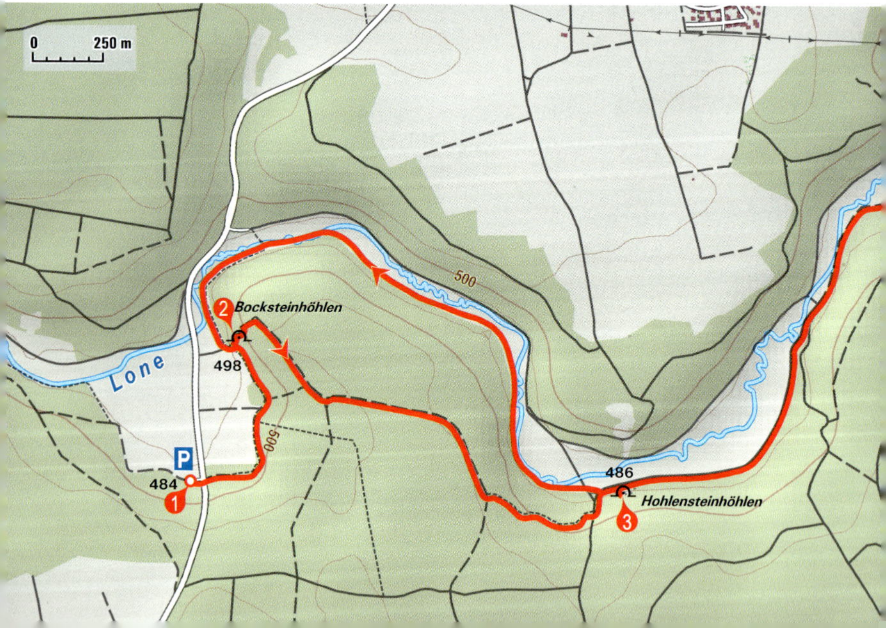

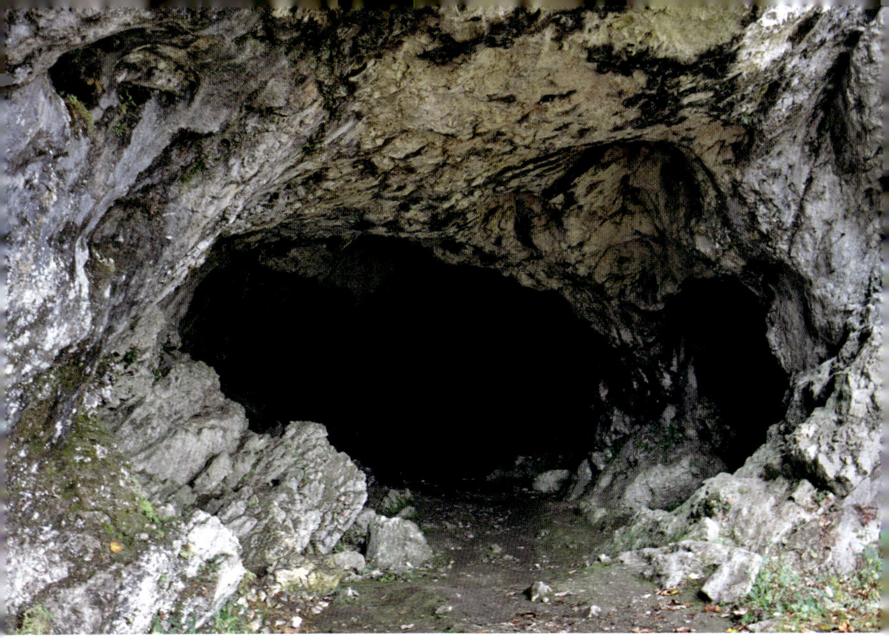

Die Hohlensteinhöhlen sind Fundort der ältesten Tier-Mensch-Figur.

Fluss verschwindet im Wanderabschnitt in den Untergrund. Wir erreichen die Straße, die wir geradeaus queren. Nach rechts führt uns ein Rad- und Fußweg direkt zum **Vogelherd Archäopark ❹**. Durch den Park führt ein Rundweg mit sehr gut aufbereiteten Informationen zum Leben der Urzeitmenschen. Die Vogelherdhöhle im Archäopark ist der Fundort der ältesten künstlerischen Skulpturen der Menschheitsgeschichte.

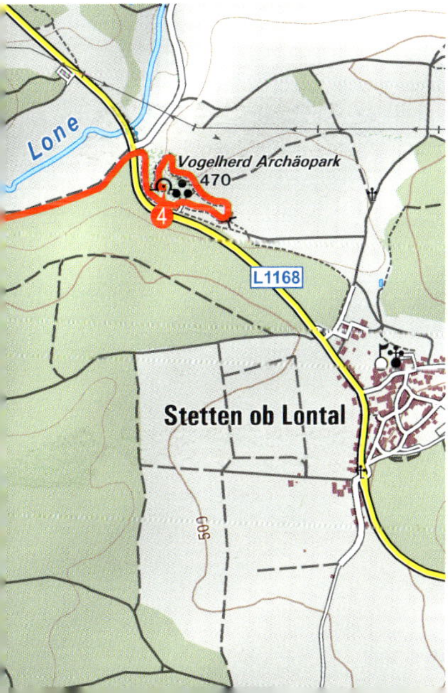

Nach dem Besuch des Parks gehen wir wieder auf dem bekannten Weg zurück zur Verzweigung an den **Hohlensteinhöhlen ❸**. Wir folgen nun dem breiten nicht bezeichneten Weg im Lonetal geradeaus, der stets dem Waldsaum folgt. Dabei treffen wir auf Holzskulpturen, die historische Pferde nachbilden. Nach knapp 30 Min. treffen wir wieder auf den Abzweig unterhalb der Bocksteinhöhlen und spazieren auf dem bekannten Weg zurück zum **Parkplatz Bissinger Straße ❶**. Hier beschließen wir diese einfache Wanderung mit beeindruckenden Einblicken in die mehr als 100.000 Jahre zurückreichende Menschheitsgeschichte im Lonetal.

Stichwortverzeichnis

Impressum

Umschlagbild: Blick auf die Burg Hohenzollern vom Zeller Horn.

Bild im Innentitel: Uracher Wasserfall mit Burgruine Hohenurach.

Alle 157 Fotos von der Autorin.

Kartografie: 47 Wanderkärtchen im Maßstab 1:25.000:
Geodaten © OpenStreetMap und Mitwirkende,
kartografisches Design: Freytag & Berndt Prag, www.freytagberndt.cz.
Zwei Übersichtskarten im Maßstab 1:600.000 und 1:1.500.000
© Freytag & Berndt, Wien.

Die Ausarbeitung aller in diesem Führer beschriebenen Touren erfolgte nach bestem Wissen und Gewissen der Autorin. Die Benützung dieses Führers geschieht auf eigenes Risiko. Soweit gesetzlich zulässig, wird eine Haftung für etwaige Unfälle und Schäden jeder Art aus keinem Rechtsgrund übernommen.

1. Auflage 2023

ISBN 978-3-7633-3295-3

MIX
Papier aus verantwortungsvollen Quellen
FSC® C021956

Wir freuen uns über jeden Korrekturhinweis zu diesem Wanderbuch!
Bitte per E-Mail an: **leserzuschrift@rother.de**

ROTHER BERGVERLAG · Keltenring 17 · D-82041 Oberhaching
Tel. +49 89 608669-0 · www.rother.de